Sklavenmädchen

Harriet A. Jacobs 1894.

Harriet A. Jacobs

SKLAVENMÄDCHEN

Die Geschichte
meiner Befreiung

Herausgegeben von Jean Fagan Yellin

Deutsch von Günter Löffler

EDITION ERDMANN

Der auf dem Schutzumschlag wiedergegebene Holzschnitt zeigt eine Sklavenauktion (mit freundlicher Genehmigung „Bildarchiv Preußischer Kulturbesitz").

CIP-Titelaufnahme der Deutschen Bibliothek
Jacobs, Harriet A.:
Sklavenmädchen: d. Geschichte meiner Befreiung / Harriet A. Jacobs. Hrsg. von Jean Fagan Yellin. Dt. von Günter Löffler. – Stuttgart; Wien: Ed. Erdmann in K. Thienemanns Verl., 1989. Einheitssacht.: Incidents in the life of a slave girl ‹dt.›
ISBN 3-522-65220-7

Originalausgabe: Incidents in the Life of a Slave Girl, written by herself, by Harriet A. Jacobs, edited by L. Maria Child. Edited and with an Introduction by Jean Fagan Yellin.
Harvard University Press Cambridge, Massachusetts, and London, England, 1987.
Published by arrangement with Harvard University Press.

Aus dem Englischen ins Deutsche übertragen von Günter Löffler

Die Umschlaggestaltung besorgte Reichert Buchgestaltung in Stuttgart
Gesetzt in Garamond
Printed in the German Democratic Republic

5 4 3 2 1

Für Michael,
Amelia und Mosé

Eine Fiktion?

Ich las *Incidents in the Life of a Slave Girl* zum erstenmal vor mehr als einem Jahrzehnt und teilte die verbreitete Auffassung, daß es sich um eine Fälschung handelte; doch ich vergaß das Buch nicht. Später forschte ich über schwarze und weiße Antisklaverei- und Frauenbewegung, weil ich sie in meinen frühen Schriften nicht beachtet hatte und das Versäumnis wettmachen wollte. Dabei las ich die Arbeiten Lydia Maria Childs durch und stieß erneut auf *Incidents.* Diesmal überraschte mich der radikale frauenrechtlerische Inhalt, denn inzwischen war ich durch die Frauenbewegung geschult worden, und da ich jetzt mehr über Child wußte, nahm ich ihre Bemerkung ernst, sie sei die Herausgeberin, nicht die Autorin. Auch war mir bekannt, daß die Abolitionisten lange vor dem Erscheinen der *Incidents* den Verkauf einer Sklavenerzählung aufgegeben hatten, nachdem die Presse des Südens deren Ungenauigkeit publik gemacht hatte. Ich war mir sicher, daß Child keinen fiktiven Sklaven-Erlebnisbericht veröffentlicht hätte, weil zu befürchten gewesen wäre, daß es der Sache schaden würde.

Die Herausgeber der Child Papers brachten mich mit Archivaren der Universität von Rochester in Verbindung, die kurze Zeit vorher Harriet Jacobs' Briefe an die Abolitionistin und Frauenrechtlerin Amy Post erworben hatten. Nach der Lektüre dieser Briefe war ich überzeugt, daß Jacobs die *Incidents* tatsächlich selbst geschrieben hatte, wie es im Untertitel behauptet wird.

Die Briefe identifizieren Nathaniel Parker Willis als Jacobs' New-Yorker Brotgeber. Also fing ich an, die Bücher dieses Willis nach einer Bestätigung durchzusehen. Ich fand sie. Beim Durchforsten weiterer Korrespondenz entdeckte ich in der Sophia Smith Collection am Smith College den Brief, der Edenton, North Carolina, als Jacobs' Heimatstadt angibt.

Nachdem ich Edenton auf der Karte lokalisiert hatte, las ich *Incidents* noch einmal, dieses Mal als einen historischen Bericht. Ich schrieb an staatliche und lokale Historikerorganisationen mit der

Bitte um Angaben über die Familie der Verfasserin sowie über die weiße Familie, in deren Besitz sie sich befand. So erfuhr ich von dem Wirtshausinhaber John Horniblow, seiner Sklavin Molly Horniblow und seinem Schwiegersohn Dr. James Norcom. Norcoms Papiere befinden sich in den State Archives, und als die Archivare von North Carolina in *Incidents* einen autobiographischen Bericht über das Leben in Edenton vor der Zeit des Bürgerkrieges erkannten, nutzten sie ihre beachtlichen Möglichkeiten, um Jacobs' Text zu dokumentieren.

Soweit hat die Forschung sechs Jahre in Anspruch genommen. Leser dieser Ausgabe mögen (gleich mir) vielleicht bestürzt sein, daß einige Einzelheiten des Buches noch nicht dokumentarisch belegt sind – zum Beispiel die Geschichte von Jacobs' Onkel Joseph, den sie Benjamin nennt. Doch ich glaube, sie werden auch überrascht sein (ebenso wie ich), wieviel erreicht worden ist, einschließlich der Identifizierung von Jacobs' Vater, dessen einziges Denkmal sich in den Schriftstücken seiner Tochter und seines Sohnes befindet.

Das Buch *Incidents* fasziniert mich weiterhin. Bei dem Versuch, es in seinen zahlreichen historischen und literarischen Zusammenhängen zu sehen, bin ich in ein stützendes wissenschaftliches Netzwerk geraten und habe mich darin verstrickt. Und Jacobs selbst fesselt mich. Im Sinne Emersons war sie „repräsentativ"; indem sie die Idee des Kampfes um die Freiheit ausdrückt, beflügelt ihr Leben andere. Auf meinem Schreibtisch steht ihr Porträt und spornt mich lächelnd an.

Jean Fagan Yellin

Inhalt

Ein Vorwort von Jean Fagan Yellin

Ich bin Meine liebe freundin – Bestrebt gewesen einen wahren und aufrichtigen bericht meines eigenen lebens in Sklaverei zu geben – Gott weiß ich habe versucht es in Christlichem Geist zu tun ... Ich bitte um nichts – ich habe mich offenbart um als frau beurteilt zu werden ob ich mitleid oder verachtung verdiene – ich habe noch ein anderes ziel im auge – aufzutreten als was ich bin eben eine arme Sklavenmutter – nicht zu berichten was ich gehört sondern was ich gesehen habe – und was ich erlitten habe – und wenn es mitleid gibt – sei es daß für die tausenden von Sklavenmüttern – die noch geknechtet werden ... lasset uns für ihre hilflosen Kinder bitten ...[1]

Diese Worte wurden 1857 von Harriet Ann Jacobs geschrieben, einer befreiten flüchtigen Sklavin und Aktivistin der abolitionistischen Bewegung, der Bewegung zur Befreiung der Sklaven. Sie sind an ihre weiße Quäker-Freundin Amy Post gerichtet und beziehen sich auf das Manuskript, das Jacobs fertigstellte, einen Bericht ihres Lebens in Sklaverei und ihres siegreichen Kampfes um die Freiheit der eigenen Person und ihrer Kinder. Nach wiederholten Bemühungen, einen Verleger zu finden, brachte Jacobs das Buch selbst heraus; es erschien 1861 unter dem Titel *Incidents in the Life of a Slave Girl, Written by Herself.* Seine Titelseite würdigte die bekannte Abolitionistin L. Maria Child als Herausgeberin, verschwieg jedoch den Namen der Autorin. Die Ich-Erzählerin, die behauptete, ihre eigene Autobiographie vorzulegen, nannte sich Linda Brent.[2]

Wie die gesamte Sklavenliteratur waren die *Incidents* von dem machtvollen Impuls geprägt, der die American Renaissance hervorbrachte. Jacobs' Buch drückte demokratische Ideale aus und enthielt eine zweifache Kritik am Amerika des neunzehnten Jahrhunderts: Es war eine Herausforderung an die Institution der Sklaverei, der Leibeigenschaft sowie die sie stützende Ideologie des weißen Rassismus und gleichermaßen an traditionelle patriarchalische Institutionen und Ideologien. Jacobs' Verdienst besteht auch darin, daß sie sich durch die Schaffung ihrer Erzählerin Linda Brent in ein literarisches Subjekt transformierte. Diese Erzählerin liefert eine doppelte Geschichte. Sie dramatisiert den Triumph ihrer Bemühungen, sich von ihrem Herrn nicht mißbrauchen zu lassen, ihre Kinder seinem Zugriff zu entziehen, sich zu verbergen, zu entkommen und schließlich die Freiheit zu erlangen; und parallel dazu schildert sie ihr Unvermögen, den sexuellen Normen, an die sie glaubte, gerecht zu werden. Sie ging eine uneheliche sexuelle Bindung ein, wurde schwanger, von ihrer Großmutter verurteilt, litt an einem schrecklichen Schuldgefühl. Wie sie schreibt, spürt sie in mittleren Jahren noch die Qual ihrer Jugendzeit. Doch zugleich stellt sie die Verurteilungswürdigkeit ihres Verhaltens in Frage, strebt eine alternative Auffassung an, indem sie durchblicken läßt, daß die sexuellen Normen, die für freie Frauen aufgestellt wurden, für Sklavinnen keine Gültigkeit haben konnten. Darüber hinaus stellt sie der ablehnenden Haltung ihrer Großmutter die stillschweigende Billigung durch ihre Tochter gegenüber, womit sie zeigt, daß schwarze Frauen die trennende Sexualideologie des weißen Patriarchats überwinden und die Einheit zwischen den Generationen herstellen.

Kontrastierende Stilmittel bringen die widersprüchlichen Positionen der Geschichte zum Ausdruck. Dort, wo sich Jacobs' Erzählerin als heroische Sklavenmutter präsentiert, benutzt sie klare Details, gebraucht sie eine schlichte, offene Sprache, und wenn sie den Leser direkt anspricht, verwendet sie normierte Abolitionistenrhetorik, beklagt sie, ihrer Aufgabe, die Sklaverei zu beschreiben, nicht gewachsen zu sein, und drängt sie ihr Publikum, sich den gegen die Sklaverei gerichteten Bestrebungen anzuschließen. Ihre sexuellen Erfahrungen aber erörtert sie nicht so freimütig; wenn sie sich wegen ihres Sexualverhaltens an den Leser wendet, fleht sie im schwülstigen Stil populärer Unterhaltungsliteratur um Vergebung. Jedoch sind diese melodramatischen Bekenntnisse dem übrigen Text untergeordnet. Was schließlich dominiert, ist eine neue Stimme. Es ist die Stimme einer Frau, die über ihre sexuelle Vergangenheit zwar nicht reden kann, ohne in tiefe Konflikte zu geraten, dennoch aber den schmerzlichen persönlichen Gegenstand vorbringt, um ihn zu politisieren, darauf zu dringen, daß das verbotene Thema des sexuellen Mißbrauchs von Sklavinnen in die öffentliche Diskussion der Sklavereifrage einfließt. Indem sie eine Erzählerin schafft, die ihre private Sexualgeschichte als Gegenstand öffentlichen politischen Interesses präsentiert, hebt sie ihr Buch aus dem Bereich der konventionellen Zurückhaltung des neunzehnten Jahrhunderts heraus. In der und durch die Schaffung der Linda Brent, die ihre Erfolgsgeschichte als heroische Sklavenmutter an das Geständnis einer Frau knüpft, die bedauert, keine Romanheldin zu sein, artikuliert Jacobs ihren Anspruch auf weibliche Würde und gestaltet eine neue Art von Heldin.[3]

Gott ... gab mir eine seele die für die freiheit brannte und ein herz das durch die entschlossenheit gestählt war selbst bis hin zum tode alles zu erdulden in verfolgung der ... freiheit.[4]

Dokumente, die unlängst gefunden wurden, machen es möglich, dem Leben Harriet Jacobs' nachzugehen, im Falle von *Incidents* ihre Urheberschaft nachzuweisen und die Personen und Orte, die sie in ihrem Buch unter Decknamen vorstellt, zu identifizieren.[5] Etwa 1813 wurde sie in Edenton, North Carolina, als Sklavin geboren. Molly Horniblow, ihre Großmutter mütterlicherseits (im Buch Tante Martha genannt), die im mittleren Lebensalter freikam, besaß in der West King Street ein Haus und verdiente dort ihren Lebensunterhalt als Bäckerin. Ihr Vater war anscheinend der gelernte Zimmermann Daniel, Sklave von Dr. Andrew Knox und vermutlich der Sohn von Henry Jacobs, eines Nachbarn des Dr. Knox. Ihre Mutter, Delilah, gehörte dem Edentoner Wirtshausinhaber John Horniblow.

Jacobs verwaiste im Kindesalter. Ihre erste Herrin, Margaret Horniblow, die sie lesen und nähen lehrte, starb, als Jacobs elf war, und vermachte sie der kleinen Mary Matilda Norcom (Miss Emily Flint), deren Familie in der Nähe von Jacobs' Großmutter lebte. Dr. James Norcom (Dr. Flint), der Vater ihrer dreijährigen Herrin, zeigte sich zügellos; von der Zeit an, da Jacobs ihre Reifephase durchlief, unterwarf er sie fortgesetzter sexueller Belästigung. Als Teenager ging sie mit ihrem Nachbarn geschlechtliche Beziehungen ein, dem jungen weißen Anwalt Samuel Tredwell Sawyer (Mr. Sands), und gebar zwei Kinder, Joseph (Benjamin) und Louisa Matilda (Ellen).

1835 drohte Norcom, sie zur Arbeit auf eine seiner Plantagen zu schicken, wenn sie sich weigerte, seine Konkubine zu werden. Weil sie nicht nachgab, kam sie nach Auburn, auf eine Plantage, die mehrere Meilen von der Stadt entfernt lag. Da sie erfuhr, daß er plante, ihren Sohn und ihre Tochter nach Auburn zu bringen, entschloß sie sich, sie vor der Plantagensklaverei zu bewahren. In dem Glauben, daß ihr Herr die Kinder als eine Belastung empfinden und sie verkaufen würde, wenn er feststellte, daß sie verschwunden war, lief sie davon. Mitfühlende schwarze und weiße Nachbarn gewährten ihr vorübergehend Zuflucht. Dann hielt sie sich jahrelang in einem winzigen Schlupfwinkel über der Vorratskammer ihrer Großmutter verborgen. Es gelang ihr, die Kinder zu schützen. Sawyer, ihr Vater, kaufte sie bald, nachdem Jacobs untergetaucht war. Er erlaubte ihnen, weiterhin bei der Großmutter zu leben. Später brachte er Louisa Matilda in einen freien Staat, aber er brach sein Versprechen, das er Jacobs gegeben hatte, die Kinder zu emanzipieren.

In ihrem Schlupfwinkel half sich Jacobs über die Tage hinweg, indem sie nähte, schrieb und Lektüre betrieb. Die Sicherheit, mit der sie biblische Zitate und Bezüge verwendet – beides zieht sich durch das Werk hindurch –, beweist, daß sie die Heilige Schrift vortrefflich kannte, insbesondere die Bücher Hiob und Jesaja. 1842, nachdem sie annähernd sieben Jahre in ihrem Versteck zugebracht hatte, floh sie in den Norden, ging nach Brooklyn, um Kontakt zu ihrer Tochter aufzunehmen, und sorgte dafür, daß ihr Sohn zu ihrem Bruder nach Boston geschickt wurde. (Joseph lebte noch in der Obhut ihrer Großmutter, die offenbar glaubte, Sawyer habe vor, ihn freizulassen, und keine Einwände dagegen erhob, daß er nach Norden ging.) Jacobs fand in New York City eine Stelle als Kindermädchen. Sie betreute Imogen, das Töchterchen von Mary Stace Willis (Mrs. Bruce) und dem Publizisten und Redakteur Nathaniel Parker Willis (Mr. Bruce).[6]

Dr. Norcom reiste wiederholt nach New York, um seine geflohene Sklavin zu fangen. Da Jacobs rechtzeitig gewarnt wurde, offenbarte sie Mrs. Willis, daß sie flüchtig war, denn sie hielt sich selbst und ihre Kinder für gefährdet. Mrs. Willis half ihr, im Oktober 1844 mit Louisa Matilda nach Boston zu fliehen. Im Frühjahr darauf starb Mrs. Willis. Willis bewegte Jacobs, ihn und die kleine Imogen auf einer Besuchsreise zu seinen Schwiegereltern nach England zu begleiten. Als Jacobs zehn Monate später zurückkehrte, erfuhr sie, daß ihr Sohn, den sie zu einem Drucker in die Lehre gegeben hatte, während ihrer Abwesenheit in der Drukkerei rassistischen Schikanen ausgesetzt gewesen und in See gegangen war. Jacobs ließ ihre Tochter in Clinton, New York, auf einer von Abolitionisten geleiteten Internatsschule einschreiben und ging nach Rochester, um sich ihrem Bruder, John S. Jacobs (William), anzuschließen, einem flüchtigen Sklaven, der für die Abolitionistenbewegung Vorlesungen hielt.

In Rochester trat Jacobs einer Gruppe aktiver Sklavereigegner bei, und ab Anfang März 1849 arbeitete sie in einem Lesesaal, einem Büro und einem Buchladen, die Mitglieder der Antisklavereibewegung über den Geschäftsräumen von Frederick Douglass' Zeitung *The North Star* eingerichtet hatten. Da sie sich in *Incidents* häufig auf Literatur und aktuelle Begebenheiten bezieht, liegt die Vermutung nahe, daß sie sich während ihres achtzehnmonatigen Aufenthalts intensiv mit Büchern und Zeitungen der Abolitionisten befaßte. „Die jüngste und beste Arbeit über Sklaverei und andere moralische Fragen“, die zum Verkauf angeboten wurde, enthielt polemische Abhandlungen, persönliche Berichte über Gewalttätigkeiten in der Sklaverei und Antisklavereiprosa. Jacobs fand auch Gelegenheit, sich einem Zirkel von Abolitionistinnen anzuschließen. Diese Frauen kamen jeden Donnerstag im Lesesaal zusammen, um „zu nähen, zu stricken, zu lesen, für die Sache zu reden“.[7]

Da ihr Bruder Vorlesungen hielt und häufig unterwegs war, lebte Jacobs neun Monate lang bei den Quäker-Reformern Isaac und Amy Post. Amy Post hatte im Juli 1848 am ersten Frauenrechtskonvent in Seneca Falls teilgenommen und dann mitgeholfen, einen Nachfolgekongreß zu organisieren: the Rochester Convention. „Darum machte ich als ich nach Norden kam in der ersten zeit so oft wie möglich einen bogen um leute von der Antisklavereibewegung“, gestand Jacobs später, „weil ich fühlte daß ich nicht ehrlich sein und die ganze wahrheit sagen konnte.“ In Rochester aber, als die Sklaverei bereits sieben Jahre zurücklag, wurde Post ihre Vertraute und drängte sie, ihre persönliche Geschichte zu veröffentlichen, um dem Abolitionismus behilflich zu sein.[8]

Jacobs' Briefe an Post zeugen von der festen Freundschaft zwischen den beiden Frauen und belegen im einzelnen Jacobs' persönliche und politische Beziehungen zu anderen schwarzen und weißen Mitgliedern des Zirkels Rochester Reformer. Außerdem zeigen sie, wie sich ihr Wortschatz erweiterte, der Satzbau komplizierter gestaltete, und dokumentieren ganz allgemein ihre Fortschritte im schriftlichen Sprachgebrauch. Jacobs entschuldigte sich zwar für ihr „unzusammenhängendes Gekritzel", aber sie fühlte sich gelockert genug, um mit Post von dieser Periode an einen regelmäßigen Briefwechsel zu pflegen.[9]

1850 verabschiedete der Kongreß ein neues Sklavenfluchtgesetz, dem zufolge sich jeder strafbar machte, der Flüchtlingen half. Diese Regelung galt für alle Bürger des Landes, auch für die in den Nordstaaten, wo die Sklaverei abgeschafft war. Jacobs' Bruder riet, bewaffneten Widerstand zu leisten. Er brach damals nach Kalifornien auf, um Gold zu schürfen, aber er verließ Rochester nicht, weil er eine Festnahme fürchten mußte – er war von seinem Herrn nach Norden gebracht worden und gesetzlich nicht zu belangen –, sondern aus Verbitterung. Jacobs kehrte nach New York City zurück. Sie besuchte Imogen, lernte Cornelia Grinnell Willis kennen, Nathaniel Parker Willis' neue Gattin, und wurde zur Pflege ihres Babys angestellt.

Mary Matilda Norcom, die Jacobs geerbt hatte, war um die Jahrhundertmitte erwachsen. Sie behauptete, ihr Vater sei nicht berechtigt gewesen, die Kinder ihrer Sklavin zu verkaufen, und nach seinem Tode fuhr sie mit ihrem Mann, Daniel Messmore (Mr. Dodge), nach New York, um Jacobs und deren Tochter auf der Grundlage des neuen Sklavenfluchtgesetzes zu ergreifen. Jacobs scheint nicht gewußt zu haben, daß Dr. Norcom den Verkauf ihrer Kinder von dem Grundstück seiner Tochter hinweg legalisiert, sie durch andere, gleichwertige Sklaven ersetzt hatte. Doch Messmore war sich dieser Tatsache bewußt. Er baute auf Jacobs' Informationsmangel und drohte, Louisa Matilda zu nehmen, falls sich Jacobs ihm nicht selbst stellte. Jacobs tauchte wieder unter. Um sie freizubekommen und sicher zu sein, daß auch ihre Kinder frei waren, schaltete Mrs. Willis die American Colonization Society als Vermittler ein, und Anfang 1852 kaufte sie Jacobs den Messmores für $ 300,00 ab. Jacobs, darauf bedacht, ihre Freiheit zu nutzen, der Sache der Abolitionisten „in irgendeiner Form dienlich zu sein", erwog jetzt ernsthaft Posts Vorschlag, ihre Lebensgeschichte zu erzählen.[10] –

Ich habe Louisa diesen winter hierbehalten um meine abende zum schreiben zu haben. aber arme Hatty (Harriets) name wird so oft verlangt daß ich nicht viel schaffen kann. wenn ich mich fortstehlen und zwei ruhige Monate haben könnte. für mich. würde ich tag und nacht arbeiten und wenn alles. zu Boden fallen sollte.[11]

In ihren Briefen an Post erläutert Jacobs eingehend die Konflikte, die sie hemmen, sich der Öffentlichkeit mitzuteilen. Wie konnte sie alles berichten, wenn sie nicht keusch gewesen war? Aber wie konnte sie sich weigern, wenn ihre Geschichte der Bewegung neue Anhänger zuführen würde? Als sie sich endlich dazu durchgerungen hatte, ihr sensationelles Leben darzustellen, widmete sie sich dem Projekt mit ganzer Kraft, Ihre Korrespondenz ist ein laufender Rechenschaftsbericht ihrer energischen Anstrengungen, die Autobiographie zu schreiben und zu veröffentlichen, klärt zugleich die Rolle der Herausgeberin Lydia Maria Child und vermittelt neue Informationen über eine unwahrscheinliche Gruppierung von Schriftstellern um die Jahrhundertmitte: des Literaten Nathaniel Parker Willis, der Erfolgsautorin Harriet Beecher Stowe – Jacobs traute keinem von ihnen –, des schwarzen Abolitionisten William C. Nell, der weißen Abolitionistin Child, deren Hilfe sie dankbar entgegennahm.[12]

Jacobs war überzeugt, daß Nathaniel Parker Willis im Unterschied zu seinen beiden Gattinnen auf seiten der Sklaverei stand. Deswegen weigerte sie sich beharrlich, Willis um Beistand zu bitten, als sie die erforderliche Zeit und Ruhe suchte. Er sollte nicht einmal wissen, daß sie schrieb. Obwohl sie mit Freunden in Rochester offen ihre Anstrengungen erörterte, die sie unternahm, um das Buch zu beenden, schrieb sie jahrelang heimlich und nachts, während sie mit Willis unter einem Dach lebte.[13]

Jacobs mißtraute auch Harriet Beecher Stowe, nicht wegen ihrer Einstellung zur Sklaverei, sondern wegen ihrer Ansichten über Rasse. Sie zog Stowe nur kurz zu Rate, aber ihre Reaktion wurde entscheidend für die Genesis der *Incidents.* Als sich Jacobs zum erstenmal bereit erklärte, Posts Drängen zu folgen und einen Bericht ihres Lebens zu veröffentlichen, dachte sie, die Amerikanische Antisklaverei-Gesellschaft könnte einen brauchbaren „Vorschlag“ unterbreiten. Sie beabsichtigte zunächst nicht, selbst zu schreiben, sondern plante, Stowes Hilfe zu erbitten, eine diktierte

Erzählung zu schaffen, etwa ähnlich dem Buch, das Olive Gilbert kurze Zeit vorher für den Sklaven Sojourner Truth verfaßt hatte. Zu diesem Zweck ersuchte sie Post, sich mit ihrer Geschichte an Stowe zu wenden. Als dann die Zeitungen berichteten, daß die Autorin von *Onkel Toms Hütte* vorhabe, eine Reise nach England zu unternehmen, gewann Jacobs Mrs. Willis dafür, einige Zeilen an die Schriftstellerin zu richten und vorzuschlagen, daß Louisa mitfahren solle. Jacobs meinte, ihre Tochter würde Stowe für die Lebensgeschichte interessieren; Stowe als Gönnerin zu haben, könne Louisa dienlich sein, und für die Engländer „wäre Louisa eine sehr gute vertreterin der Sklaven des Südens".[14]

Stowe schrieb in ihrem Antwortbrief an Mrs. Willis offenbar, daß sie Jacobs' Tochter nicht mitnehmen wolle, weil die Briten das Mädchen mit ihrer Aufmerksamkeit verwöhnen würden; daß sie Mrs. Willis Amy Posts Skizze von Jacobs' sensationellem Leben zur Prüfung zuschicke; und daß sie Jacobs' Geschichte, falls diese wahr sei, für ihren in Vorbereitung befindlichen *Schlüssel zu Onkel Toms Hütte* selbst zu nutzen gedenke. Jacobs war entsetzt. Sie hatte Mrs. Willis nie in die Geschichte ihrer sexuellen Beziehungen eingeweiht und fühlte sich von Stowe als Frau verraten, als Mutter verunglimpft, als Schriftstellerin bedroht. Später machte sie in einem Brief an Post ihrer Empörung über die rassistische Bemerkung Luft: „denkst du liebe Amy daß mich ein Besuch von Stafford House verderben würde weil Mrs. Stowe denkt gehätschelt zu werden ist mehr als meine rasse vertragen kann ja welch ein jammer daß wir armen schwarzen die charakterstärke und festigkeit nicht haben können die ihr weißen menschen habt."[15]

Jacobs entschloß sich, ihre Geschichte selbst zu schreiben, und begann erste Proben an Zeitungen zu schicken.[16] Ihr Debüt erschien in Horace Greeleys New-Yorker *Tribune* unter der Überschrift „Brief einer flüchtigen Sklavin", anonym und mit der Anmerkung, daß sich die redaktionellen Änderungen auf „Korrekturen in Zeichensetzung und Rechtschreibung sowie die Streichung weniger Passagen" beschränkten. Jacobs' Brief vermittelt einen Eindruck sowohl vom Inhalt als auch von der Form des projektierten Erzählwerks. Hier – wie in *Incidents* – verwendet sie kontrastierende Stile. Vielleicht ist es eine Reaktion auf die Abfuhr, die ihr Stowe erteilte, wenn sie mit der freimütigen Mitteilung beginnt, die Geschichte selbst schreiben zu wollen: „So erbärmlich es sein mag, ich möchte (meine Geschichte) lieber aus eigener Hand liefern, als mir nachsagen zu lassen, daß ich andere anhielt, es für mich zu tun." Dann gebraucht sie wie auch im Buch einen melodramatischen Stil, um den Schmerz auszudrücken, den sie bei der Rückerinnerung an ihr früheres Leben während der Schilderung empfindet: „Ich bin eine gebürtige Sklavin, wuchs in der Brutstätte des Südens auf, bis ich die Mutter zweier Kinder war, die im frühen Alter von zwei und vier Jahren verkauft wurden. Man hat mich durch alle Nordstaaten gehetzt – aber nein, ich will nicht von meinem eigenen Leid berichten –, nein, es würde mir das Herz zerreißen."[17]

Jacobs weihte Post in den Brief ein und bat sie, ihr bei der Handhabung der Schreibtechnik behilflich zu sein.

Ich kann sonst niemand um die gefälligkeit ersuchen ohne in ihren augen sehr Lächerlich zu erscheinen. Ich liebe dich und kann deine härteste kritik vertragen weil du weißt welche vorteile ich hatte und welche ich nicht hatte ... die rechtschreibung ist glaube ich jedweds wort korrekt zeichensetzung habe ich nicht versucht denn Gramattik habe ich nie gelernt daher weiß ich nichts darüber aber ich nehme den hinweis entgegen und werde dieses studium mit ganzer seele beginnen.[18]

Jacobs faßte heimlich weitere Briefe ab, um sie veröffentlichen zu lassen. Ihre Korrespondenz aus dieser Zeit enthüllt, daß sie entschlossen war zu schreiben, an ihrer erforderlichen Fähigkeit jedoch zweifelte und Angst davor hatte, entdeckt zu werden. „Niemand hier hat mich niemals verdächtigt (an die *Tribune* zu schreiben) ich wollte es Mrs W(illis) nicht wissen lassen ehe ich meine geschichte fertig hatte denn ich muß jetzt schreiben was ich selbst erlebt und mit eigenen augen gesehen habe erwarte nicht viel von mir liebe Amy du sollst die wahrheit haben aber nicht talent."[19]

Ihre Briefe sprachen auch von anderen Sorgen. Während der Jahre, als sie ihre Geschichte aufs Papier brachte, bauten die Willises Idlewild, einen achtzimmrigen Landsitz im Hudson-Hochland, Cornwall. Trotz der Übersiedlung dorthin kommentiert Jacobs Zusammenkünfte und Kongresse der Antisklavereibewegung, und verschiedene Menschen bezeugen, daß sie im organisierten Abolitionismus weiterhin aktiv war. An Post schrieb sie, wie sehr sie sich nach der politischen Heimstatt von Rochester sehne, und sie bekundete ihren Wunsch, stärker einbezogen zu werden: „Ich wünsche, wir wären beide auf dem Bostoner (Antisklaverei-) Basar und hätten alle Hände voll zu tun, um viel Gutes zu wirken."[20]

In Idlewild erblickten zwei weitere Kinder das Licht der Welt und vergrößerten die Arbeitslast, die Jacobs zu tragen hatte. Briefe an Post verraten die Frustration einer verhinderten Schriftstellerin, die ihren Lebensunterhalt damit verdiente, für anderer Leute Kinder zu sorgen. Doch nahm sie lieber die fortgesetzten Unterbrechungen in Kauf, als sich ihren Brotgebern zu offenbaren: „um diese zeit zu erhalten müßte ich mich erklären. und außer Louisa weiß niemand hier daß ich je etwas für den druck geschrieben habe. ich habe nicht den Mut der kritik und dem gespött Gebildeter leute zu begegnen."[21]

Jacobs wußte es einzurichten, daß ihre Tochter, eine ausgebildete Lehrerin, das Manuskript kopierte, wobei Louisa Matilda Orthographie und Interpunktion ohne Zweifel berichtigte. Es gibt jedoch keinen schlüssigen Hinweis darauf, daß Louisa Matilda den Stoff oder den Stil des Buches wesentlich beeinflußte. Einige moderne Leser nehmen die mangelnde Übereinstimmung zwischen der auffällig konventionellen Form und dem inkonventionellen Inhalt zum Anlaß, den Stil der *Incidents* als gehoben zu bezeichnen. Sie erblicken darin eine Ausdrucksweise, die einer ehemaligen Sklavin ungemäß sei, und erheben demzufolge Zweifel an der Authentizität des Textes. Jedoch stimmen sowohl Stil als auch Inhalt völlig mit Jacobs' Privatkorrespondenz und ihren für eine Veröffentlichung vorgesehenen Briefen an die Zeitungen überein, und diese hat sie zweifellos selbst geschrieben. Wie unangemessen diese Leser die Form des Werkes finden mögen – die Sprache und die Syntax der Briefe Jacobs' widerlegen jede Annahme, die *Incidents* könnten von irgendeiner anderen Person geschrieben sein.[22]

Schildert Jacobs' Erzählerin ihren Kampf um die Freiheit, ist die Ausdrucksweise schlicht und geradezu: „Der Krieg meines Lebens hatte begonnen." Wendet sie sich in Zusammenhang mit diesem Gegenstand unmittelbar an den Leser, gebraucht sie die Sprache des Abolitionisten Garrison, der politisch belehren will: „Redet mit den amerikanischen Sklavenhaltern, wie ihr zu den Wilden

Afrikas sprecht. Sagt *ihnen*, daß es unrecht ist, Menschenhandel zu treiben." Die Darstellung der eigenen Sexualgeschichte aber ist gekennzeichnet durch zahlreiche Auslassungen und weitschweifige Umschreibungen. Linda Brent verwandelt sich in eine reuige Bittstellerin, die um Vergebung fleht: „Hab Erbarmen mit mir, o tugendsame Leserin, sei mir gnädig! Du hast nie erfahren, was es heißt, eine Sklavin zu sein."

Jacobs ist sich dessen bewußt, daß sie diesen Gegenstand verschwommen behandelt. Sie wisse, einiges hätte sie deutlicher machen können, gesteht sie, und – in einem Brief an Post – für eine Frau sei es viel leichter, ihre sexuellen Aktivitäten und auf dem Gebiet erfahrenen Kränkungen einer „lieben Freundin" ins Ohr zu „flüstern", als sie so zu „berichten, daß alle Welt darüber lesen" könne. Da sie entschlossen ist und es ihr zugleich widerstrebt, ihre Sexualgeschichte anzusprechen, wird mit voller Absicht alles fortgelassen, „was wie ich dachte – eine Sklavin nach meinung der welt allzu bereitwillig ausplaudern könnte – um mitleid zu erregen". Da sie für ihre Enthüllungen keine angemessene Form findet, verwendet sie den Stil des Verführungsromans.[23] Dann, als das Manuskript nahezu abgeschlossen ist, kommen ihr Bedenken wegen der sensationellen Elemente der Geschichte, und sie bittet Post, eine Stellungnahme zu schreiben, die das Werk im Ansehen der Öffentlichkeit aufwertet.

als ich von Europa nach hause zurückkam sagte ich daß ich meinen freunden gegenüber mein Ms. nicht wieder erwähnen würde bis etwas damit geschehen wäre – wenig ahnte ich wieviel zeit vergehen würde – aber im laufe der zeit schienen die schwierigkeiten zu wachsen – und ich verlor den mut.[24]

Jacobs bemühte sich mehrere Jahre lang, eine Drucklegung zu erreichen. Mit Empfehlungsschreiben Bostoner Führer der Antisklavereibewegung an britische Abolitionisten segelte sie 1858 nach England, war aber nicht in der Lage, Voraussetzungen für eine Veröffentlichung zu schaffen.[25] Wieder in der Heimat, zeitigte ihre Beharrlichkeit endlich Ergebnisse. An Post schrieb sie, wie betrüblich es gewesen sei, daß sie kein Gutachten von Stowe oder Willis hatte vorweisen können; zugleich teilte sie mit, daß sie einen Verleger gefunden habe, der bereit sei, das Manuskript anzunehmen, wenn sie eine Einführung von Lydia Maria Child beschaffen könne: „Ich hatte Mrs Child nie gesehen frühere erfahrung ließ mich bei dem gedanken erzittern mich einem weiteren Satelliten dieser größenordnung zu nähern ... aber ich ... entschloß mich eine letzte anstrengung zu machen durch W C Nells freundliche bereitschaft Mrs Child im A.-S. (Antisklaverei) Büro aufzusuchen, Mrs C ist wie du selbst eine Frau von ganzer seele – wir fanden beide bald den weg zum herzen der anderen – ich will dir einige ihrer briefe schicken ..."[26]

Welcher Art die Hilfe war, die Child als Herausgeberin leistete, geht aus diesen Briefen an Jacobs hervor. Child beschreibt ihr redaktionelles Vorgehen, ähnlich wie später in ihrer Einführung zu *Incidents.* Zusätzlich zu routinemäßigen Veränderungen unterbreitete sie zwei wesentliche Vorschläge, die Jacobs aufgriff. Sie empfahl, die Schilderung der antischwarzen Ausschreitungen nach dem Aufstand Nat Turners zu erweitern. Das Ergebnis findet sich in Kapitel 12. Und sie riet dazu, ein Schlußkapitel über John Brown, das Jacobs nach dem Angriff auf Harpers Ferry 1859 ihrem fertigen Manuskript offenbar angefügt hatte, fallenzulassen.[27]

In einem Brief an einen Freund äußert sich Child über ihre redaktionelle Bearbeitung des Manuskripts: „Ich habe gekürzt und hier und da überflüssige Wörter gestrichen; aber ich glaube kaum, daß ich in dem gesamten Band fünfzig Wörter *geändert* habe." Allerdings bemerkt sie auch, in der Komposition drastische Umstellungen vorgenommen zu haben: „Die bestialischen Grausamkeiten habe ich in einem Kapitel konzentriert, ‚Benachbarte Sklavenhalter' überschrieben, damit diejenigen, die davor zurückschrekken, Greueltaten zu konsumieren, diese Passagen überspringen können, ohne den roten Faden zu verlieren." Childs Darstellung ihrer Rolle als Redakteurin wurde später durch eine britische Besprechung bestätigt. Der Rezensent bezieht sich auf eine anonyme Quelle, in der nichtredigierter Text und veröffentlichte Endfassung verglichen und Feststellungen getroffen werden, „daß das Manuskript mit dem gedruckten Band substantiell übereinstimmt, während der Handlungsablauf dank der freundlichen Hilfe von Mrs. Child verdichtet, flüssiger und kompakter geworden ist".[28] Child nahm eine wesentliche Änderung am Gesamttext vor, als sie das Schlußkapitel fallen- und das Buch in privater

Sphäre enden ließ, mit einer persönlichen Note, nämlich dem Tod der Großmutter der Erzählerin, statt dem einer historischen Figur, statt in politischer Sphäre und der Auseinandersetzung mit dem jüngst erfolgten bewaffneten Angriff auf die Sklaverei; doch indem sie dies tat, stellte sie Jacobs' Manuskript in seiner ursprünglichen Form wieder her.

Im zwanzigsten Jahrhundert messen Kenner afro-amerikanischer Literatur nicht nur der Rolle weißer Herausgeber von Sklavenprosa erhebliche Bedeutung bei, sondern ebenso den authentisierenden Begleitdokumenten dieser Texte. Jacobs' Erzählwerk wurde nicht von weißen Experten männlichen Geschlechts befürwortet, sondern von einer Weißen und einem Schwarzen. Beide waren ihre persönlichen Freunde. Aus der Korrespondenz geht hervor, daß Jacobs, ehe sie mit Child zusammenkam, Vorsorge getroffen hatte, diese Dokumente von Amy Post und George Lowther schreiben zu lassen. Obwohl sie zunächst Childs Vorschlag zustimmte, sie lieber zu nutzen, um *Incidents* nach Erscheinen des Werkes in der Presse anzupreisen, wurden die Briefe dann doch im Buch abgedruckt, wie Jacobs ursprünglich geplant hatte.[29]

Von dem Zeitpunkt an, als sich Child dem Projekt widmete, machten die für die Veröffentlichung notwendigen Vorarbeiten zügige Fortschritte. Ende September 1860 handelte Child mit den Bostoner Verlegern Thayer und Eldridge einen Vertrag für Jacobs aus. Darin war offenbar festgelegt, daß Child unentgeltlich arbeiten und Jacobs zehn Prozent des Ladenpreises als Honorar erhalten sollte. Thayer und Eldridge hatten Jacobs zunächst eine Auflage in Höhe von tausend Stück zugesagt, aber Child, die sich bemüht hatte, die Anti-Slave Society zur Herausgabe des Buches zu bewegen, veranlaßte anscheinend das Hovey Committee – führende Abolitionisten, die über einen freien Fonds verfügten –, einige Exemplare zum Weiterverkauf durch Vertreter der Antisklavereibewegung zu erwerben. Aufgrund dieses garantierten Absatzes erklärten sich Thayer und Eldridge vertraglich bereit, das Buch zu stereotypieren (ein kostspieliges Druckverfahren) und eine Erstauflage von zweitausend Stück vorzusehen. Child übernahm es, Korrektur zu lesen. Jacobs traf Vorkehrungen, mit ihr in Massachusetts zusammenzukommen, um letzte Entscheidungen zu fällen, und im November sollte das Buch erscheinen. Dann hatte Cornelia Willis am 31. Oktober eine Frühgeburt. Da kein

Arzt zugegen war, half Jacobs bei der Entbindung des Babys, das am Tag darauf starb. Jacobs schrieb an Post, sie sei „sehr dankbar“, daß sie für Mrs. Willis habe sorgen können, jedoch enttäuscht, weil sie auf die geplante Zusammenkunft mit Child habe verzichten müssen. In taktvollen Worten drückte sie ihre Entschlossenheit aus, als Schriftstellerin die Kontrolle über ihr Buch an niemanden abtreten zu wollen, auch nicht an eine renommierte Herausgeberin. „Ich weiß, daß Mrs. Child bestrebt sein wird, ihr Bestes zu geben, mehr, als ich ihr je vergelten kann, aber ich hätte dort sein sollen, so daß wir in der Lage gewesen wären, unsere Ansichten zu vergleichen, obwohl ich weiß, daß ihre den meinen überlegen sind, doch wir hätten ihre großen Ideen und meine kleinen gegenüberstellen können.“[30]

Der November kam und ging ins Land. Thayer und Eldridge steckten in finanziellen Schwierigkeiten. Zwar verhandelte Wendell Phillips Anfang Dezember im Auftrag des Hovey Committee mit ihnen und garantierte erneut den Verkauf, aber sie waren bankrott, ehe das Buch herauskam. Es wurde vereinbart, daß Jacobs die Druckplatten von der Boston Stereotype Foundry erwerben und einen Bostoner Drucker beauftragen konnte, das Werk „für die Autorin“ zu veröffentlichen.[31] Ein Jahr später brachte W. Tweedie unter dem Titel *The Deeper Wrong; Or, Incidents in the Life of a Slave Girl* in London eine englische Ausgabe heraus, die offenbar mit Hilfe von Jacobs' Platten entstanden war; lediglich die Seite, die den neuen Titel trägt, unterscheidet sich von dem alten Satz. *Incidents* zu verkaufen erwies sich als fast so problematisch, wie es gewesen war, das Buch zu schreiben und zu veröffentlichen. Die schwarze und die Antisklaverei-Presse warben für das Werk, wenngleich nicht mit dem von Child geforderten Nachdruck, vielleicht deshalb, weil in jenen Wochen, da das Land auf den Bürgerkrieg zuging, weitere Sklavenprosa von geringerer Bedeutung zu sein schien. Jacobs jedoch setzte alles daran, *Incidents* in Umlauf zu bringen. Sie fuhr nach Philadelphia, nahm Kontakt zu dortigen Abolitionisten auf, und bis Mitte Januar hatte sie selbst fünfzig Exemplare verkauft. Ende des Monats trat ihr Freund William C. Nell zweimal im *Liberator* hervor: mit einem Inserat, das bekanntgab, daß das Buch zum Verkauf angeboten wurde, und mit einem Brief, der betonte, daß sich die Verfasserin streng an die Tatsachen hielt. –

Es trägt attraktivere Züge als viele seiner Vorgänger, die Geschichten des Sklavenlebens in Amerika sein wollten, denn im Gegensatz zu der dort vorgenommenen Vermischung von Fiktion und Fakten bedarf diese Darstellung der komplizierten Lebenserfahrung einer jungen Frau, die durch Amerikas besondere Institution dazu verurteilt wurde, Opfer zu sein ..., sicherlich nicht des Zaubers, den dichterische Freiheit, und sei es mit noch so begnadeter und anmutvoller Feder, verleihen könnte. Es strahlt in dem eigenen Glanz, der Wahrhaftigkeit innewohnt – eine Rhetorik, die sich dem klugen Kopf und dem ehrlichen Herzen stets empfiehlt.

In Ohio brachte der Salemer *Anti-Slavery Bugle* eine Rezension und rief westliche Abolitionisten dazu auf, das Buch – für einen Dollar das Stück – beim Boston Anti-Slavery Office zu bestellen.[32]

Das Hovey Committee zahlte $ 100,00 an Jacobs, vermutlich für Exemplare, die von Vertretern der Antisklavereibewegung vertrieben wurden, und Mitte Februar veröffentlichte der *National Anti-Slavery Standard* einen Brief, der *Incidents* mit *Onkel Toms Hütte* vergleicht, lobend hervorhebt, daß auf Affekthascherei verzichtet wird, und das gelegentliche Moralisieren bedauert.

Es ist auf keinen Fall ein extremes Bild von der delikaten Institution. Die Verfasserin wird persönlich nie gezüchtigt und begegnet weißen Freunden, die ihr Mut machen und helfen. Ihr Hauptwidersacher, ein Arzt mit gutem Ruf und Praxis, scheint aller Zurückhaltung unterworfen worden zu sein, die öffentliche Meinung im Süden einem Akademiker aufzubürden vermag ... Auf einige Sätze, mit denen Moral ziemlich beklemmend strapaziert wird, hätte zum Vorteil des Werkes verzichtet werden können. Es wäre zu wünschen, daß sich Child selbst autorisiert gefühlt hätte, sie zu tilgen. Sie sind die stärksten Zeugen, die eine Zusammenfassung dem Richter und das Urteil dem Gericht überlassen.

Eine Woche später brachte der *Standard* eine formale Besprechung und wies darauf hin, daß das Buch im Anti-Slavery Office zu New York gekauft werden konnte.[33]

Bei den Abolitionisten wurde Jacobs rasch als Verfasserin von *Incidents* bekannt. Sie nutzte diesen begrenzten Ruhm, um ein neues Projekt zu fördern: Hilfe für die „contraband“ – Sklaven hinter den Linien der Unionsarmee – und für die Freigelassenen. Als Vertreterin der Quäker von Philadelphia und New York arbeitete sie 1862 und 1863 in Washington, D. C., von 1863 bis 1866 in Alexandria und von 1866 bis 1868 in Savannah. Sie verteilte Kleidung und Lebensmittel und richtete Schulen, Kliniken, Waisenheime ein. Während all dieser Jahre verwendete Jacobs die öffentliche Presse, um Geld für ihre Arbeit zu beschaffen und den Reformern über die Bedingungen im Süden zu berichten.[34]

Trotz dieser Publizität waren zur Jahrhundertwende Jacobs und ihr Buch vergessen. Jene Historiker der Sklavenprosa, die *Incidents* anführten, brachten das Werk nur lose, wenn überhaupt, mit dem Namen Jacobs in Verbindung. Einige hielten es für eine Darstellung, die eine flüchtige Sklavin, nämlich Jacobs, der Herausgeberin Child diktiert hatte. Andere meinten, es sei ein Antisklavenroman, den Child in der Form der Sklavenprosa geschrieben habe. In den sechziger Jahren unseres Jahrhunderts löste die Bürgerrechtsbewegung eine Neuveröffentlichungswelle mehrerer Werke der Sklavenprosa aus, darunter auch *Incidents*, und später erweckte die Frauenbewegung Interesse an dem Buch. Doch Jacobs' Leistung blieb verborgen, bis es der Zugang zu ihren Briefen im Post-Archiv der Universität von Rochester 1981 ermöglichte, ihre Urheberschaft zu authentizieren.[35]

Es ist die „oft-erzählte Geschichte" der amerikanischen Sklaverei in einer anderen, empörenderen Phase als jener, die gewöhnlich gesehen wird: Empörender, weil sie vom Geist und nicht vom Fleisch ist. In diesem Band berichtet eine Frau ... nicht wie *sie* gegeißelt und verstümmelt wurde, sondern daß das System, welches das Konkubinat legalisierte und Ausschweifungen prämierte, Frauen schreckliche Leiden zufügte und viele weitaus Schlimmeres zu erdulden hatten.[36]

Im Brennpunkt dieser anonymen Rezension des *Weekly Anglo-African* aus dem Jahre 1861 steht der ungewöhnliche Charakter von *Incidents*. Obwohl Geschlecht und soziale Stellung der Erzählerin durch den Buchtitel identifiziert werden, handelt es sich nicht um eine weibliche Gefangenschaftserzählung. (Gefangenschaftserzählungen, die zu Jacobs' Zeiten noch populär waren, präsentierten eine weiße Heldin, die sich „demütig dem beugte, was sie als rechtmäßige Gottesstrafe akzeptierte", nämlich von amerikanischen Ureinwohnern gefangengehalten zu werden.)[37] Im Gegensatz hierzu stellt sich Jacobs' Linda Brent wie alle Sklavenerzähler als schwarzer Kämpfer für die Freiheit vor. In *Incidents* bieten ihre Charakterisierung Dr. Flints, die Einbeziehung der Briefe und das Gesuchteninserat, das er aufgab, um sie zu fangen, die raffinierte Version einer Machtumkehr, wobei der Sklave den Herrn kontrolliert.[38]

Wie in anderen Sklavenerzählungen sind auch in *Incidents* Blickwinkel und Perspektive revolutionär; und wie andere Erzähler verweist Jacobs mit dem Untertitel auf ihre Urheberschaft („Von ihr selbst geschrieben"), gebraucht sie die erste Person, betrachtet sie die Unterdrückung durch Methoden der Sklaverei vom Standpunkt einer Versklavten aus.[39] Ungewöhnlich ist nur, daß der Titel auf das weibliche Geschlecht der Autorin aufmerksam macht und daß dieses Buch nicht die Darstellung eines Lebens, sondern einiger Begebenheiten dieses Lebens beinhaltet. Das Vorwort beteuert die Wahrhaftigkeit der Schilderung, offenbart aber gleichzeitig, daß sich die Verfasserin der Anonymität verpflichtet fühlt und Namen von Personen und Orten geändert hat. Die später getroffene Feststellung, Sklaverei sei schrecklich für Männer, aber für Frauen bei weitem schrecklicher, kennzeichnet den speziellen Gegenstand des Werkes: den Kampf einer Frau gegen ihre Unterdrückung als sexuelles Objekt und als Mutter in der Sklaverei.

Das Buch *Incidents* weicht wesentlich von bekannten Auffassungen ab. Gemeinhin gilt es als charakteristisch für die Sklavenprosa, daß dieses Genre „das Streben nach Freiheit und Bildung" dramatisiert.[40] *Incidents* jedoch, vielleicht das am breitesten angelegte erzählerische Sklavenwerk einer Afroamerikanerin, zeigt eine heroische Sklavenmutter, die für die Freiheit und für ein Heim streitet. Sie läuft davon, um ihre Kinder – und insbesondere die Tochter – vor der Versklavung zu bewahren. Männer und Frauen wurden im Amerika des neunzehnten Jahrhunderts nach kontrastierenden Charaktereigenschaften gewertet, und Kritiker haben unlängst deutlich gemacht, daß Frederick Douglass 1845 mit seiner klassischen *Narrative* den Hauptheiden in der Erzählung in Form physischer Tapferkeit als eines wichtigen „maskulinen" Attributs agieren läßt. Es kann daher nicht überraschen, wenn Jacobs ihre Linda Brent in Gestalt der Mutter, der am höchsten geschätzten „femininen“ Rolle, präsentiert.[41]

Doch folgt Linda Brents Bericht von der triumphalen Schlacht einer „armen Sklavenmutter“ für die Freiheit in manchem Punkt bestimmten Standardmustern des Genres. Wie in anderen Erzählwerken wird dieser Kampf als etwas sich Wiederholendes gesehen. Trotz der Flucht von ihrem Herrn in der Buchmitte und des Entkommens nach Norden, ein Dutzend Kapitel später, erreicht sie ihr Ziel, die Freiheit, erst auf den letzten Seiten. Das Schema wiederholten Kampfes wird unterstrichen durch ihre Anstrengungen, die Kinder zu befreien. Während der Kauf durch den weißen Vater sie scheinbar vor dem verhaßten Herrn ihrer Mutter rettet, macht die fragwürdige Legalität der Transaktion sie gegenüber seinen Ansprüchen weiterhin verwundbar. Obwohl sie später in den Norden geschickt werden, bleiben sie bis zum Schluß der Gefahr ausgesetzt, von der jungen Herrin ihrer Mutter an sich gerissen zu werden, weil ihr Vater sie nicht emanzipiert hat.

Der Kampf um die Freiheit wiederholt sich nicht nur, er ist allgegenwärtig. Eine Gruppe eingeschobener Kapitel schildert die Versuche von Verwandten Linda Brents – ihres Onkels, ihrer Tante, ihres Bruders –, sich selbst oder ihre Familien zu befreien. Ein anderes liefert einen größeren Rahmen für ihre Widerspenstigkeit, indem es einige Aspekte des Sklavenlebens in Amerika behandelt, wie ideologische Indoktrination und religiöse Praktiken, und indem es Bezüge zu aktuellem historischem Geschehen herstellt, zum Beispiel dem Aufstand Nat Turners oder dem Sklavenfluchtgesetz des Jahres 1850.

Der nachfolgende Text ist aus dichtgefügtem Guß. Obwohl der Sklavenerzähler mit dem „entwurzelten, entfremdeten“ Picaro verglichen worden ist, begreift sich Linda Brent als fest in einem bestimmten sozialen Bereich angesiedelte Person. Sie nimmt damit Ansichten über den Süden vorweg, die im zwanzigsten Jahrhundert von so unterschiedlichen Kommentatoren wie dem Romancier William Faulkner und dem Farmlandpächter Nate Shaw geäußert wurden.[42] Ihre wiederholten Bemühungen, sich selbst und die Kinder zu befreien, vollziehen sich im Kontext von Versuchen aufeinanderfolgender Generationen ihrer Familie, ihren Kindern zur Freiheit zu verhelfen. Der Großmutter gelang es, einen Sohn zu emanzipieren; dem Vater blieb in ihrem und ihres

Bruders Falle der Erfolg versagt. Linda Brent offenbart ihr Verhältnis zu beiden rassischen Gruppen, aus denen sich die begrenzte Gesellschaft ihrer Heimatstadt zusammensetzt, und sie nennt andeutungsweise die komplexen zwischenmenschlichen Beziehungen, die vier Generationen der Familie ihrer Großmutter und vier Generationen von deren Herren verbanden. Prüfen wir diese Angaben an dem, was aus Jacobs' eigenem Leben bekannt ist, so erweisen sie sich als bemerkenswert exakt; die meisten Diskrepanzen betreffen nicht die Erzählerin oder ihre Familie – deren Erfahrungen sehr genau mit denen von Jacobs und ihrer Familie übereinstimmen –, sondern weiße Personen. So wird Linda Brent zum Beispiel inkonsequent, wenn sie das Alter ihrer jungen Herrin angibt, und sie bringt den Tod einer Pastorenfrau und den eines Gemeindemitglieds durcheinander.[43]

Der ungewöhnliche Status ihrer Großmutter als freie Frau unter mächtigen weißen Freunden verschafft Linda Brent wichtige Protektion. Nach der Rebellion Nat Turners schützt er das Haus vor marodierenden weißen Patrouillen. Dank dieser Sonderstellung erhält Linda Zutritt zu der Sklavenhalterin, die sie davor bewahren möchte, von Dr. Flint belästigt zu werden, ebenso zu einer anderen, die ihr eine Zeitlang Unterschlupf gewährt, und – was das Wichtigste ist – unterläßt es Dr. Flint, sich an ihr zu vergreifen. Linda Brent bezieht Position als „Großmutters Kind“, nicht nur in bezug auf die weiße Stadtbevölkerung, sondern auch in ihrem Verhältnis zur Gemeinschaft der Sklaven und freien Schwarzen. Indem sie über Betveranstaltungen und Volksheilkunde schreibt, Geschichten und Bruchstücke von Gesängen wiedergibt, die Festlichkeiten der John Kuners schildert – Zelebranten einer in die Neue Welt transplantierten afrikanischen Zeremonie –, zeigt sie, daß sie im schwarzen Leben verwurzelt ist.

In *Incidents* verbindet Linda Brent ihren Freiheitskampf mit der aktiven Unterstützung ihrer Familie. Trotz schrecklicher Gefahren helfen ihr Großmutter, Onkel, Tante, Bruder, ja sogar – wie sie später erfährt – Sohn und Tochter, unentdeckt zu bleiben und zu fliehen – helfen ihr und machen ihr Mut. Darüber hinaus zeichnet sie ihre eigenen Anstrengungen und die ihrer Familie als eingebettet in den größeren Zusammenhang des sich vollziehenden Kampfes um die Freiheit durch eine gesamte schwarze Gemeinschaft. James, Charitys Sohn, entkommt. Luke läuft einem Sklavenhändler davon. Die alte Aggie verbirgt ihre flüchtige Tochter. In entscheidenden Augenblicken identifiziert die Erzählerin Mitglieder dieser größeren Gemeinschaft – Sally, Betty, Peter –, die der Familienkonspiration zu ihrem Nutzen dienlich sind. Als sie nach Norden geflohen ist, schließt sie sich in Philadelphia rasch einem Zirkel schwarzer Aktivistinnen an und sucht schwarze Zuwanderer aus ihrer Heimatstadt. Später wiederholt sie diese Handlungsweise in New York, Boston und Rochester.

Linda Brents Geschichte unterscheidet sich auch insofern von den meisten Sklavenerzählungen, als die Hauptheldin nicht unmittelbar nach dem Entkommen in den Norden geht. Fast ein Viertel des Buches beschreibt ihr Leben in dem Schlupfwinkel. Während dieser Zeit ist sie nicht ausschließlich mit Lesen und Nähen beschäftigt. Sie benutzt ihre Dachkämmerchenzelle zum Zwecke militärischer Aufklärung, spioniert von dort ihrem Feind nach, organisiert eine psychologische Kriegsführung gegen ihn. Von ihrem engen Versteck aus sorgt sie dafür, daß die Kinder an ihren Vater verkauft werden, richtet sie es so ein, daß die Tochter nach Norden gelangt, täuscht sie ihrem Herrn vor, daß sie den Süden verlassen hat, und ganz buchstäblich leitet sie eine Vorstellung, in der sich Dr. Flint zum Narren macht, während sie unbemerkt lauscht.

Bei *Incidents* handelt es sich um ein Hauptwerk der Sklavenliteratur. Zugleich ist es ein Hauptwerk innerhalb des Ensembles der afroamerikanischen Schriftstellerinnen. Harriet E. Wilsons *Our Nig* (1859), das formale Aspekte von Sklavenerzählungen und Frauenbelletristik modifizierte, indem es die schwarze Frau als dichterisches Objekt in dichterisches Subjekt transformierte, wurde durch Wilsons „farbige Brüder“ entweder „ignoriert oder übersehen“; erst bei dem Neudruck 1983 erkannte man seine Bedeutung.[44] In *Incidents* dagegen wurde sofort ein Beitrag zur afroamerikanischen Literatur gesehen.

Jacobs' Buch mag sehr wohl Frances Ellen Matkins Harpers bahnbrechenden Roman *Iola Leroy; Or, Shadows Upliftet* (1892) beeinflußt haben, der seinerseits geholfen hat, den Schriften Zora Neal Hurstons und anderer Vorläufer der heutigen schwarzen Schriftstellerinnen Gestalt zu geben. Wie Jacobs arbeitete Harper während der Rekonstruktion im Süden. Sie siedelte ihr Buch in diesem Rahmen an und behauptete – so eine Notiz zum Roman –, ihre Geschichte von drei Generationen „weißer Sklavinnen" aus „Fäden von Fakten und Fiktion" gewebt zu haben.[45] *Iola Leroy* erinnert an *Incidents*, nicht nur, weil das Werk im Kampf einer hellhäutigen Frau gipfelt, die als Sklavin sexuell mißbraucht worden ist, sondern auch durch die gewählten Namen und Standorte. Harpers Gestalten repräsentieren das reiche Potential schwarzer Kultur aus North Carolina, und sie heißen Harriet und Linda.

Während Linda Brents zweites Ziel – ein Heim – unerreicht bleibt, endet das Buch *Incidents* wie alle literarischen Sklavenwerke mit der Erringung der Freiheit, dem ersten Ziel der Erzählerin. Doch obwohl auch die Kinder frei sind, ist der Triumph Linda Brents nicht ungetrübt. Als sich ihre Brotgeberin Mrs. Bruce erbietet, sie zu kaufen, um sie in die Freiheit zu entlassen, vermischt sich Erleichterung mit Betrübnis darüber, daß die Freiheit erkauft wird, was ein Zugeständnis an die Gepflogenheiten der Sklaverei bedeutet. In einem Brief an Post vergleicht Jacobs ihr Schicksal mit dem der biblischen Gestalten Jakob und Hiob, wobei sie helle Empörung zum Ausdruck bringt und dann resigniert: »Ich diente meiner Freiheit so treu, wie Jacob der Rachel diente. Am Ende hatte er große Besitzungen; aber ich wurde um den Sieg betrogen; ich war genötigt, auf meine Krone zu verzichten, um mich von einem Tyrannen zu befreien."[46] Literaturkritiker würden dies bestreiten. Indem Jacobs Linda Brent schuf, ihre Lebensgeschichte schrieb und veröffentlichte, errang sie ihren Sieg.

liebe Amy wenn es das leben einer Heldin wäre an der es nichts auszusetzen gäbe ... seit zwei jahren versuche ich (meinen störrischen Stolz) zu bezwingen und ich fühle daß Gott mir geholfen hat oder ich wäre niemals bereit irgendeine mit meinem vergangenen leben bekanntzumachen denn ich würde es nicht tun ohne die ganze wahrheit zu berichten wenn es einer anderen mein schicksal ersparen könnte wäre es selbstsüchtig und unchristlich von mir sie zurückzuhalten.[47]

Es ist kein Zufall, daß zalreiche Kritiker Jacobs' Werk für Fiktion hielten. Das Eingeständnis sexuellen Fehlverhaltens, das Schuldgeständnis wie in den Passagen, in denen Linda Brent von ihrem

Leser beurteilt werden möchte, rücken *Incidents* in die Nähe eines populären Genres, des Verführungsromans.

Doch während das Werk den Gegenstand – die sexuelle Unterdrückung der Frau – mit diesem Genre gemein hat, unterscheidet die Art und Weise, wie Jacobs' Hauptheldin auf diese Tyrannei reagiert, den ideologischen Gehalt des Buches deutlich von dem fiktiver Literatur wie Susannah Rowsons immergrüne *Charlotte Temple* (1791) ebenso wie von dem abolitionistischer Versionen der Verführungsgeschichten, z. B. Childs „The Quadroons" (1842), wo eine „tragische Mulattin", ein Opfer, im Zentrum steht, eine Frau gemischter Rasse, die von dem Weißen, den sie verehrt, verraten wird. Verführungsromane und -geschichten zeigen eine hilflose, tugendhafte Frau als Beute des Mannes; unweigerlich fügt sie sich seinem Drängen; unweigerlich geht sie zugrunde. Das Buch *Incidents* stellt komplexeres Geschehen dar. Linda Brents entschiedene (wenngleich stillschweigende) Ablehnung der stereotypen tragischen Mulattin liegt eingebettet in ihrer Antwort auf die Bemerkungen Miss Fannys, Großmutters alter Herrin. Sie „wünschte mir und allen Angehörigen meiner Großmutter die Ruhe des Grabes, weil sie erst dann unserthalben Frieden finden würde. Die gute alte Seele ließ es sich nicht träumen, daß ich vorhatte, ihr zu diesem zu verhelfen, jedoch nicht durch den Tod, sondern indem ich mir und meinen Kindern die Freiheit verschaffte."[48]

Unsanktionierte weibliche sexuelle Betätigung ist in *Incidents* nicht mit Selbstzerstörung und Tod verknüpft; sie wird statt dessen als fehlerhafte Taktik beim Kampf um die Freiheit hingestellt. Jacobs' Erzählerin charakterisiert sich nicht als passives weibliches Opfer, sondern versteht sich vielmehr als – wenngleich jung und Sklavin – wirksames moralisches Agens. Sie übernimmt die volle Verantwortung für ihre Taten: „Ich verschmähe es, mich hinter Entschuldigungen zu verstecken, etwa daß ich zu dem Fehltritt gezwungen wurde, denn so ist es nicht gewesen. Auch kann ich weder Unwissenheit noch Gedankenlosigkeit vorschützen ... Ich wußte, was ich tat, und tat es mit wohlüberlegter Berechnung."

Die Erzählerin vertritt auch nicht die Standardauffassung, die Selbstachtung einer Frau sei eine einfache Folge ihres Festhaltens an konventionellem Sexualverhalten. Zwar ist sie in Zusammenhang mit ihren Anstrengungen, sich die Selbstachtung zu erhalten, auch bemüht, ihre Virginität zu bewahren, aber beide Bestrebungen sind auf verwandte, jedoch nicht identische Ziele gerichtet. Da ihr gesetzlicher Schutz verwehrt bleibt, da ihr nicht einmal außergesetzliche Ehe mit einem geliebten Mann zugestanden wird, unternimmt sie, wie sie schreibt, einen verzweifelten Versuch, ihren verhaßten Herrn daran zu hindern, sie zum Konkubinat zu zwingen. Zugunsten der Genugtuung, sich die „Selbstachtung" zu erhalten, verzichtet sie darauf, „sauber" zu bleiben. In der Anstrengung, ihre Autonomie als menschliches Wesen zu behaupten, um sich nicht völlig dem Willen eines anderen zu unterwerfen, gibt sie ihren Versuch auf, sexuellen Kontakten aus dem Weg zu gehen. Die Bereitschaft, Mr. Sands' Geliebte zu werden, wird für sie zu einem Mittel, der Forderung ihres Herrn zu trotzen: „Selbst diese nichtige Genugtuung bedeutete einen kleinen Triumph über meinen Tyrannen."

Es ist schwer zu bestimmen, inwieweit es sich bei Linda Brents negativen Wertung der großen Sünde, sich „kopfüber" in die Arme eines Mannes zu stürzen, lediglich um ein verbales Zugeständnis an die Konvention handelt, oder in welchem Ausmaß sie ernsthaft einen sexuellen Standard rechtfertigen soll, der sie verurteilt.[49] Wie andere von Sklavinnen verfaßte epische Werke entwirft auch das Buch *Incidents* ständig das Bild einer Gesellschaft, die Sklavinnen nicht nur daran hindert, vorhandene moralische Normen einzuhalten, sondern sie zwingt, den Standard zu verletzen. In einem der interessantesten Sätze des Buches geht die Erzählerin zum Präsens über und bietet eine radikale Alternative zu der sexuellen Ideologie, die anscheinend ihr Geständnis prägt. Nachdem ihr – in mittleren Jahren – die „schmerzliche, schmähliche Erinnerung" an die Sexualgeschichte ihrer Jugend aufgestoßen ist, schreibt sie: „Und dennoch, wenn ich Rückschau halte, das Geschehen in meinem Leben ruhig überblicke, dann fühle ich, daß die Taten einer Sklavin nicht an dem sonst üblichen Maß gemessen werden sollten." Will sie damit sagen, daß sie im reiferen Alter zu der Ansicht gelangt ist, Frauen wie sie sollten (wie Männer) auf einer komplexen Moralgrundlage beurteilt werden – nicht (wie Frauen) einzig und allein anhand der Frage, ob sie mit dem von dem weißen Patriarchat geforderten Sexualverhalten konform gehen? Schlägt Harriet Jacobs, schwarzer Flüchtling und Sklavenautorin, Schöpferin des schwarzen Flüchtlings, der Sklavenerzählerin Linda Brent, schlägt sie hier vor, die weibliche Moralität neu zu definieren, indem sie sich auf ihre eigene sexuelle Erfahrung in einer brutalen und korrupten patriarchalischen, rassistischen Gesellschaft stützt? Eingebettet in die größeren Zusammenhänge der Erzählung läßt dieser stille Kommentar so viele Fragen offen wie einst Sojourner Truths Neu-Definition des Frau-Seins.[50]

Beim ersten Lesen ruft Jacobs' Erzählung von ihrer siebenjährigen Selbsteinkerkerung Assoziationen zum Bild der „Verrückten in der Dachkammer" hervor, zum Doppelwesen Alter ego vom „Engel im Haus", der in der populären Literatur des neunzehnten Jahrhunderts ein Zimmer bewohnt.[51] Anders jedoch als in jener Belletristik bildet die Frau in der Dachkammer das Zentrum der Erzählung, und diese ist völlig normal. Linda Brent zieht den winzigen Verschlag über dem Vorratsraum der Großmutter dem Bett ihres Herrn vor, und Großmutter, die allem Anschein nach konformistische Frau in der Küche unten, leistet Beihilfe zum Aufbegehren. Die Ziele, die Harriet Jacobs' verborgene Frau anstrebt, heißen nicht Zerstörung und Selbstzerstörung, sondern Freiheit und ein Heim.

Die Anerkennung häuslicher Werte schlägt eine Brücke zu den sogenannten „Frauenromanen". Diese Werke – von Frauen für Frauen geschrieben – sind (nach den Worten Nina Bayms) Chroniken „der Nöte und des Triumphes ... einer Heldin, die, durch Schwierigkeiten in Bedrängnis geraten, in sich selbst hinreichend Intelligenz, Willenskraft, Wendigkeit und Mut findet, um sie zu überwinden". Letzten Endes jedoch stellen diese Autorinnen ein unglückliches Heim als Quelle des Übels dar und ein glückliches als Zentrum menschlichen Segens. Wie diese Literatur ist auch Jacobs' Buch an eine weibliche Leserschaft gerichtet, aber statt die Vorstellung hochzuspielen, der private Bereich sei das angemessene Betätigungsfeld der Frau, beinhaltet es eine soziale Analyse, bezeichnet es die Vorenthaltung häuslicher und familiärer Werte durch die Eigentumssklaverei als soziales Problem, das die Leserinnen in der Öffentlichkeit zur Sprache bringen sollten. Jacobs' Linda Brent will ihre Leserschaft nicht inspirieren, individuelle Charaktermängel zu bekämpfen oder durch reformistische Aktivitäten in der Privatsphäre Veränderungen zu erreichen, sondern fordert sie auf, die öffentliche Sphäre zu betreten und dafür zu wirken, daß Sklaverei und weißer Rassismus beseitigt werden. Kein Häuslichkeits- oder Hausfrauenkult also spricht aus *Incidents*, sondern politisches Engagement für die Gleichberechtigung der Frau. Das Buch unternimmt den Versuch, die Frauen zu politischer Aktion zu bewegen.[52]

Als Jacobs 1849 in Rochester war, kritisierten die Mitglieder des Zirkels eine Ungleichberechtigung, die auf Garrisons Analyse der Sklaverei fußte. Bei ihrer Einschätzung des Modells schrieben diese abolitionistischen Frauenrechtlerinnen von „der Sklaverei der Frauen“. Die engagiertesten von ihnen, zu denen Amy Post gehörte, verwechselten ihre eigene Erfahrung nicht mit der dreifachen Unterdrückung aufgrund von Geschlecht, sozialem Stand und der Rasse, der die Frauen in der Sklaverei ausgesetzt waren, wie sie wußten. Dennoch war es das Bewußtsein ihrer eigenen Unterdrückung, das freigeborene weiße Frauenrechtler anspornte, sich mit flüchtigen schwarzen Sklavinnen wie Jacobs zu identifizieren.[53]

Als Jacobs *Incidents* schuf, verband sie dieses Bewußtsein der Frauenrechtlerinnen mit der schwarzen Bewußtheit, die sie als „Großmutters Kind“ in sich aufgenommen hatte. Angesichts der Tatsache, daß die in sich geschlossene Stadtbevölkerung in zwei feindliche Lager gespalten war – in das der Schwarzen, von Gegnern der Sklaverei, und in das der Weißen, von Befürwortern der Sklaverei –, enthält das Werk einige erstaunliche Einzelheiten. Wir erwarten, hilfsbereiten schwarzen Frauen zu begegnen, Sklavinnen und Freien, ebenso der benachbarten teuflischen Sklavenhalterin und der eifersüchtigen Herrin. Aber wie ist es zu erklären, daß es weiße Frauen gibt, die aus den Reihen der Sklavenhalter ausscheren, um Linda Brent zu unterstützen? Wie soll man es verstehen, daß eine Dame auf Bitten einer Großmutter den Herrn einer jungen Sklavin daran zu hindern sucht, sie weiterhin zu belästigen? Seltsamer noch, wie können wir begreifen, daß eine Sklavenhalterin die flüchtige Sklavin einen Monat lang verborgen hält oder daß im Norden die Brotgeberin der Linda Brent ihr das eigene Baby anvertraut, damit sie als Kindermädchen reisen kann, nicht als Flüchtling erkannt wird, den Häschern entkommt? Eine Erklärung ist die: Alle diese Personen fühlen sich dadurch angesprochen, daß Linda Brent als Frau unterdrückt und sexuell ausgebeutet wird und als Mutter ihre Kinder aufziehen möchte. Es ist ein zentrales Anliegen von *Incidents*, zu zeigen, wie weiße Frauen ihre Zugehörigkeit zu Rassen und Klasse hintanstellen, weil sie der stärkeren Zugehörigkeit zur Schwesterlichkeit verbunden sind.

In dem unterzeichneten Vorwort nennt Jacobs' Erzählerin das Publikum, an das sie sich wendet, und verkündet ihre Absicht: „Doch ernsthaft wünsche ich den Frauen des Nordens bewußt zu machen, unter welchen Bedingungen die versklavten Frauen im Süden ihr Dasein fristen. Zwei Millionen erdulden ..." Jacobs' Buch überwindet den Bruch, der schwarze Frauen von weißen, Sklavinnen von freien, arme von reichen trennt. Es überbrückt die Kluft zwischen „bösen" und „guten" Frauen und stellt einen Versuch dar, eine amerikanische Schwesterngemeinschaft zu schaffen und diese anzuregen, in der Öffentlichkeit zu wirken.

Daneben enthüllt eine schwarze Frau unter einem Pseudonym die schockierende Geschichte, wie sie den Regeln sexueller Schicklichkeit trotzt, und in diesem Unterfangen wird sie durch eine prominente weiße amerikanische Schriftstellerin unterstützt. Fast dreißig Jahre vorher hatte Child der amerikanischen Literatur einen unauslöschlichen Stempel aufgedrückt, als von ihr der verbotene Gegenstand der Sklaverei aufgegriffen worden war.[54] Indem sie dann *Incidents* vorstellte, die Erzählung einer pseudonym schreibenden „unreinen" Frau über den „verbotenen Gegenstand" der sexuellen Ausbeutung von Frauen in der Sklaverei, brach sie abermals ein Tabu. In ihrer Einführung vermeldet Child, daß die Herausforderung beabsichtigt ist: „Ich weiß, daß mich viele der Unanständigkeit bezichtigen werden, weil ich diese Seiten der Öffentlichkeit übergebe ... Dieser besondere Bereich der Sklaverei ist gemeinhin verschleiert worden; aber die Öffentlichkeit sollte mit seinen ungeheuerlichen Erscheinungen vertraut gemacht werden ..." Sowohl die Schaffung als auch die Veröffentlichung von *Incidents* waren bedeutsame Ereignisse in der Geschichte der amerikanischen Frauenliteratur.

Zu der Zeit, als das Buch erschien, behaupteten abolitionistische Literaturkritiker wie Thomas Wentworth Higginson, das Leben flüchtiger Sklaven mache „das Romantische der amerikanischen Geschichte" aus. Die meisten schwarzen Frauen der Generation von Jacobs verfügten nicht über die Voraussetzungen, um sich an ein Publikum von „Lesern" wenden zu können. Da ihnen der Zugang zur Belletristik verschlossen blieb, lieferten sie ihre literarischen Beiträge im Rahmen der mündlichen Tradition. Jacobs gehörte zu einer sehr kleinen Gruppe afroamerikanischer Frauen, die ein Buch wie dieses schaffen konnte. Es bietet dem Romantischen in der amerikanischen Erzählkunst und weiblichen Charakteren wie Hawthornes Hester Prynne eine neue Perspektive.[55] Mögen die Konflikte der Geschichte und mitunter auch die Erzählerin einer herkömmlichen Sprache und literarischen Konventionen verhaftet bleiben, was dem ganz und gar nicht traditionellen Inhalt inadäquat zu sein scheint – dennoch verändert das Buch *Incidents* wie alle großen amerikanischen Erzählwerke die Konventionen der Literatur.

Unter Jacobs' Feder wird aus der passiven Frau der Gefangenschaftsliteratur eine aktive Heldin, die handelt, um sich zu retten. Unter ihrer Feder wandelt sich die Sklavenerzählung von der Geschichte eines Einzelgängers, der Freiheit und Bildung erstrebt, zur Geschichte einer Heldin, die eng mit Familie und Gemeinschaft verbunden bleibt und Freiheit und ein Heim für ihre Kinder sucht. Unter ihrer Feder vollzieht sich die Metamorphose der pathetischen, verführten „tragischen Mulattin" weißer Belletristik, eines Opfers der Täuschung und Wankelmütigkeit eines Weißen, zu einem unerfahrenen Mädchen, das in seinem Kampf um Autonomie eine verzweifelte Wahl trifft. Die „Mammy" weißer Fiktion wird hier nicht Amme weißer Babies, sondern Erzieherin und Befreierin der eigenen Kinder. Unter Jacobs' Feder tritt an die Stelle einer Verrückten in der Dachkammer eine gesunde Frau, die Pläne zu ihrer Befreiung schmiedet. Statt in einem häuslichen Milieu Selbstbeherrschung zu erlernen, lernt es die junge Frau, sich für politische Aktion zu engagieren. Harriet Jacobs erzählt eine Geschichte, die in der schwarzen Literatur, unter den Werken der Schriftstellerinnen und in der amerikanischen Literatur überhaupt neu ist, wahre und tatsächliche Begebenheiten aus ihrem Leben in der Sklaverei.

Anmerkung zu dieser Ausgabe

Der Text von *Incidents* folgt der ersten amerikanischen Ausgabe (Boston, 1861). Einige eindeutige typographische Irrtümer wurden stillschweigend korrigiert.

Die Korrespondenz wurde so genau wie möglich von den handschriftlichen Urkunden übertragen. Jacobs versieht wichtige Wörter mit großen Anfangsbuchstaben, jedoch nicht die Satzanfänge usw. Da sie in den frühen Briefen auch die meisten Satzzeichen, sogar Schlußpunkte, ausläßt, wurden in dieser Ausgabe zwischen den Sätzen Zwischenräume eingefügt, um dem Leser die Lektüre zu erleichtern. Vgl. die beiden photokopierten Briefe, die hier aufgenommen wurden.

BEGEBENHEITEN
IM LEBEN EINES
SKLAVENMÄDCHENS,
VON IHM SELBST BESCHRIEBEN

INCIDENTS

IN THE

LIFE OF A SLAVE GIRL.

WRITTEN BY HERSELF.

"Northerners know nothing at all about Slavery. They think it is perpetual bondage only. They have no conception of the depth of *degradation* involved in that word, SLAVERY; if they had, they would never cease their efforts until so horrible a system was overthrown."

A WOMAN OF NORTH CAROLINA.

"Rise up, ye women that are at ease! Hear my voice, ye careless daughters! Give ear unto my speech."

ISAIAH xxxii. 9.

EDITED BY L. MARIA CHILD.

BOSTON:
PUBLISHED FOR THE AUTHOR.
1861.

Titelseite der ersten Ausgabe

BEGEBENHEITEN

IM LEBEN

EINES SKLAVENMÄDCHENS,

VON IHM SELBST BESCHRIEBEN.

„Die Nordstaatler wissen gar nichts über die Sklaverei. Sie denken, es sei nur lebenslange Knechtschaft. Sie haben keine Vorstellung, welche tiefe *Entwürdigung* das Wort SKLAVEREI beinhaltet; wäre es anders, würden sie in ihren Anstrengungen nicht nachlassen, bis ein so schreckliches System überwunden ist.“

Eine Frau aus North Carolina.

„Stehet auf, ihr stolzen Frauen! Höret meine Stimme, ihr Töchter, die ihr so sicher seid, nehmt zu Ohren meine Rede!“

Jesaja XXXII/9.

Herausgegeben von L. Maria Child

BOSTON:
VERÖFFENTLICHT FÜR DIE AUTORIN.
1861.

Personenverzeichnis

LINDA BRENT	Harriet Ann Jacobs
TANTE MARTHA	Molly Horniblow, Jacobs' Großmutter
ONKEL PHILLIP	Mark Ramsey, Molly Horniblows älterer Sohn
AUNT NANCY	Betty, Molly Horniblows Tochter
UNCLE BENJAMIN	Joseph, Molly Horniblows jüngerer Sohn
WILLIAM	John S. Jacobs, Jacobs' Bruder
BENNY	Joseph Jacobs, Jacobs' Sohn
ELLEN	Louisa Matilda Jacobs, Jacobs' Tochter
MISS FANNY	Hannah Pritchard
DR. FLINT	Dr. James Norcom
MRS. FLINT	Mary Matilda Horniblow Norcom, Dr. Norcoms Frau
YOUNG MR. FLINT	James Norcom jr.
MISS EMILY FLINT, später MRS. DODGE	Dr. Norcoms Tochter Mary Matilda Norcom, später Mrs. Daniel Messmore
MR. SANDS	Samuel Tredwell Sawyer
MR. und MRS. HOBBS	James Iredell Tredwell und Mary Bonner Blount Tredwell, Sawyers Cousine
MR. THORNE	Joseph Blount, Mrs. Tredwells Bruder
MR. BRUCE	Nathaniel Parker Willis
MRS. BRUCE	Mary Stace Willis, Nathaniel Parker Willis' erste Frau
BABY MARY	Imogen Willis
THE SECOND MRS. BRUCE	Cornelia Grinnell Willis, Nathaniel Parker Willis' zweite Frau

Vorwort

Leserin, sei versichert: Diese Geschichte ist nicht erfunden. Ich bin mir bewußt, daß einige meiner Abenteuer unglaublich erscheinen; dennoch sind sie absolut wahr. Ich habe die Verbrechen der Sklaverei keineswegs übertrieben; vielmehr verzichtet meine Schilderung sogar auf einige Fakten. Ortschaften bleiben ungenannt, den Personen wurden fiktive Namen gegeben. Dabei hatte ich um meinetwillen nicht die geringste Veranlassung, etwas zu verschweigen, doch hielt ich es gegenüber anderen für rücksichtsvoll und angebracht, in dieser Weise zu verfahren.

Ich wünschte nur, daß ich der Aufgabe, die ich übernommen habe, besser gewachsen wäre, und hoffe, meine Leser mögen mir die vorhandenen Schwächen der Umstände halber nachsehen. Als Sklavin geboren und aufgezogen, verbrachte ich siebenundzwanzig Jahre in einem Sklavenhalterstaat. Seitdem ich im Norden wohne, muß ich für den eigenen Lebensunterhalt und für die Erziehung meiner Kinder fleißig arbeiten. So verblieb mir wenig Zeit, den aus der Vergangenheit herrührenden Bildungsmängeln gründlich abzuhelfen. Auch bin ich gezwungen gewesen, diese Seiten in unregelmäßigen Abständen aufs Papier zu bringen. Immer dann habe ich geschrieben, wenn ich bei all meinen häuslichen Pflichten eine Stunde erübrigen konnte.[1]

Als ich in Philadelphia eintraf, riet mir Bischof Paine, eine Skizze meines Lebens zu veröffentlichen, und ich wandte ein, daß ich hierzu völlig ungeeignet sei.[2] Diesen Standpunkt vertrete ich heute noch, selbst wenn ich inzwischen ein wenig an mir gearbeitet habe; doch ich bin zuversichtlich, meine Beweggründe werden entschuldigen, was anderenfalls anmaßend erscheinen müßte. Ich habe meine Lebensgeschichte nicht verfaßt, um auf mich aufmerksam zu machen; im Gegenteil, viel lieber ließe ich sie unerwähnt.[3] Ich beschreibe meine Leiden nicht, um Mitgefühl zu erregen. Doch ernsthaft wünsche ich den Frauen des Nordens bewußtzumachen, unter welchen Bedingungen die versklavten Frauen im

Süden ihr Dasein fristen. Zwei Millionen erdulden, was ich erdulden mußte, und die meisten von ihnen weitaus Schlimmeres. So möchte ich den bereits vorhandenen, gediegeneren Federn entflossenen Zeugnissen das meine hinzufügen, um den Menschen der freien Staaten zu verdeutlichen, was Sklaverei wirklich ist. Nur persönliche Erfahrung vermag zu lehren, wie tief, finster und schmutzig jene Grube der Greuel ist.[4] Möge zum Wohle meines geschundenen Volkes der Segen Gottes auf diesem unvollkommenen Versuch ruhen!

Linda Brent

Einführung der Herausgeberin

Die Autorin der nachfolgenden Biographie ist mir persönlich bekannt, und ihre Gespräche und Umgangsformen flößen mir Vertrauen ein.[1] Während der letzten siebzehn Jahre hat sie den größten Teil der Zeit bei einer angesehenen Familie in New York verbracht und sich so geführt, daß sie von dieser hoch geschätzt wird. Diese Tatsache mag als Zeugnis ihres Charakters genügen. Ich glaube, diejenigen, die sie kennen, werden keine Veranlassung sehen, ihre Glaubwürdigkeit anzuzweifeln, obwohl einige Abschnitte ihrer Geschichte romantischer als Romanpassagen sind.

Auf ihr Ersuchen hin habe ich ihr Manuskript redigiert, aber nur zum Zwecke der Verdichtung und eines zügigen Ablaufs geändert. Ich habe dem Geschehen nichts hinzugefügt oder den Sinn ihrer sehr treffenden Bemerkungen verändert. Von geringfügigen Ausnahmen abgesehen sind ideeller Gehalt und Sprache die ihren. Weitschweifigkeiten habe ich ein wenig gerafft, aber im übrigen hatte ich keine Veranlassung, ihre lebendige und dramatische Art, die eigene Geschichte zu erzählen, zu ändern.[2] Die tatsächlichen Namen sowohl der Personen als auch der Orte sind mir bekannt, doch aus gutem Grund verschweige ich sie.

Es wird natürlich Überraschung hervorrufen, daß eine Frau, die in Sklaverei aufgewachsen ist, so gut schreiben kann. Die näheren Umstände werden es erklären. An erster Stelle hat die Natur sie mit der Gabe raschen Wahrnehmens ausgestattet. Zweitens war die Herrin, bei der sie lebte, bis sie zwölf Jahre war, eine liebenswerte, verständnisvolle Frau, die sie lesen und schreiben lehrte. Drittens waren die Bedingungen nach ihrer Übersiedlung in den Norden für sie günstig; denn sie hatte häufig Umgang mit intelligenten Personen, die ein freundliches Interesse an ihrem Wohlsein zeigten und geneigt waren, ihr Gelegenheiten zur Weiterbildung zu verschaffen.

Ich weiß, daß mich viele der Unanständigkeit bezichtigen werden, weil ich diese Seiten der Öffentlichkeit übergebe; denn die

Erfahrungen dieser intelligenten und vielgeschundenen Frau sind von einer Art, die einige delikat und andere indelikat nennen. Dieser besondere Bereich der Sklaverei ist gemeinhin verschleiert worden, aber die Öffentlichkeit sollte mit seinen ungeheuerlichen Erscheinungen vertraut gemacht werden, und ich übernehme bereitwillig die Verantwortung dafür, daß sie mit gelüftetem Schleier dargeboten werden. Ich tue dies um meiner versklavten Schwestern willen, die ein zu entsetzliches Unrecht erfahren, als daß man es unseren empfindlichen Ohren anvertrauen könnte. Ich tue es auch in der Hoffnung, nachdenkliche Frauen, die ein Gewissen haben, zu der Einsicht zu führen, daß es ihre Pflicht ist, bei jeder möglichen Gelegenheit einen moralischen Einfluß auf die Frage der Sklaverei geltend zu machen. Ich tue es in der Hoffnung, daß jeder Mann, der dieses Buch liest, feierlich vor Gott gelobt, alles in seinen Kräften Stehende zu tun, damit kein aus der Sklaverei geflohener Mensch je zurückgeschickt und wieder in dieser widerlichen Grube der Korruption und Grausamkeit gequält wird.

L. MARIA CHILD

I
Kindheit

Ich wurde als Sklavin geboren, aber das erfuhr ich erst, nachdem sechs Jahre glücklicher Kindheit vergangen waren. Mein Vater, ein Zimmermann, stand in dem Ruf, so intelligent zu sein und sein Handwerk so gut zu verstehen, daß man ihn aus weiter Ferne holte und als Vorarbeiter einsetzte, wenn immer irgendwo etwas zu bauen war, was aus dem üblichen Rahmen fiel.[1] Unter der Bedingung, daß er jährlich zweihundert Dollar an seine Herrin zahlte und selbst für seinen Lebensunterhalt sorgte, wurde ihm gestattet, seinen Beruf auszuüben und einen eigenen Haushalt zu führen. Sein sehnlichster Wunsch war es, die Kinder freizukaufen, aber obwohl er das sauer verdiente Geld mehrmals zu diesem Zweck anbot, erreichte er nie sein Ziel.

Der Teint meiner Eltern wies eine leicht bräunlichgelbe Schattierung auf, beide waren Mulatten. Sie bewohnten ein komfortables Heim, und obgleich wir allesamt Sklaven waren, wurde ich so sorgsam behütet, daß ich mich im Traume nicht für ein den Eltern zur sicheren Verwahrung anvertrautes und jederzeit abrufbares Stück Handelsware hielt.

Ich hatte einen Bruder, William, der zwei Jahre jünger war – ein aufgewecktes, anschmiegsames Kind.[2] Einen großen Schatz besaß ich auch in meiner Großmutter mütterlicherseits, einer in mancherlei Hinsicht bemerkenswerten Frau.[3] Sie war die Tochter eines Pflanzers in South Carolina, der bei seinem Tod ihre Mutter und drei Kinder hinterließ, frei und ausgestattet mit dem nötigen Geld, das es ihnen ermöglichen sollte, nach St. Augustine zu gehen, wo sie Verwandte hatten. Sie verließen South Carolina während des Unabhängigkeitskrieges, wurden unterwegs aufgegriffen, zurückgebracht und an verschiedene Herren verkauft.[4] Diese Geschichte hat mir Großmutter oft erzählt; trotzdem erinnere ich mich nicht an alle Einzelheiten. Als sie von dem Besitzer eines großen Hotels erworben wurde, war sie ein kleines Mädchen.[5] Aus ihrem Munde habe ich erfahren, wie hart sie das Leben in der

Kindheit ankam. Doch in späteren Jahren verriet sie so große Intelligenz und zeigte sich so gewissenhaft, daß ihr Herr und ihre Herrin zwangsläufig zu dem Schluß gelangten, ein derart kostbares Stück ihres Inventars zu eigenem Nutz und Frommen vielseitig auslasten zu müssen. Bald war sie im Haushalt eine unentbehrliche Persönlichkeit, fungierte als Köchin, Amme, Schneiderin. Sehr gelobt wurde ihre Back- und Kochkunst. Besonders ihre schmackhaften Kekse waren in der ganzen Nachbarschaft berühmt und bei vielen Leuten begehrt. Wegen der starken Nachfrage bat sie ihre Herrin um die Erlaubnis, nachts, wenn die Hausarbeit getan war, backen zu dürfen, und sie erhielt die Genehmigung dazu, vorausgesetzt, daß sie bereit wäre, sich selbst und die Kinder von dem Erlös zu kleiden. Unter harten Bedingungen, nach Bewältigung eines schweren Tagewerks, betrieb sie ihre mitternächtliche Bäckerei, und die beiden Ältesten halfen ihr dabei.[6] Das Geschäft erwies sich als einträglich. Alljährlich legte sie ein wenig auf die Kante, Ersparnisse für einen Fonds, der dazu dienen sollte, die Kinder freizukaufen. Doch dann starb ihr Herr, und sein Besitz wurde unter den Erben aufgeteilt. Die Mitgift der Witwe steckte in dem Hotel, das sie weiterführte. Großmutter blieb in deren Diensten, aber ihre Kinder wurden den Nachkommen des Verstorbenen vermacht. Da sie fünf hatte und jeder Erbe auf Dollar und Cent genau einen gleichen Anteil erhalten mußte, verkaufte man Benjamin, den Jüngsten.[7] Der Altersunterschied zwischen ihm und mir war so gering, daß man ihn eher für meinen Bruder als für meinen Onkel gehalten hätte. Er war ein gescheiter, gutaussehender Bursche, fast weiß; denn von Großmutter hatte er die Hautfarbe der angelsächsischen Linie ihrer Vorfahren geerbt. Obwohl erst zehnjährig, brachte er siebenhundertzwanzig Dollar ein. Für Großmutter war es ein schrecklicher Schlag, aber dank dem ihr eigenen Optimismus ging sie mit erneuter Energie an die Arbeit, immer davon überzeugt, im Laufe der Zeit wenigstens einige ihrer Kinder freikaufen zu können. Dreihundert Dollar hatte sie gespart, als die Herrin sie eines Tages bat, ihr die Summe zu leihen, und versprach, sie bald zurückzuzahlen. Nun weiß der Leser sicherlich, daß kein Versprechen, das einem Sklaven abgegeben wird, gleichgültig, ob in mündlicher oder schriftlicher Form, irgendwelche Gesetzeskraft besitzt. Nach dem Recht der Südstaaten ist der Sklave Eigentum und hat folglich keinen Anspruch auf eigenen Besitz. Als Großmutter ihre Rücklage auslieh, vertraute sie einzig und allein dem Ehrgefühl ihrer Herrin. Dem Ehrgefühl einer Sklavenhalterin vor einer Sklavin!

Dieser guten Großmutter bin ich für so manche Annehmlichkeit verpflichtet. Mein Bruder William und ich bekamen oft einen Teil der Kekse, Kuchen und Konserven, die sie verkaufen wollte; und später, nachdem wir den Kinderschuhen entwachsen waren, hatten wir ihr für zahlreiche andere, ungleich wichtigere Dienste zu danken.

Unter ungewöhnlich glücklichen Umständen also verliefen meine ersten sechs Lebensjahre; doch dann starb Mutter;[8] und ich entnahm den Gesprächen um mich her, daß ich eine Sklavin sein mußte. Die Herrin meiner Mutter war die Tochter der Herrin meiner Großmutter, zugleich Mutters Pflegeschwester. Großmutter hatte sie beide an ihrer Brust gestillt, aber Mutter war mit drei Monaten entwöhnt worden, damit der Säugling der Herrin ausreichend Milch bekam. Als Kinder spielten sie zusammen, und im Erwachsenenalter war Mutter die ergebene Dienerin ihrer weißen Pflegeschwester. An ihrem Totenbett gelobte die Herrin, daß es uns Kindern nie an etwas fehlen solle, und bis zum Lebensende hielt sie Wort. Alle sprachen gut von Mutter, die nur dem Namen nach eine Sklavin gewesen war, ihrem Wesen nach aber edel und sehr fraulich. Ich grämte mich um sie und fragte mich bang, wer nun für mich und meinen kleinen Bruder sorgen würde. Wie ich erfuhr, sollte mein neues Zuhause bei ihrer ehemaligen Herrin sein, und ich merkte bald, daß es sich glücklich fügte. Keine schwere Arbeiten oder unangenehme Pflichten wurden mir übertragen. Meine Herrin war so freundlich zu mir, daß ich jedem Geheiß stets gern Folge leistete und mich stolz und voll und ganz einsetzte, soweit es meine schwachen Kräfte erlaubten. Stundenlang saß ich an ihrer Seite, nähte emsig und führte ein nicht minder sorgenfreies Leben wie jedes beliebige weiße Kind. Wenn sie glaubte, daß ich müde sei, schickte sie mich zum Spielen hinaus; und ich sauste davon, um Beeren zu sammeln oder Blumen für ihr Zimmer zu pflücken. Es waren glückliche Tage – zu schön, als daß sie Bestand gehabt hätten. Mit keinem Gedanken dachte das Sklavenmädchen an das Morgen; doch schon nahte das Unheil, das auf die Dauer wohl keinem erspart bleibt, der von Geburt an zum Hab und Gut gehört.

Als ich zwölf geworden war, erkrankte meine gute Herrin.[9] Ich sah, wie ihre Wangen blasser wurden, die Augen gläsern. Mit aller Inbrunst betete ich um ihr Leben. Ich liebte sie, denn sie war fast wie eine Mutter zu mir, aber meine Gebete wurden nicht erhört. Sie starb, und man begrub sie auf dem kleinen Kirchhof, wo tagaus, tagein meine Tränen auf ihr Grab fielen.

Für eine Woche wurde ich zu meiner Großmutter geschickt.[10] Ich war jetzt alt genug, um an die Zukunft zu denken, und immer wieder fragte ich mich, was nun werden sollte. Nicht noch einmal, dessen war ich sicher, würde ich eine so freundliche Herrin wie die verstorbene finden. Sie hatte meiner sterbenden Mutter versprochen, daß es mir nie an etwas mangeln würde, und wenn ich das bedachte und mir die zahlreichen Beweise ihrer Zuneigung ins Gedächtnis rief, regte sich unwillkürlich die leise Hoffnung, daß sie verfügt haben könnte, mich freizusetzen. Meine Freunde waren fast sicher, daß sie es getan hatte. Sie meinten, wegen der Zuneigung und Dienste meiner Mutter würde es gewiß so sein. Doch o weh! Wird denn das Andenken an eine treue Sklavin deren Kindern jemals den Auktionsblock ersparen?

Nach einer kurzen Wartezeit wurde das Testament meiner Herrin verlesen, und wir erfuhren, daß sie mich der Tochter ihrer Schwester vermacht hatte, ihrer fünfjährigen Nichte.[11] So schwanden alle Hoffnungen dahin. Meine Herrin hatte mich die Gebote Gottes gelehrt: „Du sollst deinen Nächsten lieben wie dich selbst“[12] und: „Alles nun, was ihr wollet, daß euch die Leute tun sollen, das tut ihr ihnen auch.“[13] Ich aber war ihre Sklavin und vermute, daß sie mich nicht als ihren Nächsten anerkannte. Ich gäbe viel darum, wenn ich dieses eine große Übel aus dem Gedächtnis streichen könnte.

Im Kindesalter hatte ich meine Herrin geliebt, und wenn ich heute auf die glücklichen Tage bei ihr zurückschaue, versuche ich mit weniger Bitterkeit an jenen Akt der Ungerechtigkeit zu denken. Sie hatte mich Lesen und Schreiben gelehrt; für diese Gunst, die so selten einem Sklaven zuteil wird, ist mir die Erinnerung an sie teuer.

Sie besaß nur wenige, und nach ihrem Tode wurden sie unter den Verwandten aufgeteilt. Fünf waren die Kinder meiner Großmutter, hatten von der Milch getrunken, die auch die Kinder ihrer Mutter genährt hatte;[14] doch ungeachtet aller langjährigen Dienste und Verdienste hörte nicht einer von ihnen auf, Sklave zu sein. In den Augen der Herren sind diese Geschöpfe Gottes nicht mehr als Werkzeuge, als die Baumwolle, die sie pflanzen, oder die Pferde, die sie pflegen.

II

Die neue Herrschaft

Dr. Flint, ein Arzt in der Nachbarschaft, hatte die Schwester meiner Herrin geheiratet, und ich gehörte nun ihrer kleinen Tochter.[1] Nicht ohne Bedenken bereitete ich mich auf den Wechsel vor, doch fand ich Trost in der Tatsache, daß die Familie auch meinen Bruder William gekauft hatte.[2] Was meinen Vater betrifft, so fühlte er sich von Natur aus, aber auch in seiner Eigenschaft als tüchtiger Handwerker, ungewöhnlich frei, und William, dieser lebhafte Junge, der unter seinem Einfluß aufgewachsen war, hatte die Wörter „Herr" und „Herrin" frühzeitig verabscheuen gelernt. Eines Tages hatten ihn mein Vater und seine Herrin gleichzeitig gerufen. Da zögerte er, zu einem der beiden zu laufen, weil ihm nicht klar war, wer den größeren Anspruch auf seinen Gehorsam hatte. Schließlich entschied er sich für seine Herrin.

Mein Vater tadelte ihn dafür, und William sagte: „Ihr habt beide gerufen, aber ich wußte nicht, wem ich zuerst folgen sollte."

„Du bist mein Kind", entgegnete unser Vater, „und rufe ich dich, hast du unverzüglich zu kommen, selbst wenn du Feuer und Wasser überwinden mußt."[3]

Armer Willie! Jetzt würde ihm eine andere Lektion erteilt werden; erstmalig mußte er lernen, einem Herrn zu gehorchen. Großmutter versuchte uns Mut zu machen, und ihre aufmunternden Worte fanden in unseren gutgläubigen jungen Herzen ein Echo.

Doch kalte Blicke, kalte Bemerkungen, kalte Umgangsformen erwarteten uns im Hause Flint. Wir waren froh, wenn die Nacht kam. In meinem engen Bett jammerte und weinte ich. So einsam fühlte ich mich, so verlassen.

Fast ein Jahr war ich dort, da wurde meine liebe kleine Freundin zu Grabe getragen. Ich hörte ihre Mutter schluchzen, als die Erdklumpen auf den Sarg des einzigen Kindes fielen, und wandte mich ab, dankbar, daß mir noch liebenswerte Angehörige geblieben waren.

Ich traf Großmutter, die sagte: „Komm mit, Linda." Der Ton, in dem sie sprach, verriet mir, daß etwas Trauriges geschehen sein mußte. Sie führte mich von den Menschen fort und eröffnete mir: „Mein Kind, dein Vater ist tot."[4]

Tot! Ich konnte es nicht fassen. So plötzlich war er gestorben? Ich hatte nicht einmal gehört, daß er krank gewesen war. Mein Herz rebellierte gegen Gott, der mir die Mutter, den Vater, die gütige Herrin und die Freundin entrissen hatte.

Die gute Großmutter versuchte mich zu trösten. „Wer kennt Gottes Wege, Vielleicht hat er sie aus Barmherzigkeit zu sich genommen, um sie vor dem Übel kommender Tage zu bewahren."

Noch Jahre später dachte ich oft an diese Worte. Sie hatte versprochen, den Enkelkindern, soweit es in ihren Kräften stand, eine Mutter zu sein, und durch ihre Liebe gestärkt kehrte ich zu meiner Herrschaft zurück. Ich glaubte, am folgenden Morgen das Heim meines Vaters aufsuchen zu dürfen. Weit gefehlt! Statt dessen wurde mir befohlen, Blumen zu besorgen; denn das Haus meiner Herrin sollte für eine Abendgesellschaft geschmückt werden. Den ganzen Tag verbrachte ich damit, Blumen zu pflücken und Girlanden zu flechten, während keine Meile von mir entfernt der Leichnam meines Vaters aufgebahrt lag. Was kümmerte das meine Besitzer? Für sie war der Tote nichts anderes als verlorenes Eigentum; schlimmer noch, er hatte seine Kinder gelehrt, sich als Menschen zu fühlen, und sie folglich verdorben. Es war eine gotteslästerliche Lehre, Vermessenheit eines Sklaven, gefährlich für die Herren.

Am nächsten Tag folgte ich seinen sterblichen Überresten zu einem bescheidenen Grab neben dem meiner lieben Mutter. Die Leute, die Vater geschätzt hatten, gaben ihm das letzte Geleit und hielten sein Andenken in Ehren.

Nach der Beerdigung erschien mir das Haus meiner Herrschaft noch öder als vorher. Schrill, grausam hallte mir das Lachen der kleinen Sklavenkinder in den Ohren. Gewiß war es selbstsüchtig, ihnen die Daseinsfreude zu mißgönnen, aber auch mein Bruder lief mit sehr ernster Miene umher. Ich versuchte ihn zu trösten, indem ich bemerkte: „Kopf hoch, Willie, es wird mit der Zeit schon besser werden."

„Du weißt nicht, wovon du sprichst, Linda", erklärte er. „Bis ans Ende unserer Tage müssen wir hier bleiben. Niemals werden wir frei sein."

Ich hielt ihm entgegen, daß wir an Reife und Kraft gewännen, daß man uns vielleicht bald erlauben würde, außerhalb des Hauses einer Beschäftigung nachzugehen. Dann könnten wir Geld verdienen und uns freikaufen.

Das sei viel leichter gesagt, als getan, erwiderte er; außerdem beabsichtige er nicht, seine Freiheit zu *erkaufen*.

So oder ähnlich diskutierten wir täglich über dieses Thema.

Eine sehr untergeordnete Rolle spielten im Hause Dr. Flints die Mahlzeiten der Sklaven. Wenn nebenbei ein paar Bissen für sie abfielen – schön und gut; doch sonst war es schlecht bestellt. Mir allerdings bereitete die magere Kost wenig Kopfzerbrechen, denn die verschiedensten Botengänge führten am Haus meiner Großmutter vorbei, und sie hatte immer einen Imbiß für mich da. Freilich drohte man mir wiederholt Strafe an, falls ich es mir herausnehmen sollte, bei ihr einzutreten, und so stand sie, um mich nicht aufzuhalten, mit einem kleinen Frühstück oder Mittagessen oft schon an der Pforte.

Ihr verdankte ich alle Wohltaten, sowohl die geistigen als auch die materiellen. Sie war es, die mit ihrer Hände Fleiß meinen armseligen Kleiderschrank füllte, so daß ich nicht Mrs. Flints Baumwollkleider zu tragen brauchte. In jedem Winter gab sie mir eins. Doch wie ich sie haßte! Sie waren Wahrzeichen der Sklaverei!

Ja, Großmutter unterstützte mich mit ihren bescheidenen Mitteln, aber die dreihundert Dollar, die sie verliehen hatte, wurden nie zurückgezahlt. Jahre vorher, nach dem Tod ihrer Herrin, hatte deren Schwiegersohn Dr. Flint mit der Vollstreckung beauftragt. Er sagte, das Anwesen wäre ruiniert, und das Gesetz verbiete die Tilgung der Schulden, was ihn indes nicht hinderte, die silbernen Kandelaber, die von diesem Geld gekauft worden waren, zurückzuhalten. Ich könnte mir vorstellen, daß sie Bestandteil des Familienbesitzes bleiben und von Generation zu Generation weitergereicht werden.

Die Herrin hatte Großmutter zugesichert, sie nach ihrem Ableben freizugeben, und es hieß allenthalben, in ihrer letztwilligen Verfügung sei dieses Versprechen schriftlich festgelegt; doch als der Haushalt aufgelöst wurde, sagte Dr. Flint der treuen alten Dienerin, unter den gegebenen Umständen mache es sich erforderlich, sie zu verkaufen.

An dem vorgesehenen Tag wurde die übliche Bekanntmachung angeschlagen. Sie verkündete einen „öffentlichen Verkauf von Negern, Pferden usw." Dr. Flint sprach vor, um Großmutter mitzuteilen, er wolle ihre Gefühle nicht verletzen, indem er sie versteigern lasse; vielmehr ziehe er es vor, sie unter der Hand zu verkaufen.[5]

Doch Großmutter durchschaute den Heuchler; sie begriff sehr wohl, daß er sich der Sache schämte. Wenn er gemein genug war, sie zu verkaufen, obwohl sie nach dem Willen ihrer Herrin frei sein müßte, dann sollte es die Öffentlichkeit erfahren. Dazu war sie fest entschlossen, Tante Marthy, wie man sie nannte. Weil sie seit langem zahlreiche Familien mit Keks und Konserven beliefert, hatte sie einen großen Bekanntenkreis, und jeder, der sie kannte, schätzte ihre Intelligenz und ihren guten Charakter. Außerdem wußten die Leute sehr wohl, wie zuverlässig sie der Familie gedient hatte und daß es die Absicht ihrer Herrin gewesen war, sie freizugeben.

Am Verkaufstag stand sie bei der übrigen zu versteigernden Habe, und gleich zu Beginn sprang sie auf den Auktionsblock. Viele Rufe erschollen: „Schande! Schande! Wer will *dich* verkaufen, Tante Marthy? Komm herunter! An der Stelle hast *du* nichts zu suchen!"

Ohne ein Wort zu sagen, erwartete sie ruhig ihr Schicksal. Niemand bot für sie, doch schließlich ließ sich ein schwaches Stimmchen vernehmen: „Fünfzig Dollar." Eine unverheiratete siebzigjährige Dame, die Schwester der verstorbenen Herrin meiner Großmutter, hatte die Summe genannt. Da sie wußte, wie zuverlässig Großmutter gedient hatte und wie grausam ihr das Recht vorenthalten wurde, entschloß sie sich, der Betrogenen zu helfen. Der Auktionator wartete, ob jemand höher gehen würde, aber niemand bot mehr als die mitleidige Dame. Die Leute respektierten ihren Wunsch. Sie konnte weder lesen noch schreiben. Doch was tat's! Als der Kaufbrief ausgestellt wurde, unterzeichnete sie mit einem Kreuz. Sie hatte ein großes, übervolles menschliches Herz und schenkte Großmutter die Freiheit.[6]

Damals war sie gerade fünfzig gewesen. Arbeitsreiche Jahre folgten, und jetzt dienten mein Bruder und ich dem Manne, der sie um ihr Geld geprellt und sie in Knechtschaft zu halten versucht hatte. Auch eine Schwester meiner Mutter, Tante Nancy, zählte zu den Sklaven der Familie Flint.[7] Mir war sie eine liebe Tante, für ihre Herrin aber Wirtschafterin und Kammermädchen in einer Person, eigentlich die Seele des ganzen Haushalts.

Der Mrs. Flint fehlte es nämlich – wie vielen Frauen des Südens – an der nötigen Umsicht und Tatkraft. Sie war außerstande, klug zu schalten und zu walten. Doch sie hatte starke Nerven. Von ihrem Sessel aus konnte sie zusehen, wie eine Frau geschlagen wurde, so daß bei jedem Hieb schließlich Blut von der Peitsche tropfte. Natürlich war sie Mitglied der Kirche, aber die Teilnahme am Abendmahl bewirkte noch keine christliche Gesinnung. Wurde sonntags das Essen nicht pünktlich zur festgesetzten Zeit serviert, postierte sie sich in der Küche, wartete, bis fertig aufgetragen war, und spuckte in sämtliche benutzten Kessel und Pfannen. Das tat sie, um zu verhindern, daß die Köchin und deren Kinder von der restlichen Soße und den anderen Überbleibseln ihre kärglichen Rationen zusammenkratzten, und die Sklaven konnten sich nur das nehmen, was sie ihnen zugestand. Dreimal täglich wurden die Lebensmittel auf Pfund und Unze genau abgewogen. Sie gab ihnen keine Gelegenheit, mit Mehl aus ihrem Faß heimlich Weißbrot zu backen. Sie wußte, wieviel Zwieback eine bestimmte Menge zu ergeben und wie groß ein Stück zu sein hatte.[8]

Dr. Flint war ein Feinschmecker. Nie schickte die Köchin ohne Zittern und Zagen ein Gericht auf seinen Tisch; denn war es nicht ganz nach seinem Geschmack geraten, ließ er sie entweder auspeitschen oder zwang sie, in seiner Gegenwart alles selbst zu essen. Nun hätte das arme hungrige Ding sicher kaum etwas dagegen gehabt, das Mahl in Ruhe zu verzehren, doch es war alles andere als angenehm, sich von dem Herrn den Mund so vollstopfen zu lassen, daß sie beinah erstickt wäre.

Flints hatten einen Hund, der für das ganze Haus eine Plage war. Die Köchin erhielt Anweisung, ihm Maisbrei zu kochen. Er verweigerte das Fressen, und als er mit dem Kopf darübergehalten wurde, floß der Geifer aus seiner Schnauze in den Napf. Wenige Minuten später starb er. Als Mr. Flint eintrat, meinte er, der Brei wäre schlecht gekocht; das sei der Grund, weshalb das Tier ihn nicht habe fressen wollen. Er ließ die Köchin kommen und zwang sie, den Napf zu leeren. Der Magen der Frau sei stärker als der des Hundes, dachte er, doch die Qualen, die sie danach auszustehen hatte, bewiesen, daß er sich irrte. Die Ärmste mußte viele Grausamkeiten über sich ergehen lassen. Manchmal wurde sie für einen Tag und eine Nacht eingeschlossen, getrennt von ihrem Kind, einem Säugling.

Als ich einige Wochen bei dieser Familie war, wurde auf Befehl des Herrn ein Plantagensklave in die Stadt gebracht. Am späten Nachmittag traf er ein, und Dr. Flint befahl, ihn im Arbeitshaus so an den Querbalken zu binden, daß die Füße fast den Boden berührten. In dieser Lage mußte er ausharren, bis der Herr seinen Tee getrunken hatte. Ich werde den Abend nie vergessen. Mein Lebtag hatte ich nicht gehört, wie Hunderte von Schlägen ohne Pause auf einen Menschen niedergeprasselt waren. Noch Monate später plagten sein klägliches Stöhnen und seine Worte „o bitte, nicht mehr, Massa", meine Ohren. Es gab viele Vermutungen hinsichtlich der Gründe für diese schreckliche Bestrafung. Die einen sagten, er sei vom Herrn verdächtigt worden, Mais gestohlen zu haben; andere meinten, der Sklave habe in Gegenwart des Aufsehers mit seiner Frau gestritten und den Herrn bezichtigt, der Vater ihres Kindes zu sein. Sie waren beide schwarz, das Kind dagegen ziemlich hell.

Am nächsten Morgen ging ich in das Arbeitshaus und sah den Ochsenziemer, der noch feucht war, und das verkrustete Blut, das die Bretter bedeckte. Der arme Mensch blieb am Leben und haderte weiter mit seiner Frau. Wenige Monate später verschacherte Dr. Flint das Paar an einen Sklavenhändler. Der schuldige Mann steckte das Geld ein, zufrieden, die beiden in kurzem außer Sicht- und Hörweite zu wissen.

Als die Frau übergeben wurde, sagte sie: „Sie haben versprochen, mich gut zu behandeln", und Dr. Flint entgegnete: „Und du konntest deine Zunge nicht im Zaum halten, verdammt noch mal!" Sie hatte vergessen, daß eine Sklavin ein Verbrechen begeht, wenn sie verrät, wer der Vater ihres Kindes ist.

Auch andere Personen benahmen sich in solchen Fällen niederträchtig. Einmal sah ich eine junge Sklavin sterben, nachdem sie von einem fast weißen Kind entbunden worden war. Im Todeskampf rief sie: „O Herr, komm mich holen!"

Ihre Besitzerin stand dabei und verspottete sie in teuflischer

Weise: „Du leidest, nicht wahr? Das freut mich. Du hast es verdient, und noch schlimmer muß es kommen."

Die Mutter des Mädchens sagte: „Das Baby ist tot. Gott sei Dank! Ich hoffe, mein armes Kind wird gleichfalls bald im Himmel sein."

„Himmel!" entgegnete die Herrin scharf. „Solchen Ort gibt es nicht für eine wie die da und ihren Bastard."

Die Mutter wandte sich schluchzend ab, aber ihre Tochter rief sie mit schwacher Stimme zu sich, und als sich die Frau über sie beugte, hörte ich, wie die Sterbende sagte: „Gräme dich nicht, Mutter. Gott weiß, wie alles gekommen ist; er wird mir gnädig sein."

Später wurden ihre Schmerzen so heftig, daß die Herrin nicht länger bleiben wollte. Doch beim Hinausgehen noch umspielte das spöttische Lächeln ihre Lippen. Sie war die Mutter von sieben Kindern. Die schwarze Frau hatte nur eine Tochter gehabt und deren Augen sich im Tode schließen sehen, worauf sie Gott dankte, das Mädchen von dem größeren Übel des Lebens erlöst zu haben.

III

Der Sklaven Neujahrstag

Dr. Flint besaß ein schönes Wohnhaus in der Stadt, mehrere Farmen und rund fünfzig Sklaven; einige weitere mietete er zusätzlich jeweils für ein Jahr.[1]

Gemietet wird am ersten Januar.[2] Am zweiten haben die Sklaven zu ihren neuen Herren zu gehen, wo sie das Farmland bestellen, bis Mais und Baumwolle im Boden sind. Danach gibt es zwei freie Tage, und manche Herren bewirten sie mit einem guten Mittagessen unter den Bäumen. Anschließend arbeiten sie bis Heiligabend. Wird ihnen während dieser Zeit nichts Ernsteres zur Last gelegt, gewährt man vier oder fünf Feiertage, je nach dem Ermessen des Herrn oder Aufsehers. Dann kommt Silvester; sie packen ihre paar Habseligkeiten – Habunseligkeiten wäre vielleicht ein treffenderer Ausdruck – und sehen voll Unruhe dem Tagesanbruch entgegen. Zur festgesetzten Stunde bevölkern Männer,

Frauen und Kinder den Mietplatz und erwarten wie Verbrecher den Urteilsspruch, der über ihr weiteres Schicksal entscheidet; denn welches im Umkreis von vierzig Meilen die humansten und die grausamsten Herren sind, das wissen die Sklaven sehr genau.

An diesem Tag ist leicht festzustellen, bei wem Kleidung und Essen gut sind. Eine große Schar umringt die betreffenden Pflanzer. „Bitte, Herr, mieten Sie mich dieses Jahr“, betteln sie. „Ich werde sehr schwer arbeiten, Massa.“

Ist ein Sklave nicht gewillt, zu einem neuen Herrn überzuwechseln, wird er ausgepeitscht oder ins Gefängnis gesperrt, bis er sich bereit erklärt, gehorchen zu wollen, und verspricht, während des Jahres nicht zu entlaufen. Sollte er es sich danach anders überlegen, weil er es für gerechtfertigt hält, ein unter Zwang abgegebenes Versprechen zu brechen, dann gnade ihm Gott, wenn er eingefangen wird! Er wird gepeitscht, bis das Blut seine Füße umspült, und in Ketten gelegt, die er mit steifen Armen und Beinen tagaus, tagein über die Felder schleppt.

Falls er das Jahresende erlebt, wird ihn derselbe Herr vielleicht wieder nehmen, ohne ihm Gelegenheit zu geben, den Mietplatz aufzusuchen. Sind diese Sklaven alle vermietet, werden diejenigen aufgerufen, die verkauft werden sollen.

Ach, ihr glücklichen freien Frauen, vergleicht euren Neujahrstag mit dem der armen Sklavinnen! Für euch ist es ein vergnüglicher, ein segensreicher Tag. Freundliche Wünsche begleiten euch auf Schritt und Tritt, und ihr werdet mit Geschenken überhäuft. Sogar Herzen, die euch entfremdet, und Lippen, die verschlossen waren, öffnen sich. „Ich wünsche ein glückliches neues Jahr!“ erschallt es überall. Kinder bieten ihre bescheidenen Gaben dar und heben die Gesichter, die geliebkost werden. Es sind eure Kinder; nur der Tod und sonst niemand kann sie euch nehmen.

Für die Sklavenmutter aber ist der Neujahrstag besonders sorgenschwer. Sie sitzt auf dem kalten Fußboden ihrer Hütte, betrachtet die Kinder, die sie am nächsten Morgen vielleicht hergeben muß, und wird sich und ihnen wohl wünschen, noch vor Tagesanbruch zu sterben. Ein unwissendes Geschöpf, mag sein, erniedrigt durch ein System, das sie von klein auf der Unmenschlichkeit preisgibt, aber Mutter ist sie deswegen doch geblieben und bangt um ihre Kinder wie jede Mutter.

An einem dieser Verkaufstage sah ich, wie eine sieben Kinder zum Auktionsblock führte. Daß man ihr *einige* nehmen würde, hatte sie gewußt, aber sie nahmen ihr *alle*. Ein Sklavenhändler kaufte die Kinder, ein Einwohner der Stadt die Mutter. Sie bat den Händler, ihr zu sagen, wohin er sie zu bringen gedenke; er lehnte jede Auskunft ab. Was hätte er ihr auch sagen sollen, wenn er genau wußte, daß er die Kinder einzeln verkaufen würde, wo immer sich der höchste Preis erzielen ließ? Noch heute sehe ich das verstörte, abgehärmte Gesicht der Frau, als ich ihr auf der Straße begegnete. Sie rang verzweifelt die Hände und rief: „Fort! Alle fort! Warum tötet mich Gott nicht?" Wie gern hätte ich sie getröstet, aber mir fehlten die Worte. Und solche grausamen Ereignisse sind keine Einzelfälle; sie geschehen täglich, ja stündlich.

Ist ein Sklave dann alt und seine Gesundheit zerrüttet, so verfügt der Sklavenhalter über eine besondere Methode, ihn loszuwerden. Ich kannte da eine betagte Frau, die ihrem Herrn siebzig Jahre lang treu gedient hatte. Schwere Arbeit und Krankheit hatten sie nahezu hilflos gemacht. Ihre Besitzer verzogen nach Alabama, und sie blieb zurück, um an irgend jemand für zwanzig Dollar verkauft zu werden.

IV

Der Sklave, der sich als Mensch zu fühlen wagte

Zwei Jahre waren seit meinem Dienstantritt bei der Familie Dr. Flints vergangen, und in dieser Zeit hatte ich mir mancherlei Kenntnisse angeeignet, Wissen, das aus der Arbeitserfahrung stammte; für mehr wurde mir kaum Gelegenheit geboten.

Meine Großmutter hatte es durch Ausdauer und unermüdlichen Fleiß zu einem trauten kleinen Heim gebracht. In ihrem Häuschen besaß sie alles, was das Leben angenehm machte,[1] und sie wäre glücklich gewesen, wenn wir diese Annehmlichkeiten mit ihr hätten teilen können, aber ihre letzten drei Kinder und zwei Kindeskinder waren Sklaven. Sie bemühte sich redlich, uns davon zu überzeugen, daß es Gottes Wille sei, daß er es für richtig halte, uns in unsere gegenwärtige Umwelt versetzt zu haben, und mochte es auch schwerfallen, wir sollten darum beten, Zufriedenheit zu erlangen. Es war ein blinder Glaube, wenn man bedenkt, daß sie die eigenen Kinder nicht ihr eigen nennen konnte. Ihr jüngster Sohn Benjamin und ich verurteilten ihn. Nach unserer Auffassung entsprach es vielmehr Gottes Willen, uns so wie sie leben zu lassen. Wir sehnten uns nach ihrem Häuschen, in dem wir stets Balsam fanden. Die liebevolle, mitfühlende Großmutter begegnete uns immer mit einem Lächeln, hörte sich geduldig unsere Klagen an und sprach derart zuversichtlich, daß sich unwillkürlich alle Wolken verzogen und die Sonne wieder zu scheinen begann. Sehr angetan hatte es uns auch ihr prächtiger großer Ofen, in dem Brot und Backwerk für die Stadt und der nie versiegende köstliche kleine Vorrat für uns entstanden. Aber ach, nicht einmal der herrliche alte Backofen konnte uns mit unserem harten Los versöhnen.

Benjamin war zu einem großen, hübschen Jungen herangewachsen, kräftig, ansehnlich von Statur, nur charakterlich allzu kühn und wagemutig für einen Sklaven, und was meinen zwölfjährigen Bruder William betrifft, so haßte er das Wort „Herr" nicht minder, als es der siebenjährige kleine Schlingel getan hatte. Mich zog er ins Vertrauen, mit allen Sorgen kam er zu mir und schüttete sein Herz aus. Besonders ein Vorfall ist mir unvergessen geblieben. Es war an einem lieblichen Morgen im Frühling, als die heitere, spielerisch durchs Fenster flutende Sonne meiner trüben Stimmung zu spotten schien. Der Herr, dessen ruheloser, gieriger, boshafter Geist ihn Tag und Nacht darüber sinnen ließ, wer sein nächstes Opfer sein könnte, war gerade hinausgegangen. Seine stichelnden, verletzenden Worte brannten mir noch wie Feuer in Hirn und Ohren. Oh, wie ich ihn verachtete! Ich stellte mir meine Freude vor, wenn sich eines Tages die Erde auftäte und ihn verschlänge, die Welt von diesem Ungeheuer befreite.

Er hatte mir gesagt, ich sei zu seiner Verwendung da, gemacht, um seinem Befehl in *allen* Dingen zu gehorchen, denn ich sei nichts als eine Sklavin, deren Wille sich dem seinen stets zu beugen habe. Nie zuvor hatte ich mich mit meinen schwachen Armen auch nur halb so stark gefühlt.

Ich war noch in schmerzliche Gedanken versunken und sah und hörte nicht, wie William eintrat. Erst der Klang seiner Stimme schreckte mich auf. „Linda, warum machst du ein trauriges Gesicht? Ich hab dich gern. Linda, ist das nicht eine schreckliche

Welt? Jeder scheint mißgelaunt und unglücklich zu sein. Ich wollte, ich wäre mit Vater gestorben."

Nicht jeder sei mißgelaunt oder unglücklich, entgegnete ich; diejenigen, die angenehm wohnten, teure Freunde hätten und sich nicht davor zu fürchten brauchten, sie zu lieben, seien glücklich. Nur verwaiste Sklavenkinder wie wir könnten sich kein Glück erhoffen. Wir müßten gut zu den Menschen sein; vielleicht würde uns das zufrieden machen.

„Ja", sagte er, „ich versuche gut zu sein. Aber welchen Zweck hat es? Sie machen mir immer das Leben schwer." Dann erzählte er von seinen Schwierigkeiten mit Master Nicholas.

Dem Bruder des jungen Herrn hatte es offenbar gefallen, einige Schauermärchen über William zu erfinden. Jedenfalls meinte Nicholas, sein Sklave verdiene, gezüchtigt zu werden, und er würde es besorgen, worauf er ans Werk gehen wollte; doch William setzte sich tapfer zur Wehr, und als sein Herr merkte, daß er den kürzeren zog, schickte er sich an, dem Widerspenstigen die Hände auf dem Rücken zu binden. Das mißlang ebenfalls. Da William um sich trat und die Fäuste gebrauchte, kam er bei der Balgerei mit ein paar Schrammen davon.[2]

Er erzählte mir weiter, wie niederträchtig sein Herr war, wie er kleinere Jungen peitschte, sich jedoch als vollendeter Feigling zeigte, sobald gleichaltrige Weiße in die Rauferei verwickelt wurden. In solchen Fällen gab er stets Fersengeld. Und noch eine Klage erhob William. Nicholas pflegte einen Penny mit Quecksilber einzureiben, um ihn einem alten Mann, der einen Obststand unterhielt, als Vierteldollar andrehen zu lassen. William wurde oft zum Einkaufen hingeschickt, und er fragte mich besorgt, wie er sich verhalten solle. Ich sagte ihm, daß es gewiß unrecht wäre, den alten Mann zu täuschen, daß er die Pflicht hätte, ihm von den betrügerischen Machenschaften des jungen Herrn zu berichten. Ich versicherte ihm, der Obsthändler würde die ganze Sache verstehen, und so wäre die Angelegenheit damit erledigt. Ja, für den alten Mann vielleicht, sagte William, aber nicht für *ihn*. Nun fürchte er zwar nicht den Schmerz der Peitsche, doch der Gedanke, ausgepeitscht zu werden, sei widerlich.

Als ich meinen Bruder ermahnte, gut und versöhnlich zu sein, war mir klar, daß ich ihm zu etwas riet, was ich selbst zu tun nicht bereit gewesen wäre.[3] Im Bewußtsein meiner eigenen Unzulänglichkeit wollte ich William veranlassen, sich wenn möglich einen Funken seiner gottgegebenen Lauterkeit zu bewahren. Nicht umsonst hatte ich vierzehn Jahre in Sklaverei gelebt. Ich hatte genug gefühlt, gesehen und gehört, um die Menschen meiner Umgebung zu durchschauen und ihre Beweggründe kritisch zu betrachten. Mein Kampf ums Leben hatte begonnen, und obwohl eins von Gottes schwächsten Geschöpfen, war ich fest entschlossen, mich nie besiegen zu lassen.

Wenn es für mich reine, goldene Herzen gab, so gehörte eins davon Benjamin, ein zweites schlug in der Brust eines Mannes, dem ich die ganze Inbrunst einer ersten Mädchenliebe schenkte. Mein Besitzer wußte es und ließ nichts unversucht, mich zu erniedrigen. Nicht, daß er mich körperlich gezüchtigt hätte, aber er war kleinlich und tyrannisierte mich mit allen Schikanen, die menschliche Erfindungskraft ausklügeln konnte.

Die erste Strafe verhängte Mrs. Flint über mich. Es war im Monat Februar. Großmutter hatte mir meine alten Schuhe abgenommen und durch ein Paar neue ersetzt. Ich brauchte sie; denn der Schnee lag einige Zoll hoch, und es schneite weiter. Als ich das Zimmer meiner Herrin durchquerte, verletzte ihr das Quietschen gröblich die empfindsamen Nerven. Sie rief mich zu sich und fragte, was ich denn an mir hätte, das ein so schreckliches Geräusch verursache. Ich sagte ihr, daß es meine neuen Schuhe seien.

„Zieh sie aus", befahl sie, „und wenn du sie noch einmal trägst, werfe ich sie ins Feuer."

Ich zog sie aus, dazu die Strümpfe, denn sie schickte mich auf einen langen Weg. So lief ich barfuß durch den Schnee, der schmerzhaft prickelte. Am Abend war ich sehr heiser. Ich ging mit dem Gedanken zu Bett, am nächsten Morgen krank zu sein, vielleicht sogar tot. Wie groß war meine Enttäuschung, als ich gesund und munter erwachte.

Wenn ich sterbe, hatte ich gedacht, oder eine Zeitlang bettlägerig bin, wird der Herrin das Gewissen schlagen, weil sie den „Kleinen Kobold", wie sie mich nannte, so gehaßt hat. Ich kannte sie noch ziemlich schlecht, sonst hätte ich nicht solche Hirngespinste gehabt.

Gelegentlich wollte mich jemand dem Herrn abkaufen. Ihm wurden hohe Preise angeboten, aber er sagte jedesmal: „Sie gehört mir nicht. Sie ist Eigentum meiner Tochter, und ich habe kein Recht, sie zu verkaufen."

Guter, gerechter Gott! Meine junge Herrin war noch ein Kind. Ich konnte von ihr zwar keinen Schutz erhoffen, doch ich mochte sie, und sie erwiderte meine Gefühle. Einmal hörte ich, wie ihr Vater darüber sprach; worauf seine Frau prompt entgegnete, diese Zuneigung sei von Furcht diktiert. Da kamen mir unangenehme Zweifel. Spiegelte mir das Kind die Sympathie nur vor, oder mißgönnte mir die Mutter das Scherflein Wärme, das mir die Tochter schenkte? Ich gelangte zu dem Schluß, das zweite müsse wahr sein. „Kleine Kinder sind bestimmt aufrichtig", sagte ich mir.

Eines Nachmittags saß ich bei der Näharbeit und fühlte mich niedergeschlagen wie selten. Meine Herrin hatte ungerechtfertigte Vorwürfe erhoben und trotz meiner Versicherung, unschuldig zu sein, verächtlich die Lippen gekräuselt, ein Zeichen, daß sie glaubte, ich hätte gelogen.

Ich überlegte, welche weise Absicht Gott verfolge, indem er mich so dornige Pfade führte; ob wohl noch finsterere Zeiten vor mir lägen. Während ich grübelte, wurde leise die Tür geöffnet, und William trat ein. „Nun, Bruder, was hast du diesmal auf dem Herzen?" fragte ich.

„O Linda, Ben und sein Herr sind furchtbar aneinandergeraten", erwiderte er.

Mein erster Gedanke war: Er hat Benjamin getötet!

William sagte jedoch: „Du brauchst nicht zu erschrecken, Linda. Ich will dir alles erzählen."

Der Herr, stellte sich heraus, hatte Benjamin rufen lassen, und der Sklave war der Aufforderung nicht sofort gefolgt. Als er kam, schlug er ihn erbost mit der Peitsche. Benjamin leistete Widerstand. Herr und Sklave kämpften miteinander, und schließlich unterlag der Herr.[4] Benjamin hatte allen Grund, beunruhigt zu sein. Einen der reichen Männer der Stadt hatte er zu Boden geworfen. Ich wartete ängstlich ab, was folgen würde.

Am Abend schlich ich zum Haus meiner Großmutter, und Benjamin stahl sich ebenfalls hin. Großmutter verbrachte gerade einige Tage bei einer alten Freundin auf dem Lande.

„Ich bin gekommen, um mich von dir zu verabschieden", sagte Benjamin. „Ich gehe fort."

Ich fragte, wohin er wolle.

„Nach Norden", antwortete er.

Ich musterte ihn, um zu sehen, ob er im Ernst sprach. Der feste, entschlossene Zug um seinen Mund verriet mir alles. Ich flehte ihn an, nicht zu gehen, doch er beachtete meine Worte nicht. Er sagte, er sei kein Kind mehr, mit jedem Tag empfinde er das Joch als lästiger. Er habe die Hand gegen seinen Herrn erhoben und solle zur Strafe öffentlich ausgepeitscht werden.[5] Ich erinnerte ihn daran, daß er mittellos war, und malte ihm aus, wie schwer er es unter fremden Menschen haben würde. Es wäre auch möglich, daß man ihn einfänge und zurückbrächte; der bloße Gedanke sei entsetzlich.

Er entrüstete sich. Ob Armut und Bedrängnis im Verein mit Freiheit der Behandlung in der Sklaverei nicht vorzuziehen wären, fragte er und fuhr fort: „Linda, hier bist du ein Hund, ein Spielball, ein Stück Vieh, jedenfalls der letzte Dreck. Nein, ich bleibe nicht. Sollen sie mich zurückbringen. Wir sterben alle bloß einmal."

Er hatte recht, aber es fiel mir schwer, ihn herzugeben. „Geh nur", entgegnete ich, „brich deiner Mutter das Herz."

Ich bereute meine Worte, ehe ich zu Ende gesprochen hatte, und er schlug einen anderen Ton an. „Linda, wie kannst du so etwas sagen! Arme Mutter! Sei gut zu ihr, Linda; und auch du, Kusinchen Fanny."

Kusine Fanny war eine Freundin, die einige Jahre bei uns gewohnt hatte.[6]

Wir sagten einander Lebewohl, und der freundliche, hilfsbereite Junge, den wir liebgewonnen hatten, verschwand in der Dunkelheit.

Wie ihm die Flucht gelang, brauche ich nicht zu schildern. Es genügt zu erwähnen, daß er sich auf dem Weg nach New York befand, als das Schiff von einem Unwetter überrascht wurde. Der Kapitän erklärte, den nächsten Hafen anlaufen zu müssen. Da geriet Benjamin aus der Fassung, denn ihm war klar, daß er in jeder Hafenstadt der Gegend gesucht wurde. Der Kapitän bemerkte seine Unruhe, und als sie angelegt hatten, fiel sein Blick auf die Personenbeschreibung, die so treffend war, daß er Benjamin festnahm und in Ketten legen ließ. Sobald der Sturm vorüber war, wurde die Fahrt fortgesetzt. Ehe sie den New-Yorker Hafen erreicht hatten, gelang es Benjamin, die Ketten abzustreifen und über Bord zu werfen. Er floh von dem Schiff, wurde jedoch verfolgt, gefangen und sollte zu seinem Herrn zurückgebracht werden.[7]

Als Großmutter nach Hause kam und erfuhr, daß ihr Jüngster geflohen war, sorgte sie sich sehr; aber mit der ihr eigenen Frömmigkeit sagte sie: „Gottes Wille geschehe." Morgen für Morgen erkundigte sie sich, ob es etwas Neues über ihren Sohn gebe, und einmal hieß es: Ja, es sei eine Nachricht eingetroffen. Der Herr frohlockte; in einem Brief wurde ihm die Festnahme mitgeteilt.

Als wäre es gestern gewesen, so gut erinnere ich mich an diesen Tag. Ich sah, wie er in Ketten durch die Straßen zum Gefängnis geführt wurde. Er war totenblaß, aber sein Gesicht drückte Entschlossenheit aus. Er hatte einen der Seeleute gebeten, zu seiner Mutter zu laufen und sie zu bitten, ihm aus dem Weg zu gehen, weil er beim Anblick ihres Kummers alle Selbstbeherrschung verlieren würde. Es zog sie zu ihm, und sie kam, verbarg sich jedoch in der Menge, so daß er sie nicht sehen konnte.

Wir durften ihn nicht besuchen, aber wir kannten seit Jahren den Gefängniswärter, einen gutherzigen Mann.[8] Um Mitternacht öffnete er Großmutter und mir die Pforte, und wir gingen verkleidet hinein. Kein Laut trübte die Stille, als wir die Zelle betraten. „Benjamin, Benjamin!" flüsterte Großmutter.

Keine Antwort.

„Benjamin", stammelte sie noch einmal.

Da klirrten Ketten. Der Mond war gerade aufgegangen und warf sein fahles Licht durch das vergitterte Fenster. Wir knieten nieder, ergriffen Benjamins kalte Hände. Keiner sprach. Nur Schluchzen war zu hören. Dann öffneten sich seine Lippen; Großmutter weinte an seinem Hals. Wie lebhaft mir diese Nacht noch gegenwärtig ist! Mutter und Sohn redeten miteinander. Er bat sie um Verzeihung, weil er ihr Leid zugefügt habe. Sie sagte, sie wüßte nicht, was es zu verzeihen gebe; für seine Freiheitssehnsucht könne sie ihn nicht tadeln. Er erzählte, einmal habe er sich losgerissen, sei dabei gewesen, sich in den Fluß zu stürzen, als ihm Gedanken an sie kamen und ihn zurückhielten. Ob er nicht auch an Gott gedacht habe, fragte sie, und mir war, als sähe ich seine Miene finster werden.

„Nein, an ihn habe ich nicht gedacht", sagte er. „Wenn ein Mensch wie ein wildes Tier gejagt wird, vergißt er, daß es einen

Gott und einen Himmel gibt. Alles vergißt er, wenn er darum kämpft, den Bluthunden zu entgehen."

„Rede nicht so, Benjamin", entgegnete sie. „Vertraue auf Gott. Sei demütig, mein Kind, und dein Herr wird dir vergeben."

„Was vergeben, Mutter, was? Daß ich mich von ihm nicht wie einen Hund behandeln ließ? Nein! Ich werde mich nie vor ihm demütigen. So viele Jahre habe ich für ihn gearbeitet, und er vergilt es mir mit Peitschenschlägen und läßt mich einsperren. Hier bleibe ich, bis ich sterbe oder bis er mich verkauft."

Großmutter erschauderte bei seinen Worten. Ich glaube, er spürte es, denn als er weitersprach, war seine Stimme ruhiger. „Mach dir meinetwegen keine Sorgen, Mutter. Ich verdiene es nicht. Ich wollte, ich hätte ein wenig von deiner Güte. Du erträgst alles geduldig, als ob du es für richtig hieltest. Ich wünschte, ich wäre dazu auch imstande."

Sie sagte, sie sei nicht immer so gewesen; einst sei sie wie er gewesen; aber als sie in große Schwierigkeiten geriet und niemanden hatte, an dessen Arm sie Halt finden konnte, hätte sie gelernt, sich auf Gott zu stützen, und er habe ihre Bürde leichter gemacht. Sie beschwor ihn, es ihr gleichzutun.

Wir waren zu lange geblieben und mußten das Gefängnis überstürzt verlassen.

Benjamin hatte drei Wochen dort verbracht, als Großmutter ein Wort für ihn einlegte. Sein Herr zeigte sich unerbittlich. Benjamin sollte den übrigen Sklaven als abschreckendes Beispiel dienen und im Gefängnis bleiben, bis er sich fügte oder verkauft wurde, und sei es nur für einen Dollar. Später ließ der Mann jedoch Milde walten, dem Gefangenen die Ketten abnehmen und uns zu ihm gehen.

Da die Gefängniskost denkbar schlecht war, trugen wir so oft wie möglich ein warmes Essen hin und machten dem Wärter ein kleines Geschenk.

Drei Monate vergingen, und noch gab es kein Anzeichen dafür, daß Benjamin freikommen oder daß sich ein Käufer finden würde. Eines Tages hörte man ihn singen und lachen. Von diesem unschicklichen Benehmen wurde seinem Herrn berichtet, und der Aufseher erhielt Anweisung, ihn erneut in Ketten zu legen. Jetzt teilte er einen Raum mit anderen Häftlingen, die schmutzige Lumpen trugen. Bald klagte er über Ungeziefer. Er hantierte so lange an seinen Ketten, bis es ihm gelang, sie abzustreifen; darauf reichte er sie durch die Gitterstäbe mit der Bitte, sie seinem Herrn zu überbringen und ihm mitzuteilen, daß er von Ungeziefer strotzte.

Zur Strafe für diese Dreistigkeit wurde er in schwerere Ketten gelegt und bekam wieder Besuchsverbot.

Großmutter versorgte ihn weiter mit frischer Wäsche. Die alten Sachen wurden verbrannt. Auch in der Nacht noch, als wir ihn das letztemal aufsuchten, wollte sie ihn bewegen, seinen Herrn zu benachrichtigen, daß er ihn um Verzeihung bitte.

Alle Beschwichtigungs- und Überredungskünste vermochten nicht, ihn umzustimmen. „Ich warte, bis er die Zeit für reif hält", entgegnete er ruhig.

Klagend klirrten die Ketten.

Weitere drei Monate verstrichen, ehe sich die Gefängnismauern öffneten. Wir, die ihn ins Herz geschlossen hatten, warteten draußen auf einen letzten, langen Abschied. Ein Sklavenhändler hatte ihn gekauft.[9] Erinnern wir uns der Summe, die man seinerzeit für ihn als Zehnjährigen aufgebracht hatte. Jetzt war er über zwanzig, und der Verkauf trug dreihundert Dollar ein. Der Herr war blind gegenüber seinen eigenen Interessen, und die Haft hatte Benjamin zu seinem Nachteil verändert. Sehr blaß und hager war er geworden; außerdem war dem Händler zu Ohren gekommen, daß die Charaktereigenschaften schlecht zu einem Sklaven paßten. Kurzum, er würde jeden Preis zahlen, wenn der hübsche Bursche ein Mädchen wäre, sagte er, und wir dankten Gott, daß es nicht an dem war.

Hättet ihr gesehen, wie die Mutter ihren Sohn umarmte, als man ihm die Eisen um die Handgelenke legte, wie die Blicke ihrer entzündeten Augen verzweifelt von Gesicht zu Gesicht huschten, hättet ihr gehört, wie sie herzzerreißend stöhnte, vergeblich um Gnade flehte, wäret ihr gleich mir Augenzeuge dieser ganzen Szene gewesen, würdet ihr ausrufen: *Verdammt sei die Sklaverei!*

Benjamin, ihr Jüngster, ihr Liebling, war ihr für immer genommen! Sie konnte es nicht fassen. Sie bestürmte den Händler in der Hoffnung, ihm Benjamin abkaufen zu können. Das sei unmöglich, versetzte er, da er sein Wort gegeben habe, ihn erst jenseits der Staatsgrenzen zu verkaufen. Er versprach jedoch, es nicht zu tun, bevor sie New Orleans erreicht hätten.

Da ging Großmutter mutig, mit aller Kraft und unerschütterlicher Zuversicht an ihr Liebeswerk. Benjamin mußte frei sein.

Wenn es ihr gelänge, würden sie zwar räumlich getrennt bleiben, das wußte sie; aber um ihn freizubekommen, war ihr kein Opfer zu groß. Tag und Nacht schuftete sie, denn der Preis, den der Händler forderte, entsprach der dreifachen Summe, die er selbst gezahlt hatte.

Und Großmutter wirkte nicht nur durch ihrer Hände Arbeit; sie nahm sich einen Anwalt, der an einen ihrer Bekannten in New Orleans schrieb und ihn bat, sich für Benjamin zu interessieren. Der Herr ging bereitwillig auf ihr Ersuchen ein. Als er Benjamin sah und sein Anliegen vorbrachte, bedankte sich Benjamin, meinte jedoch, es wäre besser, noch ein wenig zu warten; denn der Händler hatte bereits wiederholt einen hohen Preis für ihn gefordert und ihn nicht verkaufen können. Das ermunterte ihn, einen neuen Fluchtversuch zu wagen. Eines Morgens verschwand er vor Tagesanbruch. Als man ihn vermißte, befand er sich auf dem Wasserweg nach Baltimore.

Diesmal erwies ihm seine helle Gesichtsfarbe einen guten Dienst. Niemand verdächtigte ihn; sonst wäre das Gesetz dem Buchstaben nach erfüllt und der entlaufene Sklave zurückgebracht worden. Doch am heitersten Himmel ziehen mitunter finsterste Wolken herauf. Benjamin erkrankte und war gezwungen, drei Wochen in Baltimore zu bleiben. Es dauerte lange, ehe er wieder zu Kräften kam; seine verzehrende Sehnsucht nach der Weiterreise scheint die Genesung verzögert zu haben. Und wo sollte er Kraft hernehmen, wenn er auf frische Luft und Bewegung verzichten mußte? Er entschloß sich, einen kurzen Spaziergang zu unternehmen. In der Nebenstraße, die er wählte, glaubte er vor Bekannten sicher zu sein.

Aber „Hallo!“ erklang es plötzlich hinter ihm, „Ben, mein Junge! Was machst du *hier*?“

Seine erste Regung war, fortzulaufen, doch die Beine zitterten ihm so, daß er sich nicht vom Fleck rühren konnte. In der Erwartung, einen Feind zu sehen, drehte er sich um und erblickte den Nachbarn seines ehemaligen Herrn. Er dachte, jetzt wäre alles vorbei, aber er täuschte sich. Es geschah ein Wunder. Der Mann besaß zwar eine stattliche Anzahl Sklaven, doch war er nicht taub gegenüber jener geheimnisvollen inneren Uhr, die nur selten einem Sklavenhalter tickt.[10]

„Ben, du bist krank“, sagte er, „hör mal, du siehst aus wie ein

Gespenst. Ich schätze, ich habe dir einen Schreck eingejagt. Grundlos, Ben, grundlos, ich rühre dich nicht an. Du hast eine ziemlich harte Zeit hinter dir, und meinethalben kannst du in Frieden weiterziehen. Nur würde ich dir raten, verdammt schnell zu verschwinden, es sind nämlich verschiedene Herren aus unserer Stadt hier." Er beschrieb ihm die kürzeste, sicherste Strecke nach New York und fügte hinzu: „Ich freue mich, deiner Mutter melden zu können, daß ich dich getroffen habe. Auf Wiedersehen, Ben."

Benjamin wandte sich ab, dankbar und überrascht, daß es in dem Ort, den er so haßte, einen so großartigen weißen Einwohner gab, ein Kleinod, das einer edleren Fassung würdig gewesen wäre.

Der Herr, gebürtiger Nordstaatler, war mit einer Dame des Südens verheiratet. Nach Hause zurückgekehrt, berichtete er meiner Großmutter von seiner Begegnung mit ihrem Sohn und von dem Dienst, den er ihm erwiesen hatte.

Benjamin erreichte wohlbehalten New York und beschloß zu bleiben, bis er genügend Kräfte gesammelt hatte, um die Reise fortzusetzen. Durch Gottes Fügung traf er überraschend seinen Bruder, der im Auftrag seiner Herrin in der Stadt zu tun hatte.[11] Natürlich war die Freude groß.

„O Phil", rief Benjamin aus, „ich bin endlich hier." Dann erzählte er, wie nahe er dem Tode gewesen war, das rettende Land fast schon vor Augen, wie er gebetet hatte, lange genug durchzuhalten, um einen Atemzug freie Luft schöpfen zu können. Er sagte, jetzt bedeute ihm das Leben einiges. Deshalb wolle er nicht sterben. Im Gefängnis war er lebensmüde gewesen und hatte einmal beinah den Freitod gewählt; doch etwas, er wußte nicht was, Furcht vielleicht, hinderte ihn. Religiöse Menschen hatten ihm erklärt, für Selbstmörder gebe es keinen Himmel, und da sein Los im Diesseits ziemlich hart war, verlangte ihn nach keiner Fortsetzung im Jenseits. „Wenn ich sterbe", sagte er, „so Gott sei Dank als freier Mann!"

Er bat meinen Onkel Phillip, nicht nach dem Süden zurückzukehren, sondern bei ihm zu bleiben. Sie könnten gemeinsam arbeiten, Geld verdienen, bis sie in der Lage seien, ihre Angehörigen loszukaufen. Es wäre der Tod ihrer Mutter, erwiderte Phillip, sie mit ihren Sorgen allein zu lassen. Sie hatte ihr Haus verpfändet und mühsam das Geld aufgebracht, um Bens Freiheit zu erkaufen.[12] Ob er das nicht wünsche, fragte er.

„Nein, niemals!“ entgegnete sein Bruder. „Glaubst du, Phil, daß ich ihnen einen roten Cent geben würde, nachdem ich ihren Klauen entronnen bin? Nein! Und meinst du, ich würde Mutter auf ihre alten Tage um Heim und Herd bringen, ich würde zulassen, daß sie ihre sauer verdienten Dollars zum Fenster hinauswirft, ohne mich jemals wiedersehen zu können? Denn du weißt genau, daß sie im Süden bleibt, solange eins ihrer Kinder Sklave ist. Rate unserer guten Mutter, *dich* zu kaufen, Phil. Du bist ihr stets ein Trost gewesen, wenn ich ihr Kummer bereitet habe. Und Linda, unsere arme Linda, was soll aus ihr werden? Phil, du ahnst nicht, was sie ausstehen muß. Sie hat mir einiges erzählt, und ich kann nur wünschen, daß der alte Flint tot wäre. Als ich im Gefängnis saß, fragte er sie, ob sie nicht wünschte, daß er zu meinem Herrn gehe, ein Wörtchen für mich einzulegen, damit er mir vergebe und mich wieder nach Hause hole. Nein, antwortete sie, dorthin zöge es mich nicht zurück. Da geriet er außer sich und sagte, wir wären alle gleich. Ich habe meinen eigenen Herrn nie halb so sehr verachtet wie diesen Mann. Es gibt viele Sklavenhalter, die schlimmer sind als mein Herr, aber deswegen bin ich noch lange nicht bereit, sein Sklave zu sein.“

Während der Krankheit hatte sich Benjamin fast von seiner gesamten Habe getrennt, um die anfallenden Kosten zu decken – doch nicht von einer Brosche, die ich ihm beim Abschied angesteckt hatte, dem wertvollsten Schmuckstück, das ich besessen und das zu tragen nach meiner Ansicht niemand würdiger war als er.

Phillip versorgte ihn mit Kleidung und gab ihm alles Geld, das er hatte. Sie sagten einander Lebewohl, die Augen wurden ihnen feucht, und als sich Benjamin abwandte, bemerkte er: „Phil, es ist eine Trennung von der ganzen Familie“, und er hatte recht. Wir hörten nie wieder etwas von ihm.

Onkel Phillip kehrte zurück, und die ersten Worte, die er ausstieß, nachdem er das Haus betreten hatte, lauteten: „Mutter, Ben ist frei! Ich habe ihn in New York getroffen.“

Sie stand vor ihm und starrte ihn verwirrt an.

Er legte ihr sanft eine Hand auf die Schulter. „Mutter, glaubst du mir nicht?“

Da rang sie die Hände und rief aus: „Gelobt sei Gott! Laß uns ihm danken.“ Sie kniete nieder und schüttete ihr Herz im Gebet aus. Dann mußte sich Phillip setzen, um ihr Wort für Wort zu wiederholen, was Benjamin gesagt hatte. Er erzählte alles, nur eins verschwieg er: Wie krank und blaß ihr Liebling ausgesehen hatte. Warum ihr Kummer bereiten, wenn sie doch nicht helfen konnte?

Die wackere Frau schuftete weiter, und endlich gelang es ihr, Phillip zu kaufen. Achthundert Dollar gab sie für ihn hin, und mit dem kostbaren Dokument, das seine Freiheit sicherte, kehrte sie nach Hause zurück.[13] Am Abend saßen die glückliche Mutter und ihr Sohn zusammen bei dem alten Herdstein, gestanden sich, wie stolz sie aufeinander waren, und erklärten, der Welt beweisen zu wollen, daß sie für sich sorgen konnten, nicht schlechter, als sie so lange für andere gesorgt hatten.[14]

Wir alle gelangten zu dem Schluß: „Mag der ein Sklave sein, der willens ist, es zu sein."

V

Die Nöte der Jungmädchenzeit

Während der ersten Zeit meines Dienstes im Hause Dr. Flint genoß ich zu einem Teil die Schonung, deren sich die Kinder der Herrschaft erfreuten. Obwohl mir das nicht mehr als recht und billig erschien, war ich doch dankbar dafür und bemühte mich, jede Nachsicht durch gewissenhafte Pflichterfüllung zu vergelten. Dann aber trat ich in mein fünfzehntes Lebensjahr ein, und damit begann ein trauriger Abschnitt im Dasein eines Sklavenmädchens. Mein Herr flüsterte mir schmutzige Worte ins Ohr, deren Tragweite mir trotz meiner Jugend nicht verborgen blieb. Ich versuchte den Anzüglichkeiten gleichgültig oder mit Verachtung zu begegnen. Der Altersunterschied zwischen uns, wohl auch die Befürchtung, daß ich sein Benehmen der Großmutter melden würde, bewogen ihn viele Monate lang, diese Behandlung zu ertragen. Er war listig und auf unterschiedliche Weise bestrebt, ans Ziel seiner Wünsche zu gelangen. Manchmal zeigte er sich so stürmisch und zudringlich, daß seine Opfer zitterten; manchmal erprobte er die sanfte Art, von der er sich am ehesten Erfolg versprach. Mir war die stürmische Methode weniger unangenehm, auch wenn er mich damit zum Beben brachte. Er ließ nichts unversucht, um die strengen Grundsätze, zu denen mich Großmutter erzogen hatte, zu zerstören. Meine jugendliche Phantasie erfüllte er mit unsauberen Vorstellungen, wie sie nur ein ausgemachter Unhold ersinnen kann. Voller Haß und Abscheu wich ich ihm aus. Aber er war mein Herr und ich gezwungen, unter seinem Dach zu leben. So mußte ich erfahren, daß dieser Mann, der vierzig Jahre älter war als ich, tagtäglich die heiligsten Gebote der Natur mit Füßen trat.[1] Immer wieder betonte er, daß ich sein sei, mich in allen Dingen seinem Willen zu beugen hätte. Mein Innerstes rebellierte gegen dessen niederträchtige Tyrannei. Doch wohin sollte ich mich um Beistand wenden? Gleichgültig, ob ein Sklavenmädchen schwarz wie Ebenholz oder hellhäutig wie ihre Herrin ist, in beiden Fällen gibt es keinerlei Rechtlichkeit, sie vor Beleidigung, Gewalt oder selbst dem Tod zu bewahren, wenn es so einem Teufel in Menschengestalt gefällt, ihr dies oder jenes zuzufügen.[2] Und die Herrin, die das hilflose Opfer schützen sollte, kennt keine Gefühle außer Eifersucht und Wut. Meine Feder sträubt sich, alle Demütigungen, Übel, Laster zu beschreiben, die der Sklaverei entspringen. Außerdem sind sie abscheulicher, als daß der Leser sie glauben könnte. Würdet ihr im Norden nur die halbe Wahrheit kennen, ihr tätet gewiß nichts dazu, das Joch von Millionen Entrechteten aufrechtzuerhalten. Auf eurem Boden würdet ihr euch weigern, für einen Herrn die schmutzige und grausame Arbeit zu machen, die abgerichtete Bluthunde und die niedrigste Sorte Mensch im Süden verrichten.[3]

Sünde und Sorgen kommen mit den Jahren überall und für jedermann, aber im Süden überschatten sie das ganze Leben. Das kleine Mädchen schon, gewöhnt, der Herrin und deren Kindern zu dienen, erfährt, noch ehe es zwölf ist, wie es kommt, daß ihre Gebieterin diese oder jene Sklavin haßt. Vielleicht ist die eigene Mutter sogar unter den Bedrängten. Ausbrüche leidenschaftlicher Eifersucht spielen sich vor ihr ab, und unwillkürlich beginnt sie die Ursache zu begreifen. Vorzeitig weiß sie um schlimme Dinge Bescheid. Bald wird sie zittern, wenn sie die Schritte ihres Herrn hört; zwangsläufig versteht sie, was es heißt, kein Kind mehr zu sein, und Schönheit, hat sie Gott ihr geschenkt, erweist sich als der größte Fluch. Was den Mann eine weiße Frau bewundern läßt, das beschleunigt nur die Demütigung der Sklavin. So weit haben die

Umstände einige von ihnen abgestumpft, daß sie nicht mehr spüren, wie tief sie gesunken sind. Vielen anderen aber ist ihre Lage vollauf bewußt; der bloße Gedanke an ihr Los läßt sie erschrekken. Es ist unmöglich zu schildern, welche Qualen ich erlitten habe oder wie schmerzlich noch die Erinnerung ist. Mein Herr begegnete mir bei jedem Gang, erinnerte mich daran, daß ich ihm gehöre, schwor Stein und Bein, mich zum Gehorsam zwingen zu wollen. Lief ich hinaus, um frische Luft zu schöpfen nach des Tages mühevoller Arbeit, folgte er mir auf Schritt und Tritt. Selbst am Grabe meiner Mutter, kniete ich dort nieder, störte mich sein dunkler Schatten. Das leichte Herz, das mir die Natur geschenkt hatte, wurde schwer von bösen Ahnungen. Die anderen Sklavinnen im Hause meiner Herrschaft bemerkten die Veränderung. Manch eine bedauerte mich, aber keine wagte nach dem Grund zu forschen. Es bedurfte keiner Fragen. Nur zu gut kannten sie die schändlichen Praktiken unter diesem Dach und wußten sehr wohl, darüber zu reden war ein Verstoß, der nie ungeahndet blieb.

Ich sehnte mich nach jemand, dem ich mich anvertrauen konnte. Alles in der Welt hätte ich gegeben, wäre es mir vergönnt gewesen, Großmutter den Kopf an die Brust zu legen und ihr das Herz auszuschütten; aber Dr. Flint schwor, daß er mich umbringen würde, wenn ich nicht schwiege wie das Grab; und dann: Obwohl die Großmutter mein ein und alles war, bangte mir vor ihr, wie ich sie liebte. Gewohnt, mit einer an Ehrfurcht grenzenden Hochachtung zu ihr aufzublicken, scheute ich mich, von solchen Dingen zu sprechen, zumal ich wußte, wie äußerst streng sie in dieser Hinsicht dachte. Gewiß, sie hatte ein fröhliches Gemüt und trat gewöhnlich ruhig auf; doch war ihre Empörung einmal erregt, konnte sie nicht so leicht besänftigt werden. Einst, wurde erzählt, hatte sie einen Weißen mit der geladenen Pistole bedroht, weil er einer ihrer Töchter zu nahe getreten war.[4] Ich fürchtete die Folgen eines Zornausbruchs. Stolz und Furcht also verschlossen mir den Mund. Doch teilte ich mich Großmutter auch nicht mit, wich ich ihren wachsamen Blicken und Fragen sogar aus, fühlte ich mich durch ihre Nähe doch ein wenig behütet. Dr. Flint hatte Angst vor ihr, scheute ihre schonungslosen Vorwürfe und wußte außerdem, wie bekannt und beliebt sie war. Er wünschte nicht, daß die Öffentlichkeit von seinen Schurkereien erfuhr. Daher bedeutete es ein Glück für mich, daß ich nicht auf einer fernen Plantage lebte, sondern in einer Stadt, die nicht so groß war, daß die Einwohner keine gegenseitige Notiz voneinander genommen hätten. So übel die Gesetze und Bräuche in der Sklavenhaltergemeinde sein mochten – der Arzt hielt es aus beruflichen Gründen für geraten, nach außen hin einen gewissen Schein von Anstand zu wahren.

Nein, die Tage und Nächte voll Furcht, voll Sorge, die mir dieser Mann bereitet hat! Doch wie gesagt, nicht um Mitgefühl für mich zu erwecken, berichte ich wahrheitsgetreu, was ich gelitten habe, sondern um der noch immer Geknechteten willen.

Einmal beobachtete ich zwei hübsche Kinder beim Spiel. Eins der Mädchen war hellhäutig und blond, das andere ihr Sklave, zugleich ihre Schwester. Als ich sah, wie sie sich umarmten, und ihr fröhliches Gelächter hörte, wandte ich mich beklommen ab. Es war ein reizender Anblick, doch ich wußte, wie bald das Lachen des Sklavenmädchens tiefen Seufzern weichen würde, während der Blondkopf zu einer schönen Frau heranwuchs. Seit frühester Kindheit war ihr Pfad eben und glatt, von einem sonnigen Himmel überspannt. Bis hin zu ihrem glücklichen Hochzeitsmorgen hat es in ihrem Leben kaum einen trostlosen Tag gegeben.

Und wie spielte das Schicksal indessen der Sklavenschwester mit, ihrer einstigen Gefährtin? Auch sie war sehr hübsch, aber die Blumen wuchsen nicht für sie, und der Sonnenschein der Liebe war nicht für sie bestimmt. Sie leerte den Kelch der Sünde, des Elends, der Schande, wie es die Angehörigen ihrer verfolgten Rasse zu tun gezwungen sind.

Warum schweigt ihr angesichts dieser Dinge, ihr freien Männer und Frauen des Nordens? Warum versagt eure Zunge, wenn es das Recht durchzusetzen gilt? Ich wollte, mir wäre mehr Schreibtalent gegeben, denn mein Herz ist übervoll, nur meine Feder allzu schwach! Doch da sind auch edle Männer und Frauen, unsere Fürsprecher, bestrebt, denen zu helfen, die sich nicht selbst helfen können. Gott segne sie! Gott verleihe ihnen die Kraft und den Mut, ihr Werk fortzusetzen! Gott segne allenorts jene, die sich mühen, die Sache der Menschlichkeit voranzubringen!

VI

Die eifersüchtige Herrin

Zehntausendmal eher wollte ich, daß meine Kinder bettelarme, halbverhungerte Iren wären, als die am besten genährten Sklaven Amerikas.[1] Lieber hätte ich mir bis ans Ende meiner Tage auf einer Baumwollplantage die Seele aus dem Leib geschunden, als mit einem prinzipienlosen Herrn und einer eifersüchtigen Herrin unter einem Dach zu leben. Der Aufenthalt eines Missetäters in einer Besserungsanstalt war vorzuziehen. Der Gestrauchelte kann bereuen, sich von seinen Irrwegen abwenden, Frieden finden; nicht so eine begehrte Sklavin. Kein stolzes Selbstbewußtsein wird ihr zugestanden. Ihr Bestreben, tugendhaft zu sein, gilt als Verbrechen.

Mrs. Flint besaß den Schlüssel zum Charakter ihres Mannes. Sie hatte ihn gekannt, ehe ich geboren wurde. Doch sie nutzte ihr Wissen nicht, um die jungen, unschuldigen Mädchen unter ihren Sklavinnen zu beraten, zu beschirmen; für sie empfand sie kein Mitgefühl. Sie waren Gegenstand ewiger Mißgunst und Verdächtigungen. Ihren Mann beobachtete sie mit unendlicher Wachsamkeit; aber ihr Gatte war in der Kunst, sie zu hintergehen, wohlerfahren. Was er aus Mangel an Gelegenheit nicht in Worte fassen konnte, teilte er durch Zeichensprache mit. Er war darin erfinderisch, stellte die Bewohner eines Taubstummenheims in den Schatten. Ich ließ seine Gebärden über mich ergehen, tat, als wüßte ich nicht, was er wollte, und mein vermeintlicher Stumpfsinn trug mir zahlreiche Flüche und Drohungen ein. Eines Tages überraschte er mich dabei, wie ich schreiben lernte.[2] Er runzelte die Stirn, bekundete Mißfallen, doch gelangte wohl zu dem Schluß, daß ihm die Sache helfen könnte, seinen Lieblingsplan zu verwirklichen. Es dauerte nicht lange, dann drückte er mir des öfteren einen Notizzettel in die Hand.

Ich gab sie zurück und sagte: „Ich kann nicht lesen, Sir“, worauf er erwiderte: „Kannst du nicht? Dann muß ich dir vorlesen.“ Danach fragte er jedesmal: „Hast du jetzt verstanden?“

Manchmal klagte er, in der Teestube sei es zu heiß, und speiste an dem Tischchen auf der Veranda. Wenn ich das Essen aufgetragen hatte, ließ er sich mit einem recht zufriedenen Lächeln nieder und befahl mir, bei ihm stehen zu bleiben, um die Fliegen zu verscheuchen. Er aß sehr langsam, machte nach jedem Bissen eine Pause, die er darauf verwendete, mir zu beschreiben, welcher Glückseligkeit ich törichterweise entsagte und welche Strafe mich letzten Endes für meinen störrischen Ungehorsam erwartete. Er prahlte viel, wie rücksichtsvoll er mir gegenüber gewesen sei, und ließ nie unerwähnt, daß auch seine Geduld Grenzen habe. Gelang es mir, ihm zu Hause aus dem Weg zu gehen, bestellte er mich unter irgendeinem Vorwand in sein Büro. Dort mußte ich mir stehend seine ausgeklügelten Reden anhören. Manchmal drückte ich so offen meine Verachtung aus, daß er sehr zornig wurde. Ich weiß nicht, warum er mich nicht geschlagen hat. Vermutlich, weil er berechnend war. Er hielt es für politisch klüger, gnädig zu sein. Aber die Lage der Dinge verschlechterte sich von Tag zu Tag. In meiner Bedrängnis sagte ich ihm, daß ich mich schutzsuchend an meine Großmutter wenden würde. Da wiederholte er seine Morddrohung und verhieß mir Schlimmeres als den Tod, wenn ich mich bei ihr beklagte. Doch so merkwürdig es klingen mag, ich verzweifelte nicht. Ich war von Natur aus unbekümmert und hoffte immer, mich irgendwie aus den Klauen befreien zu können. Wie so manche arme, einfache Sklavin vor mir vertraute ich darauf, daß sich noch einmal lichtere Fäden in mein düsteres Schicksal weben würden.

Ich ging auf die Sechzehn zu, und es wurde täglich klarer, daß Mrs. Flint meine Anwesenheit unerträglich fand. Häufig wechselte sie scharfe Worte mit ihrem Gatten. Er hatte mich nie selbst gezüchtigt und erlaubte keinem anderen, es zu tun. In dieser Hinsicht blieben ihre Erwartungen unerfüllt, doch wenn sie ihre zornigen Anwandlungen bekam, waren ihr keine Ausdrücke zu gemein, als daß sie sie nicht gegen mich verwendet hätte. Dennoch hatte ich für sie, die mich grenzenlos verabscheute, bei weitem mehr Mitleid übrig als er, dessen Pflicht es war, sie glücklich zu machen. Ich tat ihr nie Unrecht und wünschte ihr nie etwas Schlechtes; bei einem einzigen freundlichen Wort von ihr wäre ich ihr zu Füßen gefallen.

Nach wiederholtem Ehekrach verkündete er seine Absicht, die jüngste Tochter, die damals vier Jahre war, in seinem Zimmer schlafen zu lassen.[3] Zog die Kleine zu ihm hinüber, müßte auch eine Dienerin zur Stelle sein, um sie zu betreuen, wenn sie unruhig wurde. Für den Posten hatte er mich auserkoren. Er schickte nach mir und teilte es mit. Nun hatte ich mir bisher geholfen, indem ich tagsüber so oft wie möglich in der Nähe anderer Menschen geblieben war, obwohl er mir wiederholt ein Rasiermesser an die Kehle gehalten hatte, um mich zu veranlassen, diese Taktik aufzugeben, und nachts schlief ich neben meiner Großtante, wo ich mich geborgen fühlte. Er scheute sich davor, ihr Zimmer zu betreten, denn sie war eine alte Frau und hatte viele Jahre in der Familie gedient.[4] Außerdem hielt er es als Ehemann und Akademiker für geraten, bis zu einem gewissen Grad das Gesicht zu wahren. Doch er war entschlossen, das Hindernis aus dem Weg zu räumen, und glaubte jetzt, eine unverdächtige Möglichkeit dazu gefunden zu haben. In der ersten Nacht ließ er die Tochter allein bei sich schlafen, aber um mir die geschätzte Zufluchtsstätte an der Seite meiner Tante zu nehmen, befahl er mir am nächsten Morgen, in der folgenden Nacht meine Stelle als Kindermädchen anzutreten. Eine gnädige Vorsehung begünstigte meine Lage. Während des Tages hörte Mrs. Flint von der Neuregelung. Ein Sturm der Entrüstung brach los. Es war eine Freude, ihn toben zu hören.

Nach einer Weile ließ sie mich zu sich rufen. Ihre erste Frage lautete: „Weißt du, daß du im Zimmer des Doktors schlafen sollst?"

„Yes, ma'am."

„Wer hat es dir gesagt?"

„My master."

„Wirst du wahrheitsgemäß alle meine Fragen beantworten?"

„Yes, ma'am."

„Dann gestehe mir, so du auf Vergebung hoffst, bist du dessen unschuldig, dessen ich dich bezichtigt habe?"

„Das bin ich."

Sie reichte mir eine Bibel und sprach: „Leg dir die Hand aufs Herz, küsse dieses heilige Buch und schwöre, daß du mir die Wahrheit sagst."

Ich gelobte es, wie sie gefordert hatte, und tat es reinen Gewissens.

„Du hast Gottes heiliges Wort genutzt, um deine Unschuld zu bezeugen", erklärte sie. „Hüte dich, wenn du mich getäuscht hast! Nimm jetzt diesen Schemel, setz dich, sieh mir gerade in die

Augen und berichte alles, was zwischen deinem Herrn und dir geschehen ist."

Ich kam ihrem Befehl nach. Während ich erzählte, wechselte sie häufig die Farbe. Sie weinte, manchmal stöhnte sie. So traurig war der Ton, in dem sie sprach, daß mich ihr Kummer rührte. Tränen traten mir in die Augen; doch bald war ich überzeugt, daß ihre Erregung dem Zorn, dem verletzten Stolz entsprang. Ihr Mann hatte sein Eheversprechen gebrochen, ihre Würde angetastet. Nicht für das arme Opfer seiner Ränke fühlte sie. Sich selbst bemitleidete sie als Märtyrerin, unfähig, die Scham und den Schmerz nachzuempfinden, die ihr Gatte der unglücklichen, hilflosen Sklavin zugefügt hatte.

Und dennoch war da vielleicht ein Anflug von Anteilnahme für mich; denn als ich meinen Bericht beendet hatte, redete sie freundlich mit mir und versprach mich zu beschützen. Diese Versicherung wäre mir ein großer Trost gewesen, wenn ich nur mehr Vertrauen hätte haben können; aber meine Erfahrungen hatten mich mißtrauisch gemacht. Bekanntlich war sie nicht gerade eine feine Frau und hatte sich kaum in der Gewalt, so daß ich als Objekt ihrer Eifersucht und folglich ihres Hasses mir weder Zuneigung noch Vertrauen zu erhoffen wagte. Trotzdem kann ich ihr keinen Vorwurf machen. Gattinnen von Sklavenhaltern fühlen wie andere Frauen unter ähnlichen Umständen. Aus kleinen Funken war ein Feuer entbrannt, und jetzt schlugen die Flammen so hoch, daß Dr. Flint die geplante Regelung aufgeben mußte.

Ich hatte die Fackel entzündet, würde dafür zu büßen haben, doch war ich meiner Herrin für ihre derzeitige Hilfe so dankbar, daß ich mir deswegen nicht allzu viele Sorgen machte. Sie ließ mich nun in dem Raum neben ihrem Zimmer schlafen. Dort bildete ich ein Objekt ihrer besonderen Aufmerksamkeit, wenngleich nicht ihres besonderen Trostes. So manche schlaflose Nacht hindurch bespitzelte sie mich. Manchmal wachte ich auf und bemerkte, daß sie sich zu mir herabbeugte. Gelegentlich wisperte sie mir Worte ins Ohr, die den Eindruck erwecken sollten, daß ihr Mann geflüstert hätte, und war gespannt, wie ich reagieren würde. Wenn ich zusammenschreckte, stahl sie sich hinaus; am nächsten Morgen behauptete sie, daß ich im Schlaf gesprochen hätte, mit wem, fragte sie mich. Schließlich fing ich an, um mein Leben zu fürchten. Man hatte mir so oft mit dem Tod gedroht, daß man sich leichter vorstellen kann, als es sich beschreiben läßt, welche unangenehmen Gefühle mich beschlichen, wenn ich mitten in der Nacht erwachte und feststellte, daß sich eine eifersüchtige Frau über mich beugte. Es war eine schreckliche Erfahrung, aber ich fürchtete, daß es noch ärger kommen würde.

Meine Herrin wurde es überdrüssig, mich nachts zu beobachten. Das Ergebnis hatte sich als unbefriedigend erwiesen; sie änderte ihre Taktik. Jetzt gebrauchte sie den Trick, ihren Mann in meiner Gegenwart zu beschuldigen und mich als die Urheberin der Anklage auszugeben. Zu meiner äußersten Verwunderung erwiderte er: „Das glaube ich nicht; aber wenn sie es eingesteht, dann höchstens, weil du sie so lange peinigst, bis sie mich bloßstellt."

Sie mich peinigen, damit ich ihn bloßstelle! Das war wahrhaftig die Ausgeburt einer satanischen Phantasie. Ich begriff, was er mit dieser Unterstellung bezweckte. Er wollte mir zeigen, daß ich nichts gewonnen hätte, wenn ich mich schutzsuchend an seine Frau wende; daß die Macht noch ganz in seinen Händen lag.

Mrs. Flint tat mir leid. Sie war seine zweite Frau, viele Jahre jünger als er, und der grauköpfige Schurke hätte auch eine klügere und bessere um die Ruhe gebracht. Sie war wie vor den Kopf gestoßen, wußte weder ein noch aus. Mit Vergnügen hätte sie mich für meinen vermeintlichen Meineid auspeitschen lassen, aber wie bereits erklärt, er erlaubte keinem, mich zu züchtigen. Der alte Sünder war berechnend. Beim Auspeitschen wären vielleicht Bemerkungen gefallen, die ihn in den Augen seiner Kinder und Enkel entlarvt hätten.[5] Wie oft freute ich mich darüber, in einem Ort zu leben, wo jeder jeden kannte. Hätte ich mich auf einer abgelegenen Plantage befunden oder wäre ich unter einer Großstadtmenge zu finden gewesen, würde es mich heute nicht mehr geben.

Die Sklaverei verbirgt ihre Schandtaten wie die Inquisition. Mein Herr war, soviel ich weiß, der Vater von elf Sklaven. Doch wagten die Mütter, dies ihren Kindern zu erzählen? Wagten die übrigen Sklaven, es anzudeuten – es sei denn im Flüsterton unter vier Augen? Nein, ganz gewiß nicht. Was die furchtbaren Folgen gewesen wären, wußten sie genau.

Großmutter bemerkte natürlich einiges, was ihren Verdacht erregte. Sie sorgte sich um mich und suchte verschiedentlich, mich freizukaufen. Doch die gleichbleibende Antwort lautete jedesmal:

„Linda gehört nicht *mir*. Sie ist Eigentum meiner Tochter; ich habe kein Recht, sie zu verkaufen."

Der peinlich gewissenhafte Mann! Er war nicht so skrupellos, mich zu verkaufen, aber er kannte nicht die mindesten Skrupel, das fremde Eigentum, das seiner Obhut anvertraut war, auf viel gröblichere Weise zu veruntreuen. Manchmal fragte er mich, ob es mir recht wäre, verkauft zu werden. Dann antwortete ich, jeder Verkauf wäre mir lieber als das Leben, das ich führte. Bei solcher Gelegenheit tat er sehr beleidigt und hielt mir meine Undankbarkeit vor. „Habe ich dich nicht in das Haus geholt und zur Gefährtin meiner eigenen Kinder gemacht? Habe ich dich je wie ein Negermädchen behandelt? Ich habe nie geduldet, daß dich jemand bestraft. Nicht einmal, um deiner Herrin gefällig zu sein. Und das ist der Lohn, den ich bekomme, du undankbares Ding, du!"

Ich erwiderte, er habe seine Gründe, mich vor Strafe zu bewahren, und der Kurs, den er einschlage, veranlasse meine Herrin, mich zu hassen und zu verfolgen.

Kamen mir die Tränen, pflegte er zu sagen: „Armes Kind! Weine nicht, weine nicht! Ich werde bei deiner Herrin Frieden für dich stiften. Laß mich nur alles auf meine Weise regeln. Armes, törichtes Mädchen! Du weißt nicht, was gut für dich ist. Ich würde dich noch höher schätzen. Ich würde eine Dame aus dir machen. Geh jetzt und überleg dir, was ich dir versprochen habe."

Ja, ich dachte darüber nach.

Leser, ich zeichne kein Phantasiebild vom häuslichen Leben im Süden. Ich berichte die lautere Wahrheit. Doch wenn einer der Bestie Sklaverei entkommt, dann sind die Menschen des Nordens bereit, sich an der Hetzjagd zu beteiligen und den Flüchtling zurückzutreiben in seine Höhle, die da „voller Totengebeine und allen Unflats" ist.[6] Mehr noch, sie sind nicht nur gewillt, sondern brüsten sich sogar, ihre Töchter mit Sklavenhaltern zu verheiraten. Die armen Mädchen haben romantische Vorstellungen von einem sonnigen Landstrich, von üppigen Reben, die das ganze Jahr hindurch einem glücklichen Heim Schatten spenden. Zu welcher Enttäuschung sind sie verurteilt! Die junge Gattin erfährt schon bald, daß der Mann, in dessen Hände sie ihr Schicksal gelegt hat, seine Treueschwüre bricht. Kinder jeder Schattierung spielen mit ihren eigenen, weißhäutigen, und es ist ihr klar, daß er sie alle gezeugt hat. Eifersucht und Haß halten Einzug in das blühende Heim, das seine Lieblichkeit verliert.

Die Südstaatlerinnen dagegen heiraten häufig einen Mann, von dem sie genau wissen, daß er der Vater vieler kleiner Sklaven ist. Es kümmert sie wenig. Sie betrachten seine Nachkommen als Ware, die sich vermarkten läßt wie die Schweine auf der Plantage, und nicht selten machen sie diesen Kindern ihre Lage bewußt, indem sie sie so bald wie möglich dem Sklavenhändler übergeben und sich ihrem Anblick entziehen. Zum Glück darf ich feststellen, daß es einige löbliche Ausnahmen gibt.

Ich kenne persönlich zwei Frauen, die ihre Männer gemahnten, jene Kinder, zu denen sie im Vaterschaftsverhältnis standen, aus der Sklaverei zu entlassen, und ihr Wunsch wurde erfüllt. Die Gatten erröteten vor der edlen, überlegenen Gesinnung ihrer Frauen. Obgleich man ihnen nur geraten hatte, das zu tun, was ihre Pflicht war, verlangte es ihnen Hochachtung ab, und sie änderten sich. Mit den Heimlichkeiten war es vorbei; Vertrauen trat an die Stelle des Mißtrauens.

Zwar stumpft unter dem Einfluß der Institution der Sinn für Moral sogar bei weißen Frauen in erschreckendem Ausmaß ab, doch ganz verloren geht er nicht. Ich habe gehört, wie sich einige Damen über einen Mr. Soundso äußerten: „Er denkt nicht nur, daß es keine Schande ist, der Vater aller dieser kleinen Nigger zu sein; er schämt sich nicht einmal, sich ihren Herrn zu nennen. Ich meine, so etwas sollte es in keiner anständigen Gesellschaft geben."

VII

Der Geliebte

Warum bloß entbrennt die Sklavin in Liebe? Warum verliert sie ihr Herz an einen Mann, der ihr jeden Augenblick mit hartem, brutalem Griff entrissen werden kann? Wenn der Tod zwei scheidet, beugt sich der Fromme ergeben und sagt: „Nicht wie ich will, sondern wie du willst, o Herr."[1] Doch führt ein Mensch den Schlag, unbarmherzig, ohne Rücksicht auf das Leid, das er verursacht, fällt es schwer, sich zu fügen. Ich dachte noch anders, als ich ein junges Mädchen war. Jugend bleibt Jugend. Ich liebte und nährte die Hoffnung, daß sich ein Silberstreifen am Horizont des finsteren Himmels zeigen würde. Ich vergaß, in welchem Land ich geboren war. So dicht sind dort die Schatten, daß kein Licht sie durchdringt, dies Land,

> „Wo Lachen freudlos ist und Denken schwer,
> Das Wort nicht Sprache und das Herz sehr leer,
> Wo Qual dem Fluch folgt und Geschrei dem Schlag,
> Wo Folterhöllen wüten Nacht und Tag."[2]

Da gab es in der Nachbarschaft einen jungen farbigen, aber frei geborenen Zimmermann. Schon als Kinder waren wir gut miteinander bekannt gewesen; auch später trafen wir uns öfter. Die Zuneigung war gegenseitig, und er machte mir einen Heiratsantrag. Ich liebte ihn mit der ganzen Inbrunst einer ersten Mädchenliebe; doch wenn mir einfiel, daß ich eine Sklavin war, und ich die gesetzlichen Schwierigkeiten bedachte, verlor ich allen Mut.[3] Mein Geliebter wollte mich kaufen, aber ich wußte, der eigensinnige und despotische Dr. Flint würde seine Zustimmung verweigern. Von ihm konnte ich höchstens Widerstand erwarten, und auch von meiner Herrin versprach ich mir nichts. Freilich wäre sie entzückt gewesen, mich loszuwerden. Ihr wäre ein Stein vom Herzen gefallen, wenn man mich in einen anderen Staat verkauft hätte, aber so nahe ihrem Hause hätte mich ihr Mann weiterhin in der Gewalt gehabt; denn der Gatte einer Sklavin hat nicht die Macht, sie zu beschützen. Außerdem schien Mrs. Flint wie viele Frauen zu denken, daß Sklaven kein Recht auf eigene familiäre Bindungen hätten, daß sie lediglich dazu geschaffen wären, der Familie der Herrin zu dienen. Einmal hatte eine junge Sklavin ihr gesagt, daß ein Farbiger sie zur Frau haben wolle; die Antwort war eine vernichtende Abfuhr gewesen: „Ich lasse dir das Fell über die Ohren ziehen und dich einpökeln, meine Dame, wenn ich dich noch einmal dieses Thema berühren höre.[4] Meinst du, ich habe Lust, *meine* Kinder zusammen mit den Kindern dieses Niggers aufwachsen zu sehen?" Das Mädchen hatte einen Mulattensprößling, dessen Vater sich natürlich verleugnete. Der Schwarze, der sie liebte, wäre stolz gewesen, sich zu seiner Nachkommenschaft bekennen zu können.

Viele bange Fragen gingen mir durch den Kopf. Ich wußte nicht, was ich tun sollte. Vor allem wollte ich meinem Freund die Beleidigungen ersparen, die mich so tief getroffen hatten. Ratsuchend wandte ich mich an Großmutter und teilte ihr einige meiner Befürchtungen mit. Die schlimmsten verschwieg ich ihr freilich. Sie hatte schon lange etwas geargwöhnt, und wenn sich ihr Verdacht bestätigte, dann würde der losbrechende Entrüstungssturm meine letzten Hoffnungen zunichte machen.

Der Liebestraum war mir in allen Bedrängnissen eine Stütze, und ich wollte nicht riskieren, ihn aufs Spiel zu setzen. Nun wohnte in der Nähe aber eine Dame, eine spezielle Freundin des Arztes, die das flintsche Haus häufig besuchte. Ich schätzte sie sehr; sie war mir stets aufgeschlossen und freundlich begegnet. Großmutter meinte, sie habe großen Einfluß auf den Doktor. Ich ging zu dieser Dame und erzählte ihr meine Geschichte. Daß mein Freund ein freier Mann war, würde sich als starkes Hindernis erweisen, das wisse ich wohl, sagte ich ihr, aber er sei bereit, mich zu kaufen und jeden vertretbaren Preis zu zahlen, falls Dr. Flint einverstanden wäre. Ihr war bekannt, daß mich Mrs. Flint nicht ausstehen konnte; deshalb deutete ich an, meine Herrin wäre vielleicht mit dem Verkauf einverstanden, um mich los zu sein. Die Dame hörte mir freundlich und mitfühlend zu. Am Schluß versprach sie, ihr Äußerstes zu tun, um eine Eheanbahnung zu begünstigen. Sie unterhielt sich mit dem Doktor, und ich glaube, daß sie sich ernsthaft für mich einsetzte; aber es war alles umsonst.

Wie ich meinen Herrn jetzt fürchtete! Jeden Augenblick rechnete ich damit, zu ihm gerufen zu werden; doch der Tag ging hin, ohne daß der Doktor etwas von sich hören ließ. Am nächsten Morgen erst wurde mir eine Botschaft überbracht: „Master wünscht dich in seinem Arbeitszimmer."

Die Tür war halb geöffnet; ich blieb stehen und starrte auf den verhaßten Mann, der das Recht für sich beanspruchte, mich ganz, Körper und Geist, unterjochen zu dürfen. Als ich eintrat, versuchte ich, ruhig zu sein. Er sollte nicht sehen, wie mir das Herz blutete. Schweigend fixierte er mich mit einem Ausdruck, der zu sagen schien: Ich hätte nicht übel Lust, dir auf der Stelle den Garaus zu machen. Dann brach er endlich die Stille, und das war für beide eine Erleichterung.

„Du hast also den Wunsch zu heiraten, nicht wahr, und zwar einen freien Nigger?“ fragte er.

„Yes, sir.“

„Nun, ich werde dir bald bewußtmachen, ob ich dein Herr bin oder dieser Bursche von einem Nigger, der bei dir so hoch in der Gunst steht. Wenn du einen Gatten haben *mußt*, dann kannst du einen meiner Sklaven haben.“

Ich malte mir aus, in welcher Lage ich mich als die Gattin eines *seiner* Sklaven befände, selbst wenn ich den Mann von Herzen liebte. „Sir, meinen Sie nicht, daß eine Sklavin ihre eigene Wahl treffen kann?“ fragte ich, „und meinen Sie, daß für sie alle Männer gleich sind?“

„Liebst du diesen Nigger?“ fragte er barsch.

„Yes, sir.“

„Wie wagst du mir das ins Gesicht zu sagen?“ entgegnete er zornentbrannt. Nach einer kurzen Pause fügte er hinzu: „Ich dachte, daß du mehr auf dich hältst, daß du dich über die Beleidigung solcher Hunde erhaben fühlst.“

„Wenn er ein Hund ist, dann bin ich eine Hündin, denn wir gehören beide der Negerrasse an. Für uns ist es recht und ehrenhaft, einander zu lieben. Der Mann, den Sie als Hund bezeichnen, hat mich nie beleidigt, mein Herr, und er würde mich nicht lieben, wenn er nicht glaubte, daß ich standhaft bin.“

Nach diesen Worten stürzte sich Dr. Flint wie ein Tiger auf mich und versetzte mir einen betäubenden Hieb. Es war das erstemal, daß er mich geschlagen hatte, aber die Furcht war nicht so groß, daß sie meine Entrüstung gezügelt hatte. Ich erholte mich von den Folgen und fuhr ihn an: „Sie haben mich geschlagen, weil ich die Wahrheit gesagt habe. Ich verachte Sie!“

Darauf blieb es minutenlang still. Vielleicht überlegte er, wie er mich bestrafen sollte, oder er wollte mir Zeit lassen, über meine Worte nachzudenken und darüber, an wen ich sie gerichtet hatte.

Schließlich fragte er: „Weißt du, was du gesagt hast?“

„Ja, mein Herr. Sie haben mich dazu gezwungen.“

„Weißt du, daß ich das Recht habe, mit dir zu machen, was ich will – daß ich dich töten kann, wenn ich möchte?“

„Sie haben versucht, mich zu töten, und ich wünschte, Sie hätten es getan; aber Sie haben kein Recht, mit mir zu machen, was Sie wollen.“

„Ruhe!“ rief er mit donnernder Stimme. „Lieber Himmel! Mädchen, du gehst entschieden zu weit! Bist du verrückt geworden? Wenn ja, werde ich dich bald zur Vernunft bringen. Denkst du, irgendein anderer Herr ließe sich bieten, was ich heute morgen hingenommen habe? Viele hätten dich auf der Stelle getötet. Wie würde es dir gefallen, wenn ich dich für deine Unverschämtheit ins Gefängnis schicke?“

„Ich weiß, daß ich respektlos gewesen bin, mein Herr“, erwiderte ich, „aber Sie haben mich dazu getrieben; ich war machtlos, und was das Gefängnis betrifft – ich hätte dort mehr Frieden als hier.“

„Du verdienst es, eingesperrt und so behandelt zu werden, daß du die Bedeutung des Wortes Frieden vergißt“, sagte er. „Es wäre gut für dich. Du würdest dir einige deiner Überspanntheiten abgewöhnen. Aber noch bin ich nicht bereit, dich ins Gefängnis zu werfen, trotz deiner Undankbarkeit, mit der du mir alle meine Güte und Nachsicht lohnst. Du bist eine Plage für mich. Ich wollte dich glücklich machen, und du hast es mir mit schofligstem Undank vergolten. Dennoch, obwohl du dich als unfähig erwiesen hast, meine Güte zu würdigen, will ich noch einmal Gnade vor Recht ergehen lassen, Linda. Ich biete dir eine letzte Chance, deinen Charakter zu ändern. Wenn du dich benimmst und tust, was ich verlange, werde ich dir vergeben und dich weiter wie bisher behandeln; wenn du aber ungehorsam bist, werde ich dich wie den gemeinsten Plantagensklaven bestrafen. Nimm den Namen dieses Burschen nie wieder in den Mund. Sollte mir je zu Ohren kommen, daß du noch einmal mit ihm gesprochen hast, lasse ich euch beide auspeitschen, und erwische ich ihn dabei, wie er um mein Grundstück herumstreicht, knalle ich ihn wie einen tollwütigen Köter ab. Hörst du, was ich sage? Ich werde dir eine Lektion über Heirat und freie Nigger erteilen! Geh jetzt und gib mir nie Veranlassung, auf dieses Thema zurückzukommen.“

Leser, hast du je gehaßt? Ich hoffe, nein. Ich habe es ein einziges Mal getan und bin zuversichtlich, daß es das letztemal war. Jemand hat den Haß als „Atmosphäre der Hölle“ bezeichnet, und ich glaube, er hat recht.

Zwei Wochen lang sprach Dr. Flint nicht mit mir. Er wollte mich quälen, mich spüren lassen, daß es nach seiner Auffassung schändlich war, den ehrenhaften Antrag eines geachteten Farbigen der schmutzigen Werbung eines weißen Herrn vorzuziehen. Doch obwohl er mich anzureden verschmähte, waren seine Blicke höchst beredt. Kein Raubtier verfolgt die Bewegungen seiner Beute aufmerksamer, als er mich beobachtete. Er wußte, daß ich schreiben konnte, auch wenn er mich nicht dazu gebracht hatte, seine Briefe zu lesen; jetzt wachte er sorgsam darüber, daß ich nicht mit einem anderen korrespondierte. Nach vierzehn Tagen ertrug er das Schweigen nicht länger, und das war bedauerlich. Als er eines Morgens die Diele durchquerte, um das Haus zu verlassen, fand er Gelegenheit, mir einen Brief in die Hand zu drücken. Ich hielt es für ratsam, ihn zu lesen, damit mir der Verdruß erspart blieb, daß er vorgelesen wurde. Dr. Flint bedauerte, mich geschlagen zu haben. Allerdings, so schrieb er, wäre die Schuld daran einzig und allein bei mir zu suchen. Er hoffe, ich sei inzwischen zu der Einsicht gelangt, wie verletzend mein ungehöriges Benehmen für ihn sein müsse, und er teilte mir mit, daß er sich entschlossen habe, nach Louisiana zu gehen. Er beabsichtige, einige Sklaven mitzunehmen; ich solle von der Partie sein, meine Herrin jedoch zu Hause bleiben, so daß ich von ihrer Seite also nichts zu fürchten hätte. Falls ich seine Güte verdiene, wolle er sie mir reichlich zuteil werden lassen. Zum Schluß bat er mich, mir die Sache durch den Kopf gehen zu lassen und ihm am nächsten Tag zu antworten.

Am folgenden Morgen ließ er sich eine Schere bringen. Ich legte sie in seinem Zimmer auf den Tisch und den Brief daneben. Er glaubte, daß es meine Antwort wäre, und rief mich nicht zurück. Doch als ich meine junge Herrin wie gewöhnlich zur Schule begleitete, trat er mir in den Weg und befahl mir, auf dem Heimweg in seinem Büro vorzusprechen. Nachdem ich das Mädchen gebracht hatte, ging ich zu ihm. Warum ich den Brief unbeantwortet gelassen hätte, fragte er.

„Ich bin Eigentum Ihrer Tochter“, erwiderte ich, „und es liegt in Ihrer Macht, mich dorthin zu senden oder mitzunehmen, wohin es Ihnen gefällt.“

Er entgegnete, es freue ihn sehr, mich so bereitwillig zu sehen; im Frühherbst solle die Reise stattfinden. Doch er hatte eine große Praxis in der Stadt, und ich glaubte, die ganze Geschichte wurde nur erfunden, um mich zu erschrecken; aber wie dem auch sei, jedenfalls war ich entschlossen, ihn niemals nach Louisiana zu begleiten.

Der Sommer verging, und zum Herbstanfang schickte Dr. Flint seinen Ältesten, die Lage zu erkunden und festzustellen, ob eine Übersiedlung sinnvoll sei. Diese Neuigkeit beunruhigte mich in keiner Weise, denn daß er mich dem Sohn nicht mitgeben würde, lag auf der Hand. Wenn er mich nicht längst zur Plantage geschickt hatte, dann nur, weil sein Ältester draußen war. Nur aus Eifersucht auf ihn und den Aufseher unterließ er es, mich zu bestrafen, indem er mich Feldarbeit verrichten ließ. Doch ich sah keinen Grund, mich meiner Schutzpatrone zu rühmen. Der Aufseher war ein Mann, für den ich weniger Achtung als für einen Bluthund hatte.

Mr. Flint junior kehrte mit einem ungünstigen Bericht zurück, und damit war die Sache erledigt. Kurze Zeit später traf ich an der Straßenecke meinen Freund und blieb stehen, um mit ihm zu sprechen. Als ich den Kopf hob, bemerkte ich Dr. Flint, der mich von seinem Fenster aus beobachtete. Angstschlotternd eilte ich nach Hause und wurde sogleich zu ihm bestellt.

Er empfing mich mit einem Faustschlag. „Wann soll denn das Fräulein heiraten?“ fragte er höhnisch. Danach ergoß sich eine Flut von Flüchen und Verwünschungen über mich. Wie freute es mich, daß mein Freund ein freier Mann war, daß der Tyrann nicht die Macht hatte, ihn auspeitschen zu lassen, nur weil er sich mit mir unterhalten hatte.

Immer wieder dachte ich darüber nach, wie das alles einmal enden sollte. Es bestand keine Aussicht, daß mich der Doktor – und sei es zu noch so günstigen Bedingungen – verkaufen würde. Er hatte einen eisernen Willen und war entschlossen, mich zu behalten und zu erobern, und sollte mein Freund, dieser intelligente und religiöse Mann, die Erlaubnis bekommen, mich zu heiraten, solange ich Sklavin war, würde ihm die Ehe keine Möglichkeit geben, mich vor dem Doktor zu schützen. Es wäre schrecklich für meinen Mann, tatenlos Zeuge von Beleidigungen zu werden, und wenn wir Kinder hätten, müßten sie „dem Status der Mutter“ folgen. Was für eine furchtbare Seelenqual für einen freien Vater! Um *seinetwillen*, das spürte ich, durfte ich ihn nicht an mich binden. Er stand im Begriff, nach Savannah zu gehen, wo ihm ein Onkel einen kleinen Besitz hinterlassen hatte, und so schwer es mir fiel, ich brachte es übers Herz, ihn in vollem Ernst zu bitten, nicht zurückzukehren. Ich riet ihm, in die freien Staaten zu gehen, dort brauche er die Zunge nicht zu zügeln, und seine Intelligenz würde ihm dienlich sein. Beim Abschied noch hoffte er, daß der Tag kommen werde, wo er mich kaufen konnte. Doch mein letzter Hoffnungsschimmer war erloschen, vorbei der Traum meiner Jungmädchenjahre. Ich fühlte mich einsam und verlassen.

Geblieben waren mir eine gute Großmutter und ein zärtlicher Bruder. Wenn er mir die Arme um den Hals legte und mir in die Augen sah, als ob er meine unausgesprochenen bitteren Gedanken lesen wollte, wurde mir bewußt, daß es noch Menschen für mich gab. Doch auch das Glücksgefühl, das dann aufkam, verschwand, wenn ich daran dachte, daß es dem Doktor aus einer Laune heraus jederzeit einfallen konnte, meinen Bruder zu verkaufen. Hätte er geahnt, was wir einander bedeuteten, ich glaube, es wäre ihm ein Vergnügen gewesen, uns zu trennen. Wir überlegten, wie wir gemeinsam nach dem Norden gehen könnten, doch William fand jedesmal, das sei leichter gesagt als getan. Ich wurde streng bewacht, und wir fanden keine Möglichkeit, Geld zu beschaffen, um die Reisekosten zu bezahlen, und was Großmutter betraf, so war sie strikt gegen eine Flucht. Sie hatte die Leiden ihres armen Benjamin nicht vergessen und fürchtete, wenn wir flohen, hätten wir ein ähnliches oder schlimmeres Schicksal zu erwarten. Für mich aber gab es nichts Schrecklicheres als mein gegenwärtiges Leben. William *muß* frei sein, sagte ich mir immer wieder; er soll nach dem Norden gehen, und ich will ihm folgen. Manche andere Sklavenschwester schmiedete solche Pläne wie ich.

VIII

Was man die Sklaven lehrte, vom Norden zu denken

Sklavenhalter brüsten sich, ehrenwerte Leute zu sein; aber wer hört, welche ungeheuerlichen Lügen sie verbreiten, der weiß, wie unglaubwürdig sie sind. Ich habe mich sehr deutlich ausgedrückt. Man möge mir verzeihen. Milder konnte ich es nicht formulieren. Kehrt so ein Herr von einer Reise in den Norden nach Hause zurück, berichtet er, diesen oder jenen Flüchtling getroffen zu haben, und er stellt dessen Lage als höchst bedauernswert hin. Mir erzählte einer, er habe eine entwichene Freundin von mir in New York gesehen und sei von ihr flehentlich gebeten worden, sie zurückzubringen, da sie buchstäblich am Verhungern sei; an vielen Tagen habe sie nichts als eine kalte Kartoffel zu essen, an anderen nicht einmal das. Er habe sich geweigert, sie mitzunehmen, weil er wisse, daß es ihm ihr Herr nicht danken würde, wenn er ihm ein derart verelendetes Geschöpf ins Haus brächte. Zum Schluß sagte er: „Das ist die selbstverschuldete Strafe dafür, daß sie von einem freundlichen Herrn fortgelaufen ist."

Die Geschichte war von A bis Z erlogen. Später begegnete ich dieser Freundin in New York und überzeugte mich, daß sie unter recht passablen Umständen lebte. Es war ihr nie in den Sinn gekommen, zu den alten Verhältnissen zurückkehren zu wollen. Viele Sklaven glauben solche Märchen und meinen, es lohne sich nicht, ihr Los gegen eine so harte Freiheit einzutauschen. Solche Menschen sind schwer davon zu überzeugen, daß sie in der Freiheit nützliche Männer werden und für Frau und Kinder sorgen könnten. Wenn diese Heiden unseres christlichen Landes so weise wie einige Hindus wären, würden sie anders denken. Dann wüßten sie, daß die Freiheit kostbarer als das Leben ist. Sie würden anfangen, ihre eigenen Fähigkeiten zu erkennen, und sich bemühen, Persönlichkeiten zu werden.

Doch wie können die Sklaven insgesamt nach menschlicher Entwicklung streben, solange die freien Staaten ein Gesetz aufrechterhalten, das vorschreibt, Flüchtlinge in die Sklaverei zurückzuführen? Einige versuchen, Frauen und Töchter vor den Übergriffen ihrer Herren zu bewahren; aber diejenigen, die solche Wertvorstellungen vertreten, wurden durch günstige Umstände über die allgemeine Masse der Sklaven erhoben. Sie sind teilzivilisiert und teilchristianisiert. Die kühnsten unter ihnen *äußern* ihre Ansichten gegenüber den Herren. Oh, daß es ihrer mehr wären!

Es gibt auch armselige Geschöpfe, die durch die Peitsche so vertiert wurden, daß sie sich davonstehlen, um den Herren freien Zugang zu Frau und Töchtern zu gewähren. Beweist dies, daß die Schwarzen einer minderwertigen Menschengruppe angehören? Wie würdest *du* wohl handeln, wenn du Generationen von Sklaven als Vorfahren hättest und selbst in der Sklaverei geboren und aufgewachsen wärest? Gewiß, der Schwarze *ist* unterlegen. Doch warum? Schuld ist die Unwissenheit, in der er durch die Weißen gehalten wird; schuld sind die Peitschen, die ihm das Menschsein austreiben, die reißenden Bluthunde des Südens, die kaum minder grausamen zweibeinigen Bluthunde des Nordens, die das Sklavenfluchtgesetz befolgen. Dies sind die Faktoren, die den Schwarzen prägen.[1]

Die feinen Herren des Südens äußern sich höchst abfällig über die Yankees, die ihrerseits bereit sind, die schäbigste Arbeit für sie zu verrichten, das zu tun, was im Süden von Bluthunden und verachteten Negerjägern besorgt wird. Wenn Südstaatler in den Norden gehen, bringt man ihnen bereitwillig Huldigungen entgegen. Der Nordstaatler aber ist südlich der Grenzlinie, der Mason-Dixon Line, nicht willkommen, es sei denn, er unterdrückt alle Gedanken und Gefühle, die mit der Sklaverei, der „peculiar institution“, unvereinbar sind.[2] Doch den Mund zu halten genügt nicht. Sklavenhalter sind erst dann zufrieden, wenn ihnen weitergehende Unterwürfigkeit gezollt wird und sie allgemeine Anerkennung finden. Schätzen sie den Nordstaatler dafür? Ich meine, nein. Sogar die Sklaven verachten einen Mann aus dem Norden mit Südstaatenprinzipien, und andere lernen sie gewöhnlich nicht kennen. Wenn Bürger der Nordstaaten in den Süden übersiedeln, erweisen sie sich als sehr gelehrige Schüler. Sie übernehmen schnell die Gefühls- und Denkweise ihrer Nachbarn, und im allgemeinen übertreffen sie ihre Lehrer. Sie sind sprichwörtlich die schlimmsten Herren.

Ihr Gewissen besänftigen sie mit der Auffassung, Gott habe die Afrikaner dazu geschaffen, Sklaven zu sein. Welch Schmähung des himmlischen Vaters, der „von einem Blut aller Menschen Geschlechter auf dem ganzen Erdboden“ gemacht hat![3] Sodann: Wer sind diese Afrikaner? Wer ermißt den Anteil von angelsächsischem Blut, das in den Adern der amerikanischen Sklaven kreist?

Ich schrieb schon, welche Mühe sich die Herren geben, unter ihren Sklaven falsche Ansichten über den Norden zu verbreiten; trotzdem wissen intelligente Sklaven sehr genau, daß sie in den freien Staaten viele Freunde haben. Selbst bei ungebildeten existieren in diesem Punkt verschwommene Vorstellungen. Da bekannt war, daß ich lesen konnte, wurde ich oft gefragt, ob in den Zeitungen etwas über die Weißen stehe, die versuchten, ihnen die Freiheit zu bringen. Einige glaubten sogar, die Sklaverei wäre bereits aufgehoben, für ungesetzlich erklärt, und nur die Herren verhinderten, daß das Gesetz wirksam wurde. Eine Frau bat mich, eine Zeitung zu besorgen und darin nachzulesen. Ihr Mann sage, das schwarze Volk habe die Königin von „Merica“ benachrichtigt, daß sie alle Sklaven waren; doch die Königin habe es nicht geglaubt und sei nach Washington gezogen, um den Präsidenten zu sprechen. Beide wären in Streit geraten, sie habe das Schwert gezogen und ihn aufgefordert, mitzuhelfen, sie alle zu befreien.

Die arme, unwissende Frau meinte, eine Königin, dem Präsidenten übergeordnet, regiere Amerika. Ich wünschte, der Präsident wäre einer Königin unterstellt, nämlich Justitia, der Göttin der Gerechtigkeit.[4]

IX

Skizzen von benachbarten Sklavenhaltern

Auf dem Lande, nahe unserer Stadt, lebte ein Pflanzer, den ich Mr. Litch nennen möchte.[1] Er war unerzogen, ungebildet, aber steinreich, hatte sechshundert Sklaven, die er nicht alle von Ansehen kannte. Gut bezahlte Aufseher leiteten den Betrieb. Auf der Plantage gab es einen Kerker und einen Peitschpfahl. Welche Grausamkeiten dort immer verübt wurden, sie geschahen ohne Kommentar. Der Reichtum schirmte diesen Mann so wirksam ab, daß er für keins seiner Verbrechen zur Rechenschaft gezogen wurde, nicht einmal für Mord.

Vielfältige Strafen verhängte er. Besonders beliebt war es, dem Schuldigen einen Strick um den Körper zu binden und ihn über dem Erdboden aufzuhängen. Etwas höher wurde ein Feuer entzündet, das ein Stück fettes Schweinefleisch zum Brutzeln brachte, so daß die brühend heißen Tropfen ständig auf die bloße Haut des Opfers fielen. Für den Bereich des Grundstücks galt die unbedingte Einhaltung des achten Gebots.[2] Plünderungen bei den Nachbarn wurden stillschweigend geduldet, vorausgesetzt, daß sich der Dieb nicht fassen ließ und keinen Verdacht erregte. Brachte aber jemand eine Anklage vor, so tat der Herr höchst entrüstet. Er versicherte, daß alle hatten, was sie brauchten, und es keine Veranlassung zu stehlen gebe. Kaum hatte ihm der Nachbar den Rücken gewandt, wurde der Schuldige herausgesucht und für seine Ungeschicklichkeit ausgepeitscht. Entwendete ein Sklave aber von ihm etwas, und wäre es nicht mehr als ein Pfund Fleisch oder eine Schüssel Mais, wurde er in Ketten gelegt und blieb so lange eingesperrt, bis er völlig entkräftet und zum Skelett abgemagert war.

Einmal überschwemmte Hochwasser den Weinkeller und das Fleischhaus. Die Vorräte wurden von der Flut meilenweit fortgetragen. Einige Sklaven liefen hinterher, stellten etwas Fleisch und ein paar Flaschen sicher. Zwei von ihnen ertappte man; ein Schinken und ein bißchen Schnaps wurde in ihren Hütten gefunden. Der Herr ließ die beiden zu sich rufen. Ohne ein Wort zu verlieren, erschlug er sie mit der Keule. Eine rohe Kiste war ihr Sarg, und die Beerdigung ein Hundebegräbnis. Gesprochen wurde nicht dabei.[3]

Mord war so verbreitet auf dieser Plantage, daß der Besitzer Angst hatte, nachts allein zu bleiben. Er mag wohl an Geister geglaubt haben.

Sein Bruder, obzwar nicht so wohlhabend wie er, stand ihm zumindest an Grausamkeit nicht nach. Seine gut abgerichteten Bluthunde genossen reichlich Auslauf und waren der Schrecken der Sklaven. Floh einer, wurden sie losgelassen, folgten der Spur, und fanden sie den Flüchtenden, rissen sie ihm buchstäblich das Fleisch von den Knochen. Als dieser Sklavenhalter starb, erschreckten sein lautes Stöhnen und seine Entsetzensschreie die eigenen Freunde. Seine letzten Worte waren: „Ich fahre zur Hölle, gebt mir mein Geld mit ins Grab."

Als er gestorben war, ließen sich die Augen nicht schließen. Man legte ihm Silberdollars auf die Lider, um sie gesenkt zu halten. Danach verbreitete sich das Gerücht, der Sarg sei mit Geld gefüllt. Dreimal wurde das Grab geöffnet und der Sarg herausgeholt. Nach der letzten Schändung fand man den Leichnam auf der Erde, ein Schwarm Bussarde hackte am Fleisch herum. Man begrub den Toten wieder, stellte einen Wachposten auf, aber die Täter wurden nie entdeckt.[4]

In unzivilisierten Gemeinden wirkt Grausamkeit ansteckend wie eine Seuche. Mr. Conant, ein Nachbar Litchs, kehrte eines Abends angetrunken aus der Stadt zurück. Sein Leibdiener gab ihm Ursache, gekränkt zu sein. Er wurde bis aufs Hemd entkleidet, ausgepeitscht und vor dem Haus an einen großen Baum gebunden. Es war eine stürmische Winternacht, der Wind wehte eisig, und im Schneeregen knackten die Zweige des alten Baumes. Ein Mitglied der Familie fürchtete, daß der Mann erfrieren würde, und bat, ihn losbinden zu dürfen, doch der Herr blieb unbeugsam. Drei Stunden mußte der Diener ausharren, und als die Stricke durchgeschnitten wurden, war er mehr tot als lebendig.

Ein anderer Sklave stahl diesem Herrn ein Schwein. Er wurde schrecklich zugerichtet. In seiner Verzweiflung lief er fort, aber nach zwei Meilen war er durch den Blutverlust so geschwächt, daß er zu sterben glaubte. Er hatte eine Frau, die er noch einmal sehen wollte. Zu krank, als daß er hätte gehen können, kroch er auf Händen und Knien zurück. Das Grundstück seines Herrn erreichte er bei Nacht. Er hatte nicht mehr die Kraft, aufzustehen und das Tor zu öffnen. So stöhnte er nur und versuchte um Hilfe zu rufen. Eine Freundin von mir, die in der Familie lebte, hörte es schließlich. Sie lief hinaus, fand ihn hingestreckt am Tor und holte Verstärkung. Zwei Männer trugen ihn hinein und legten ihn auf den Fußboden. Der Hemdrücken war ein einziger Blutklumpen. Mit Schweineschmalz löste meine Freundin ihn von dem rohen Fleisch. Sie verband ihn, gab ihm etwas Kühles zu trinken und ließ ihn ruhen. Der Herr sagte, er verdiene hundert weitere Hiebe. Er hatte dem Sklaven die Arbeitskraft gestohlen, aber als der ihn bestahl, um seinen Hunger zu stillen, war es ein Verbrechen.

Eine Nachbarin hieß Mrs. Wade. Zu keiner Stunde des Tages ruhte auf ihrem Grundstück die Peitsche. Die Qualen begannen bei Tagesanbruch und endeten lange nach dem Dunkelwerden. Die Scheune war ihre spezielle Folterstätte. Mit der Kraft eines Mannes schwang sie dort die Peitsche. Eine ihrer alten Sklavinnen sagte einmal zu mir: „Misses' Haus ist die Hölle. Scheint, ich kann nie von da weg. Tag und Nacht bete ich zu sterben."

Doch der Tod ereilte die Herrin vor der alten Frau. Auf dem Sterbelager bat Mrs. Wade ihren Mann, keinem Sklaven zu gestatten, sie nach dem Ende noch einmal zu sehen. Aber die Amme ihrer Kinder fand eine Gelegenheit, sich mit dem jüngsten Mädchen der Herrschaft auf dem Arm hineinzustehlen. Eine Weile starrte sie die Tote an. Dann hob sie die Hand und verabreichte ihr zwei Ohrfeigen. Dabei sagte sie: „Der Teufel hat dich jetzt geholt!" Sie dachte nicht daran, daß ihr Pflegling zusah. Die Kleine hatte gerade angefangen zu sprechen. Sie lief zu ihrem Vater und berichtete, was geschehen war: „Ich Mama sehen, und Wärterin Mama geschlagen. So." Sie zeigte es ihm, indem sie sich selbst mit den Händchen ins Gesicht patschte. Dem Mann war es unerklärlich, wie die Kinderfrau in das Totenzimmer gelangt sein konnte; denn er hatte die Tür abgeschlossen. Er ließ sie kommen, befragte sie, und sie gestand, daß seine Tochter die Wahrheit gesagt hatte. Sie erzählte ihm auch, wie sie sich den Schlüssel beschafft hatte. Sie wurde nach Georgia verkauft.

In der Kindheit kannte ich eine herzensgute Sklavin namens Charity. Wie alle Kinder liebte ich sie. Ihre junge Herrin heiratete und nahm sie mit nach Louisiana. James, ihr kleiner Sohn, wurde an einen guten Herrn verkauft. Der machte Schulden, und James kam zu einem wohlhabenden Sklavenhalter, der für seine Grausamkeit berüchtigt war. Dort behandelte man ihn wie einen Hund, während er zum Mann heranwuchs. Nachdem er furchtbar ausgepeitscht worden war, floh er in die Wälder, um einer weiteren Züchtigung zu entgehen, die man ihm angedroht hatte. Seine Lage war entsetzlich, die Haut voller Striemen, er halbnackt, halbverhungert, ohne die Möglichkeit, sich einen Kanten zu beschaffen.

Einige Monate nach der Flucht wurde er gefangen, gefesselt, zur Pflanzung seines Herrn zurückgebracht. Der begnügte sich nicht damit, ihm Hunderte von Peitschenhieben versetzen und ihn bei Brot und Wasser im Kerker schmachten zu lassen. Da ihm diese Strafe gemessen an dem Vergehen zu mild erschien, sollte James gründlich ausgepeitscht, danach in die Egreniermaschine gesperrt und dort so lange gefangengehalten werden, wie er in den Wäldern zugebracht hatte. Die Peitsche zerriß ihm die Haut vom Kopf bis zu den Füßen. Dann wurde er mit einer starken Salzlösung abgewaschen, um einen Wundbrand zu verhindern und den Heilungsprozeß zu beschleunigen. Anschließend legte man ihn in die Egreniermaschine, die zugeschraubt wurde, so daß er sich nur vom Rücken auf die Seite drehen konnte. Jeden Morgen brachte ein Sklave ein Stück Brot und eine Schale Wasser und setzte dieses Frühstück in Reichweite der Hände ab. Unter Androhung schärfster Strafe war es ihm untersagt, mit James zu sprechen.

Am zweiten Morgen war das Brot verschwunden, das Wasser jedoch unberührt geblieben. Der Sklave fuhr fort, beides zu der

Presse zu tragen. Nach der fünften Nacht informierte er seinen Herrn, daß das Wasser viermal nicht benutzt worden sei und es aus dem Innern der Maschine schrecklich stinke. Der Aufseher wurde geschickt, um zu erkunden, was geschehen war. Als man die Presse aufschraubte, fand man die Leiche, die Ratten und anderes Ungeziefer angefressen hatten. Vielleicht hatten sie nicht nur das Brot des Verurteilten genommen, sondern an ihm bei lebendigem Leibe herumgenagt. Arme Charity! Großmutter und ich fragten uns oft, wie es die warmherzige Frau aufnehmen würde, wenn die Nachricht, daß ihr Sohn ermordet worden war, sie je erreichen sollte. Wir hatten ihren Gatten gekannt und wußten, daß James männlich und intelligent wie sein Vater gewesen war. Diese Eigenschaften hatten es für ihn so schwer gemacht, das Leben eines Plantagensklaven zu ertragen. Der Tote wurde in eine einfache Kiste gelegt und mit weniger Aufwand als bei einem alten Haushund begraben. Niemand stellte irgendwelche Fragen. Er war ein Sklave gewesen, und nach der allgemeinen Auffassung konnte der Herr mit seinem Besitz tun und lassen, was er wollte. Und was bedeutete *ihm* ein Sklave? Er besaß deren Hunderte. Hatten sie das mühevolle Tagewerk verrichtet, schlangen sie ihre paar Bissen hinter und mußten sich sputen, um vor neun Uhr, wenn der Aufseher die Runde machte, die Holzfeuer zu löschen. Er kam in jede Hütte und überzeugte sich, daß alle zur Ruhe gegangen waren, damit kein Mann vor Überanstrengung in der Kaminecke einschlief und dort hocken blieb, bis das Morgensignal zur Arbeit rief. Frauen gelten als wertlos, soweit sie nicht ständig dazu beitragen, die Sklavenschar ihres Herrn zu vergrößern. Sie werden mit Tieren auf eine Stufe gestellt. Derselbe Plantagenbesitzer, der James auf dem Gewissen hatte, tötete eine Frau durch Kopfschuß. Sie war geflohen und zurückgebracht worden. Niemand zog ihn zur Rechenschaft. Wehrte sich ein Sklave gegen die Peitsche, wurden die Bluthunde losgemacht und auf ihn gehetzt, damit sie ihm das Fleisch von den Knochen rissen. Der Herr, der solche Verbrechen beging, war ein hochgebildeter Mensch, galt als vollendeter Gentleman und brüstete sich, ein guter Christ zu sein, obwohl der Teufel nie einen treueren Gefolgsmann besessen hatte.

Ich könnte über andere Sklavenhalter berichten, die so grausam wie die bereits genannten waren. Sie stellten keine Ausnahmen zur allgemeinen Regel dar. Trotzdem will ich damit nicht gesagt haben, daß es keine humanen Sklavenhalter gäbe. Selbstverständlich gibt es einige, trotz der verderblichen Einflüsse um sie her, aber sie sind „wie die Besuche von Engeln – knapp und äußerst rar".[5]

Ich kannte eine junge Dame, die zu diesen seltenen Ausnahmen zählte. Sie verwaiste und erbte eine Sklavin und deren sechs Kinder. Der Familienvater war ein freier Mann. Diese Leute bewohnten ein behagliches Eigenheim, Eltern und Kinder gemeinsam. Die Mutter und die älteste Tochter dienten den Tag über der Herrin; am Abend gingen sie in ihr Haus, das auf dem Grundstück stand. Die junge Dame war sehr fromm und huldigte ihrer Religion nicht nur in Worten, sondern auch in Taten. Die Sklaven lehrte sie, sauber zu leben, und sie wünschte ihnen, die Früchte ihres Fleißes selbst zu genießen. Ihre Religion war kein Festgewand, das man sonntags an- und für den Rest der Woche wieder ablegt. Die älteste Tochter der Sklavin war einem Freien versprochen. Einen Tag vor der Hochzeit emanzipierte die Herrin das Mädchen, damit die Ehe gesetzlich sanktioniert sei.

Wie man erzählte, schenkte die junge Dame ihre unerwiderte Zuneigung einem Mann, der auf eine einträgliche Heirat aus war. Der Zufall wollte es, daß ihr vermögender Onkel starb. Er hinterließ seinen beiden Söhnen, die er mit einer farbigen Frau hatte, sechstausend Dollar; den Rest des Besitzes vermachte er seiner Nichte. Das Geld zog den erwähnten Menschen an. Die Dame und ihre gewichtige Börse wurden sein. Sie bot ihren Sklaven die Freiheit. Die Ehe würde zu unerwarteten Veränderungen in ihrem Leben führen, sagte sie, und sie wünsche das Glück aller zu sichern. Die Sklaven lehnten ab. Sie sei stets wie eine beste Freundin zu ihnen gewesen, entgegneten sie, und sie könnten nirgends so glücklich sein wie bei ihr. Diese Entscheidung überraschte mich nicht. Ich hatte die Familie oft in ihrem gemütlichen Heim besucht und glaubte, daß es in der ganzen Stadt keine froheren Menschen gab. Sie hatten die Härten der Sklaverei nie am eigenen Leib zu spüren bekommen, und als sich das Blatt wendete, war es zu spät.

Der neue Herr betrachtete die Kinder als sein Eigentum. Da wurde der Vater zornig, ging zur Herrin und erbat ihren Schutz.

„Ich kann jetzt nichts mehr für dich tun, Harry", sagte sie. „Ich habe nicht die Macht, die ich vor einer Woche hatte. Es ist mir gelungen, deiner Frau die Freiheit zu verschaffen, aber bei deinen Kindern ist es unmöglich."

Der unglückliche Mann schwor, sie niemandem ausliefern zu wollen. Ein paar Tage hielt er sie im Wald verborgen. Dann wurden sie entdeckt und mitgenommen, die beiden ältesten Söhne nach Georgia verkauft, der Vater eingesperrt. Ein kleines Mädchen, das zu jung war, als daß es dem Herrn hätte dienstbar sein können, durfte bei der entsetzten Mutter bleiben. Die übrigen drei brachte man auf die Plantage, wo die Älteste bald niederkam. Als die Frau des Sklavenhalters das Neugeborene sah, weinte sie bitterlich. Sie wußte, daß die Reinheit, die sie so sorgsam gelehrt hatte, von ihrem eigenen Mann besudelt worden war. Die Älteste hatte ein zweites Kind mit ihrem Herrn, der sie und die Nachkommen an seinen Bruder verkaufte. Nachdem sie auch dort zweimal entbunden hatte, wurde sie weiterverkauft. Die mittlere Schwester endete in geistiger Umnachtung. Das Leben, das sie zu führen gezwungen war, raubte ihr den Verstand. Die jüngste schenkte fünf Mädchen das Leben. Vor der Geburt des vierten Kindes starb ihre fromme Herrin. Bis an ihr Ende hatte sie den Sklavinnen jede erdenkliche Hilfe angedeihen lassen, soweit es die Umstände gestatteten. Sie starb eines friedlichen Todes, froh, die Augen schließen zu dürfen, nachdem der Mann, den sie liebte, sie schändlich betrogen hatte.

Der Hinterbliebene vergeudete das Vermögen, suchte seine Lage durch eine zweite Heirat zu verbessern, wurde aber eines Morgens nach nächtlichem Zechgelage tot aufgefunden. Man redete gut von ihm; denn seine Sklaven waren besser ernährt und gekleidet als die meisten ihrer Leidensgefährten, auf seiner Plantage hörte man seltener als anderswo das Klatschen der Peitsche; dennoch ändert dies nichts an den verheerenden Folgen, an einer allgemeinen Korruption der Sklaverei. In einer Atmosphäre der Verderbtheit und der Furcht wächst die junge Sklavin auf. Die Peitsche und die schmutzigen Reden des Herrn und seiner Söhne sind ihre Lehrer. Ist sie vierzehn oder fünfzehn, beginnen ihr Herr oder seine Söhne oder der Aufseher oder alle zusammen, sie durch Geschenke zu bestechen. Verfehlen die Gaben ihre Wirkung, wird sie ausgepeitscht oder muß so lange hungern, bis sie sich gefügig zeigt. Eine fromme Mutter oder Großmutter oder eine gute Herrin mögen ihr religiöse Grundsätze beigebracht haben, und vielleicht hat sie einen Freund, dessen edle Gesinnung und friedliebendes Gemüt ihr teuer sind, oder die Männer, in deren Gewalt sie sich befindet, mögen sich lasterhaft und höchst abscheulich aufführen – in allen Fällen bleibt ihr Widerstand umsonst.

> „Vergeblich kämpft
> der arme Wurm. Des Lebens kleiner Tag
> vergeht, und es ist aus.“[6]

Natürlich verderben die schlechten Einflüsse des Milieus die Söhne des Sklavenhalters schon im Kindesalter, und auch seine Töchter bleiben nicht immer verschont. Bitter rächt sich mitunter das Unrecht, das er den Töchtern der Sklaven zufügt. In jungen Jahren schon wird ein weißes Mädchen Zeuge, wie ihre Eltern wegen einer Sklavin in Streit geraten. Ihre Neugier wird geweckt; bald kennt sie die Ursache des Gezänks. Junge Sklavinnen, an denen sich ihr Vater vergangen hat, umsorgen sie, und früh kommt ihr zu Ohren, was sie besser nicht hören würde. So erfährt sie, daß die Sklavinnen ihrem Vater gefügig sind, und manchmal übt sie den gleichen Druck auf männliche Sklaven aus. Ich erinnere mich, wie schmerzlich die Schande einem betroffenen Herrn den Nakken beugte, als es sich in der Nachbarschaft herumgesprochen hatte, daß einer der übelsten Sklaven seiner Plantage von der Tochter dazu ausersehen worden war, der Vater seines ersten Enkels zu werden. Nicht einem weißen Mann hatte sie sich genähert, auch nicht einem der intelligenteren Sklaven, sondern dem größten Rohling, dem sie ein Verhältnis aufzwingen konnte, ohne fürchten zu müssen, verraten zu werden. Der Plantagenbesitzer, halb wahnsinnig vor Zorn, wollte sich an dem schwarzen Missetäter rächen, aber seine Tochter hatte vorgesorgt, ihrem Liebhaber wohlweislich einen Freibrief verschafft und ihn rechtzeitig fortgeschickt.

In solchen Fällen werden die Kinder anders behandelt, als wenn der *Vater* ein Weißer ist: entweder nach der Geburt erdrosselt oder an einen Ort gebracht, wo niemand etwas von der Geschichte weiß.

Man darf mir glauben, daß ich nur berichte, wofür ich mich verbürgen kann. Immerhin habe ich einundzwanzig Jahre in diesem verhaßten Vogelkäfig zugebracht.[7] Aus eigener Erfahrung und Beobachtung kann ich bezeugen, daß die Sklaverei für die Weißen ebenso ein Fluch ist wie für die Schwarzen. Die Umstände machen den Herrn grausam und ausschweifend, seine Söhne gewalttätig und lasterhaft, vergiften seine Töchter, quälen seine Frau; und was die Angehörigen der farbigen Rasse betrifft, so bedarf es wie gesagt einer gewandteren Feder als der meinen, um das volle Ausmaß der Leiden, die ganze Tiefe der Demütigungen zu beschreiben.

Doch einige wenige Sklavenhalter scheinen sich bewußt zu sein, welchen umfassenden moralischen Verfall das verruchte System mit sich bringt. Ihre Sorge gilt der verdorbenen Baumwollernte, nicht dem verdorbenen Wesen ihrer Kinder.

Wer sich aber mit eigenen Augen und Ohren von den Greueln der Sklaverei überzeugen will, der braucht nur eine Südstaatenplantage aufzusuchen und sich als Negerhändler auszugeben. Dann wird man ihm nichts verschweigen, dann bekommt er Dinge zu hören und zu sehen, die unter Menschen mit unsterblicher Seele unmöglich sein sollten.

X

Ein heikler Abschnitt im Leben des Sklavenmädchens

Nachdem mein Geliebter fortgezogen war, ersann Dr. Flint einen neuen Plan. Er schien zu glauben, daß meine Furcht vor der Herrin das größte Hindernis seines Erfolges war. In schmeichlerischsten Tönen verhieß er mir, an einem abgeschiedenen Ort, vier Meilen von der Stadt entfernt, ein Häuschen für mich errichten zu lassen. Ich erschauderte, zwang mich aber, zuzuhören, während er davon sprach, mir ein eigenes Heim zu bescheren und eine Dame aus mir zu machen. Bisher war ich unter Menschen gewesen und so dem gefürchteten Schicksal entgangen. Großmutter hatte meinetwegen schon einen heftigen Wortwechsel mit Dr. Flint gehabt. Ziemlich unverblümt hatte sie ihm gesagt, was sie von seinem Charakter hielt, und in der Nachbarschaft gab es über unsere Beziehungen allerlei Gerede, wozu die lautstarken Eifersüchteleien meiner Herrin nicht unwesentlich beitrugen. Als Dr. Flint erklärte, daß er mir zu einem Haus verhelfen wolle und daß es sich ohne große Mühe und mit geringem Kostenaufwand bewerkstelligen lasse, hoffte ich, irgend etwas würde geschehen und ihm einen Strich durch die Rechnung machen; bald hörte ich jedoch, der Bau habe tatsächlich begonnen. Ich gelobte vor meinem Schöpfer, das Haus niemals zu betreten. Lieber wollte ich mich vom Morgengrauen bis zur Dunkelheit auf der Plantage schinden, lieber im Kerker schmachten und sterben, als mich von einem Tag zum nächsten durch ein leeres Leben schleppen. Ich war fest entschlossen zu verhindern, daß der Herr, den ich so haßte und verabscheute, der meine Jugendträume zerstört und mein Dasein verwüstet hatte, nach meinem langen Abwehrkampf schließlich doch noch auf seinem Opfer herumtrampelte. Alles, aber auch alles wollte ich tun, um ihm eine endgültige Abfuhr zu erteilen. Nur – was *konnte* ich tun? Ich grübelte und grübelte, bis ich einen Verzweiflungssprung in den Abgrund machte.

Und damit komme ich zu einem Lebensabschnitt, den ich gern vergessen würde, wenn es möglich wäre. Der bloße Gedanke daran erfüllt mich mit Schmerz und Scham. Es ist qualvoll für mich, darüber zu schreiben, aber ich habe versprochen, die Wahrheit zu berichten, und das möchte ich ehrlich tun, koste es, was es wolle. Ich verschmähe es, mich hinter Entschuldigungen zu verstecken, etwa daß ich zu dem Fehltritt gezwungen wurde, denn so ist es nicht gewesen. Auch kann ich weder Unwissenheit noch Gedankenlosigkeit vorschützen. Jahrelang hatte mein Herr nichts unversucht gelassen, meine Phantasie mit schmutzigen Vorstellungen zu verderben und die strengen Prinzipien, zu denen mich Großmutter und die gute Herrin meiner Kindheit angehalten hatten, hinwegzufegen. Die Einflüsse der Sklaverei übten auf mich dieselbe Wirkung wie auf andere junge Mädchen aus. Sie hatten mich verfrüht kundig gemacht. Ich wußte, was ich tat, und tat es mit wohlüberlegter Berechnung.

Doch ihr glücklichen Frauen, die ihr von Kindheit an behütet wurdet, die ihr den Mann eurer Zuneigung frei wählen durftet, deren Heim durch das Gesetz geschützt ist, geht mit einem armen Sklavenmädchen nicht allzu hart ins Gericht! Wäre die Sklaverei beseitigt gewesen, hätte auch ich einen geliebten Menschen geheiratet, hätte auch ich ein gesetzlich beschirmtes Heim bezogen, wäre mir die schmerzliche Aufgabe erspart geblieben, zu gestehen, was ich jetzt bekennen werde. Das System ist an allem schuld. Ich wollte sauber bleiben, war unter widrigsten Umständen bemüht, mir meine Selbstachtung zu bewahren, doch ich wehrte mich allein gegen den mächtigen Griff des Dämons Sklaverei, und das Ungeheuer erwies sich als zu stark für mich. Ich fühlte mich von Gott und den Menschen verlassen; als wären sämtliche Anstrengungen umsonst, und aus Verzweiflung handelte ich leichtfertig.

Wie gesagt, Dr. Flints ständige Nachstellungen und die Eifersucht seiner Frau nährten den Klatsch in der Nachbarschaft. Unter anderen erfuhr auch ein weißer Junggeselle etwas über die näheren Umstände meiner Lage.[1] Er kannte Großmutter, sprach mich oft auf der Straße an, interessierte sich für mich, erkundigte sich nach meinem Herrn, und ich beantwortete einen Teil seiner Fragen. Daß er starkes Mitgefühl bekundete, den Wunsch äußerte, mir helfen zu wollen, und ständig Gelegenheiten suchte, mich zu sehen, schmeichelte mir natürlich. So viel Aufmerksamkeit für eine Fünfzehnjährige seitens einer überlegenen Mannsperson!

In dieser Hinsicht sind wohl alle Menschen gleich. Außerdem dankte ich ihm seine Anteilnahme, und seine aufmunternden Worte ermutigten mich. Ich fand es großartig, so einen Freund zu haben. Allmählich schlichen sich zärtlichere Gefühle in mein Herz. Er war ein gebildeter und redegewandter Herr; zu redegewandt, gewiß, für das arme Sklavenmädchen, das ihm vertraute. Selbstverständlich sah ich, wo das alles hinführen mußte. Ich kannte die unüberbrückbare Kluft, die uns trennte; doch einem Unverheirateten interessant zu sein, zudem einem, der nicht der eigene Herr ist, das tut dem Stolz und dem Herzen einer Sklavin wohl, so die elende Lage ihr das eine wie das andere gelassen hat. Sich selbst hinzugeben mutet sie weniger demütigend an, als sich fremdem Zwang zu beugen. Einen Geliebten zu haben, der keine Macht über sie ausübt außer der, die er durch Freundlichkeit und Zuneigung gewinnt, das bedeutet schon fast soviel wie Freiheit. Freilich, ein Herr darf sie ganz nach Gutdünken grob behandeln, ohne Widerspruch zu dulden, aber das Unrecht erscheint ihr nicht so groß, wenn es ein Junggeselle ist und kein verheirateter Mann, dessen Frau sie unglücklich macht. Es mögen Spitzfindigkeiten in diesen Behauptungen stecken, doch die Lebensbedingungen einer Sklavin verwischen alle Moralauffassungen und machen es praktisch unmöglich, sich an sie zu halten.

Als sich herausstellte, daß mein Herr tatsächlich begonnen hatte, das einsame Häuschen für mich zu bauen, traten weitere Gefühle zu den bereits beschriebenen, kamen Rachsucht und kühle Berechnung zur geschmeichelten Eitelkeit und aufrichtigen Dankbarkeit für erwiesene Güte. Ich wußte, daß meinen Herrn nichts so sehr ärgern würde wie zu erfahren, daß ich ihm einen anderen vorgezogen hatte; selbst diese nichtige Genugtuung bedeutete einen kleinen Triumph über meinen Tyrannen. Ich glaubte, er würde es mir vergelten, indem er mich verkaufte, und ich war sicher, mein Freund, Mr. Sands, würde der Käufer sein. Er war großzügiger und gefühlvoller als Dr. Flint, und ich dachte, durch ihn die Freiheit erlangen zu können. So nahe meiner Schicksalskrise verzweifelte ich. Es schüttelte mich, wenn ich mir vorstellte, die Mutter von Kindern zu sein, die zum Inventar des alten Tyrannen zählten. Wenn er eine neue Liebschaft anknüpfte, pflegte er sich vorangegangene Opfer vom Halse zu schaffen, indem er sie an einen fernen Ort verkaufte, besonders, wenn Nachkommen vorhanden waren. Ich hatte verschiedentlich gesehen, wie Frauen, ihre kleinen Kinder an der Brust, abgeschoben wurden. Nie duldete er lange den Anblick der Sprößlinge, die er mit Sklavinnen hatte, vor den eigenen und seiner Gattin Augen. Einen Mann, der nicht mein Herr war, konnte ich bitten, für die Kinder gut zu sorgen, und in diesem Fall, da war ich zuversichtlich, würde er mir diese Gefälligkeit erweisen. Ich war sogar sicher, daß er ihnen die Freiheit schenken würde. Solche Überlegungen stellte ich an, als ich keinen anderen Ausweg mehr sah, dem Verhängnis zu entgehen, und mich Mr. Sands kopfüber in die Arme stürzte. Hab Erbarmen mit mir, o tugendsame Leserin, sei mir gnädig! Du hast nie erfahren, was es heißt, eine Sklavin zu sein, völlig ungeschützt durch Recht oder Lebensart, vor dem Gesetz zur beweglichen Sache reduziert, uneingeschränkt dem Willen anderer unterworfen. Du warst nie am Ende deiner Weisheit angelangt, wenn du einer Schlinge oder der Macht eines verhaßten Tyrannen entgehen wolltest, bist beim Geräusch seiner Schritte nie erschaudert, hast nie gezittert, wenn du seine Stimme hörtest. Ich weiß, daß ich gefehlt habe. Keiner spürt das deutlicher als ich. Die schmerzliche, schmähliche Erinnerung wird mich bis ans Ende meiner Tage verfolgen. Und dennoch, wenn ich Rückschau halte, das Geschehen in meinem Leben ruhig überblicke, dann fühle ich, daß die Taten einer Sklavin nicht an dem sonst üblichen Maß gemessen werden sollten.

Monate vergingen. Zahlreich waren die unglücklichen Stunden, die ich durchlebte. Heimlich beklagte ich im voraus den Kummer, den ich meiner Großmutter bereiten mußte, ihr, die immer beide Hände über mich gebreitet hatte, deren Trost im Alter ich war, deren Stolz, weil ich mich nicht wie die meisten Sklavinnen weggeworfen hatte. Ich wollte ihr gestehen, daß ich ihre Liebe nicht mehr verdiente; aber die schrecklichen Worte kamen mir nicht über die Lippen.

Doch Genugtuung und Schadenfreude empfand ich, wenn ich mir vorstellte, wie ich mich Dr. Flint anvertrauen würde. Von Zeit zu Zeit erwähnte er die Maßnahmen, die er zu ergreifen gedachte, und ich schwieg dazu. Schließlich teilte er mir mit, das Häuschen sei fertig, und befahl mir einzuziehen.

Das würde niemals geschehen, erwiderte ich.

Da sagte er: „Jetzt habe ich von solchen Redensarten aber genug. Du wirst gehen, und wenn man dich mit Gewalt hinbringen muß; und du wirst dort bleiben."

„Nie werde ich dort einziehen", sagte ich, „in ein paar Monaten bin ich Mutter."

Er stand vor mir, starrte mich stumm vor Verblüffung an und verließ wortlos das Haus. Ich hatte geglaubt, es würde mich glücklich machen, über ihn triumphieren zu können. Doch jetzt, da die Wahrheit ausgesprochen war und meine Verwandten davon erfahren würden, fühlte ich mich erbärmlich. Sie waren alle stolz auf mich, lobten meinen Charakter. Wie konnte ich ihnen noch in die Augen sehen? Meine Selbstachtung war dahin. Ich hatte mir vorgenommen, anständig zu bleiben, obwohl ich eine Sklavin war. „Mögen Stürme toben", hatte ich gesagt, „ich werde widerstehen, bis ich sterbe." Und nun... Wie verworfen fühlte ich mich!

Ich ging zu Großmutter, um alles zu bekennen, und bewegte die Lippen, aber die Worte blieben mir in der Kehle stecken. Neben der Tür setzte ich mich in den Schatten eines Baumes und begann zu nähen. Ich meine, sie merkte mir an, daß etwas nicht stimmte. Eine Sklavenmutter ist sehr aufmerksam. Sie weiß, daß es für ihre Kinder keine Sicherheit gibt. Sind sie Teenager geworden, lebt sie in ständiger Furcht vor bösen Überraschungen und sieht sich veranlaßt, viele Fragen zu stellen. Sensible Mädchen scheuen sich, die Wahrheit zu sagen, und diese gutgemeinte Zurückhaltung hindert sie daran, mütterlichen Rat zu suchen.

Plötzlich stürmte wie eine Verrückte meine Herrin herein. Sie bezichtigte mich, ein Verhältnis mit ihrem Mann zu haben.

Großmutter, deren Mißtrauen bereits erwacht war, glaubte, was sie sagte. „O Linda!“ rief sie aus. „Ist es soweit gekommen? Wärest du lieber gestorben, statt dir diese Schande anzutun. Du bist eine Schmach für deine tote Mutter.“ Sie zog mir Mutters Ehering und ihren silbernen Fingerhut ab. „Geh fort“, befahl sie, „und komm nie wieder in mein Haus.“

Ihre Vorwürfe trafen mich so schmerzlich und hart, daß ich nichts entgegnen konnte. Bittere Tränen, wie ich sie vorher nur einmal vergossen hatte, waren meine einzige Antwort. Ich stand auf, sank aber schluchzend wieder zurück. Sie sprach nicht mehr. Sie weinte, und das Wasser, das ihr über die runzligen Wangen lief, brannte mir wie Feuer in der Seele. Sie war immer so gut zu mir gewesen! So gut! Ich spürte ein Verlangen, mich ihr zu Füßen zu werfen und ihr die ganze Wahrheit zu sagen. Aber sie hatte mich geheißen fortzugehen und nie wiederzukommen. Nach einigen Minuten hatte ich Kraft gesammelt, um gehorchen zu können. Mit welchen Gefühlen schloß ich die kleine Pforte, die ich als Kind stets so ungeduldig geöffnet hatte! Mit einem Geräusch, das ich nie zuvor gehört hatte, fiel sie hinter mir ins Schloß.

Wohin sollte ich gehen? Zu meinem Herrn? Das widerstrebte mir. Ich lief einfach geradeaus, gleichgültig, wohin, ohne zu wissen, was ich wollte. Nach vier oder fünf Meilen blieb ich erschöpft stehen und setzte mich auf einen alten Baumstumpf. Die Sterne schimmerten durch das Laub, spöttisch mit ihrem kühlen, ruhigen Licht. Stunden verrannen. Kalt und hundeelend wurde mir, während ich so allein dort saß. Ich sank zur Erde. Schreckliche Gedanken gingen mir durch den Kopf. Ich betete, sterben zu dürfen, und wurde nicht erhört. Mit gewaltiger Anstrengung raffte ich mich schließlich auf und schleppte mich weiter zu dem Haus einer Frau, die mit Mutter befreundet gewesen war. Als ich ihr erzählt hatte, warum ich gekommen war, versuchte sie mich zu besänftigen. Mich zu trösten gelang ihr nicht; doch mir schien, daß ich alles ertragen könnte, wenn sich Großmutter mit mir versöhnte. Ich sehnte mich danach, ihr das Herz auszuschütten. Wußte sie erst, was geschehen war, was ich jahrelang ertragen hatte, würde sie vielleicht weniger hart urteilen, dachte ich.

Am nächsten Tag suchte ich meinen Freund auf, und er riet mir, Großmutter zu mir zu bitten. Ich tat es. Tage quälender Ungewißheit vergingen. Hatte sie mich für immer verstoßen? Nein. Endlich kam sie. Ich kniete nieder und erzählte, wie mein Leben vergiftet worden war, wie mir Dr. Flint nachgestellt hatte, bis ich keinen Ausweg mehr gesehen und sich die Dinge so zugespitzt hatten, daß ich zur Verzweiflung getrieben wurde.

Sie hörte schweigend zu. Ich erklärte, daß ich bereit sei, alles zu ertragen und alles zu tun, wenn ich nur hoffen durfte, daß sie mir irgendwann vergeben würde. Um meiner toten Mutter willen bat ich sie, Mitleid zu haben, und sie bedauerte mich. Sie sagte nicht: Ich vergebe dir, aber sie sah mich gütig an, und die Augen wurden ihr feucht. Sie legte mir sanft die alte Hand auf den Kopf und murmelte: „Armes Kind! Armes Kind!“

XI

Die neue Bindung ans Leben

Ich kehrte in Großmutters Haus zurück. Sie hatte eine Unterredung mit Mr. Sands. Als sie ihn fragte, warum er ihr einziges weißes Schaf nicht habe in Ruhe lassen können, ob es denn nicht genug charakterlose Sklavinnen gebe, antwortete er nicht, aber er fand nette und ermutigende Worte. Er versprach, für das Kind zu sorgen und mich – zu welchen Bedingungen auch immer – meinem Herrn abzukaufen.

Ich hatte Dr. Flint seit fünf Tagen nicht gesehen, nie wieder nach meinem Geständnis, und als ich dann vor ihm stand, sprach er von der Schande, die ich über mich gebracht hätte, von der Versündigung an meinem Herrn, von der Kränkung meiner alten Großmutter. Er ließ durchblicken, wenn ich seine Vorschläge angenommen hätte, wäre er als Arzt in der Lage gewesen, mich vor der Schmach zu bewahren. Er geruhte sogar, mich zu bemitleiden. Hätte er mir bittereren Wermut anbieten können? Er, dessen Nachstellungen die Ursache meiner Sünde waren!

„Linda“, sagte er, „obwohl du dich verbrecherisch gegen mich benommen hast, fühle ich für dich und bin bereit, dir zu verzeihen, wenn du meine Wünsche erfüllst. Verrate mir, ob der Kerl, den du heiraten wolltest, der Vater deines Kindes ist. Lügst du mich an, wirst du Höllenqualen leiden.“

Ich war nicht mehr stolz wie früher. Meine schärfste Waffe hatte ich verloren. In der eigenen Achtung war ich gesunken und entschlossen, seine Beschimpfungen stillschweigend hinzunehmen, doch als er verächtlich von meinem Geliebten sprach, dem Mann, der immer ehrenhaft gehandelt hatte, als mir der Gedanke kam, daß ich allein an seiner Seite eine anständige, freie und glückliche Ehefrau hätte werden können, verlor ich die Beherrschung. „An Gott und an mir selbst habe ich mich versündigt“, erwiderte ich, „aber nicht an Ihnen.“

Er biß die Zähne zusammen und murmelte: „Seid verflucht!“ Mit schlecht verhülltem Zorn kam er auf mich zu. „Du störrisches Mädchen! Ich könnte deine Knochen zu Pulver zermalmen! Einem unwürdigen Schurken hast du dich an den Hals geworfen. Du Schwachkopf hast dich von einem verführen lassen, dem du einen Dreck wert bist. Die Zukunft wird dich belehren. Heute bist du verblendet, aber du wirst noch begreifen, daß dein Herr dein bester Freund gewesen ist. Meine Langmut mit dir beweist es wohl. Auf jede erdenkliche Weise hätte ich dich bestrafen, dich totpeitschen lassen können, aber du solltest leben. Ich hätte deine Lage verbessert. Andere sind dazu nicht imstande. Du bist meine Sklavin. Deine Herrin, die dein Verhalten anekelt, verbietet dir, das Haus zu betreten. Darum lasse ich dich zunächst hier, aber ich werde dich oft besuchen. Morgen spreche ich wieder vor.“

Er kam, und sein Stirnrunzeln verriet, daß er unzufrieden war. Wie es mir gehe, fragte er. Dann erkundigte er sich, ob der Unterhalt für mich bezahlt sei und wer mich besucht habe. Er behauptete, pflichtvergessen gewesen zu sein; es gebe bestimmte Dinge, die er mir als Arzt hätte erklären sollen, und er ließ sich in einer Art aus, daß die schamloseste Frau errötet wäre. Er verlangte, vor ihm aufzustehen. Ich gehorchte. „Ich gebiete dir, mir zu sagen, ob der Vater deines Kindes schwarz oder weiß ist“, befahl er.

Ich zögerte.

„Gib mir sofort eine Antwort!“ schrie er.

Ich kam der Aufforderung nach, und er stürzte sich wie ein Wolf auf mich, packte mich am Arm, als ob er ihn brechen wollte. „Liebst du ihn?" zischelte er.

„Ich bin dankbar, daß ich ihn nicht verachte", erwiderte ich.

Er hob die Hand, um mich zu schlagen, tat es aber nicht; ich weiß nicht, warum er sie wieder sinken ließ. Er setzte sich, preßte die Lippen zusammen. Endlich sprach er. „Ich bin gekommen, um dir ein günstiges Angebot zu machen, aber deine Undankbarkeit erzürnt mich maßlos. Du verwirfst alle meine guten Vorschläge, die ich dir unterbreite. Ich weiß nicht, was mich davon abhält, dich zu töten."

Wieder stand er auf, als ob er mich zu schlagen beabsichtigte, fuhr jedoch fort: „Unter einer Bedingung will ich deine Unverschämtheit und dein Verbrechen entschuldigen. Du hast jede Verbindung zu dem Vater deines Kindes abzubrechen. Du darfst ihn um nichts bitten und nichts von ihm annehmen. Ich werde für dich und dein Kind sorgen. Es wäre besser, wenn du mir das gleich versprichst und nicht wartest, bis er dich verlassen hat. Dies ist der letzte Gnadenakt, den ich dir erweise."

Ich sagte, ich sei nicht bereit, mein Kind von jemand unterstützen zu lassen, der es verflucht hat, dazu auch mich.

Eine Frau, die so tief wie ich gesunken sei, habe kein Recht, etwas anderes zu erwarten, erwiderte er. Zum letztenmal: Würde ich seine Fürsorge annehmen – ja oder nein?

Ich lehnte es ab, ihn für uns aufkommen zu lassen.

„Nun gut", sagte er, „dann mußt du die Folgen deiner Widerspenstigkeit tragen. Glaub nicht, daß ich dir jemals helfen werde. Du bist meine Sklavin und sollst es immer bleiben. Ich werde dich nie verkaufen, darauf kannst du dich verlassen."

Mein letzter Hoffnungsschimmer erlosch, als er die Tür hinter sich schloß. Ich hatte damit gerechnet, daß er mich in seinem Zorn einem Sklavenhändler übergeben würde, und Mr. Sands wartete nur auf eine Gelegenheit, mich kaufen zu können, das wußte ich.

Etwa zu dieser Zeit wurde Onkel Phillip von einer längeren Reise zurückerwartet. Einen Tag vor seinem Aufbruch hatte ich bei einer jungen Freundin als Brautjungfer fungiert. Schon damals war mir das Herz schwer gewesen, aber meine heitere Miene hatte es nicht verraten. Nur ein Jahr war seither vergangen, doch welche schrecklichen Veränderungen hatten sich in dieser Zeit vollzogen! Wie ein Mühlstein lag es mir jetzt in der Brust. Die Umstände formen ein fröhliches Gemüt, sie prägen das unter Tränen geborene Leben, und keiner weiß vorher, was im nächsten Jahr geschieht.

Ich freute mich nicht, als man mir sagte, daß mein Onkel eingetroffen sei. Er wollte mich sehen, obwohl er wußte, was sich zugetragen hatte. Zuerst wich ich ihm aus, doch schließlich sagte ich zu, ihn zu empfangen. Er begegnete mir so, wie er es immer getan hatte, und mir stockte der Atem, als ich seine Tränen auf meinen brennenden Wangen spürte. Großmutters Worte fielen mir ein: „Vielleicht wurden deine Mutter und dein Vater von uns genommen, damit ihnen späteres Leid erspart blieb."[1] Der Tod meiner Eltern hatte mich hart getroffen, aber jetzt war ich bereit, Gott zu danken. Warum, fragte ich mich, hatten sich meine Verwandten meinetwegen je Hoffnungen gemacht? Was gab es, das mich vor dem üblichen Los eines Sklavenmädchens hätte bewahren können? Viele, die schöner und intelligenter waren, hatten ein ähnliches oder ein schlimmeres Schicksal erfahren. Wie konnte jemand erwarten, daß ich verschont blieb?

Mein Onkel hielt sich nicht lange auf, und ich war zu krank an Körper und Geist, als daß mich der Besuch eines Freundes wie früher entzückt hätte. Einige Wochen lang fühlte ich mich außerstande, das Bett zu verlassen. Ich konnte nur einen Arzt haben: meinen Herrn, und ihn wollte ich nicht holen lassen. Doch mein Befinden verschlechterte sich. Man war bestürzt und schickte nach ihm. Ich litt sehr an Schwäche und Nervosität. Als er eintrat, begann ich zu schreien. Er nahm zur Kenntnis, daß mein Zustand kritisch war, und da ihm nichts daran lag, mein Ableben zu beschleunigen, zog er sich zurück.

Nach der Entbindung hieß es, mein Baby sei eine Frühgeburt. Es wog nur vier Pfund, aber Gott behütete es.[2] Ich hörte, wie der Arzt sagte, daß ich den nächsten Morgen nicht erleben werde. Oft hatte ich um meinen Tod gebetet, jetzt wollte ich nicht sterben, höchstens mit dem Kind zusammen. Als ich aufstehen konnte, war ich nur noch ein Schatten meiner selbst. Während des Jahres darauf verging kaum ein Tag, an dem ich frei von Schüttelfrost und Fieber war. Auch das Baby kränkelte. Häufig folterten Schmerzen den kleinen Körper.

Dr. Flint setzte die Visiten fort, stellte fest, wie es um meine Gesundheit stand, und versäumte nicht, mich daran zu erinnern, daß das Kind die Schar seiner Sklaven vergrößern sollte. Ich fühlte mich zu elend, als daß ich mit ihm gestritten hätte, und hörte mir seine Bemerkungen schweigend an.

Später kam er seltener, aber sein unruhiger Geist regte sich. Er beschäftigte meinen Bruder in seiner Praxis und ließ mir durch ihn immer verschiedene Notizen und Botschaften überbringen. Der kluge William war dem Arzt eine tüchtige Hilfe. Er hatte gelernt, Medizin zu verabreichen, Blutegel anzusetzen, zu schröpfen, zur Ader zu lassen. Das Lesen und Schreiben hatte er sich selbst beigebracht. Ich war stolz auf ihn, und Dr. Flint argwöhnte es.

Mehrere Wochen hatte er sich nicht bei mir blicken lassen, als ich eines Tages hörte, wie sich seine Schritte der Tür näherten. Ich fürchtete die Begegnung und versteckte mich. Natürlich fragte er nach mir, aber ich war nirgends zu finden. Da ging er in seine Praxis und schickte William mit einer Notiz.

Mein Bruder gab mir den Zettel. Das Blut schoß ihm dabei ins Gesicht. „Haßt du mich nicht, Linda, wenn ich dir solche Mitteilungen überbringe?“ fragte er.

Ihm könne ich keinen Vorwurf machen, sagte ich, er sei ein Sklave und verpflichtet, seinem Herrn zu gehorchen.

Dr. Flint bestellte mich zu sich, und ich begleitete William. Wo ich gewesen war, als er vorgesprochen hatte, wollte mein Herr wissen. Zu Hause, sagte ich ihm. Da verlor er die Beherrschung. Das wisse er besser, schrie er. Dann handelte er seine Lieblingsthemen ab: meine Verbrechen gegen ihn, meine Undankbarkeit, seine Nachsicht. Die Gesetze wurden mir aufs neue erläutert, und es war mir peinlich, daß William untätig zuhören mußte, wie ich abgekanzelt wurde. Armer Junge! Er hatte keine Möglichkeit, mich zu verteidigen, doch ich sah die Tränen, die er vergeblich zurückzudrängen suchte. Sie waren Ausdruck seiner Gefühle und empörten den Arzt. Von da an konnte ihm William nichts mehr recht machen. Eines Tages verspätete er sich, und dieser Umstand bot dem Herrn Anlaß, seinem Ärger Luft zu machen. William wurde eingekerkert.

Am nächsten Tag ließ er Dr. Flint durch einen Sklavenhändler bitten, ihn zu verkaufen. Der Arzt entrüstete sich sehr über diese Frechheit, wie er es nannte. Er habe ihn einsperren lassen, damit er über sein schlechtes Benehmen nachdenke, sagte Dr. Flint, und natürlich zeigte er keine Spur von Reue.

Zwei Tage lang mühte er sich redlich, Ersatz für William zu finden, jemand, der dessen Arbeit machte, aber es wollte nicht gelingen. So wurde mein Bruder entlassen, aufgefordert, seine alte Stelle einzunehmen, und ihm wiederholt Bestrafung für den Fall angedroht, daß er sich noch einmal gehen lasse.

Monate verstrichen. Der Zustand meines Sohnes besserte sich. Mit einem Jahr galt er als schöner Junge. Die Existenz des Kleinen faßte in meinem Dasein feste Wurzeln, obwohl seine gewinnende Anhänglichkeit ein Gemisch von Liebe und Schmerz hervorrief. Ich war niedergeschlagen, aber wenn ich einen Tiefstand erreichte, tröstete mich sein Lächeln. Ich liebte es, ihn im Schlaf zu beobachten, doch immer schwebte eine finstere Wolke über meiner Freude. Nie konnte ich vergessen, daß er ein Sklave war. Manchmal wünschte ich, daß er im Kindesalter sterben würde. Und Gott prüfte mich. Mein Liebling wurde sehr krank. Seine blitzenden Augen verloren ihren Glanz, seine Füßchen und Händchen waren eiskalt, als ob der Tod sie schon berührte. Ich hatte zu Gott gebetet, ihn sterben zu lassen, doch nie so inbrünstig, wie ich jetzt um sein Leben betete; und wurde erhört. Ach, welcher Hohn steckt in den Gebeten einer Sklavenmutter, die den Himmel anfleht, ihr sterbendes Kind dem Leben zurückzugeben! Der Tod ist besser als die Sklaverei.

Es bekümmerte mich, daß ich keinen Namen für den Kleinen fand. Sein Vater kam, sooft er konnte, liebkoste und herzte ihn und war nicht abgeneigt, ihn den seinen tragen zu lassen. Doch einen rechtlichen Anspruch konnte er darauf nicht erheben, und wenn ich dem Jungen den Namen Sands verliehen hätte, wäre es in den Augen meines Herrn ein neues Verbrechen gewesen, ein neuerlicher Akt der Dreistigkeit, und vielleicht hätte er sein Mütchen an ihm gekühlt. O ja, zahlreich sind die Giftzähne der Schlange Sklaverei![3]

XII

Furcht vor einem Aufstand

Kurze Zeit später brach Nat Turners Aufstand aus. Die Nachricht versetzte unsere Stadt in große Unruhe.[1] Seltsam, daß sich die Sklavenhalter so aufregten, wo ihre Sklaven „glücklich und zufrieden" lebten! Doch so war es.

Der Brauch wollte es, daß alljährlich eine Parade abgehalten wurde. Jeder weiße Mann nahm mit geschulterter Muskete daran teil. Die Einwohner und die sogenannten Landedelleute trugen bei dieser Gelegenheit militärische Uniform. Lediglich die armen Weißen marschierten in Alltagskleidung mit, einige ohne Schuhe, andere ohne Hut. Das große Ereignis hatte bereits stattgefunden, und als den Sklaven mitgeteilt wurde, daß eine zweite Heerschau folgen sollte, waren sie überrascht und erfreut. Arme Wichte! Sie hofften auf einen Feiertag; doch ich erfuhr, was tatsächlich geplant war, und informierte die wenigen Leute, denen ich vertrauen konnte. Gern hätte ich es jedem Sklaven weitergesagt, aber das wagte ich nicht. Nicht alle waren zuverlässig. Gewaltig ist die Macht der Peitsche.

Bei Sonnenaufgang strömten die Männer aus einem Umkreis von zwanzig Meilen herbei. Ich wußte, daß die Häuser durchsucht werden sollten, und glaubte, die Raufbolde vom Lande und die armen Weißen würden es besorgen; denn nichts ärgerte diese Leute mehr, als wenn Farbige in Ansehen und Wohlstand lebten. So traf ich für diese Herrschaften einige besondere Vorbereitungen. Im Haus meiner Großmutter wurde alles so schmuck wie möglich hergerichtet. Ich legte weiße Steppdecken auf die Betten und stellte zur Zierde Blumen in die Zimmer. Als ich fertig war, setzte ich mich ans Fenster und sah hinaus. So weit der Blick reichte, fiel er auf Soldaten. Unterteilt war die bunte Menge in sechzehn Mann starke Kompanien, die von Hauptleuten geführt wurden. Trommeln und Querpfeifen spielten Marschmusik. Dann erschollen Kommandos, und die wilden Männer stürmten in sämtliche Richtungen auseinander, liefen überallhin, wo sich farbige Gesichter zeigten.

Es war eine willkommene Gelegenheit für die Angehörigen der untersten Schichten, die keine eigenen Prügelknaben besaßen, wenigstens für kurze Zeit Gewalt auszuüben und den Sklavenhaltern zu beweisen, wie sie ihnen ergeben waren – ohne darüber nachzudenken, daß die gegen die Farbigen gerichtete Macht zugleich sie selbst in Armut, Unwissenheit und moralischer Verderbtheit hielt. Wer nie Zeuge derartiger Szenen gewesen ist, kann schwerlich glauben, welche Untaten gegen unschuldige, über den leisesten Verdacht erhabene Männer, Frauen und Kinder begangen wurden. Die Farbigen und Sklaven der entlegenen Stadtteile hatten besonders hart zu leiden. Ich kenne Fälle, wo die Hausdurchsucher Pulver und Blei zwischen den Sachen verstreuten und dann andere Gruppen ausschickten, damit sie die Munition fanden und als Beweismittel einer geplanten Erhebung verwendeten. Überall wurden Männer, Frauen und Kinder ausgepeitscht, bis sie in Blutlachen standen. Einige erhielten fünfhundert Hiebe; anderen band man Hände und Füße und marterte sie mit einem Schläger, der furchtbare Blasen hinterließ. Wenn nicht eine einflußreiche weiße Person in der Nähe war und sich einschaltete, wurde die Wohnung geplündert; die Marodeure raubten Kleidungsstücke und was ihnen sonst wert erschien, mitgenommen zu werden. Den ganzen Tag lang durchstreiften die gefühllosen Schufte wie eine Schar Dämonen die Stadt, terrorisierten und quälten die Farbigen, die ihnen ausgeliefert waren. Am Abend wurden Patrouillen zusammengestellt. Sie gingen dorthin, wo immer sie wollten, und ließen ihrer brutalen Willkür freien Lauf. Viele Frauen verbargen sich vor ihnen in Wäldern und Sümpfen, und wenn einer der Gatten oder Väter die Dinge beim Namen nannte, wurde er an den öffentlichen Peitschpfahl gebunden und wegen Verbreitung angeblicher Lügen über die weißen Männer grausam bestraft. Die allgemeine Bestürzung kannte keine Grenzen. Nicht zwei Leute mit dem geringsten Farbschimmer gab es, die gewagt hätten, sich im Gespräch zusammen sehen zu lassen.[2]

Für unseren Haushalt fürchtete ich nichts besonders Schlimmes. Wir lebten mitten unter weißen Familien, fühlten uns beschützt und hielten uns bereit, die Soldaten zu empfangen. Sie ließen auch nicht lange auf sich warten. Bald hörten wir polternde Schritte und Stimmengewirr. Grob wurde die Tür aufgestoßen. Einem Rudel hungriger Wölfe gleich drängten sie herein. Sie ergriffen alles, wessen sie habhaft werden konnten. Jede Schachtel, jeden Koffer, jedes Schränkchen, jeden Winkel durchsuchten sie gründlich. Eifrig stürzten sie sich auf einen Kasten, den sie in einem der Schubfächer fanden und der einige Silbermünzen enthielt.

Als ich hinzutrat und ihn anfaßte, drehte sich einer der Soldaten zu mir um und sagte zornig: „Was spürste uns nach? Denkste, die Weißen wolln was klauen?"

Ich erwiderte: „Sie sind gekommen, um das Haus zu durchsuchen, aber Sie haben in dem Kasten gestöbert. Ich möchte ihn an mich nehmen, wenn Sie gestatten."

In diesem Augenblick bemerkte ich einen weißen Herrn, der uns wohlgesonnen war. Ich rief ihn an, bat ihn, die Güte zu haben, hereinzukommen und zu bleiben, bis die Aktion beendet sei. Er erfüllte meinen Wunsch bereitwillig, und als er eintrat, folgte ihm der Hauptmann, dessen Aufgabe es war, vor dem Haus darüber zu wachen, daß es keiner der Bewohner verließ.

Dieser Offizier war Mr. Litch, der reiche Sklavenhalter, den ich erwähnte, als ich über Plantagenbesitzer der Nachbarschaft berichtete, und der wegen seiner Grausamkeit berüchtigt war.[3] Er verschmähte es, sich die Hände schmutzig zu machen, erteilte nur Befehle und las die Schriftstücke, die seine Untergebenen, blutige Analphabeten, entdeckten und ihm brachten.

Großmutter hatte eine große Truhe, in der sie Bettzeug und Tischdecken aufbewahrte. Als der Deckel angehoben wurde, erklang vielstimmiges Überraschungsgemurmel, und einer rief aus: „Wo ham de verdammten Niggers de ganzen Laken und Tischtücher her?"

Großmutter, ermutigt durch die Gegenwart unseres weißen Beschützers, erwiderte: „Sie dürfen sicher sein, daß wir sie nicht aus *Ihren* Häusern entwendet haben."

„Paß mal auf, Alte", sagte ein grimmig dreinschauender Bursche, der keine Jacke anhatte, „du scheinst dich ja mächtig wichtig vorzukommen, weil du die ganzen Klamotten hier hast. Von Rechts wegen müßten weiße Leute die alle ham."

Seine Bemerkungen gingen in einem Chor von Ausrufen unter. „Wir hamse! Wir hamse! Die da, die gelbe Dirn da, die hat Briefe!"

Alles stürzte sich auf das vermeintliche Beweisstück, das sich als ein Gedicht entpuppte. Ich hatte es beim Aufräumen übersehen. Der Captain teilte den Soldaten mit, um was es sich handelte, und sie machten enttäuschte Gesichter.

Wer die Verse geschrieben habe, erkundigte er sich; ein Freund von mir, antwortete ich.

„Kannst du denn lesen?“ fragte er.

Ich bejahte. Da fluchte und tobte er und zerriß den Bogen in kleine Stücke. „Bring mir alle deine Briefe her!“ sagte er im Befehlston. Ich erklärte, daß ich keine hätte, und er versuchte sich einzuschmeicheln. „Hab keine Angst. Bring sie alle zu mir. Niemand soll dir etwas tun.“ Als er sah, daß ich keine Anstalten traf, der Aufforderung nachzukommen, schlug er einen anderen Ton an, fluchte und drohte, dann fragte er: „Wer schreibt dir? Halbfreie Nigger?“

„O nein, die meisten Briefe erhalte ich von Weißen. Einige Leute bitten mich, sie zu verbrennen, nachdem ich sie gelesen habe, und manche vernichte ich ungeöffnet.“

Ein Ruf, den jemand ausstieß, beendete die Unterhaltung. Mehrere Silberlöffel, die Zierde eines altmodischen Büfetts, waren entdeckt worden.

Die Speisekammer bildete die nächste Attraktion. Großmutter, die für eine Reihe von Damen Obst einkochte und auch Menüs für Abendgesellschaften zusammenstellte, besaß viele Konserven. Mehrere Soldaten drangen in die Speisekammer ein, kosteten von dem Inhalt der Tonkrüge.

Einer, der tüchtig zulangte, tippte seinen Nachbarn auf die Schulter. „Jut jemacht. Wundere mich nicht, daß die Niggers alle Weißen umbring' wolln, wennse von Konsarvn lähm.“

Ich streckte die Hand aus und nahm ihm das Gefäß weg. „Man hat Sie nicht hergeschickt, damit Sie nach Kompott suchen“, sagte ich.

„Und wozu *hat* man uns geschickt?“ ließ sich der Captain vernehmen und plusterte sich auf.

Ich ließ die Frage unbeantwortet.

Die Soldaten beendeten die Haussuchung, ohne daß etwas Belastendes gefunden wurde, gingen in den Garten, wo sie sich mit gleichem Mißerfolg die Sträucher und Weinstöcke vornahmen, und der Hauptmann rief sie zu sich. Nach kurzer Beratung erteilte er den Befehl zum Abmarsch. Als er durch die Pforte schritt, drehte er sich um und verwünschte das Haus. Es müßte niedergebrannt werden, sagte er, und jeder Bewohner neununddreißig Peitschenhiebe erhalten. Wir waren glimpflich davongekommen. Außer ein paar Kleidungsstücken hatten wir nichts eingebüßt.

Gegen Abend verschärften sich die Ausschreitungen, begingen die Soldaten, aufgeputscht durch Alkohol, noch größere Greuel, unablässig zerrissen Kreischen und Schreie die Luft. Da ich mich nicht zur Tür zu gehen traute, spähte ich unter der Gardine hervor. Der Mob schleppte Farbige durch die Straßen. Jeder Weiße hielt sein Gewehr in Anschlag und drohte sofortigen Tod an, falls das Gezeter nicht aufhörte. Unter den Gefangenen befand sich ein angesehener farbiger Geistlicher. Einige Päckchen Kugeln, die seine Frau seit Jahren als Gewichte für ihre Waage benutzte, hatte man im Haus gefunden. Dafür sollte er auf Court House Green, dem grünen Platz des Gerichtsgebäudes, erschossen werden. Welch Schauspiel in einem zivilisierten Land! Der schwankende Pöbel maßte sich an, Vollstrecker der Gerechtigkeit zu sein.

Die besseren Gemeindemitglieder nutzten ihren Einfluß, um die unschuldig Verfolgten zu retten; in einigen Fällen sperrten sie die Bedrängten ein und hielten sie eingekerkert, bis sich die Lage beruhigte.

Am späten Abend bangten die weißen Bürger um ihren eigenen Besitz. Jetzt fürchteten sie den entfesselten Abschaum, den sie zu ihrem Schutz aufgeboten hatten, trommelten die betrunkene Meute zusammen, jagten sie aus der Stadt und setzten Nachtwachen ein.

Am nächsten Tag wurden die Streifen beauftragt, die Farbigen, die auf dem Lande lebten, zu durchsuchen, und völlig ungestraft geschahen die entsetzlichsten Exzesse. Zwei Wochen lang galoppierten Tag für Tag Reiter durch die Straßen. Jeder hatte einen keuchenden Neger an den Sattel gebunden und zwang ihn durch Peitschenschläge, Schritt zu halten, bis er den Gefängnishof erreicht hatte. Diejenigen, die so zugerichtet waren, daß sie nicht mehr laufen konnten, wurden mit Lake abgerieben, auf einen Wagen geworfen und zum Kerker gefahren. Einer, dem die Kraft fehlte, der Tortur standzuhalten, versprach, über die Verschwörung aussagen zu wollen. Es stellte sich jedoch heraus, daß er gar nichts wußte. Er kannte nicht einmal den Namen Nat Turner. Die ganze Geschichte, die seine eigenen Leiden und die der Farbigen überhaupt vergrößerte, hatte der arme Bursche frei erfunden.[4]

Die Tagesstreifen wüteten einige Wochen lang. Bei Sonnenuntergang traten Nachtwachen an ihre Stelle.

Der Zorn der Sklavenhalter legte sich erst, als Nat Turner gefangen wurde. Da entließ man die Eingekerkerten, schickte die Sklaven zu ihren Herren, erlaubte den Freien, in ihre verwüsteten Häuser zurückzukehren; doch Besuche waren auf den Plantagen streng verboten. Die Sklaven baten um das Recht, wieder ihre im Wald liegende kleine Kirche mit der Begräbnisstätte rundum aufsuchen zu dürfen. Sie hatten die Kapelle selbst gebaut und kannten kein größeres Vergnügen, als sich dort zu versammeln, gemeinsam zu singen und in spontanen Gebeten die Herzen auszuschütten. Das Gesuch wurde abgelehnt und das Gotteshaus zerstört.[5] Dafür gestattete man den Farbigen, die Kirchen der Weißen zu betreten, wo ihnen ein Teil der Empore zur Verfügung stand. Hatten die Weißen das Abendmahl eingenommen und war der Segen erteilt, sprach der Geistliche: „Kommt herab nun, meine farbigen Freunde." Sie folgten der Aufforderung, und zum Gedenken an den sanftmütigen, bescheidenen Jesus, der da gesagt hatte: „Einer ist euer Meister; ihr aber seid alle Brüder", genaßen sie vom Brot und Wein.[6]

XIII

Die Kirche und Sklaverei

Als sich die Sklavenhalter von dem Schreck, den die Erhebung Nat Turners ausgelöst, erholt hatten, gelangten sie zu dem Schluß, daß es gut wäre, die Sklaven hinreichend in Religion zu unterweisen, damit sie es unterließen, ihre Herren zu ermorden. Der episkopalische Pfarrer erklärte sich bereit, zu ihrem Nutzen sonntags einen zusätzlichen Gottesdienst abzuhalten.[1] Seine Gemeinde zählte nur wenige farbige Mitglieder, und diese waren sehr angesehen – eine Tatsache, die bei seiner Entscheidung höchstwahrscheinlich ins Gewicht fiel. Die Schwierigkeit bestand jetzt darin, einen geeigneten Ort für die Andacht zu finden. Die Kirchen der Methodisten und Baptisten standen ihnen am Nachmittag offen, aber die Teppiche und Kissen dort waren weniger kostbar als die der Episkopalen. Zu guter Letzt wurde beschlossen, im Haus eines freien farbigen Gemeindemitglieds zusammenzukommen.

Auch ich war zur Teilnahme eingeladen, weil ich lesen konnte. Sonntagabend kam, und im Schutz der Dunkelheit wagte ich mich hinaus. Tagsüber riskierte ich das nur selten, und wenn, begleitete mich auf Schritt und Tritt die Furcht, an der nächsten Ecke Dr. Flint zu begegnen. Ich war sicher, daß er mich zurückschicken oder in seine Praxis bestellen würde, um sich zu erkundigen, wo ich den Hut oder eins meiner sonstigen Kleidungsstücke herhätte. Als Mr. Pike, der Geistliche, eintrat, waren etwa zwanzig Personen zugegen. Er kniete zum Gebet nieder. Dann setzte er sich und bat alle Anwesenden, die lesen konnten, ihre Bücher aufzuschlagen, und gab bekannt, welche Stellen sie wiederholen und auf welche sie im Wechselgesang antworten sollten.

Er wählte einen Textabschnitt aus dem Brief des Paulus an die Epheser: „Ihr Knechte, seid gehorsam euren leiblichen Herren mit Furcht und Zittern, in Einfalt eures Herzens, als Christo."[2]

Der fromme Mr. Pike bürstete sich das Haar hoch, bis es aufrecht stand, und predigte mit tiefer, feierlicher Stimme: „Hört zu, ihr Knechte! Haltet euch strikt an meine Worte. Ihr seid rebellische Sünder. Mancherlei Böses erfüllt eure Herzen. Der Teufel ist's, der euch versucht. Gott zürnt euch und wird euch gewißlich bestrafen, so ihr eurem verworfenen Tun nicht entsagt. Ihr, die ihr in der Stadt lebt, seid falsche Diener hinter dem Rücken eures Herrn. Statt euren Herren getreu zu dienen, was ein erfreulicher Anblick für euren himmlischen Meister wäre, frönt ihr dem Müßiggang und scheut die Arbeit. Gott sieht euch. Ihr verbreitet Lügen. Gott hört euch. Statt daß ihr euch damit befaßt, ihn zu ehren, verbergt ihr euch irgendwo, zehrt von der Habe eures Herrn. Dem Kaffeesatz huldigt ihr bei einem verruchten Wahrsager oder laßt einen anderen alten Bösewicht die Karten legen. Euren Herren mögt ihr unentdeckt bleiben, doch Gott sieht euch und wird euch strafen. Oh, die Verderbtheit eurer Herzen! Seid ihr, nachdem ihr eures Herrn Arbeit verrichtet habt, still beieinander, gedenkt ihr der Güte Gottes für solche sündigen Geschöpfe? Nein, ihr streitet und füllt kleine Beutel mit Wurzeln, um sie unter der Stufe vor der Haustür einzugraben, auf daß ihr euch gegenseitig vergiftet.[3] Gott sieht euch. Ihr Männer stehlt euch fort zum Krämer, um den Mais eures Herrn zu verkaufen, damit ihr Rum trinken könnt. Gott sieht euch und wird euch strafen. Ihr schleicht euch in Hintergassen oder in die Büsche, um Kupfermünzen zu werfen. Euren Herren mag es entgehen, doch Gott sieht euch und wird euch strafen. Ihr müßt euren sündigen Gewohnheiten entsagen und treue Diener sein. Seid gehorsam eurem alten Herrn und eurem jungen Herrn – eurer alten Herrin und eurer jungen Herrin. Wenn ihr eurem irdischen Herrn nicht gehorcht, kränkt ihr euren himmlischen Herrn. Ihr müßt Gottes Gebote befolgen. Geht ihr nachher von hier fort, bleibt nicht an Straßenecken stehen, um zu reden, sondern geht direkt nach Hause, zeigt eurem Herrn und eurer Herrin, daß ihr zurückgekommen seid."

Mr. Pike segnete uns, und wir verließen den Raum. Mich belustigten die Lehren, die er uns erteilt hatte. Ich beschloß, nochmals zu ihm zu gehen.

Sabbatabend war es soweit, und ich bekam großenteils eine Wiederholung der vorigen Predigt zu hören. Zum Schluß des Gottesdienstes teilte uns der Pfarrer mit, es sei ihm ungelegen, das Haus des Freundes aufzusuchen, und er wäre froh, wenn er uns jeden Sonntag in seiner eigenen Küche sehen könnte.

Auf dem Nachhauseweg wurde ich das Gefühl nicht los, Mr. Pike das letztemal vernommen zu haben. Andere Leute folgten seiner Aufforderung. Als sie die Küche betraten, entdeckten sie zwei Wachskerzen, sicher die ersten, die es dort je gegeben, seit der Geistliche das Haus bezogen hatte; denn den Dienern standen nur Kienspäne zur Verfügung. Der Pfarrer ließ so lange auf sich warten, daß die Besucher ungeduldig wurden und Mr. Pike, der aus seinem bequemen Wohnzimmer endlich herabkam, die Küche leer fand.

Die Sklaven zogen zu dem Methodisten, um sich an einem Shout zu ergötzen. Nie sind sie so glücklich, wie wenn sie bei religiösen Veranstaltungen singen und schreien können. Sie nehmen die Sache sehr ernst und gelangen dichter an die Himmelspforte heran als bei einer Predigt des scheinheiligen Mr. Pike oder anderen sauertöpfischen Christen, die einen Verletzten sehen, aber ihn nicht wie der barmherzige Samariter verbinden, sondern auf der anderen Straßenseite vorübergehen.[4]

In der Regel komponieren die Sklaven ihre Lieder und Gesänge selbst, ohne sich über den Takt allzusehr den Kopf zu zerbrechen. Oft werden die folgenden Verse gesungen:

„Alt Satan ist ein rühriger Mann,
Rollt Steine mir in meinen Weg;
Doch wie ein Busenfreund bloß kann,
Rollt Jesus alle weg.

Wär ich gestorben, als ich jung,
Hätt ich mit Stotterzung' gesung'.
Jetzt bin ich alt, und darum fand
und find ich kaum den Weg ins himmlische Land."[5]

Ich erinnere mich gut an eine methodistische Zusammenkunft, die ich einmal besuchte. Das Herz war mir schwer, aber der Zufall wollte es, daß die Frau, neben der ich Platz fand, weitaus schlimmer als ich daran war. Sie hatte alle ihre Kinder verloren.

Die Gruppe stand unter der Leitung des Stadt-Konstablers, eines Mannes, der Sklaven kaufte und verkaufte, der seine Brüder und Schwestern von der Kirche auspeitschte – am öffentlichen Pfahl, im Gefängnis, außerhalb. Für fünfzig Cent war er überall bereit, dieses christlichen Amtes zu walten. Der Mann mit dem weißen Gesicht und dem schwarzen Herzen kam zu uns und fragte die leidgeprüfte Frau: „Schwester, kannst du uns nicht sagen, wie du in der Seele zu deinem Herrn stehst? Liebst du ihn so wie früher?"

Sie stand auf und klagte herzzerreißend: „Meinen Herrn und Meister? Er helfe mir! Meine Last ist schwerer, als ich tragen kann. Gott hat sich vor mir verborgen, mich in Finsternis und Elend allein gelassen." Sie schlug sich gegen die Brust und fuhr fort: „Ich kann nicht sagen, was hier drin ist! Sie haben jetzt alle meine Kinder. Vorige Woche haben sie mir die letzte Tochter genommen. Gott allein weiß, wohin man sie verkauft hat. Sechzehn Jahre hat man sie mir gelassen, und nun ... Oh! Oh! Betet für ihre Brüder und Schwestern! Ich habe nichts mehr, wofür es sich zu leben lohnt. Gott mache meine Zeit kurz!"

Sie setzte sich, am ganzen Leibe zitternd. Ich sah, wie der Leiter der Gruppe mit dem Lachen kämpfte, wie sich sein Gesicht purpurn färbte und er ein Taschentuch davorhielt, damit jene, denen das Los der armen Frau naheging, seine Heiterkeit nicht bemerkten. Dann sagte er mit gemachtem Ernst zu der trauernden Mutter: „Schwester, bete zum Herrn, daß jede Fügung seines göttlichen Willens deiner armen notleidenden Seele zum Wohle gereichen möge."

Die Gemeinde stimmte einen Gesang an und jubilierte, als ob jedes ihrer Mitglieder so frei wäre wie die Vögel, die um uns zwitscherten.

„Alt Satan dacht, er wär am Ziel,
Sah meiner Seele Sünden viel.
Schreit amen! Schreit amen! Schreit amen zu Gott!

Nahm meine Sünden auf den Ast,
Zur Hölle tief trug er die Last.
Schreit amen! Schreit amen! Schreit amen zu Gott!

Alt Satans Kirch' ist unten drin.
Zu Gottes freier zieht's mich hin.
Schreit amen! Schreit amen, Schreit amen zu Gott!"[6]

Solche Augenblicke sind dem Sklaven teuer. Wenn ihr sie währenddessen hören würdet, könntet ihr glauben, daß sie glücklich sind. Doch vermag eine Stunde Gesang und Schreien sie für eine ganze öde Woche zu entschädigen, wenn es wieder heißt, ohne Lohn und unter ständigem Druck der Peitsche zu schuften?

Der episkopalische Geistliche, der, soweit meine Erinnerung zurückreicht, unter den Sklavenhaltern die Stellung einer Art Gottheit eingenommen hatte, war der Vater einer großen Familie und daher bestrebt, an einen Ort zu ziehen, wo sich mehr verdienen ließ.[7]

Ein ganz anderer Pfarrer nahm seinen Platz ein.[8] Der Wechsel gefiel den Farbigen, die sagten: „Diesmal hat uns Gott einen guten Mann geschickt." Sie liebten ihn, ihre Kinder folgten ihm für ein Lächeln oder freundliches Wort. Sogar die Sklavenhalter spürten seinen Einfluß. Fünf Sklaven holte er ins Pfarrhaus. Seine Frau brachte ihnen Lesen und Schreiben bei und lehrte sie, ihr und sich selbst nützlich zu sein. Sobald der Pfarrer eingerichtet war, wandte er sich den bedürftigen Sklaven seiner Umgebung zu. Er vertrat den Standpunkt, daß es zu seinen Pflichten gehöre, für sie jeden Sonntag einen zusätzlichen Gottesdienst abzuhalten und ihnen die Predigt faßlich zu gestalten. Nach vielem Hin und Her und manchem Drängen einigte man sich schließlich darauf, ihnen an den Sonntagabenden die Empore zur Verfügung zu stellen. Der

Zustrom war erheblich. Leute, die nicht gewöhnt waren, in die Kirche zu gehen, kamen erfreut, um das Evangelium zu hören. Die Predigt war einfach und verständlich. Darüber hinaus wurden diese Farbigen zum erstenmal als Menschen angesprochen. Es dauerte nicht lange, dann begannen die weißen Gemeindemitglieder zu murren. Sie warfen dem Pfarrer vor, den Negern bessere Predigten als ihnen anzubieten. Er gab ehrlich zu, diese Kanzelreden mit größerer Sorgfalt vorzubereiten, und führte zur Begründung an, daß die Sklaven ohne Bildung aufwuchsen und er folglich vor der schwierigen Aufgabe stand, sich angemessen auszudrücken. In der Gemeinde kam es zu Zwistigkeiten. Einige Mitglieder wünschten, daß er abends zu ihnen und an den Nachmittagen zu den Sklaven predigen sollte. Inmitten des Streits verschied nach kurzer Krankheit die Pfarrersfrau. Ihre Sklaven scharten sich betrübt um das Sterbebett.

Sie sprach: „Ich habe versucht, euch Gutes zu tun und für euer Glück zu wirken, und wenn ich versagt habe, dann nicht, weil mir euer Wohlergehen gleichgültig gewesen wäre. Beweint mich nicht, sondern wappnet euch für die Aufgaben, die vor euch stehen. Ich gebe euch alle frei. Mögen wir uns in einer besseren Welt wiedersehen."

Die befreiten Sklaven wurden mit Geld für den Neubeginn ausgestattet und fortgeschickt. Lange noch wird im Gedächtnis der Farbigen die Erinnerung an diese wahre Christin weiterleben. Bald nach ihrem Tod hielt der Pfarrer die Abschiedspredigt, und bei seinem Weggang flossen viele Tränen.[9]

Jahre später führte ihn eine Reise durch unsere Stadt, und er redete zu seiner früheren Gemeinde. Im Nachmittagsgottesdienst wandte er sich an die Farbigen: „Meine Freunde, es bedeutet mir ein großes Glück, daß ich Gelegenheit habe, wieder zu euch zu sprechen. Seit zwei Jahren bin ich bestrebt, etwas für die farbigen Menschen meines eigenen Pfarrbezirks zu tun, aber noch ist nichts erreicht. Nicht einmal eine Predigt habe ich für sie gehalten. Versucht getreu Gottes Wort zu leben, meine Freunde. Eure Haut ist dunkler als meine, doch Gott beurteilt die Menschen nach ihren Herzen, nicht nach der Hautfarbe."

Es war eine sonderbare Lehre, die da von einer Kanzel im Süden herab verkündet wurde, eine Verhöhnung der Sklavenhalter. Sie sagten, er und seine Frau hätten sich von ihren Sklaven zum Narren halten lassen, und er habe wie ein Narr zu den Negern gepredigt.

Ich kannte einen Schwarzen, dessen Frömmigkeit und kindliches Gottvertrauen schön waren. Mit dreiundfünfzig Jahren trat er der baptistischen Kirche bei. Er wünschte allen Ernstes lesen zu lernen, denn er meinte Gott besser dienen zu können, wenn er die Bibel verstand. Er kam zu mir und bat mich, ihn zu unterweisen. Bezahlen könne er nicht, weil er kein Geld habe, sagte er, aber er würde mir gute Früchte bringen, wenn die Jahreszeit dafür wäre. Ich fragte, ob er nicht wisse, daß er gegen das Gesetz verstoße, daß Sklaven ausgepeitscht und eingekerkert werden, wenn sie einander das Lesen beibrächten. Da traten ihm Tränen in die Augen.

„Laß es dich aber nicht verdrießen, Onkel Fred", sagte ich, „ich denke ja nicht daran, es dir abzuschlagen. Ich habe dich nur auf das Gesetz hingewiesen, damit du weißt, wie gefährlich es ist, und auf der Hut bist."

Dreimal wöchentlich könne er kommen, meinte er, ohne Verdacht zu erregen.

Ich wählte einen abgeschiedenen Ort, wo wir vor ungebetenem Besuch ziemlich sicher waren, und dort brachte ich ihm das Abc bei. Wenn man sein Alter bedenkt, machte er erstaunlich rasche Fortschritte. Als er silbenweise buchstabieren konnte, wollte er in der Bibel die ersten Wörter lesen. Das glückliche Lächeln, das dabei sein Gesicht erhellte, erfüllte mein Herz mit Freude. Nachdem er einige Wörter entziffert hatte, sagte er: „Herzchen, es scheint, wenn ich dies gute Buch lesen kann, bin ich Gott näher. Weißer Mann versteht allen Sinn. Er kann leicht larnen. Ist nicht so leicht für alten Mann wie mich. Ich will bloß lesen dies Buch, daß ich weiß, wie zu leben; dann hab ich keine Angst vors Sterben."

Ich versuchte ihn zu ermutigen und sprach von dem schnellen Fortschritt, den er machte.

„Hab Geduld, Kind", entgegnete er. „Ich larnt langsam."

In Geduld brauchte ich mich nicht zu üben. Seine Dankbarkeit und das Glück, zu dem ich ihm verhalf, entschädigten mich reich für alle Mühe.

Nach sechs Monaten hatte er das Neue Testament bewältigt und fand sich darin zurecht. Als er eines Tages ungewöhnlich gut vorgelesen hatte, sagte ich: „Onkel Fred, wie machst du es bloß, daß du so schön vorankommst?"

„Der Harr segne dich, Kindi", erwiderte er. „Du gibt mir nie eine Lektion, was ich nich zu Gott betet, daß er mir hilft zu varstehen, was ich buchstabiert und was ich liest. Und er *tut* mir helfen, Kindi. Gesegnet sei sein heilig Name!"

Es gibt Tausende, die wie den guten Onkel Fred nach dem Lebenselexier dürstet, aber das Gesetz verbietet es, und die Kirchen verweigern es.[10] Sie schicken die Bibel an fremde Heiden, und die Heiden zu Hause vernachlässigen sie. Es freut mich, daß Missionare in die finstersten Winkel der Erde ziehen, doch ich bitte sie, die finsteren Winkel in der Heimat nicht zu übersehen. Redet mit den amerikanischen Sklavenhaltern, wie ihr zu den Wilden Afrikas sprecht. Sagt *ihnen*, daß es unrecht ist, Menschenhandel zu treiben. Sagt ihnen, daß es sündhaft ist, die eigenen Kinder zu verkaufen, und abscheulich, die eigenen Töchter zu schänden. Sagt ihnen, daß alle Menschen Brüder sind und daß niemand das Recht hat, seinem Bruder Wissen vorzuenthalten. Sagt ihnen, daß sie es vor Gott verantworten müssen, wenn sie denen, die danach dürsten, den Lebensborn verweigern.[11]

Es gibt Männer, die es gern auf sich nehmen würden, hierzulande solche Missionsarbeit zu leisten, aber ach, ihre Zahl ist gering, und im Süden sind sie verhaßt. Man würde sie von der Heimaterde vertreiben oder bis ans Lebensende einsperren, wie es vor ihnen anderen erging. Das Feld ist reif für die Ernte und erwartet die Schnitter.[12] Onkel Freds Urenkel genießen vielleicht in Freiheit von den göttlichen Früchten, deren er heimlich teilhaft wurde und wofür er riskierte, eingekerkert oder ausgepeitscht zu werden.

Sind die Doktoren der Theologie blind, oder sind sie Heuchler? Vermutlich diese das eine, jene das andere; aber ich glaube, wenn sie sich für die Armen und Erniedrigten wirklich interessieren würden, wie sie eigentlich sollten, wären sie nicht so *leicht* zu blenden. Einen Pfarrer, der das erstemal in den Süden geht, begleitet gewöhnlich das Gefühl – wie vage es auch sein mag –, daß Sklaverei vom Übel ist. Der Sklavenhalter argwöhnt das und handelt entsprechend. Er führt sich so angenehm wie möglich auf, parliert über Theologie, über ähnliche, verwandte Themen. Der fromme Herr wird gebeten, an der mit Delikatessen beladenen Tafel ein Tischgebet zu sprechen. Nach dem Essen spaziert der Gast umher, sieht die schönen Wäldchen des Grundstücks, die blühenden

Reben, die gemütlichen Hütten der begünstigten Haushaltsklaven. Der Südstaatler fordert ihn auf, mit ihnen zu reden. Ob sie denn frei sein möchten, fragt der Gast, und sie antworten: „O nein, Herr." Das genügt, ihn zufriedenzustellen. Wenn er nach Hause kommt, veröffentlicht er einen Reisebericht: „Die Sklaverei aus der Südseite" und weist die „Übertreibungen" der Abolitionisten zurück. Er versichert den Leuten, im Süden gewesen zu sein, die Sklaverei mit eigenen Augen gesehen zu haben; das sei eine schöne „patriarchalische Institution", und die Sklaven wünschten gar nicht frei zu sein; sie hätten ja auch ihre Halleluja-Zusammenkünfte sowie weitere religiöse Privilegien.[13]

Was weiß er von den elenden Hungerleidern, die zwischen Morgengrauen und Dunkelheit auf den Plantagen schuften, von den Müttern, die um ihre Kinder trauern, von jungen Mädchen, die moralisch in den Schmutz gezogen werden, von den Blutlachen um den Peitschpfahl, von den Hunden, die abgerichtet sind, einem Menschen das Fleisch vom Körper zu reißen, von Männern, die in Baumwoll-Egreniermaschinen umkommen? Von alldem hat ihm der Sklavenhalter nichts gezeigt, und die Sklaven wagten nicht darüber zu sprechen, falls er sie gefragt haben sollte.

Im Süden gibt es einen großen Unterschied zwischen Christentum und Religion.[14] Nimmt ein Mann am Abendmahl teil und spendet Geld für den Fonds der Kirche, wieviel Blut daran auch kleben mag, gilt er als religiöser Mensch. Zeugt ein Pfarrer ein uneheliches Kind, entläßt ihn die Kirche, vorausgesetzt, daß die Mutter weiß ist, ist sie aber eine Farbige, hindert es ihn nicht, weiterhin ein guter Hirt zu sein.

Als ich hörte, daß Dr. Flint der Episkopalkirche beigetreten sei, wunderte ich mich sehr.[15] Ich meinte, Religion wirke sich läuternd auf den Charakter eines Menschen aus; doch am schlimmsten verfolgte er mich, nachdem er Kommunikant geworden war. Die Sprache, der sich der Doktor bediente, verriet nicht einmal andeutungsweise, daß er dem Teufel und den Teufeleien abgeschworen hätte. Ich beantwortete seine Redensarten, indem ich ihn daran erinnerte, daß er der Kirche beigetreten und konfirmiert worden sei. „Ja, Linda", sagte er, „für mich war es schicklich, das zu tun. Ich komme in die Jahre, und meine gesellschaftliche Stellung erfordert es. Es bereitet dem ganzen verdammten Geschwätz ein Ende. Du tätest gut daran, ebenfalls einzutreten, Linda."

„Es gibt schon genug Sünder dort", entgegnete ich. „Wenn man mir gestatten könnte, wie eine Christin zu leben, wäre ich froh."

„Du kannst tun, was ich verlange; und wenn du mir treu bist, wirst du tugendhaft wie meine Frau sein", sagte er.

So stehe es aber nicht in der Bibel, versetzte ich.

Da wurde seine Stimme heiser vor Zorn. „Wie wagst du es, mir mit deiner verflixten Bibel zu kommen! Welches Recht hat meine Negerin, mich darüber zu belehren, wie sie es gern hätte und wie nicht? Ich bin dein Herr, und du sollst mir gehorchen."

Kein Wunder, daß die Sklaven singen

„Alt Satans Kirch' ist unten drin.
Zu Gottes freier zieht's mich hin."

XIV

Eine zweite Bindung ans Leben

Seit der Geburt des Kindes war ich nicht in das Haus meines Herrn zurückgekehrt. Der Mann war ungehalten, mich nicht mehr unmittelbar in der Gewalt zu haben, aber seine Frau hatte hoch und heilig gelobt, mich umbringen zu wollen, falls ich zurückkäme, und er zweifelte nicht daran, daß sie Wort halten würde. Mitunter blieb er eine Zeitlang fort. Dann tauchte er wieder auf und redete die alten, abgeschmackten Phrasen von seiner Nachsicht und meiner Undankbarkeit. Ganz unnötig mühte er sich, mich davon zu überzeugen, daß ich mich selbst erniedrigt hätte. Über dieses Thema brauchte sich der giftige, boshafte Mensch nicht auszulassen. Ich fühlte mich hinreichend gedemütigt. Das Kind war eine allgegenwärtige Erinnerung an meine Schande. Mit stiller Verachtung hörte ich zu, wie er mir erklärte, daß ich seine gute Meinung verwirkt hätte; doch bittere Tränen vergoß ich, wenn ich daran dachte, daß ich nicht mehr wert war, von guten und sauberen Leuten geachtet zu werden. Und da mich die Sklaverei noch in ihrem abscheulichen Griff hielt, sah ich auch keine Möglichkeit, mich zu ändern, gab es keine Aussicht, ein besseres Leben führen zu können.

Manchmal drohte mein Herr, das Kind verkaufen zu wollen, weil ich mich weigerte, seine sogenannten freundlichen Angebote anzunehmen. „Vielleicht wird dich das gefügig machen", sagte er.

Demütigen konnte er mich nicht mehr, ich lag bereits im Staub.[1] Doch seine Ankündigung zerriß mir das Herz. Ihm stand das gesetzlich verbriefte Recht zu, sie wahr zu machen; denn die durchtriebenen Sklavenhalter hatten festgelegt, daß ein Kind der sozialen Stellung seiner Mutter folgen mußte – nicht des Vaters, wodurch dafür gesorgt war, daß ihre Ausschweifungen nicht vom Geiz gezügelt wurden. Wenn ich darüber nachdachte, drückte ich den Kleinen fester ans Herz. Schreckliche Visionen, daß er dem Sklavenhändler in die Hände fallen könnte, suchten mich heim. Ich weinte über ihn und sagte: „O mein Kind, vielleicht setzen sie dich in einer alten Hütte aus, damit du stirbst, und dann verscharren sie dich in einem Loch, als ob du ein Hund wärst."

Als Dr. Flint erfuhr, daß ich wieder in anderen Umständen war, regte er sich maßlos auf. Er stürzte aus dem Haus und kam mit einer Schere zurück. Ich hatte schönes Haar, und er spottete oft darüber, daß ich mich gern schick frisierte. Er schnitt es bis zur Kopfhaut ab, wobei er ununterbrochen wetterte und fluchte.[2] Einmal rechtfertigte ich mich, und er schlug mich. Einige Monate vorher hatte er mich in einem Wutanfall die Treppe hinuntergeworfen, und die Verletzungen, die ich erlitten, waren so ernst gewesen, daß ich mich viele Tage lang im Bett nicht hatte umdrehen können. „Linda, ich schwöre bei Gott, daß ich nie wieder die Hand gegen dich erheben werde", hatte er damals versprochen, aber das war nun vergessen.

Seitdem er meinen Zustand kannte, gebärdete er sich wie ein rastloser Höllengeist. Er kam täglich und beleidigte mich in einer Art und Weise, die sich nicht beschreiben ließe, selbst wenn ich die Gabe dazu hätte; zu niederträchtig, zu abstoßend gemein benahm er sich. Vor Großmutter hielt ich das alles so gut es ging verborgen. Auch ohne meine Last tragen zu müssen, hatte sie es schwer genug im Leben. Wenn sie sah, daß der Doktor gewalttätig wurde oder Ausdrücke gebrauchte, die angetan waren, eines Menschen Zunge zu lähmen, konnte sie nicht immer an sich halten. Ich weiß, es war natürlich, daß sie mich wie eine Mutter zu verteidigen suchte, aber damit machte sie alles nur schlimmer.

Nach der Entbindung sagte man mir, das Neugeborene sei ein

Mädchen, und bei dieser Nachricht wurde mir das Herz noch schwerer.[3] Gewiß ist die Sklaverei für Männer furchtbar, aber für Frauen ist sie furchtbarer, kommen zu der allgemeinen Bürde, die jeder zu tragen hat, ihre ureigenen zusätzlichen Nöte, Leiden, Demütigungen.

Dr. Flint hatte geschworen, mich das neuerliche Verbrechen gegen ihn, wie er es nannte, bis ans Lebensende büßen zu lassen, und solange er mich in der Hand hatte, hielt er Wort. Am vierten Tag nach der Geburt meiner Tochter betrat er überraschend mein Zimmer und befahl mir, aufzustehen und ihm das Baby hinzubringen. Die Pflegerin, die für mich sorgte, war hinausgegangen, um Essen zuzubereiten, so daß mir keine andere Wahl blieb, als die Kleine auf den Arm zu nehmen, das Zimmer zu durchqueren und mich seinem Stuhl zu nähern.

„Bleib dort stehen", sagte er, „bis ich dir erlaube, zurückzugehen." Die Kleine sah ihrem Vater und ihrer Großmutter, der verstorbenen Mrs. Sands, sehr ähnlich.[4] Er bemerkte es, und während ich, vor Schwäche zitternd, vor ihm stand, überschüttete er mich und das Mädchen mit jedem nur denkbaren abscheulichen Schimpfwort. Nicht einmal die Großmutter in ihrem Grab blieb vor seinen Flüchen verschont. Bei seinen Schmähungen schwanden mir die Sinne. Das brachte ihn zur Vernunft. Er nahm das Baby, legte es auf das Bett, kippte mir kaltes Wasser ins Gesicht, zog mich hoch und schüttelte mich heftig, damit ich aus der Ohnmacht erwachte, ehe jemand das Zimmer betrat.

Gerade da kam Großmutter herein, und er entfernte sich schleunigst.

Ich litt an den Folgen dieser Behandlung, bat jedoch meine Freunde, mich lieber sterben zu lassen, als nach dem Arzt zu schicken. Nichts fürchtete ich so sehr wie seine Nähe. Ich kam mit dem Leben davon und war der Kinder wegen froh darüber. Hätte es diese Bande nicht gegeben, wäre mir der Tod willkommen gewesen, obwohl ich erst neunzehn Jahre gelebt hatte.

Es versetzte mir jedesmal einen Stich, wenn ich daran dachte, daß meine Kinder keinen rechtlichen Anspruch hatten, einen Namen zu tragen. Wie gesagt, ihr Vater schlug vor, ihnen den seinen zu geben, aber auch wenn ich das Angebot anzunehmen gewünscht hätte, wagte ich es nicht zu tun, solange mein Herr lebte. Außerdem wäre er bei der Taufe abgelehnt worden. Doch hatten sie wenigstens Anspruch auf einen Vornamen. Wir kamen überein, den Jungen nach unserem lieben, guten, wenngleich ach so fernen Benjamin zu nennen.[5]

Großmutter gehörte der Kirche an und war sehr darauf bedacht, die Kinder taufen zu lassen.[6] Ich wußte, Dr. Flint würde es nicht gestatten. So fragte ich ihn gar nicht erst. Da kam uns ein Zufall zu Hilfe. Er wurde zu einem auswärtigen Patienten bestellt und war über Sonntag abwesend. „Jetzt ist der richtige Zeitpunkt da“, sagte Großmutter. „Wir bringen die Kinder in die Kirche und lassen sie taufen.“

Als wir eingetreten waren, wurden Erinnerungen an Mutter wach. Ich fühlte mich beklommen. Hier hatte meine Namensgebung stattgefunden, und sie hatte sich nicht zu schämen brauchen. Als verheiratete Frau hatte sie alle legalen Rechte besessen, die eine Sklavin nur besitzen konnte. Das Treueversprechen war ihr heilig gewesen und nie gebrochen worden. Zum Glück wußte sie nicht, unter welchen Umständen ihre Enkel getauft wurden. Warum mußte mein Leben so anders als das meiner Mutter verlaufen? Sie war am Sterbetag ihres Herrn noch ein Kind gewesen und bei der Herrin geblieben, bis sie heiratete. Nie hatte sie sich in der Gewalt eines Mannes befunden. Auf diesem Gebiet war ihr das übliche Schicksal einer Sklavin stets erspart geblieben.

Ehe die Taufe der Tochter begann, trat die ehemalige Herrin meines Vaters auf mich zu und bot für die Kleine ihren Vornamen an.[7] Hierzu fügte ich den Nachnamen meines Vaters, der selbst keinen Anspruch darauf gehabt hatte, weil mein Großvater väterlicherseits ein Weißer gewesen war.[8] So verzwickt ist der Stammbaum einer Sklavenfamilie! Ich liebte meinen Vater, aber es tat mir weh, den Kindern seinen Namen geben zu müssen.

Als wir die Kirche verlassen hatten, lud mich seine frühere Herrin zu sich nach Hause ein. Dort legte sie dem Baby eine goldene Kette um den Hals. Ich dankte ihr für diese Freundlichkeit, doch das Sinnbild mißfiel mir. Ich wünschte an meiner Tochter keine Ketten zu sehen, auch nicht, wenn die Glieder aus Gold waren. Wie andächtig betete ich dafür, daß sie das Gewicht von Sklavenketten, deren Eisen in die Seele einschneidet, nie zu spüren brauchte![9]

XV

Fortgesetzte Verfolgungen

Die Kinder entwickelten sich gut, und Dr. Flint sagte oft mit frohlockendem Lächeln zu mir: „Die Bälger bringen mir demnächst eine anständige Summe ein."

Mögen sie ihm mit Gottes Hilfe niemals in die Hände fallen, dachte ich. Mir schien, daß ich sie lieber tot als ihm ausgeliefert sehen würde. Die Mittel, mich und die Kinder zu kaufen, konnten aufgebracht werden; aber das gereichte uns nicht zum Vorteil. Dr. Flint liebte Geld, doch mehr noch liebte er die Macht. Nach einer unserer Auseinandersetzungen beschlossen meine Freunde, einen weiteren Vorstoß zu unternehmen. Es gab da einen Sklavenhändler, er im Begriff stand, nach Texas zu gehen. Er wurde beauftragt, mich zu kaufen. Bei neunhundert sollte er beginnen und das Angebot bis auf zwölfhundert steigern.

Mein Herr lehnte ab. „Sir", sagte er, „sie gehört mir nicht. Sie ist Eigentum meiner Tochter, und ich habe kein Recht, sie zu verkaufen. Ich habe Sie in Verdacht, von ihrem Buhlen zu kommen. Falls dem so ist, können Sie ihm mitteilen, daß sie für keinen Preis zu haben ist und ihre Kinder auch nicht."

Am nächsten Tag besuchte er mich. Mein Herz schlug schneller, als er eintrat. Nie zuvor war der alte Mann so majestätisch wie diesmal hereinstolziert. Er nahm mir gegenüber Platz und starrte mich höhnisch an.

Meine Kinder hatten ihn zu fürchten gelernt. Die Kleine schloß die Augen und barg das Gesicht an meiner Brust, wenn er sich blicken ließ, und Benny, der jetzt fast fünf war, fragte mich häufig: „Warum kommt der böse Mann so oft her? Will er uns weh tun?" Ich schlang dann die Arme um ihn und hoffte darauf, daß er frei sein möge, ehe er die Zusammenhänge begriff.

Als nun der Arzt grimmig und schweigend vor mir saß, hörte der Junge zu spielen auf und schmiegte sich an mich.

Nach geraumer Zeit begann mein Peiniger zu sprechen. „So hat er dich im Stich gelassen, was? Ekelt er sich vor dir? Es ist nicht mehr, als ich erwartet habe. Du erinnerst dich, vor Jahren habe ich vorausgesagt, daß er dich so behandeln würde. Er hat also genug von dir? Hahaha! Die tugendsame Madam wünscht nichts davon zu hören, wie? Hahaha!“

Ich spürte den Stachel, als er mich „die tugendsame Madam“ nannte, hatte aber nicht mehr die Kraft, ihm schnippisch wie früher zu widersprechen.

„So“, fuhr er fort, „du scheinst also darauf aus zu sein, neue Ränke zu schmieden. Dein neuer Verehrer war bei mir und hat sich erboten, dich zu kaufen; aber du darfst versichert sein, daß du keinen Erfolg hast. Du bist mein und sollst zeitlebens mein bleiben. Es gibt keinen Menschen, dem es gelingen würde, dich aus der Sklaverei zu holen. Ich hätte es getan, aber du hast mein freundliches Anerbieten ausgeschlagen.“

Ich sagte ihm, daß ich nicht beabsichtigte, irgendwelche Ränke zu schmieden, und den Mann, der mich kaufen wollte, nie gesehen hätte.

„Schwindelst du mich an?“ brüllte er und zerrte mich vom Stuhl hoch. „Behauptest du noch einmal, ihn nie gesehen zu haben?“

„Ja“, antwortete ich, „das behaupte ich noch einmal.“

Er umklammerte meinen Arm und überschüttete mich mit einer Salve von Flüchen.

Ben fing zu schreien an, und ich riet ihm, zur Großmutter zu laufen.

„Wage dich keinen Schritt von der Stelle, du kleiner Schuft!“ versetzte Dr. Flint.

Der Junge drückte sich fester an mich und legte die Arme um mich, als ob er mich beschützen wollte. Das war zuviel für meinen erzürnten Herrn. Er hob ihn hoch und schleuderte ihn durch den Raum. Es drängte mich, ihn aufzuheben, denn ich hielt ihn für tot.

„Noch nicht“, befahl der Arzt. „Er bleibt dort liegen, bis er zu sich kommt.“

„Lassen Sie mich los!“ Ich schrie. „Lassen Sie mich los, oder ich alarmiere das ganze Haus.“ Ich sträubte mich gegen ihn und kam frei, aber er packte mich wieder.

In diesem Moment wurde die Tür geöffnet. Da gab er mich frei, und ich nahm das bewußtlose Kind. Als ich mich umdrehte, war der Folterknecht verschwunden. Ich beugte mich besorgt über den Kleinen, der blaß und reglos in meinen Armen lag. Schließlich schlug er die braunen Augen auf, und ich weiß nicht, ob es mich sehr glücklich stimmte.

Nach diesem Zwischenfall erneuerte der Doktor seine Nachstellungen. Er kam früh, mittags und abends. Kein eifersüchtiger Liebhaber hat seinen Rivalen jemals argwöhnischer beobachtet, als er über den unbekannten Sklavenhalter und mich, die vermeintlichen Ränkeschmiede, wachte. War Großmutter außer Haus, durchsuchte er sämtliche Räume, in dem Wahn, ihn irgendwo zu finden.

Als er wieder einmal auftauchte, entdeckte er Rose, ein junges Mädchen, das er wenige Tage vorher an einen Händler verkauft hatte. Seine Erklärung lautete, sie sei zu dem Aufseher allzu vertraulich gewesen. Sie hatte viel durchgemacht und freute sich, verkauft zu sein. Schon früh war sie von ihrer Familie getrennt worden, kannte weder Mutter noch verwandtschaftliche Bindungen. Einige Freunde bürgten für ihre Sicherheit, so daß sie die Zeit zwischen Verkauf und Abtransport bei ihnen verbringen durfte, eine Vergünstigung, die selten gewährt wurde, zumal die Ausgaben für die Beköstigung und die Gefängnisgebühren, die der Sklavenhändler dadurch einsparte, verhältnismäßig niedrig waren.

Dr. Flint scheute es seit jeher, einem Sklaven nach dem Verkauf wieder zu begegnen. Er befahl Rose zu gehen, doch er war nicht mehr ihr Herr, und sie nahm keine Notiz von ihm. Wenigstens dieses eine Mal triumphierte sie über ihren einstigen Unterdrükker. Seine grauen Augen funkelten sie wütend an, und damit war seine Macht zu Ende.

„Wie kommt das Mädchen hierher?" fragte er mich. „Welches Recht hast du, sie einzulassen, wo du weißt, daß ich sie verkauft habe?"

„Dies ist das Haus meiner Großmutter", antwortete ich, „und Rose möchte sie besuchen. Welches Recht hätte ich gehabt, ihr, die in wohlmeinender Absicht gekommen ist, die Tür zu weisen?"

Er versetzte mir den Schlag, der Rose getroffen hätte, wenn sie noch seine Sklavin gewesen wäre.

Der laute Wortwechsel lockte Großmutter herbei, und so wurde sie Zeuge des zweiten Schlages.

Nun, sie war nicht die Frau, die derlei Gewalttätigkeiten in ihren vier Wänden wortlos hingenommen hätte. Der Arzt versuchte ihr zu erklären, wie unverschämt ich gewesen sei, aber sie entrüstete sich immer mehr, und schließlich kochte ihr Zorn über. „Verlassen Sie mein Haus!" gebot sie. „Gehen Sie heim, sorgen Sie sich um Ihre Frau und Ihre Kinder. Dann haben Sie genug zu tun und brauchen sich nicht um uns zu kümmern."

Er hielt ihr meinen Sohn und meine Tochter vor und beschuldigte sie, meine Lebensweise zu billigen.

Sie entgegnete ihm, ich wohne bei ihr, weil seine Frau mich dazu zwinge; er habe keine Veranlassung, ihr irgend etwas vorzuwerfen, vielmehr sei er selbst zu tadeln, denn er habe das ganze Übel verursacht. Immer heftiger regte sie sich auf, während sie ihn zurechtwies. „Ich will Ihnen mal was sagen, Doktor Flint. Ihre Jahre sind gezählt, und Sie täten gut daran, fleißig zu beten. Sie brauchen nämlich eine Menge Gebete und noch mehr, um sich den ganzen Dreck von der Seele zu waschen."[1]

Er herrschte sie an. „Weißt du eigentlich, wen du vor dir hast?"

„Ja", antwortete sie, „das weiß ich sehr wohl."

Da raste er wutschnaubend hinaus. Ich schaute Großmutter an. Unsere Blicke trafen sich. Ihre Augen hatten den zornigen Ausdruck verloren, aber sie sah besorgt und müde aus – des unaufhörlichen Haders müde. Es wunderte mich, daß ihre Liebe zu mir nicht nachließ, und wenn, so zeigte sie es nicht. Sie war unverändert freundlich, stets bereit, meine Probleme mitzutragen. Frieden und Zufriedenheit hätten in dieses bescheidene Heim einziehen können, wäre der Dämon Sklaverei nicht gewesen.

Der Winter verging, ohne daß mich der Doktor behelligte. Der schöne Frühling fing an, und wenn sich die Natur lieblich gestaltet, erwacht auch die menschliche Seele zu neuem Leben. Mit den Blumen erblühten meine gesunkenen Hoffnungen. Ich träumte wieder von Freiheit, mehr um der Kinder willen als meinetwegen. Pläne schmiedete ich über Pläne. Der Verwirklichung stellten sich Hindernisse in den Weg. Unüberwindlich schienen sie zu sein, dennoch hoffte ich.

Und auch der listige Doktor kehrte wieder. Er traf mich an, als er zu Hause vorsprach. Eine Freundin hatte mich zu einer kleinen Party eingeladen, und um sie zu erfreuen, war ich hingegangen. Zu meiner Bestürzung eilte ein Bote herbei, berichtete, daß Dr. Flint bei Großmutter sitze und darauf bestehe, mich zu sehen. Wo ich mich aufhielt, hatte man ihm verschwiegen. Sonst wäre er selbst erschienen und hätte Krach geschlagen. Ein dunkles Negligé hatten sie mitgeschickt; ich warf es über und lief nach Hause. Trotz aller Hast kam ich zu spät; mein Herr hatte sich erzürnt entfernt. Bedrückt sah ich dem nächsten Morgen entgegen. Der ließ sich nicht aufhalten, warm und hell brach er an.

Schon sehr zeitig tauchte der Doktor auf. Wo ich den vergangenen Abend verbracht hätte, wollte er wissen. Ich sagte es ihm, doch er glaubte mir nicht. Nachdem er wieder gegangen war, ließ er Erkundigungen einziehen, schickte zu diesem Zweck jemand zum Haus meiner Freundin.

Am Nachmittag kam er wieder, versicherte mir, wie zufrieden er war, daß ich die Wahrheit gesagt hatte. Er schien zum Scherzen aufgelegt, und ich erwartete, daß er spötteln würde. „Ich nehme an, du wirst ein wenig Erholung nötig haben", sagte er, „aber es überrascht mich, daß du dort gewesen bist, unter all diesen Negern. Es war nicht der richtige Ort für dich. *Erlaubt* man dir denn, solche Leute zu besuchen?"

Ich verstand die versteckte Anspielung auf den weißen Herrn, meinen Bekannten, erwiderte jedoch lediglich: „Ich habe Freunde besucht, und wer immer ihnen Gesellschaft leistet, ist mir gut genug."

Nach dieser Antwort rückte er mit der Sprache heraus. „Ich habe mich in der letzten Zeit selten blicken lassen, aber mein Interesse für dich ist unverändert geblieben. Daß ich sagte, keine Gnade mehr zu kennen, war übereilt von mir. Ich erinnere mich meiner Worte. Linda, du wünschst dir die Freiheit für dich und deine Kinder, und nur durch mich kannst du sie erlangen. Wenn du mit dem, was ich jetzt vorschlagen werde, einverstanden bist, sollst du und sollen deine Kinder frei sein. Alle Kontakte zwischen dir und ihrem Vater haben aufzuhören. Ich will ein kleines Häuschen beschaffen, wo ihr drei zusammen wohnen könnt. Du sollst leichte Arbeiten verrichten, zum Beispiel für meine Familie nähen. Überleg, was dir angeboten wird, Linda – ein Heim und die Freiheit! Was gewesen ist, wollen wir begraben. Wenn ich hin und wieder grob zu dir war, dann weil dein Starrsinn mich dazu getrieben hat. Du weißt, ich verlange Gehorsam von meinen eigenen Kindern, und auch dich betrachte ich noch als Kind."[2]

Er machte eine Pause, damit ich etwas erwiderte, aber ich blieb stumm.

„Warum sagst du nichts?" fragte er. „Was erwartest du denn noch?"

„Nichts, mein Herr."

„Dann nimmst du meinen Vorschlag an?"
„Nein, mein Herr."
Er war einem Zornausbruch nahe; es gelang ihm jedoch, sich zu zügeln, und er entgegnete: „Du hast unüberlegt geantwortet. Freilich mußt du wissen, daß mein Angebot zwei Seiten hat. Wenn du die Sonnenseite ablehnst, wirst du zwangsläufig die Schattenseite wählen. Entweder du stimmst meinem Vorschlag zu, oder du und deine Kinder sollen auf die Plantage deines jungen Herrn geschickt werden. Dort bleibst du, bis deine junge Herrin verheiratet wird, und deinen Kindern wird es wie anderen Negerkindern ergehen. Ich gewähre dir eine Woche Bedenkzeit."[3]
Er war schlau, aber ich wußte, daß man ihm nicht trauen konnte. Ich sei bereit, die Antwort sofort zu geben, sagte ich.
„Jetzt möchte ich sie nicht hören", erwiderte er. „Du handelst mir zu impulsiv. Denk daran, daß du und deine Kinder in einer Woche frei sein können, vom heutigen Tag an gerechnet, wenn du die Freiheit wählst."
Von welcher ungeheuerlichen Entscheidung hing das Schicksal meiner Kinder ab! Sein Angebot war eine Falle. Geriet ich hinein, war ein Entkommen unmöglich. Ich kannte ihn gut genug, um zu wissen, was ich von seinem Versprechen zu halten hatte. Er würde mir Papiere geben, die sicher so angelegt waren, daß sie rechtlich keinen Wert hatten. Die unumgängliche Alternative lag auf der Hand. Ich entschied mich für die Plantage. Andererseits glaubte ich ihm dann völlig ausgeliefert zu sein, und diese Aussicht war erschreckend. Selbst wenn ich ihn auf Knien anflehte, mich um der Kinder willen zu schonen, hätte ich nur einen Fußtritt zu erwarten, und er würde sich an meiner Schwäche weiden.
Ehe die Woche um war, hörte ich, daß vorgesehen war, Mr. Flint junior mit einer Dame seines Schlages zu vermählen. Ich konnte mir ausmalen, welche Stellung ich in seinem Etablissement einnehmen sollte. Der Arzt hatte mich schon einmal zur Strafe auf die Plantage geschickt, aber aus Angst vor dem Sohn schnell wieder zurückbeordert. Ich war fest entschlossen, die Absicht meines Herrn zu durchkreuzen, die Kinder zu retten oder bei dem Fluchtversuch zugrunde zu gehen. Die Pläne behielt ich für mich, denn mir war klar, daß sich alle Freunde bemühen würden, mich davon abzubringen, und ich wollte ihre Gefühle nicht verletzen, indem ich ihren Rat zurückwies.

Am Stichtag kam der Doktor und sagte, er hoffe, ich hätte eine weise Entscheidung getroffen.

„Ich bin bereit, zur Plantage zu gehen, Sir“, erwiderte ich.

„Hast du bedacht, wie wichtig diese Wahl für deine Kinder ist?“ fragte er.

Das hätte ich getan, antwortete ich.

„Also gut. Geh zur Plantage, und mein Fluch begleite dich. Dein Junge soll arbeiten, und er soll bald verkauft werden, und deine Tochter soll so aufgezogen werden, daß sie sich vorteilhaft verkaufen läßt. Geh deiner Wege!“ Er verließ das Zimmer unter Schimpfworten, die man nicht wiederholen kann.

Als ich wie angewurzelt dastand, trat Großmutter ein und fragte: „Linda, Kind, was hast du ihm gesagt?“

„Daß ich zur Plantage gehe“, antwortete ich.

„*Muß* das sein? Kann ich nichts tun, um es zu verhindern?“

Ich erklärte ihr, daß es zwecklos wäre, doch sie bat mich, nicht aufzugeben. Sie sagte, sie wolle zu Dr. Flint gehen, ihn daran erinnern, wie lange und wie ergeben sie in der Familie gedient hatte, daß sie ihr eigenes Baby abgesetzt hatte, um ein fremdes Kind, seine jetzige Gattin, zu stillen. Auch habe sie vor, ins Feld zu führen, ich lebte schon so lange außerhalb, daß sie mich nicht vermissen würden. Sie war gewillt, eine Entschädigung zu zahlen; von dem Geld konnten sie eine Frau kaufen, die stärker und der Lage besser gewachsen wäre als ich.

Ich bat sie, nicht hinzugehen, aber sie ließ sich nicht beirren. „Auf mich wird er hören, Linda“, sagte sie und versuchte ihr Glück.

Er empfing sie, wie ich erwartet hatte, hörte ihr kühl zu und lehnte ihr Ersuchen ab. Was er tue, sei zu meinem Vorteil, behauptete er; mein Verhalten sei mit meiner Stellung völlig unvereinbar, und auf der Plantage erführe ich eine Behandlung, die meinem Benehmen gemäß sei.

Großmutter war sehr niedergeschlagen, doch ich bewahrte mir meine geheimen Hoffnungen. Nur mußte ich den Kampf allein führen. Ich liebte meine Kinder und war eine stolze Frau, entschlossen, dafür zu sorgen, daß sie aus der finsteren Gegenwart den Weg in eine Morgendämmerung fänden. Mein Herr hatte die Macht und das Gesetz auf seiner Seite, ich einen festen Willen auf der meinen, und beide Kräfte hielten sich die Waage.

XVI

Szenen auf der Plantage

Früh am nächsten Morgen verließ ich mit der Tochter meine Großmutter. Der Junge war krank, und ich ließ ihn zurück. Viele traurige Gedanken gingen mir durch den Kopf, während der klapprige Wagen dahinholperte. Bisher hatte ich allein zu leiden gehabt; künftig sollte auch die Kleine als Sklavin behandelt werden. Als wir uns dem Herrenhaus näherten, fiel mir ein, wie man mich das erstemal aus Rache auf die Pflanzung geschickt hatte. Ich überlegte, zu welchem Zweck ich wohl diesmal hingeschickt wurde? Ich wußte es nicht, nahm mir aber vor, alle Anweisungen zu befolgen, soweit es die Pflicht erforderte, wobei mein Aufenthalt so kurz wie möglich sein sollte.

Mr. Flint erwartete uns schon und ging mit mir die Treppe hoch, um seine Anordnungen für den Tag zu treffen. Meine kleine Ellen blieb unten in der Küche. Für sie, die immer sorgsam behütet worden war, bedeutete es eine große Umstellung. Mein junger Herr meinte, sie könne sich auf dem Hof ergötzen. Das war nett von ihm, denn der Anblick des Kindes mißfiel ihm. Ich erhielt die Aufgabe, das Haus für den Empfang der Braut herzurichten. Inmitten all der Laken, Tischdecken, Handtücher, Vorhänge und Teppiche plante mein Kopf so emsig, wie sich die Finger mit der Nadel regten.

Zu Mittag durfte ich Ellen aufsuchen. Sie hatte sich in den Schlaf geschluchzt. Ich hörte, wie Mr. Flint einem Nachbarn erklärte: „Jetzt habe ich sie hier und werde ihr die Stadtallüren rasch austreiben. Mein Vater ist mit schuld an ihrem Fimmel. Er hätte sie längst abrichten sollen." Die Bemerkungen waren für meine Ohren bestimmt, und es wäre sicher ein Zeichen von Männlichkeit gewesen, wenn er es mir ins Gesicht gesagt hätte. Er *hatte* mir schon Dinge ins Gesicht gesagt, die seinen Nachbarn vielleicht überrascht hätten oder auch nicht. Mr. Flint junior war ganz der Vater.

Nun, ich wollte ihm keinen Grund geben, darüber zu klagen, daß ich mich zu sehr wie eine Lady aufführte, wenigstens, was die Arbeit betraf. Ich schuftete Tag und Nacht, ohne den geringsten Lichtblick vor mir zu wissen. Wenn ich mich an der Seite meiner

Tochter ausstreckte, fühlte ich, daß es leichter wäre, sie sterben zu sehen, als erleben zu müssen, daß ihr Herr sie verprügelte, wie er es täglich mit anderen Kindern tat. Die Mütter standen dabei und fanden nicht den Mut zu protestieren. So gründlich hatte die Peitsche ihre Widerstandskraft gebrochen. Was würde ich noch zu erdulden haben, ehe auch ich bis zu diesem Grad „abgerichtet" war?

Ich wünschte so zufrieden wie möglich zu erscheinen. Manchmal fand ich Gelegenheit, ein paar Zeilen nach Hause zu schicken. Das rief Erinnerungen wach und erschwerte es mir für einige Zeit, die ruhige, schicksalsergebene Person zu spielen. Ich bemerkte, daß mich Mr. Flint ungeachtet meiner Anstrengungen mißtrauisch beobachtete.

Ellen zeigte sich den Härten des neuen Lebens nicht gewachsen. Da sie von mir getrennt war und sich niemand um sie kümmerte, wanderte sie umher. Nach wenigen Tagen hatte sie sich krank geweint. Einmal saß sie unter dem Fenster des Zimmers, in dem ich arbeitete. Sie schrie herzerweichend, doch ich machte mich stark, ich mußte es ertragen. Eine Weile später wurde es still. Ich sah hinaus, und sie war nicht mehr da. Es ging auf Mittag zu. Deshalb wagte ich mich hinab, um sie zu suchen, und fand sie zwischen den Sockeln des Hauses, das zwei Fuß über dem Erdboden stand. Sie lag in der Mitte, fest eingeschlafen. Ich kroch zu ihr und zog sie hervor. Als ich sie in den Armen hielt, äußerte ich laut den Gedanken, daß es gut wäre, wenn sie nie wieder erwachte.

„Sprichst du mit mir?" hörte ich jemand fragen, hob erschrocken den Kopf und sah Mr. Flint, der neben mir stand. Er sagte dann nichts mehr, sondern ging mit finsterer Miene fort. An diesem Abend schickte er Ellen einen Zwieback und eine Tasse süße Milch. Diese Freigebigkeit überraschte mich. Später erfuhr ich, daß er eine große Schlange, die diesen Nachmittag unter dem Haus hervorgekrochen war, getötet hatte – vermutlich der Anlaß dafür, so ungewöhnlich freundlich zu sein.

Am nächsten Morgen wurde der alte Wagen mit Schindeln für die Stadt beladen. Ich setzte Ellen hinein und schickte sie heim. Mr. Flint meinte, ich hätte ihn um Erlaubnis fragen müssen. Das Kind sei krank, sagte ich, und brauche Pflege, für die ich keine Zeit hätte. Er nahm es hin, denn ihm war bewußt, daß ich in kurzer Zeit viel geleistet hatte.

Ich war seit drei Wochen auf der Plantage, als ich einen ersten

Besuch zu Hause ins Auge faßte. Es mußte nachts geschehen, wenn alle schliefen. Sechs Meilen waren zu laufen, und bei dem Marsch auf der einsamen Landstraße wollte ich mich einem jungen Mann anschließen, der, wie ich wußte, sich oft davonstahl, um seine Mutter in der Stadt zu sehen. Eines Nachts brachen wir auf, sobald es ganz still geworden war. Furcht beflügelte unsere Schritte, und so brachten wir die Strecke rasch hinter uns. Vor Großmutters Haus angekommen, sah ich, daß im Erdgeschoß das Fenster ihres Schlafzimmers offenstand. Ich rief sie, bis sie wach war, und sie ließ mich ein. Dann schloß sie das Fenster, weil mich kein später Passant sehen sollte. Licht wurde gebracht, und alle scharten sich um mich. Einige lächelten, andere weinten. Ich sah mir meine Kinder an und dankte Gott, daß sie glücklich schliefen. Die Tränen flossen, als ich mich über sie beugte. Ich wandte mich ab, um hinauszugehen, und Benny regte sich. „Mutter ist hier", flüsterte ich.

Da rieb er sich mit den Fäustchen die Augen, öffnete sie, setzte sich aufrecht hin und sah mich ungläubig an. Nachdem er sich überzeugt hatte, daß ich es wirklich war, rief er: „O Mutter! Du bist nicht tot, nein? Sie haben dir den Kopf nicht abgeschnitten, nein?"

Allzu schnell war die Zeit um. Mein Führer wartete schon. Ich brachte Benny zu Bett. Seine Tränen versiegten, als ich versprach, bald wiederzukommen. Dann traten der junge Mann und ich den Rückmarsch zur Plantage an.

Etwa auf halbem Wege ritt uns eine vierköpfige Patrouille entgegen.[1] Zum Glück hörten wir das Hufgetrappel, ehe sie uns sehen konnten. So versteckten wir uns rechtzeitig hinter einem dikken Baum. Sie ritten vorbei, lärmten und schrien, wie es Menschen tun, die von einem Zechgelage kommen. Wir waren sehr froh, daß sie ihre Hunde nicht bei sich hatten, beschleunigten unsere Schritte, und als wir die Plantage erreichten, hörten wir das Geräusch der Handmühle. Die Sklaven mahlten Mais. Wir waren in der Unterkunft, bevor das Hornsignal zur Arbeit rief. Ich teilte mein kleines Verpflegungspäckchen mit dem jungen Mann, der sonst den ganzen Tag mit leerem Magen hätte auf dem Feld schuften müssen, da die Gelegenheit, Korn zu mahlen, verpaßt war.

Mr. Flint kam häufig zu einem Inspektionsgang. Er kontrollierte, daß niemand faulenzte. Mir oblag die gesamte Arbeitsorganisation, denn er selbst verstand nichts davon, und statt einen Oberaufseher anzustellen, begnügte er sich damit, die Einteilung mir anzuvertrauen. Er hatte seinen Vater oft schon gedrängt, mich auf die Plantage zu versetzen, weil er mich brauche, damit ich mich um Verwaltungsangelegenheiten und um die Herstellung der Sachen für die Sklaven kümmern könne, aber der alte Herr kannte seinen Sohn zu gut, als daß er so einer Regelung bereitwillig zugestimmt hätte.

Als ich einen Monat dort verbracht hatte, wurde Mr. Flint von seiner Großtante besucht.[2]

Dies war die liebenswürdige betagte Dame, die Großmutter mit fünfzig Dollar vor der Versteigerung bewahrt hatte. Großmutter mochte sie, und wir alle sagten Miss Fanny zu ihr. Sie kam oft zum Tee. Dann wurden die Porzellantassen und Silberlöffel aus dem altmodischen Büfett geholt und ein schneeweißes Tischtuch aufgelegt. Es gab heiße Kuchenbrötchen, Zwieback und köstliches Gebäck. Großmutter hielt zwei Kühe, und die frische Sahne erregte Miss Fannys Entzücken. Wir konnten darauf warten, daß sie erklärte, es sei die beste in der ganzen Stadt. Die beiden Damen genossen urgemütliche gemeinsame Stunden. Sie arbeiteten und plauderten, und wenn sie über die Vergangenheit sprachen, wurden ihnen manchmal die Brillengläser feucht und mußten abgenommen und trockengewischt werden. Beim Abschied war die Handtasche Miss Fannys mit bestem Kuchen gefüllt, und Großmutter drängte sie, bald wiederzukommen.

Es hatte eine Zeit gegeben, da war auch Dr. Flints Frau zum Tee erschienen, und ihre Kinder hatten sich „Tante Marthys“ Leckerbissen munden lassen; aber seitdem sie mir grollte und eifersüchtig war, zürnte sie Großmutter, weil sie mir und meinen Kindern Unterschlupf gewährte. Sie sprach nicht einmal mehr mit ihr auf der Straße, aber Großmutter, die sie vor vielen Jahren mit ihrer Milch ernährt hatte, konnte ihr gegenüber nicht nachtragend sein. Der Arztfrau mißfiel es sehr, daß Miss Fanny bei uns verkehrte, und hätte es gar zu gern unterbunden, aber die gute Dame war glücklicherweise nicht auf die Großmut der Flints angewiesen, und von denen unabhängig zu sein war mehr, als großzügigste Mildtätigkeit zu geben vermochte.

Mich verbanden viele Erinnerungen mit Miss Fanny, und ich freute mich, sie auf der Plantage begrüßen zu können. Die Wärme ihres großen, lauteren Herzens ließ das Haus angenehmer erscheinen, solange sie darin lebte. Sie blieb eine Woche und unterhielt sich oft mit mir. Der Hauptgrund, weswegen sie gekommen sei, war zu sehen, wie man mich behandelte, sagte sie, und ob sich irgend etwas für mich tun ließe. Ich glaube nicht, daß sie mir helfen könne, entgegnete ich. Sie bedauerte mich auf ihre Weise, wünschte mir und allen Angehörigen meiner Großmutter die Ruhe des Grabes, weil sie erst dann unserthalben Frieden finden würde. Die gute alte Seele ließ es sich nicht träumen, daß ich vorhatte, ihr zu diesem Frieden zu verhelfen, jedoch nicht durch den Tod, sondern indem ich mir und meinen Kindern die Freiheit verschaffte.

Immer wieder wanderte ich diese öde Zwölfmeilenstrecke zur Stadt und zurück. Auf dem ganzen Weg sann ich darüber nach, wie ich mit den Kindern entkommen konnte. Die vielfältigen, wenngleich fehlgeschlagenen Versuche unserer Freunde, uns loszukaufen, hatten Dr. Flint mißtrauisch gemacht. Trotzdem und trotz seiner Entschlossenheit, den Griff nicht zu lockern, wäre es mir möglich gewesen, mich allein in Sicherheit zu bringen, aber stärker noch als für die eigene Person sehnte ich die Freiheit für die hilflosen Kinder herbei, und obwohl sie mir als das kostbarste aller erstrebenswerten Güter erschien, hätte ich sie um keinen Preis erringen mögen, wenn die Kinder Sklaven blieben. Alles, was ich zu erdulden hatte, jedes Opfer, das ich ihretwegen brachte, machte sie mir noch teurer und verlieh mir neuen Mut, den schwarzen, gegen mich anrollenden Wogen einer schier endlosen Sturmnacht zu trotzen.

Sechs Wochen waren fast um, das Werk vollendet. Mr. Flints Braut sollte von ihrem neuen Heim Besitz ergreifen, und mein Herr meinte, ich hätte gute Arbeit geleistet. Er wollte am Sonnabend zu seinen Eltern fahren, am Mittwoch darauf mit der Braut zurückkommen. Nachdem er mir verschiedene Aufträge erteilt hatte, wagte ich ihn zu fragen, ob ich den Sonntag in der Stadt verbringen durfte. Er erfüllte die Bitte, die erste, die ich je an ihn gerichtet hatte, und nach meiner Absicht zugleich die letzte. Ich brauchte länger als eine Nacht, um meinen Plan auszuführen, aber wenn mir der ganze Sonntag zur Verfügung stand, müßte das Vorhaben gelingen.

Den Sabbat verbrachte ich bei Großmutter. Nie hatte mir der

Himmel einen ruhigeren, schöneren Tag beschert, doch für mich war es auch ein Tag widerstreitender Gefühle, möglicherweise der letzte, den ich unter dem lieben schützenden Dach verlebte. Vielleicht sprach ich zum letztenmal mit der treuen alten Seele, war die letzten Stunden in Gesellschaft meiner Kinder. Selbst wenn, dachte ich, besser so als weiter in Sklaverei. Meiner blonden Tochter mußte ich das Los eines Sklavenmädchens ersparen, koste es, was es wolle, und wenn ich bei dem Versuch zugrunde gehen sollte. Ich gelobte es auf der Begräbnisstätte der Sklaven. „Daselbst müssen doch aufhören die Gottlosen mit Toben; daselbst ruhen doch, die viel Mühe gehabt haben. Da haben doch miteinander Frieden die Gefangenen und hören nicht die Stimme des Drängers. Da sind beide, klein und groß, und der Knecht ist frei von seinem Herrn."[3]

Ich kniete an den Gräbern meiner armen Eltern und dankte Gott, wie ich schon oft getan hatte, daß sie meine Mühen nicht sahen, meine Sünden nicht zu beklagen brauchten. Vor dem Tode hatte mir Mutter ihren Segen erteilt, und in mancher Stunde der Bedrängnis war mir, als ob ich ihre Stimme hörte, scheltend manchmal, manchmal sanft und liebevoll, Worte, die mir zum wunden Herzen gingen. Bittere Tränen vergoß ich bei dem Gedanken, daß mich meine Kinder, wenn ich einmal nicht mehr wäre, nicht mit so vollkommener Zufriedenheit in Erinnerung behalten konnten, wie ich meiner Mutter gedachte.

Der Friedhof lag im Wald, Zwielicht senkte sich herab. Nichts außer gelegentlichem Zwitschern der Vögel brach die Totenstille. Ich spürte Ehrfurcht an dieser feierlichen Stätte. Seit mehr als zehn Jahren hatte ich sie immer wieder besucht, aber nie war sie mir so heilig wie diesmal erschienen. Nur ein schwarzer Stumpf zu Häupten des Grabes meiner Mutter erinnerte an den Baum, den Vater dort gepflanzt hatte. Eine Holztafel mit seinem Namen bezeichnete die Stelle, wo er lag, aber die Buchstaben waren stark verblaßt. Ich kniete nieder, küßte die Tafel und betete zu Gott um Beistand und seine Führung auf dem gefahrenreichen Weg, den ich beschreiten wollte.

Als ich an der Ruine des ehemaligen Versammlungshauses vorbeilief, dem Ort, an dem die Sklaven vor der Zeit Nat Turners zur Andacht hatten zusammenkommen dürfen, war mir, als höre ich die Stimme meines Vaters, der mich gemahnte, nicht zu ruhen, ehe ich frei oder tot war. Mit erneuter Hoffnung eilte ich weiter. Das Gebet auf dem Friedhof hatte mein Gottvertrauen gestärkt.

Ich plante, mich im Haus einer Freundin zu verbergen und einige Wochen dort zu bleiben, bis die Suche nach mir aufgegeben wurde. Dann, so sagte ich mir, würde Dr. Flint entmutigt sein und aus Furcht, mich entschädigungslos zu verlieren, dazu später auch meine Kinder, bereit sein, uns zu verkaufen. Was in meiner Macht stand, hatte ich getan, damit die beiden für die Dauer der Trennung gut versorgt wurden.

Ich war dabei zu packen, als überraschend Großmutter eintrat und fragte, was ich mache.

„Ich räume auf", antwortete ich, bemüht, unbeschwert auszusehen und zu sprechen, aber ihre aufmerksamen Augen schauten durch die heitere Oberfläche hindurch.

Sie zog mich an sich, bat mich, Platz zu nehmen, sah mich ernst an und fragte: „Linda, willst du deine Großmutter ins Grab bringen? Hast du vor, deine kleinen, hilflosen Kinder zu verlassen? Ich bin alt", sagte sie, „und kann für sie nicht mehr so sorgen, wie ich einst für dich gesorgt habe."

Ich entgegnete, wenn ich fortginge, würde es ihrem Vater vielleicht gelingen, sie freizubekommen.

„Ach, mein Kind", versetzte sie, „verlaß dich nicht zu sehr auf ihn. Bleib bei deinen Kindern und leide bis zum Tode mit ihnen. Niemand hält etwas von einer Mutter, die ihre Kinder im Stich läßt; wenn du von ihnen fortgehst, wirst du deines Lebens nie mehr froh, und mir vergällst du die Tage, die mir noch bleiben. Man würde dich ergreifen und zurückbringen. Schrecklich wären deine Qualen. Denk an den armen Benjamin. Gib es auf, Linda. Versuch, ein bißchen länger auszuhalten. Vielleicht ändern sich die Zeiten schneller, als wir zu erwarten wagen."

Angesichts des Leids, das ich über die liebe, gute, treue Seele bringen würde, schwand mir der Mut. Ich versprach, weiter auszuharren und ohne ihr Wissen nichts aus dem Haus zu entfernen.

Wenn mir die Kinder auf die Knie kletterten oder mir den Kopf in den Schoß legten, sagte sie jedesmal: „Arme kleine Herzchen! Was wolltet ihr ohne eine Mutter anfangen? Sie liebt euch nicht so sehr wie ich." Und sie drückte sie sich an die Brust, wie um mir meine mangelnde Zuneigung vorzuhalten. Dabei wußte sie ganz genau, daß ich die beiden mehr als das eigene Leben liebte. Ich blieb die Nacht bei ihr. Es war das letztemal, daß ich dort schlief. Die Erinnerung daran verfolgte mich viele Jahre.

Am Montag wanderte ich zur Plantage zurück und traf noch einige Vorbereitungen für das wichtige Ereignis. Der Dienstag kam, dann der Mittwoch.[4] Es war ein schöner Tag, und die heiteren Mienen der Sklaven paßten zum Schein der Sonne. Die armen Geschöpfe freuten sich, weil sie von der Braut kleine Geschenke erwarteten und sich unter ihrer Leitung bessere Zeiten versprachen. Ich erhoffte nichts dergleichen, wußte ich doch nur zu gut, wie oft die junge Gattin eines Sklavenhalters meint, sich Geltung und Autorität am besten durch Grausamkeit verschaffen und erhalten zu können; und was ich über die junge Frau Flint gehört hatte, gab mir keine Veranlassung zu vermuten, daß sie weniger streng als der Herr und der Aufseher regieren würde. Doch die Angehörigen der schwarzen Rasse sind die fröhlichsten und nachsichtigsten Menschen der Welt. Nur weil sie ein überaus warmes Herz haben, können ihre Herren ruhig schlafen, zeigen aber trotzdem weniger Mitgefühl mit ihnen als mit einem Pferd oder Hund.

Ich stand neben anderen an der Tür, um Braut und Bräutigam zu empfangen. Sie war eine hübsche, zierliche junge Dame, und ihre Miene bewegte sich, als sie ihr neues Heim sah. Wahrscheinlich zogen Bilder einer glücklichen Zukunft an ihrem inneren Auge vorüber. Es stimmte mich traurig, denn ich dachte daran, wie bald schon finstere Wolken ihre Freude überschatten würden. Sie prüfte alle Räume und sagte mir, sie sei entzückt von den Vorkehrungen, die ich getroffen hätte. Ich hatte befürchtet, unter dem Einfluß der alten Frau Flint könnte sie voreingenommen gegen mich sein, und war nach besten Kräften bemüht gewesen, sie zufriedenzustellen.

Bis zur Mittagszeit verlief alles glatt, doch dann hieß es die Tischgesellschaft bedienen, und die Tatsache, daß ich das erstemal im Leben bediente, machte mich nicht halb so befangen, wie es mich verwirrte, daß sich Dr. Flint und dessen Gattin unter den Gästen befanden und daß ich ihnen begegnen sollte. Es war mir ein Rätsel, warum Mrs. Flint während der ganzen Zeit, als ich das Haus in Ordnung gebracht hatte, nie auf die Plantage gekommen war. Fünf Jahre lang hatten wir uns nicht von Angesicht zu Angesicht gegenübergestanden, und ich verspürte keinen Wunsch, sie wiederzusehen. Sie war eine betfreudige Frau. Ohne Zweifel sah sie in der Stellung, die ich gegenwärtig bekleidete, einen Beweis dafür, daß der Himmel ihre Gebete erhört hatte. Nichts bereitete ihr größeres Vergnügen, als mich gedemütigt und bedrängt zu finden. Ich war genau dort, wohin sie mich haben wollte – in der Gewalt eines herz- und skrupellosen Herrn. Sie sprach nicht mit mir, als sie an der Tafel Platz nahm, aber keine Worte wären so beredt gewesen wie das zufriedene, triumphierende Lächeln, mit dem sie ihren Teller empfing.

Der alte Doktor war weniger zurückhaltend. Er schickte mich hierhin und dorthin und sprach mit besonderer Betonung, wenn er „deine *Herrin*“ sagte. Ich wurde gedrillt wie ein in Ungnade gefallener Soldat. Als alles vorüber und der letzte Schlüssel im Schloß umgedreht war, sank ich auf mein Kissen, dankbar, daß Gott für die Erschöpften eine Ruhepause vorgesehen hatte.

Vom nächsten Tag an führte meine Herrin den Haushalt. Sie ernannte mich nicht zum Mädchen für alles, doch ich mußte tun, was immer sie mir auftrug.

Montagabends herrschte stets ein reges Treiben. Die Sklaven empfingen ihre wöchentliche Verpflegungsration. Jedem Mann wurden drei Pfund Fleisch, eine Schüssel Mais, vielleicht ein Dutzend Heringe zugewiesen. Frauen erhielten anderthalb Pfund Fleisch, Mais und Heringe wie die Männer. Kinder über zwölf bekamen die Hälfte der Zuteilung für Frauen. Der Foreman der Feldarbeiter schnitt und wog das Fleisch und stapelte es auf Brettern vor dem Fleischhaus. Dann trat der zweite Foreman hinter das Gebäude, und wenn der erste Foreman mit lauter Stimme fragte: „Wer nimmt dieses Stück Fleisch?“, rief er einen der Leute auf. Diese Methode wurde angewandt, um zu verhindern, daß bei der Fleischverteilung jemand vorsätzlich begünstigt wurde.

Die junge Herrin kam heraus, sah zu, wie man die Dinge auf der Plantage handhabte, und schon bald lieferte sie eine Probe ihres Charakters. Unter den Sklaven, die auf ihre Zuteilung warteten, befand sich ein sehr alter Mann, der drei Generationen der Familie Flint treu gedient hatte. Als er heranhumpelte, um seine Ration zu empfangen, sagte sie, er sei zu alt, als daß er Anspruch auf eine Zuteilung hätte; wenn Nigger zum Arbeiten zu alt wären, sollten sie sich mit Gras ernähren. Armer Greis! Er hatte noch viel zu leiden, ehe er im Grab die ersehnte Ruhe fand.

Meine Herrin und ich kamen gut miteinander aus. Doch nach einer Woche stattete uns die alte Mrs. Flint einen zweiten Besuch ab und zog sich mit der Schwiegertochter zu einer langen Beratung zurück. Ich konnte mir denken, worüber sie sprachen. Die Arztfrau hatte erfahren, daß ich unter einer Bedingung die Plantage verlassen konnte, und sie wünschte sehr, mich dort zu halten. Hätte sie mir vertraut, wie ich es verdiente, wäre es ihr recht gewesen, wenn ich die Bedingung erfüllte, aber als sie vor der Abfahrt in ihre Kutsche stieg, sagte sie zu der jungen Mrs. Flint: „Versäume nicht, sie so schnell wie möglich herbeizuschaffen."

Ich war die ganze Zeit auf der Hut und ahnte sofort, daß sie von meinen Kindern sprach. Am nächsten Tag erschien der Arzt. Als ich das Zimmer betrat, um den Tisch zu decken, hörte ich, wie er sagte: „Warte nicht länger. Schick morgen nach ihnen."

Ich durchschaute den Plan. Sie glaubten, wenn die Kinder da wären, würden sie mich an die Plantage fesseln, an den Ort, der geeignet wäre, uns alle so weit zu zermürben, daß wir unser abscheuliches Los als Sklaven geduldig trugen.

Nachdem der Arzt abgefahren war, kam ein Herr, der für Großmutter und ihre Familie seit jeher freundschaftliche Gefühle hegte. Mr. Flint führte ihn über die Felder und zeigte ihm die Arbeitsergebnisse der unbezahlten, schäbig gekleideten, halb verhungerten Männer und Frauen. Die Baumwollernte war alles, woran sie dachten, und sie wurde gebührend bewundert. Mit einigen Proben, die er seinen Freunden zeigen wollte, kehrte der Herr von der Besichtigung zurück.

Ich sollte ihm Wasser zum Waschen der Hände bringen, und bei der Gelegenheit fragte er mich: „Linda, wie gefällt dir dein neues Heim?"

„Erwartungsgemäß", erwiderte ich.

Da sagte er: „Sie glauben nicht, daß du zufrieden bist. Morgen wollen sie dir deine Kinder bringen, damit sie bei dir sind. Du tust mir leid, Linda. Ich hoffe, sie behandeln dich gut."

Ich eilte hinaus, unfähig, ihm zu danken. Mein Verdacht hatte sich bestätigt. Die Kinder sollten auf die Plantage geholt und „abgerichtet" werden. Heute noch bin ich diesem Herrn verbunden, weil er mich rechtzeitig informierte. Er veranlaßte mich, unverzüglich zu handeln.

XVII

Die Flucht

Mr. Flint war knapp an Hausdienern. Um mich zu halten, zügelte er sogar seinen Groll. Ich arbeitete zuverlässig, obwohl natürlich nur unfreiwillig. Offenbar befürchteten sie, ich könnte entweichen; denn Mr. Flint wünschte, daß ich künftig im Herrenhaus schlief, nicht im Quartier der Diener. Seine Frau war einverstanden, sagte jedoch, ich sollte mein Bett nicht hinüberschaffen, damit keine Daunen auf den Teppich fielen. Natürlich wäre es ihnen nie in den Sinn gekommen, mir und meinen Kindern eine bequeme Schlafstelle zur Verfügung zu stellen. Deshalb hatte ich mein eigenes Federbett mitgebracht, und nun verboten sie mir, es zu benutzen. Ich tat, wie sie befahlen, doch da ich jetzt sicher war, daß die Kinder geholt wurden, um mich fester an die Plantage zu binden, beschloß ich, in der Nacht noch zu fliehen. Ich dachte daran, wie dieser Schritt meine liebe alte Großmutter betrüben mußte, und nichts Geringeres als die Freiheit der Kleinen hätte mich veranlaßt, ihren Rat in den Wind zu schlagen. Zitternd verrichtete ich meine Abendarbeit. Zweimal rief Mr. Flint von der Kammertür aus und erkundigte sich, warum das Haus nicht abgeschlossen sei.

Ich antwortete, daß ich noch zu arbeiten hätte.

„Du hast genug Zeit gehabt, so daß du allmählich fertig sein könntest“, sagte er. „Überleg dir deine Worte!“

Ich schloß alle Fenster, schloß sämtliche Türen ab und ging zum zweiten Stock hoch, um bis Mitternacht zu warten. Wie langsam die Minuten verrannen, wie inbrünstig ich zu Gott betete, mich in dieser Stunde äußerster Not nicht zu verlassen! Ich war bereit, alles zu riskieren, alles auf eine Karte zu setzen. Oh, was würde aus meinen Kindern werden, wenn ich das Spiel verlor? Sie hätten für meinen Fehler zu büßen.

Halb zwölf schlich ich vorsichtig hinab. Im ersten Stock blieb ich stehen, denn ich glaubte, ein Geräusch gehört zu haben. Doch es blieb still, und ich tastete mich ins Wohnzimmer hinunter, schaute durch die Fensterscheibe und sah nichts. Es war stockfinstere Nacht. Ich öffnete leise und sprang hinaus. Große Regentropfen fielen, und die Dunkelheit verwirrte mich. Ich kniete nieder, flüsterte ein kurzes Gebet, in dem ich Gott um Führung und Schutz bat. Dann tappte ich nach der Landstraße und rannte, so schnell ich konnte, zur Stadt.

Als ich am Ziel ankam, umging ich es, Großmutter zu sehen. Sie würde sagen: Linda, du bringst mich ins Grab; das würde mir die Nerven rauben; doch seit einigen Jahren wohnte im Haus eine Frau, an deren Fenster ich sanft klopfte. Sie war eine verläßliche Freundin; ich wußte, ihr konnte ich mich anvertrauen. Ich mußte mehrmals klopfen, ehe sie mich hörte.

Endlich machte sie das Fenster auf, und ich flüsterte: „Sally, ich bin weggelaufen. Laß mich ein, schnell.“

Sie öffnete behutsam die Tür und sagte leise: „Um Gottes willen, tu's nicht. Deine Großmutter versucht dich und de Kinners zu kaufen. Letzte Woche war Mister Sands hier. Er sagte, daß er auf Geschäftsreisen geht, aber sie soll weitermachen, dich und de Kinners kaufen, das möchte er, und er will ihr helfen, wie er bloß kann. Lauf nicht weg, Linda. De Sorgen drücken deine Großmutter so schon genug.“

Ich entgegnete: „Sally, sie haben vor, meine Kinder morgen auf die Plantage zu holen, und man wird sie nicht verkaufen, solange sie mich in der Gewalt haben. Nun, rätst du mir noch, umzukehren?“

„Nein, Kind, nein“, antwortete sie. „Wennse rausfinden, daß du weg bist, wernse sich nicht für de Kinners plagen. Aber wo willste dich verkriechen? Die kennen jeden Zoll vons Haus.“

Ich sagte ihr, daß ich ein Versteck hätte und daß es das beste wäre, wenn sie nichts weiter wüßte. Dann bat ich sie, alle meine Sachen aus meiner Truhe zu holen, sobald es hell wurde, und in ihre zu legen, denn Mr. Flint und der Konstabler würden sich beizeiten einfinden, um mein Zimmer zu durchsuchen. Ich wollte die Kinder noch einmal sehen, obwohl es vielleicht zuviel für mein übervolles Herz war, aber ich konnte nicht in eine ungewisse Zukunft gehen, ohne einen letzten Blick auf sie geworfen zu haben. So beugte ich mich über das Bett, in dem mein kleiner Benny und Baby Ellen lagen. Die Ärmsten! Vaterlos und mutterlos! Erinnerungen an ihren Vater wurden wach. Er bemühte sich, nett zu ihnen zu sein, aber sie bedeuteten ihm nicht alles, so wie es bei mir war. Ich kniete nieder, betete für die unschuldigen Kleinen, küßte sie sanft und wandte mich ab.

Als ich im Begriff stand, die Haustür zu öffnen, legte mir Sally eine Hand auf die Schulter. „Linda, gehste ganz alleine? Ich will deinen Onkel rufen."

„Nein, Sally, ich möchte nicht, daß jemand meinetwegen Schwierigkeiten bekommt", entgegnete ich.

Ich trat hinaus in die Finsternis und den Regen und rannte zum Haus der Freundin, die mich verbergen wollte.

Früh am Morgen traf Mr. Flint bei Großmutter ein und erkundigte sich nach mir. Sie antwortete, daß sie mich nicht gesehen hatte und mich auf der Plantage vermutete.

Er beobachtete sie scharf, als er fragte: „Weißt du nicht, daß sie fortgelaufen ist?", und da sie nachdrücklich verneinte, fuhr er fort: „Letzte Nacht ist sie ausgerissen, ohne daß wir ihr die geringste Veranlassung gegeben hätten. Wir waren sehr nett zu ihr. Meine Frau konnte sie gut leiden. Man wird sie bald finden und zurückbringen. Sind ihre Kinder bei dir?" Sie bestätigte es, und er sagte: „Ich freue mich sehr, das zu hören. Wenn sie hier sind, kann auch sie nicht weit sein. Kriege ich heraus, daß einige meiner Nigger mit der verdammten Sache zu tun haben, ziehe ich ihnen fünfhundert über." Er traf Anstalten, zum Haus seines Vaters zu fahren, drehte sich aber noch einmal um und fügte einschmeichelnd hinzu: „Sorg dafür, daß sie zurückgebracht wird, dann soll sie ihre Kinder haben; sie werden bei ihr leben."

Die Neuigkeit versetzte den alten Doktor in einen tobsuchtähnlichen Zustand der Raserei. Es wurde ein anstrengender Tag. Großmutters Haus durchsuchten sie von oben bis unten. Da meine Truhe leer war, schlußfolgerten sie, daß ich die Garderobe mitgenommen hätte. Noch vor zehn Uhr wurde angeordnet, jedes Schiff, das nach Norden fuhr, gründlich zu überprüfen und das Gesetz, das es untersagte, Flüchtlingen Unterschlupf zu gewähren, allen an Bord vorzulesen. Am Abend wurden Nachtwachen in der Stadt eingesetzt. Gern hätte ich Großmutter eine Botschaft zukommen lassen, da ich mir vorstellte, wie bekümmert sie war, aber ich konnte nicht. Jeder, der ihr Haus betrat oder verließ, wurde genau beobachtet. Der Doktor sagte, er würde meine Kinder nehmen, oder sie solle die Verantwortung für sie tragen, was sie natürlich bereitwillig tat. Den ganzen nächsten Tag suchten sie nach mir. Ehe es dunkel wurde, hing in einem Umkreis von mehreren Meilen ein Anschlagzettel mit folgendem Text an jeder Ecke und jedem öffentlichen Platz:

„$ 300 BELOHNUNG! Dem Unterzeichner entlaufen ist ein intelligentes, helles Mulattenmädchen mit Namen Linda, 21 Jahre alt. Fünf Fuß, vier Zoll groß. Dunkle Augen, schwarzes Haar, das zur Lockung neigt, aber glatt gekämmt werden kann. Hat eine schadhafte Stelle an einem Schneidezahn. Sie kann lesen und schreiben und wird aller Wahrscheinlichkeit nach versuchen, in die Freien Staaten zu gelangen. Allen Personen ist es bei Strafe verboten, besagte Sklavin aufzunehmen oder zu beschäftigen. $ 150 erhält derjenige, der sie im Staat, und $ 300, wer sie außerhalb des Staates ergreift, bei mir abliefert oder im Kerker festhält.

Dr. Flint“[1]

XVIII

Monate voller Gefahren

Die Fahndung wurde mit größerer Ausdauer geführt, als ich vorausgesehen hatte. Ich fing an zu glauben, daß ein Entkommen unmöglich wäre. Vor allem bangte ich um die Freundin, die mich aufgenommen hatte und die ich in die Sache nicht hineinziehen wollte. Ich wußte, die Folgen würden schrecklich sein. Zwar grauste mir davor, gefangen zu werden, aber das wäre immer noch besser, als einer Unschuldigen ihre erwiesene Freundlichkeit mit Grausamkeiten zu vergelten. Nach einer Woche aufreibender Ungewißheit kamen die Verfolger in so große Nähe meiner Zufluchtsstätte, daß ich annehmen mußte, sie wären mir auf der Spur. Ich floh aus dem Haus und versteckte mich in einem Gestrüpp. Dort harrte ich zwei Stunden in tausend Ängsten aus. Dann kroch mir plötzlich irgendein Tier über ein Bein. Erschrokken schlug ich zu, und das Reptil fiel ab. Ob ich es getötet hatte, wußte ich nicht; es war so dunkel, daß ich nicht einmal erkennen konnte, was es war; es fühlte sich nur kalt und klebrig an, und der Schmerz, den ich bald spürte, verriet mir, daß ich von etwas Giftigem gebissen worden war. Ich sah mich gezwungen, meinen Schlupfwinkel zu verlassen, tappte zum Haus, der Schmerz steigerte sich, und meine Freundin war entsetzt, als sie sah, wie qualvoll ich das Gesicht verzog. Ich bat sie, einen Umschlag mit Brei aus warmer Asche und Essig vorzubereiten. Den legte ich auf das Bein, das schon stark geschwollen war. Die Kompresse verschaffte mir leichte Linderung, aber die Schwellung ging nicht zurück.

Die Furcht, mich nicht mehr richtig bewegen zu können, war schlimmer als der physische Schmerz. Meine Freundin kannte eine betagte Frau, die bei den Sklaven dokterte, und fragte sie, was gegen Schlangen- oder Eidechsenbiß gut sei. Die Alte riet ihr, ein Dutzend Kupfermünzen in Essig zu tauchen, über Nacht zu warten und die entzündete Stelle am Morgen mit der Lösung zu behandeln.*

Es war mir gelungen, meinen Verwandten heimlich eine Botschaft zukommen zu lassen. Wüste Drohungen wurden gegen sie ausgestoßen, und da sie es für ausgeschlossen hielten, daß ich fliehen konnte, rieten sie mir, zu meinem Herrn zurückzukehren, ihn um Vergebung zu bitten, es ihm zu ermöglichen, mich als warnendes Beispiel hinzustellen. Solche Ratschläge beeinflußten mich nicht. Als ich zu dem gefahrvollen Unternehmen aufgebrochen war, hatte ich es mit dem festen Vorsatz getan, es so oder so zu Ende zu führen. „Gebt mir Freiheit, oder gebt mir den Tod" lautete meine Devise.[2] Meine Freundin fand einen Weg, ihnen meinen Zustand mitzuteilen. Danach stellten sie ihre Überredungsversuche ein. Doch etwas mußte geschehen, und zwar rasch, aber sie wußten nicht, an wen sie sich mit der Bitte um Hilfe wenden sollten. Da half Gott aus Gnade einem „Freund in Not".

Unter Großmutters Bekannten gab es eine Dame, die sie seit der Kindheit schätzte und immer sehr nett zu ihr war. Auch meine Mutter und deren Kinder hatte sie gekannt und stets geachtet. Gerade in dem Augenblick, als meine Krise ihrem Höhepunkt zustrebte, stattete sie Großmutter einen Besuch ab, wie es häufiger geschah, und sie bemerkte den traurigen, besorgten Gesichtsausdruck. Ob sie wisse, wo ich mich aufhalte, fragte sie, und ob ich in

* Schlangengift ist eine kräftige Säure, der starke Alkalien, z. B. Pottasche, Ammonium usw., entgegenwirken. Die Indianer sind gewohnt, feuchte Asche anzuwenden oder die verletzten Gliedmaßen in starke Lauge zu tauchen. Weiße, die in schlangenreichen Gebieten Gleise legen, tragen als Gegenmittel oft Ammonium bei sich. – D. Herausgeber.

Sicherheit sei. Großmutter antwortete nicht, sondern schüttelte nur den Kopf.

„Na komm, Tante Martha", sagte die freundliche Dame, „erzähl mir alles. Vielleicht kann ich dir irgendwie helfen."

Der Mann dieser Frau besaß zahlreiche Sklaven, handelte auch mit ihnen. Sie hielt selbst einige auf eigenen Namen, war aber gut zu ihnen, erlaubte nie, daß einer verkauft wurde, und unterschied sich also von der Mehrheit der Sklavenhalterinnen. Großmutter sah sie forschend an. Etwas in dem Gesicht gemahnte: Vertrau mir, und Großmutter tat es.

Die Dame hörte sich die Einzelheiten meiner Geschichte an, saß eine Weile schweigend da, dachte nach, und schließlich sagte sie: „Tante Martha, ihr tut mir alle beide leid. Wenn du meinst, daß es die geringste Chance gibt, Linda in die Freien Staaten zu bekommen, will ich sie für einige Zeit verbergen; aber vorher mußt du mir feierlich versprechen, meinen Namen nie zu erwähnen. Sollte die Sache je bekannt werden, wäre es mein und meiner Familie Ruin. Niemand in meinem Hause darf etwas davon wissen – außer der Köchin. Sie ist eine so treue Seele, daß ich ihr mein Leben anvertrauen würde, und sie mag Linda gut leiden. Es ist ein großes Risiko. Wollen wir hoffen, daß uns keine Nachteile daraus erwachsen. Gib Linda Bescheid, bereit zu sein, sobald es dunkel geworden ist, noch ehe die Patrouillen ihren Dienst aufnehmen. Ich werde die Stubenmädchen auf Botengänge schicken, und Betty kann Linda abholen."

Die Frauen vereinbarten den Ort, an dem wir uns treffen sollten. Großmutter war unfähig, sich für die edle Tat zu bedanken. Von Gefühlen überwältigt, sank sie in die Knie und schluchzte wie ein Kind.[3]

Ich erhielt die Nachricht, dann und dann das Haus zu verlassen und mich dort- und dorthin zu begeben, wo ein Freund auf mich warten würde. Namen wurden vorsichtshalber nicht genannt. So hatte ich keine Ahnung, wer der Freund sein und wohin er mich bringen mochte. Es mißfiel mir, derart im dunkeln zu tappen, aber mir blieb keine Wahl. In meinem jetzigen Versteck konnte ich sowieso kaum länger bleiben. Ich verkleidete mich, nahm allen Mut zusammen, machte mich auf das Schlimmste gefaßt und ging zu der Verabredung. An der genannten Stelle erblickte ich meine Freundin Betty. Sie war der letzte Mensch, den ich dort erwartet hätte.

Wir liefen schweigend durch die Stadt. Mein Bein schmerzte so heftig, daß ich zu straucheln fürchtete, aber die Angst verlieh mir Kraft durchzuhalten. Wohlbehalten erreichten wir das Haus und traten ein, ohne gesehen zu werden. „Honey, jetzt is' du sicher", das waren ihre ersten Worte, „de Deibel kommn nich' dies Haus durchsuchn. Ich bring dich in de Sicherheit, und denn bring ich dir ein schönes warmes Abendbrot. Ich glaub, das braucht du nach all de Aufregung."

Betty, wie sie leibte und lebte! Als Köchin hielt sie das Essen für die wichtigste Sache des Lebens. Es kam ihr nicht in den Sinn, daß mein Herz zu voll war, als daß ich mir viel aus einem schönen warmen Abendbrot gemacht hätte.

Ihre Herrin gesellte sich zu uns und führte mich die Treppe hoch in ein kleines Zimmer über ihrem Schlafgemach. „Hier bist du sicher, Linda", sagte sie. „Ich benutze den Raum als Rumpelkammer für die Sachen, die wir nicht mehr brauchen. Die Mädchen sind nicht gewöhnt, hergeschickt zu werden, und wenn sie nichts hören, schöpfen sie keinen Verdacht. Die Tür bleibt stets verschlossen. Betty kann den Schlüssel aufbewahren. Nur mußt du sehr vorsichtig sein, um meinet- wie um deinetwillen, und niemals darfst du das Geheimnis ausplaudern; es würde mich und meine Familie ruinieren. Morgens will ich die Mädchen in Schwung halten, um Betty Gelegenheit zu geben, dir dein Frühstück zu bringen, aber danach wäre es besser, vor dem Abend nicht noch einmal zu kommen. Auch ich werde dich dann und wann aufsuchen. Kopf hoch! Ich hoffe, es dauert nicht mehr lange."

Betty trat mit dem „schönen warmen Abendbrot" ein, und ihre Herrin eilte nach unten, um aufzupassen, bis die Köchin zurückkehrte. Ich fand keine Worte; überschäumende Dankbarkeit aus tiefstem Herzen schnürte mir die Kehle zu, aber ich hätte meiner Wohltäterin die Füße küssen können. Möge Gott sie für diese Tat einer guten Christin auf immer segnen!

Ich schlief mit dem Gefühl ein, die glücklichste Sklavin in der Stadt zu sein. Dann erhellte der Morgen meine Zelle, und ich dankte dem himmlischen Vater für diese sichere Zufluchtsstätte. Gegenüber dem Fenster waren Federbetten aufgestapelt. Wenn ich oben lag, blieb ich völlig verdeckt, hatte aber einen guten Ausblick auf die Straße, durch die Dr. Flint zu seiner Praxis ging. Obwohl mir nicht gerade zum Jauchzen zumute war, verspürte ich doch einen Rausch von Genugtuung, als ich ihn kommen sah. Ich hatte ihn überlistet und triumphierte. Wer könnte es einer Sklavin übelnehmen, daß sie versucht, schlau zu sein? Sie wird stets gezwungen, zu Tricks zu greifen. Schläue ist die einzige Waffe der Schwachen und Unterdrückten gegen ihre mächtigen Tyrannen.

Täglich hoffte ich zu hören, daß mein Herr die Kinder verkauft habe; dann wüßte ich schon, wer sie gekauft hätte; aber Rache bedeutete dem Doktor sogar mehr als Geld. Mein Bruder William, die gute Tante, die zwanzig Jahre in der Familie des Arztes gedient hatte, mein kleiner Benny und Ellen, die knapp über zwei war, wanderten ins Gefängnis. So trachtete Dr. Flint danach, aus meinen Verwandten Informationen über mich herauszupressen.[4] Er schwor, Großmutter würde keinen der Eingekerkerten wiedersehen, ehe man mich zurückgebracht hätte. Einige Tage blieben mir diese Neuigkeiten vorenthalten, und als ich erfuhr, daß die Kinder in einem ekelhaften Gefängnis saßen, war meine erste Regung, zu ihnen zu gehen, mich in Gefahr begeben, um sie zu befreien. Sollte ich ihren Tod verschulden? Es war ein entsetzlicher Gedanke. Meine Wohltäterin versuchte mich zu beschwichtigen. Die Tante, sagte sie, würde sich um die Kleinen kümmern, solange sie gemeinsam im Gefängnis waren; doch daß man die gute alte Frau, die zu den verwaisten Kindern ihrer Schwester stets so nett gewesen war, gleichfalls eingesperrt hatte, für kein anderes Verbrechen als dafür, mich gern zu haben, vergrößerte nur meinen Schmerz. Vermutlich fürchteten die Lieben, daß ich einen unbedachten Schritt tun könnte, wußten sie doch, wie sehr ich an Benny und Ellen hing. Jedenfalls erhielt ich von William eine kaum leserliche Notiz, die lautete: „Wo immer du dich befindest, liebe Schwester, ich bitte dich, nicht herzukommen. Uns geht es allen viel besser als dir. Wenn du kommst, wirst du anderen zum Verhängnis. Sie werden dich zwingen zu verraten, wo du dich aufgehalten hast, oder dich töten. Beherzige den Rat deiner Freunde, wenn nicht um meinet- und deiner Kinder willen, dann wenigstens derentwegen, die du ins Verderben stürzen würdest."

Armer William! Er mußte leiden, weil er mein Bruder war. Ich befolgte seinen Rat und bezwang mich. Nach vier Wochen wurde meine Tante entlassen, weil Mrs. Flint nicht länger auf sie verzichten wollte. Sie war es überdrüssig, ihre eigene Haushälterin zu sein. Die Kinder blieben im Gefängnis, wo mein Bruder nach

Kräften für ihr Wohlbefinden sorgte. Betty besuchte sie manchmal und hielt mich auf dem laufenden. Sie wurde nicht eingelassen, William hob die Kleinen zu dem vergitterten Fenster hoch, so daß sie mit ihnen plaudern konnte. Wenn sie ihr Geplapper wiederholte und erzählte, wie sehr sie ihre Ma zu sehen wünschten, liefen mir die Tränen über das Gesicht.

„Herrgott, Kinni!" brummte die alte Betty dann. „Sag mal, was schreit du denn? De Krabbn wern dich noch tot hinmachn. Is' doch nich' so'n Hasenfuß! Wenn du das is', kommt du nich' durch de Welt."

Die gute alte Seele! Sie war kinderlos durch die Welt gegangen, hatte nie erlebt, wie die Kleinen der Mutter die Ärmchen um den Hals schlingen, hatte nie in die sanften Augen ihres eigenen Babys geschaut; niemand hatte je mit süßem Stimmchen Mutter zu ihr gesagt; nie hatte sie ein eigenes Würmchen ans Herz gedrückt, mit dem Gefühl, daß es selbst in der Sklaverei etwas gibt, wofür es sich zu leben lohnt. Wie konnte sie nachempfinden, was ich fühlte?

Ihr Mann war sehr kinderlieb und fragte sich, warum Gott ihm Nachkommen verwehrt hatte. Er machte ein ganz bekümmertes Gesicht, als er mit der Kunde kam, daß Ellen zu Dr. Flint gebracht worden war.

Kurze Zeit vor der Einkerkerung hatte sie die Masern gehabt, und ihre Augen waren in Mitleidenschaft gezogen. Der Arzt wollte die Kleine bei sich behandeln, aber meine Kinder hatten seit jeher Angst vor ihm und seiner Frau, und sie waren noch nie in diesem Haus gewesen. Die arme Ellen schrie den ganzen Tag. Sie sehnte sich ins Gefängnis zurück. Ihr untrüglicher kindlicher Instinkt sagte ihr, daß sie dort geliebt wurde. Das Weinen und Geschluchze ärgerte Mrs. Flint. Ehe der Tag um war, ließ sie einen ihrer Sklaven kommen und sagte: „Hier, Bill, bring den Balg wieder ins Gefängnis. Ich kann das Geplärre nicht mehr ertragen. Wenn sie wenigstens still wäre, würde ich den kleinen Wildfang behalten und im Laufe der Zeit eine brauchbare Kammerzofe für meine Tochter daraus machen; aber wenn die Krakeelerin hierbliebe mit ihrem weißen Gesicht, würde ich sie entweder umbringen oder verwöhnen. Ich hoffe, der Doktor verkauft die Kinder so weit weg wie möglich. Dann merkt die Gnädigste vielleicht doch noch, wohin es führt, wenn man davonläuft. Muttergefühle hat sie für ihre Kinder weniger als eine Kuh für ihr Kalb. Sonst wäre sie längst wieder aufgetaucht, um sie aus dem Gefängnis zu holen, und uns die Ausgaben und den Ärger zu ersparen. Dieses nichtsnutzige Weibsbild! Wenn sie gefangen wird, soll sie für sechs Monate in Ketten gelegt und eingesperrt und anschließend an eine Zuckerplantage verkauft werden. Ich will sie schon noch zur Vernunft bringen. Was stehst du da herum, Bill? Warum schaffst du das Balg nicht weg? Gib mir aber darauf acht, daß unterwegs keiner der Nigger mit ihr spricht!"

Als mir berichtet wurde, was Mrs. Flint gesagt hatte, lächelte ich über die Bemerkung, daß sie mein Kind entweder umbringen oder verwöhnen würde. Was das zweite anging, so bestand wohl kaum ernstliche Gefahr. Jedenfalls dankte ich der göttlichen Vorsehung, daß Ellen so geschrien hatte, bis Bill sie ins Gefängnis bringen mußte.

In der darauffolgenden Nacht wurde Dr. Flint zu einem Patienten gerufen und blieb fast bis zum nächsten Morgen bei ihm. Sein Heimweg führte an Großmutters Haus vorbei, und da er dort Licht bemerkte, dachte er: Vielleicht hat es was mit Linda zu tun. Er klopfte, die Tür wurde geöffnet. „Was seid ihr denn so zeitig auf?" fragte er. „Ich habe euer Licht gesehen und wollte kurz haltmachen, um euch zu sagen, daß ich herausbekommen habe, wo Linda steckt. Ich weiß, wo ich ihrer habhaft werden kann, und werde sie vor zwölf Uhr holen."

Als er sich abgewandt hatte, sahen sich Großmutter und mein Onkel erschrocken an. Hatte der Arzt die Sache aus der Luft gegriffen, ihnen einfach nur angst gemacht? Da sie sich unsicher waren, hielten sie es für das beste, Betty zu benachrichtigen.

Meine Freundin wollte ihre Herrin nicht beunruhigen und nahm die Sache selber in die Hand. Sie kam zu mir, sagte, ich solle schnell aufstehen, mich anziehen. Wir eilten hinab, überquerten den Hof und liefen in die Küche. Sie schloß ab, entfernte eine Fußbodenbohle, breitete eine Büffelhaut und eine Brücke in dem Loch aus. Ich mußte mich hinlegen. Sie warf mir eine Steppdecke über und senkte die Bohle auf ihren alten Platz zurück. „Bleib da", sagte sie, „bis ich rauskriegt, obse 'scheid wissen. Se san, se wolln dich vor zwölf schnappn. Wennse wirklich wissn tatn, wo du wart, wissnse nich', wo du is'. Denn is' de Entteischung groß. Dat is' alles. Kommse in meine Sachn stöbern, wernse sich an des 'ier Nigger de Finger verbrenn."

In meinem engen Bett war gerade Platz genug, daß ich die Hände vors Gesicht legen konnte, um zu verhindern, daß mir der Staub in die Augen fiel; denn über mir wanderte Betty zwischen Geschirrschrank und Herd hin und her. Wenn sie allein war, schmähte sie Dr. Flint und seine Sippe. Immer wieder kicherte sie vergnügt vor sich hin und meinte: „Dies Niggers zu schlau fürse diesmal."

Kam eine Hausgehilfin herein, verwickelte Betty sie geschickt in ein Gespräch, wobei ich jedes Wort verstand. Sie wiederholte Geschichten, die besagten, ich hielte mich hier oder dort auf, und die Mädchen antworteten, ich wäre nicht so töricht, im Ort zu bleiben, sondern hätte mich längst nach Philadelphia oder New York abgesetzt. Als alle zu Bett gegangen waren und schliefen, hob sie die Bohle hoch: „Komm raus, Kinni, komm raus. Die haam keine Ahnung nich'; 's war bloß weißes Gelüge, um de Nigger 'n Schreck einzujagn."

Wenige Tage nach diesem Abenteuer schwebte ich in viel ärgeren Ängsten. Ich saß ganz still in meinem Schlupfwinkel oben, während mir fröhliche Gedanken durch den Kopf gingen. Dr. Flint, glaubte ich, mußte bald den Mut verlieren; er würde bereit sein, die Kinder zu verkaufen, wenn er die letzte Hoffnung begraben hatte, sie als Köder benutzen zu können. Da vernahm ich plötzlich eine Stimme, die mir das Blut erstarren ließ; denn ihr Klang war mir so vertraut, so verhaßt, daß ich in dem Sprecher sofort meinen alten Herrn erkannte. Er war im Haus und – so folgerte ich – gekommen, mich zu holen. Entsetzt sah ich mich nach allen Seiten um. Es gab keinen Fluchtweg. Dr. Flint entfernte sich. Ich vermutete, daß der Konstabler bei ihm war und sie das Haus durchsuchten; auch dachte ich daran, welches Ungemach ich über meine großzügige Wohltäterin bringen mußte, wenn sie mich hier fanden. Mir schien, daß ich dazu geboren war, liebenswerten Menschen Schwierigkeiten zu bereiten, und das empfand ich als den bittersten Tropfen im bitteren Kelch meines Lebens. Nach einer Weile hörte ich Schritte, die sich näherten. Der Schlüssel drehte sich im Türschloß. Um nicht zu stürzen, lehnte ich mich gegen die Wand. Ich wagte es aufzusehen, und da stand meine freundliche Wohltäterin – allein. Die Erregung verschlug mir die Sprache. Ich sank zu Boden.

„Ich dachte mir schon, daß du deinen Herrn an der Stimme erkannt hast“, sagte sie, „und weil ich mir vorstellen kann, wie er dich erschreckt hat, möchte ich dir mitteilen, daß du dich nicht zu ängstigen brauchst. Er vermutet dich in New York und ist sich seiner Sache so sicher, daß er sich fünfhundert Dollar geborgt hat, um die Verfolgung aufzunehmen. Meine Schwester hat etwas Geld, das sie verleiht, um Zinsen einzustreichen. Heute abend noch möchte er nach New York aufbrechen. Wie du siehst, bist du also im Augenblick sicher. Der Doktor erleichtert sich lediglich selbst um eine Summe, indem er einem Vöglein nachjagt, das er zurückgelassen hat.“

XIX

Die Kinder verkauft

Der Doktor kehrte natürlich aus New York zurück, ohne seinen Zweck erreicht zu haben.[1] Er hatte eine beträchtliche Summe ausgegeben und war ziemlich niedergeschlagen. Mein Bruder und die Kinder befanden sich seit zwei Monaten im Gefängnis, und auch der Aufenthalt dort kostete einiges. Meine Freunde fanden den Zeitpunkt günstig und beschlossen, die gedrückte Stimmung des Arztes auszunutzen. Mr. Sands schickte einen Spekulanten, der ihm für William neunhundert und für die beiden Kinder achthundert Dollar bot. Das waren damals hohe Preise, doch der Doktor lehnte ab. Jeden anderen Jungen in Bennys Alter hätte er für zweihundert verkauft, aber die Möglichkeit, Rache zu üben, wollte er sich nicht aus der Hand nehmen lassen. Zum Glück brauchte er dringend Geld.

Darum überlegte er sich die Sache noch einmal. Wenn er Ellen nicht hergab, bis sie fünfzehn war, würde sie ihm eine große Summe einbringen. Ich nehme jedoch an, er hielt es nicht für ausgeschlossen, daß sie sterben oder ihm gestohlen werden könnte. Jedenfalls gelangte er zu dem Schluß, daß es ratsam wäre, von dem Angebot des Sklavenhändlers Gebrauch zu machen. Als er ihm auf der Straße begegnete, fragte er ihn, wann er die Stadt zu verlassen gedenke.

„Heute um zehn“, lautete die Antwort.

„Ach was, so bald schon?“ fragte der Arzt. „Ich habe mir Ihren

Vorschlag nämlich noch einmal durch den Kopf gehen lassen und wäre geneigt, Ihnen die drei Neger zu geben, wenn Sie neunzehnhundert Dollar sagen könnten."

Nach einigem Hin und Her erklärte sich der Händler einverstanden. Er verlangte, daß der Kaufbrief unverzüglich aufgesetzt und unterschrieben wurde, weil es in der kurzen Zeit, die ihm verblieb, noch eine Menge zu erledigen gab.

Der Arzt ging zum Gefängnis und erklärte William, ihn wieder in Dienst nehmen zu wollen, falls er verspreche, sich anständig aufzuführen. Mein Bruder erwiderte, sich lieber verkaufen zu lassen.

„Und du *sollst* verkauft werden, du undankbarer Schuft", blaffte der Doktor.

Keine Stunde später waren die neunzehnhundert entrichtet, die Papiere unterzeichnet, mit Siegel versehen, übergeben, und mein Bruder und die Kinder befanden sich in der Obhut des Händlers.[2]

Es war eine überstürzte Transaktion, und als sie vollzogen war, meldete sich die charakteristische Vorsicht des Arztes zu Wort. Er suchte den Spekulanten noch einmal auf. „Sir", sagte er, „ich komme, um Sie zu verpflichten, keinen dieser Neger in diesem Staat zu verkaufen, widrigenfalls Sie eine Summe von tausend Dollar zu zahlen hätten."

„Sie kommen zu spät", entgegnete der Spekulant, „unser Handel ist abgeschlossen." Tatsächlich hatte er sie alle drei bereits an Mr. Sands verkauft. Das erwähnte er jedoch nicht.

Dann soll wenigstens „dieser Schuft Will" Handschellen tragen und der Transport durch Hintergassen die Stadt verlassen, forderte Dr. Flint.

Der Händler hatte geheime Anweisung erhalten, sich solchen oder ähnlichen Wünschen zu fügen, und meine gute alte Tante, die meinte, daß die Kinder sich im Besitz des Spekulanten befanden und daß sie die beiden nie wiedersehen würde, ging zum Gefängnis, um sich zu verabschieden.

Als sie Benny auf dem Schoß hielt, sagte er: „Tante Nancy, ich möchte dir etwas zeigen." Er führte sie an die Tür und deutete auf eine lange Reihe von Zeichen. „Onkel Will hat mir beigebracht zu zählen, und für jeden Tag, den ich hier war, habe ich ein Zeichen gemacht. Siehst du, es sind sechzig Tage. Das ist eine lange Zeit, und nun will der Spekulant Ellen und mich fortbringen. Er ist ein schlechter Mensch. Es ist unrecht, uns Großmutter wegzunehmen. Ich will zu meiner Mutter gehen."

Großmutter wußte bereits, daß sie die Kinder zurückbekommen würde, aber sie war gebeten worden, so zu tun, als ob sie wirklich fortgeschickt werden sollten. Daher ergriff sie ein Kleiderbündel und begab sich zum Gefängnis. Als sie ankam, fand sie William in Handschellen vor, und die Kinder hockten zwischen anderen Sklaven auf dem Wagen des Händlers. Das alles wirkte so echt, daß sie einen Betrug oder Irrtum befürchtete. Sie fiel in Ohnmacht und mußte nach Hause getragen werden.

Der Wagen hielt vor dem Hotel. Mehrere Herren kamen heraus und erboten sich, William zu kaufen. Der Händler lehnte ab, ohne zu verraten, daß er schon verkauft war. Und dann folgte die Schreckensstunde für diese menschliche Fuhre, die wie Vieh abtransportiert wurde, um irgendwo verkauft zu werden. Männer wurden von ihren Frauen getrennt, Kinder den Eltern entrissen, ohne hoffen zu können, daß sie sich im Diesseits wiedersahen. Viele rangen die Hände, und Verzweiflungsschreie wurden laut.

Dr. Flint genoß das einmalige Vergnügen, zu sehen, wie der Wagen zur Stadt hinausrollte, und Mrs. Flint hatte die Genugtuung, annehmen zu dürfen, daß meine Kinder „so weit weg wie möglich" gebracht wurden.

Mein Onkel folgte dem Wagen vereinbarungsgemäß einige Meilen, bis er ein altes Farmhaus erreichte. Dort nahm der Händler William die Handschellen ab[3], wobei er sagte: „Du bist ein verdammt gerissener Bursche. Ich würde dich gern selbst behalten. Die Herren, die dich kaufen wollten, sagten, du bist ein heller Kopf und ehrlich, und ich müßte dir ein gutes Heim verschaffen. Ich schätze, dein Ehemaliger wird morgen fluchen und sich einen alten Esel schelten, weil er die Kinder verkauft hat. Ihr Mamachen kriegt er nie zurück, schätze ich. Die hat sich bestimmt nach Norden abgesetzt. Mach's gut, alter Junge. Denk daran, daß ich dir einen großen Gefallen getan habe. Das mußt du mir danken un' alle hübschen Mädchen überreden, im nächsten Herbst mit mir zu gehn. Das wird nämlich meine letzte Tour sein. Dieser Handel mit Niggern ist ein schlechtes Geschäft für einen Kerl, der ein Herz hat." Er wandte sich dem Trupp zu. „Vorwärts, ihr Burschen!" Und weiter ging die Reise, Gott allein weiß, wohin.

Sosehr ich die Klasse der Sklavenhändler verachte, ja verabscheue, weil ich sie für die gemeinsten Schufte auf Erden halte, muß ich diesem Mann doch Gerechtigkeit widerfahren lassen und sagen, daß er noch Gefühle zu haben schien. Er hatte William im Gefängnis kennengelernt, ihn ins Herz geschlossen und kaufen wollen, aber die Geschichte meiner Kinder erfahren und bereitwillig geholfen, sie aus der Gewalt des Arztes zu befreien, ohne dafür die übliche Gebühr zu erheben.

Mein Onkel beschaffte ein Fahrzeug und brachte William und die Kinder in die Stadt zurück. Riesig war die Freude in Großmutters Haus. Die Vorhänge wurden zugezogen, die Kerzen angezündet. Die glückliche Frau drückte ihre Enkel an die Brust. Die Kleinen schmiegten sich an sie und küßten sie und klatschten in die Hände und stießen Rufe des Entzückens aus. Großmutter kniete nieder und richtete tiefempfundene Dankgebete an Gott. Auch der Vater war eine Zeitlang anwesend, und obwohl eine „elterliche Beziehung", wie sie zwischen ihm und den Kindern bestand, kaum unter die Oberfläche von Herz oder Gewissen eines Sklavenhalters ging, mußte er doch einige Augenblicke reiner Freude erleben, als er Zeuge des Glücks wurde, zu dem er ihnen verholfen hatte.

Mir blieb ein Anteil am Jubel dieses Abends versagt. Noch wußte ich nicht, was sich zugetragen hatte, und jetzt will ich ein sonderbares Ereignis wiedergeben, selbst auf die Gefahr hin, daß es mir den Vorwurf einträgt, damit nur zu beweisen, wie abergläubisch Sklaven sind. Ich saß wie oft nahe am Fenster auf dem Fußboden. So verstand ich viel von dem, was draußen gesprochen wurde, ohne daß man mich sehen konnte. Die Familie hatte sich zur Nachtruhe begeben, und alles war still. Ich war mit den Gedanken bei den Kindern, als ich gedämpfte Musik hörte. Unter dem Fenster wurde ein Abendständchen gebracht. „Home, sweet home" ertönte,[4] und während ich lauschte, klang die Weise auf einmal nicht mehr wie Musik, sondern wie kindliches Wimmern. Ich glaubte, es bräche mir das Herz, erhob mich und kniete mich hin. Der Mond beschien den Fußboden, und mitten im Licht standen Benny und Ellen vor mir. Sie verschwanden wieder, doch ich hatte sie deutlich gesehen. Einige werden sagen, ich hätte geträumt, andere, es sei eine Vision gewesen. Ich kann mir die Erscheinung selbst nicht erklären, aber sie beeindruckte mich tief, und ich fühlte, daß etwas mit meinen Kleinen geschehen war.

Betty hatte sich seit dem Morgen nicht blicken lassen. Jetzt hörte ich, wie sie behutsam aufschloß. Kaum war sie eingetreten, bestürmte ich sie und bat sie, mir zu sagen, ob meine Kinder tot seien oder verkauft, ich hätte ihre Geister im Zimmer gesehen, irgend etwas müsse sich zugetragen haben.

„Herrgott, Kinni!“ Sie umarmte mich. „Du is' hysterisch. Ich will heute 'ier schlafn, weil du Lärm macht und Missus ruiniert. Du is' ja mächtig aufgeregt. Wenn du mit Schrein fertig is', will ich redn. De Kinner geht's gut, is' mächtig glücklich. Ich sehtese selber. Is' du nu' zufriedn? Kinni, Liebe, bis still. Dich wird noch jemand hörn.“

Ich gehorchte. Sie legte sich hin und war im Nu fest eingeschlafen, während ich keine Ruhe fand.

Bei Tagesanbruch war Betty auf den Beinen und in der Küche. Stunden vergingen. Mir stand immer die Erscheinung vor Augen. Einmal unterhielten sich im Eingang zwei Frauen. An der einen Stimme erkannte ich ein Stubenmädchen.

Die andere sagte: „Hast du schon gehört, gestern wurden Linda Brents Kinder an den Spekulanten verkauft. Es heißt, der ohle Massa Flint war mächtig froh, wie er sah, wiese aus de Stadt gefahren wurden; aber es heißt, sie sin' schon widder da. Ich glaub, ihr Papi hat das alles eingefädelt. Es heißt, William hat er auch gekauft. Herrgott! Der ohle Massa Flint wird Augen machen! Ich lauf mal rüber zu Tante Martha, mal sehn, ob ich was erfahren kann.“

Ich biß mir die Lippen blutig, um nicht aufzuschreien. Waren die Kinder bei Großmutter, oder hatte sie der Spekulant mitgenommen? Die Ungewißheit quälte mich. Wollte denn Betty *nie* kommen und mir die Wahrheit berichten? Als sie endlich eintrat, wiederholte ich, was ich aufgeschnappt hatte.

Ihr Gesicht war ein einziges breites Grinsen. „Herrgott, du töricht Ding! Ich is' ja dabei, alles zu erzähln. De Mächen essn's Frühstück, un' Missus sagt, sie will's dir sagn, aber du arms Menschenkind, 's nich' richtig, dich wartn zu lassn, un' darum is' ich dabei, 's dir zu erzähln. Brudder, Kinner, alle is' von de Papi 'kauft! Ich lacht mehr als 'nug, wenn ich an ohle Massa Flint denkt! Herrgott, wie der fluchn wird! Diesmal isse in de Mausefalle, aber nu' muß ich gehn, sonst komm de Mächen, un' denn sitzt *ich* in de Falle.“

Betty lief lachend hinaus, und ich fragte mich: Ist es möglich, daß die Kinder frei sind, daß ich nicht umsonst gelitten habe? Dem Himmel sei Dank!

Die Überraschung war groß, als es sich herumsprach, daß sich die Kinder wieder bei meiner Großmutter befanden. Die Nachricht verbreitete sich mit Windeseile, und manch einer in der Stadt fand freundliche Worte für meine Kleinen.

Dr. Flint suchte Großmutter auf, um sich zu erkundigen, wem die Kinder gehörten, und sie informierte ihn.

„Das habe ich mir gleich gedacht“, sagte er. „Ich freue mich, es zu hören. Kürzlich habe ich über Linda etwas in Erfahrung gebracht und werde sie bald wiederhaben. Du brauchst nicht zu erwarten, *sie* jemals frei zu sehen. Sie bleibt meine Sklavin, solange ich lebe, und wenn ich gestorben bin, soll sie die Sklavin meiner Kinder sein. Stellt sich heraus, daß Phillip dahintersteckt, daß sie abgehauen ist, mache ich ihn kalt, und wenn ich William auf der Straße treffe und er mich anzusehen wagt, kriegt er die Peitsche, bis er bloß noch einen Zoll vom Tod entfernt ist. Und halt mir die Bälger vom Halse!“[5]

Als er sich umdrehte und gehen wollte, erinnerte ihn Großmutter an seine eigenen Schandtaten. Da wandte er sich ihr noch einmal zu und machte eine Miene, als ob er sie am liebsten niedergeschlagen hätte.

Für mich war eine Zeit der Freude und des Dankens angebrochen. Ich hörte von den Drohungen des Doktors, aber sie schreckten mich nicht mehr. Die finsterste Wolke, die über meinem Leben gehangen hatte, war abgezogen. Was immer mir jetzt zustoßen sollte – meinen Kindern konnte die Sklaverei nichts mehr anhaben. Mochte ich ihr zum Opfer fallen – die Kinder waren gerettet. Es tat mir gut, in meinem einfachen Herzen alles zu glauben, was zu ihrem Nutz und Frommen versprochen worden war. Es ist immer besser zu vertrauen, als zu zweifeln.

XX

Neue Gefahren

Der Doktor, so aufgebracht wie nie zuvor, versuchte erneut, sich an meinen Verwandten zu rächen. Er ließ Phillip verhaften und klagte ihn der Beihilfe zur Flucht an. Mein Onkel wurde vor Gericht gestellt und schwor wahrheitsgemäß, von meinen Absichten nichts gewußt und mich kein einziges Mal gesehen zu haben, seit ich von der Plantage meines Herrn fortgelaufen war. Dann verlangte Dr. Flint, daß er sich mit einer Kaution in Höhe von fünfhundert Dollar dafür verbürgen solle, mit meiner Angelegenheit auch künftig nichts zu tun zu haben. Mehrere Herren erklärten sich bereit, die Sicherheitssumme aufzubringen, aber Mr. Sands sagte, er solle lieber ins Gefängnis zurückgehen, er würde dafür sorgen, daß er ohne Kaution herauskomme.

Großmutter erfuhr von der Verhaftung und erzählte die Neuigkeit Betty, die mich vorsorglich wieder unter dem Fußboden verbarg. Während sie hin und her lief und ihren kulinarischen Pflichten nachging, führte sie Schein-Selbstgespräche, die dazu dienten, mich von allem, was geschah, in Kenntnis zu setzen.

Ich hoffte, daß die Haft meines Onkels nur ein paar Tage dauerte, machte mir seinethalben jedoch Sorgen. Dr. Flint würde wahrscheinlich nichts unversucht lassen, um ihn in die Knie zu zwingen, so lange sticheln und ihn beleidigen, bis Phillip die Selbstbeherrschung verlor und sich zu einer Bemerkung hinreißen ließ, die ihm als strafbares Vergehen ausgelegt werden konnte; und vor Gericht galt seine Aussage nichts gegen die eines Weißen.

Die Suche nach mir wurde wieder aufgenommen. Irgend etwas hatte den Verdacht erregt, daß ich mich in der Nähe aufhielt. Sie durchsuchten das Haus, in dem ich versteckt war. Ich hörte ihre Schritte und ihre Stimmen. In der Nacht, als alle schliefen, holte mich Betty aus meiner Gruft. Die Ängste, die ich ausgestanden, die angespannte Lage, in der ich mich befunden, der feuchte Boden, auf dem ich gelegen hatte, waren schuld daran, daß ich für einige Tage erkrankte.

Mein Onkel wurde bald aus dem Gefängnis entlassen, aber er und meine übrigen Verwandten standen unter strenger Beobachtung.

Wir sahen alle ein, daß ich nicht viel länger in meinem Schlupfwinkel bleiben konnte. Ich war ohnehin schon länger dort, als wir beabsichtigt hatten, und für meine freundliche Wohltäterin mußte meine Anwesenheit eine Quelle ständiger Furcht darstellen. Meine Freunde schmiedeten zahlreiche Fluchtpläne; da meine Verfolger äußerst wachsam waren, erwies es sich als unmöglich, sie zu verwirklichen.

Eines Morgens erschrak ich sehr. Jemand versuchte in mein Zimmer einzudringen. Verschiedene Schlüssel wurden ausprobiert, doch keiner paßte. Vermutlich war es eine der Hausgehilfinnen. Sie hatte entweder ein verdächtiges Geräusch gehört oder mußte beobachtet haben, wie Betty eingetreten war.

Als meine Freundin kam, erzählte ich ihr, was sich zugetragen hatte, und sie sagte: „Ich weiß, wer es war. 'laß dich drauf, 's war de Jenny. Dat Nigger is' immer de reine Deibel."[1]

Vielleicht habe sie etwas gesehen oder gehört, wodurch sie neugierig geworden sei, entgegnete ich.

„Pah, ach was, Kinni! Die hat nix 'sehn und nix nich' 'hörn. Die 'wartet bloß was. Dat's alles. Die will rauskriegn, wer mein Morgenrock zu'schnittn und 'schneidert hat. Aber dat wirdse nie erfahrn. Dat's klar. Ich sagt de Missus, sie sollse sich vornehm."

Ich überlegte einen Augenblick. Dann erklärte ich: „Betty, ich muß heute abend von hier verschwinden."

„Mach, was du for richtig hält, arme Kinni", meinte sie. „Ich is' mächtig 'sorgt, dat 'ier Nigger wird dich noch mal aufstöbn."

Sie meldete den Vorfall ihrer Herrin, die sie anwies, Jenny in der Küche zu beschäftigen, bis sie mit meinem Onkel Phillip gesprochen hätte. Von ihm erfuhr meine Wohltäterin, daß ich am Abend abgeholt werden sollte, und sie entgegnete, sie hoffe, daß ich nach Norden gehen könne, weil es sehr gefährlich für mich sei, irgendwo in der Nähe zu bleiben. Mein Gott, nach Norden! Das war nicht so einfach für jemand in meiner Lage. Um mir freien Spielraum zu lassen, fuhr sie für einen Tag zu ihrem Bruder aufs Land und nahm Jenny mit.[2] Sie wagte nicht, sich von mir zu verabschieden, aber Betty überbrachte mir ihre lieben Grüße. Ich hörte das Rollen der Räder, als die Kutsche abfuhr, und habe sie nie wieder gesehen. Eine Sklavenhalterin zwar, aber wie großzügig hat sie einem armen, zitternden Flüchtling geholfen! Noch heute segne ich sie von ganzem Herzen.

Ich hatte nicht die geringste Ahnung, wo ich hingehen sollte. Betty brachte mir Ölzeug: Jacke, Hose, Hut. Sie reichte mir ein kleines Bündel und meinte, ich könnte es noch gebrauchen. Fröhlich sagte sie mir Lebewohl: „Ich is' so froh, du geht in die frei Teile! Vorgiß ohle Betty nich'. V'leicht kommt ich eins Tags nach."

Ich wollte ihr erklären, wie dankbar ich für alle ihre Güte war, aber sie unterbrach mich. „Ich will kein Dank nich', honey. Ich is' so froh, ich konnte helfen, un' ich hofft, de liebe Gott wird dir de Pfad öffnen. Ich bringt dich zu de untere Tor. Steck de Hände in de Taschen un' schunkle wie'n Seemann."

Ich lief breitbeinig und wiegend und tat es zu ihrer Zufriedenheit. Am Tor erwartete mich Peter, ein junger Farbiger, den ich seit zwei Jahren kannte. Er war bei meinem Vater in die Lehre gegangen und stets charakterfest gewesen. Ihm vertraute ich mich bedenkenlos an. Betty wünschte mir in Eile alles Gute, und wir zogen los. „Nur Mut, Linda", sagte Freund Peter. „Ich habe einen Dolch bei mir, und niemand soll dich mir wegnehmen, höchstens über meine Leiche."

Ich hatte mich lange nicht im Freien bewegt, und die frische Luft belebte mich. Es war sehr angenehm, endlich wieder eine menschliche Stimme zu vernehmen, kein bloßes Geflüster. Ich begegnete mehreren Bekannten, die sich durch meine Verkleidung täuschen ließen. Im stillen betete ich für Peter und für mich, daß nichts geschehen möge, damit er den Dolch nicht zu ziehen brauchte.

Wir liefen zum Kai. Tante Nancys Gatte war Seemann, und man hatte es für nötig gehalten, ihn einzuweihen.[3] Er holte mich in sein Boot, ruderte zu einem nahen Schiff, und wir gingen alle drei an Bord, wo wir unter uns waren. Ich fragte, was sie mit mir vorhätten, und sie sagten, kurz vor dem Morgengrauen würden sie mich zum Snaky Swamp bringen, dem Schlangensumpf, mich dort verbergen, und das solle mein Tagesablauf sein, bis Onkel Phillip einen Schlupfwinkel für mich fertiggestellt habe.[4]

Wäre das Schiff auf Nordkurs gegangen, hätte mir das auch nichts genutzt, denn es war sicher, daß man es durchsuchen würde. Gegen vier stiegen wir in das Ruderboot um und legten die drei Meilen zum Sumpf zurück. Meine alte Furcht vor Schlangen war stärker geworden, seitdem mich eine gebissen hatte. Mir grauste davor, das Versteck zu betreten. Doch in meiner Lage blieb mir keine Wahl, und ich nahm die Hilfe meiner Freunde dankbar entgegen. Es war das Beste, was sie für mich tun konnten.

Peter ging zuerst an Land. Mit einem großen Messer schlug er einen Pfad durch Bambusgestrüpp und alle möglichen Dornenbüsche. Dann kam er zurück und trug mich zu einem Sitz, den er zwischen Bambusstöcken hergerichtet hatte. Auf dem Weg dorthin fielen Hunderte von Moskitos über uns her. Nach einer Stunde hatten sie mich so zugerichtet, daß ich einen kläglichen Anblick bot.

Als es hell wurde, bemerkten wir, wie hier und da und dort Schlangen krochen. Sie waren größer als alle, die ich je zuvor gesehen hatte, und das waren seit Beginn meines Lebens nicht wenig gewesen. Auch heute noch überkommt mich der Schauder, wenn ich an diesen Morgen denke.

Als der Abend nahte, waren sie derart zahlreich, daß wir uns ihrer nur noch mit Stockschlägen erwehren konnten. Hoch und dicht standen die Bambushalme. Das beeinträchtigte die Sicht. Ehe es finster wurde, drangen wir zum Rande des Sumpfes vor, damit wir den Rückweg zum Boot nicht verloren. Es dauerte auch gar nicht lange, da hörten wir das Geräusch von Ruderschlägen und einen leisen Pfiff, das vereinbarte Signal. Tante Nancys Mann holte uns zum Schiff, auf dem ich eine unruhige Nacht verbrachte. Die Hitze des Sumpfes, die Moskitos, die ständige Angst vor den Schlangen hatten bei mir ein brennendes Fieber ausgelöst.

Ich war gerade eingeschlafen, als sie mich weckten und sagten, es sei Zeit, zu dem abscheulichen Sumpf überzusetzen. Nur mit Mühe raffte ich mich auf und überwand mich, aber selbst die großen Giftschlangen waren weniger schrecklich als die weißen Menschen der Gemeinde, die sich zivilisiert nannte. Diesmal nahm Peter eine große Menge Tabak mit. Er brannte ihn an, und der Qualm hielt die Mücken ab, aber bei mir rief er Übelkeit und heftige Kopfschmerzen hervor.

Im Dunkeln kehrten wir zum Schiff zurück. Den ganzen Tag über hatte ich mich so elend gefühlt, daß Peter erklärte, ich solle gleich nach Hause gehen, und wenn der Teufel persönlich durch die Stadt patrouilliere. Wie sie berichteten, hatte Onkel Phillip auf Großmutters Grundstück ein Versteck für mich hergerichtet. Ich konnte mir nicht denken, wo sie mich unterbringen wollten, da doch die Mitglieder der Familie Flint jede Ecke, jeden Winkel des Hauses kannten. Ich solle nur abwarten und sehen, sagten sie, und wir ruderten an Land, liefen kühn durch die Straßen. Ich trug mein Seemannszeug und hatte mir das Gesicht mit Holzkohle geschwärzt. Wieder begegnete ich mehreren Leuten, die ich kannte. Der Vater meiner Kinder kam mir so nahe, daß ich ihn am Arm streifte; doch er ahnte nicht, wer ich war.

„Du mußt diesen Spaziergang richtig genießen", sagte Freund Peter, „es könnte sein, daß du nicht so bald wieder einen unternimmst."

Seine Stimme klang traurig, aber es war nett von ihm, mir zu verschweigen, in welchem finsteren Loch ich lange, lange hausen sollte.

XXI

Das Guckloch des Zufluchtsorts[1]

Vor Jahren war ein kleiner Schuppen an Großmutters Haus angebaut worden. Einige Bretter, die auf den Querbalken lagen, bildeten die Decke, und zwischen diesen Brettern und dem Dach befand sich eine sehr kleine Kammer, die seit jeher nur Ratten und Mäuse beherbergt hatte. Das Pultdach war mit Schindeln gedeckt, wie es im Süden bei solchen Gebäuden üblich ist. Das Kämmerlein maß neun mal sieben Fuß, war an der höchsten Stelle drei Fuß hoch und fiel zu dem losen Bretterboden hin schräg ab. Es gab keine Öffnung, durch die Licht und Luft hätte eindringen können. Onkel Phillip, von Beruf Zimmermann, hatte während meines Aufenthaltes im Sumpf sehr geschickt eine verborgene Klappe angebracht, die mit der Vorratskammer in Verbindung stand. Aus der Vorratskammer gelangte man auf einen kleinen Hof.

In das Loch über der Speisekammer wurde ich unmittelbar nach meiner Ankunft gebracht. Die Luft war stickig, die Finsternis total. Das Bett befand sich auf dem Fußboden. Ich konnte mich recht und schlecht ausstrecken, jedoch nicht umdrehen, ohne gegen das Dach zu stoßen.[2] Ratten und Mäuse liefen über meine Decke, aber ich war erschöpft und schlief den Schlaf des Gerechten.

Daß der Morgen angebrochen war, schloß ich aus den Geräuschen, die ich hörte, denn in meiner Höhle gab es keinen Unterschied zwischen Tag und Nacht. Ein Trost waren mir die Worte meiner Kinder. Sie stimmten mich freudig und zugleich traurig. Die Tränen flossen wieder. Ich sehnte mich danach, mit den Kleinen zu sprechen, ihre Gesichter zu sehen, aber es gab kein Loch, keinen Spalt, nichts, wo ich hätte durchspähen können. Die anhaltende Dunkelheit bedrückte mich. Ich malte mir aus, wie schrecklich es sein mußte, Tag für Tag in verkrampfter Hockstellung oder liegend zuzubringen, ohne je einen Lichtschimmer zu erblicken. Trotzdem war es dem Leben einer Sklavin vorzuziehen, obwohl die Weißen meinten, mein Los sei leicht gewesen, was es, am Schicksal anderer gemessen, ja auch war. Ich hatte mich nie zu übernehmen brauchen, war nie ausgepeitscht, von Kopf bis Fuß zerfleischt, nie so geschunden und geschlagen worden, daß ich mich nicht umdrehen konnte; man hatte mir nicht die Fersensehnen durchgeschnitten, um zu verhindern, daß ich davonlief; hatte mich nie an einen Baumstamm gekettet und gezwungen, ihn von früh bis spät bei der Arbeit über die Felder zu schleifen; mich nicht mit glühenden Eisen gebrandmarkt; nicht von Bluthunden zerreißen lassen. Im Gegenteil, ich war stets gut behandelt, gehegt und gepflegt war ich worden, bis ich an Dr. Flint geriet. Vorher hatte ich nie den Wunsch verspürt, frei zu sein. Doch obwohl es auch danach noch verhältnismäßig glimpflich abgegangen war, gnade Gott jeder Frau, die zu ähnlichem Dasein verurteilt ist.

Das Essen wurde mir durch die Klappe gereicht, und Großmutter, Onkel Phillip und Tante Nancy ergriffen jede sich bietende Gelegenheit, hochzukommen und an der Öffnung mit mir zu plaudern. Tagsüber wäre das freilich gefährlich gewesen; es mußte immer bei Dunkelheit geschehen.

Aufrecht zu stehen war mir natürlich unmöglich. So verschaffte ich mir Bewegung, indem ich in meiner Höhle umherkroch. Dabei stieß ich eines Tages mit dem Kopf gegen etwas Hartes und stellte fest, daß es ein Bohrer war. Mein Onkel hatte ihn nach dem Bau der Klappe steckenlassen. Ich war so erfreut, wie es Robinson Crusoe gewesen wäre, wenn er diesen Schatz gefunden hätte. Es brachte mich auf eine glänzende Idee. Jetzt werde ich Licht haben, sagte ich mir, jetzt werde ich meine Kinder sehen.

Am Tag mit der Arbeit zu beginnen, wagte, ich nicht, aus Furcht, jemand aufmerksam zu machen, aber ich tastete mich zu der Straßenseite vor, von wo ich die Kinder sehen könnte. Dort steckte ich den Bohrer in die Wand und erwartete den Abend. Bei Dunkelheit legte ich drei Reihen Löcher an, eine über der anderen; danach bohrte ich die Zwischenräume aus. Auf diese Weise erhielt ich ein Fensterchen, das einen Zoll lang und einen Zoll breit war. Bis spät in die Nacht saß ich daneben und genoß den leichten Luftzug.

Am Morgen hielt ich nach meinen Kindern Ausschau. Die erste Person, die ich auf der Straße sah, war Dr. Flint.[3] Ich hatte das schauderhafte Gefühl, es sei ein schlechtes Omen. Mehrere vertraute Leute gingen vorüber, und endlich erklang ausgelassenes Kinderlachen. Gleich darauf erblickte ich die beiden, die zu mir hochschauten, als ob sie wüßten, wo ich war und welche Freude sie mir bereiteten. Wie drängte es mich, ihnen etwas zuzurufen.

So hatte sich meine Lage leicht verbessert. Doch wochenlang quälten mich Hunderte von roten Insekten, klein wie Nadelspitzen. Sie stachen mir durch die Haut und verursachten unerträgliches Brennen. Großmutter gab mir Kräutertee und kühlende Medizin, mit deren Hilfe ich die Quälgeister schließlich loswurde.

Es war sehr heiß in meiner Höhle. Nichts als dünne Schindeln schützten mich vor der sengenden Sommersonne. Doch ich hatte meinen Trost. Durch das Guckloch beobachtete ich die Kinder, und wenn sie nahe genug herankamen, verstand ich, was sie sagten. Tante Nancy hielt mich über alles auf dem laufenden, was sie im Haushalt Dr. Flints erfahren konnte. Von ihr hörte ich, daß der Arzt an eine Farbige in New York geschrieben hatte. Die Frau war in unserer Nachbarschaft geboren und aufgewachsen und hatte deren verpestete Luft geatmet. Er versprach ihr eine Belohnung, wenn sie etwas über mich herausfände. Ich weiß nicht, was sie ihm antwortete, aber er reiste in großer Eile nach New York ab. Seiner Familie gaukelte er vor, dringend in wichtigen Geschäften dort zu tun zu haben.[4] Ich sah ihn, als er zum Dampfer aufbrach. Es war sehr angenehm, bald schon viele Meilen zwischen uns zu wissen, wenn auch nur kurze Zeit, und noch schöner fand ich es, daß er mich in den Freien Staaten wähnte. Meine Höhle kam mir gleich weniger ungemütlich vor.

Wie nach seiner ersten Reise kehrte er auch diesmal aus New York zurück, ohne befriedigende Informationen erlangt zu haben. Am Morgen darauf ging er vorbei, und Benny, der gerade vor der Pforte stand und gehört hatte, daß der Arzt auf der Suche nach mir unterwegs gewesen war, fragte:

„Doktor Flint, haben Sie meine Mutter mitgebracht? Ich möchte sie sehen."

Der Arzt stampfte zornig mit dem Fuß auf und schimpfte. „Verschwinde, du verdammter kleiner Schurke, wenn du nicht willst, daß ich dir den Kopf abschneide."

Benny rannte erschrocken ins Haus und sagte: „Sie können mich nicht wieder einsperren. Ich gehöre Ihnen nicht mehr."

Es war gut, daß der Wind die Worte in eine andere Richtung trug. Bei meiner nächsten Zusammenkunft mit Großmutter an der Klappe erzählte ich ihr die Geschichte und bat sie, dafür zu sorgen, daß die Kinder gegenüber dem jähzornigen Mann nicht frech wurden.

Der Herbst brachte eine wohltuende Wetteränderung. Die Hitze ließ merklich nach. Meine Augen hatten sich an das Zwielicht gewöhnt. Wenn ich ein Buch oder eine Handarbeit in einer bestimmten Haltung an die Öffnung hielt, konnte ich lesen oder nähen. Das bedeutete willkommene Abwechslung in der langweiligen Einförmigkeit meines Lebens.

Im Winter aber drang die Kälte durch das dünne Schindeldach, und ich fror jämmerlich. Er dauert nicht so lange und ist nicht so streng wie in nördlichen Breiten, doch die Gebäude im Süden bieten keinen Schutz gegen niedrige Temperaturen, und in meiner Höhle empfand ich das Klima als besonders ungemütlich.[5] Großmutter brachte mir mehr Bettzeug und warme Getränke. Oft blieb ich den ganzen Tag liegen, um mich leidlich warm zu halten, aber trotz aller Vorsicht bekam ich an Schultern und Füßen Frostbeulen. Ach, diese trägen Tage! Sie wollten und wollten nicht enden. Da gab es nichts, an dessen Anblick sich das Auge weiden konnte, nichts, was mich innerlich beschäftigte außer trübsinnigen Gedanken, die um die schwere Vergangenheit und eine ungewisse Zukunft kreisten.

Dankbar begrüßte ich einen Tag, der so mild war, daß ich eingehüllt bei meinem Guckloch hocken und die Passanten beobachten konnte. Im Süden ist es üblich, daß die Leute auf der Straße stehenbleiben und sich unterhalten. So hörte ich manches aufschlußreiche Gespräch, das nicht für meine Ohren bestimmt war. Sklavenjäger berieten, wie sie eines armen Flüchtlings habhaft werden konnten. Über Dr. Flint wurde geredet, über mich, über die Kinder, die in der Nähe spielten. Einmal sagte jemand: „Ich würde keinen kleinen Finger krumm machen, um sie zu fangen, ob sie nun dem alten Flint gehört oder nicht." Ein anderer erklärte: „Gegen Belohnung fange ich jeden Nigger. Ein Mann sollte haben, was ihm gehört, auch wenn er ein verdammtes Scheusal ist." Häufig wurde die Meinung geäußert, ich sei in den Freien Staaten; sehr selten nur, ich hielte mich in der Nähe auf. Wäre der geringste Verdacht auf Großmutters Grundstück gefallen, hätten sie es niedergebrannt, doch es war der letzte Ort, wo sie mich vermutet hätten. Ein besseres Versteck wäre im Sklavenhaltergebiet überhaupt nicht zu finden gewesen.

Wiederholt versuchten Dr. Flint und die Mitglieder seiner Familie, meine Kinder zu bestechen und zu beschwatzen. Ob sie wohl etwas über mich zu berichten wüßten? Eines Tages ging der Doktor mit ihnen in einen Laden und bot ihnen einige blanke Silberfiguren und bunte Taschentücher an. Ellen schrak zurück und war nicht zu bewegen, den Mund aufzutun. Benny jedoch warf sich in die Brust. „Doktor Flint, ich weiß nicht, wo Mutter ist. Ich schätze, sie ist in New York, und wenn Sie noch mal hinfahren, bitten Sie sie doch, nach Hause zu kommen. Ich möchte sie nämlich wiedersehen. Aber wenn Sie sie ins Gefängnis sperren oder ihr den Kopf abschneiden wollen, dann sage ich ihr gleich, wieder umzukehren."

XXII

Weihnachtliche Festlichkeiten

Es ging auf Weihnachten zu. Großmutter brachte mir Stoffe, und ich hatte alle Hände voll zu tun, nähte einige Sachen und Spielzeug für die Kinder. Stände nicht zugleich der Miettag vor der Tür, müßten nicht so viele Familien damit rechnen, so bald schon auseinandergerissen zu werden, könnte Weihnachten für die Sklaven eine Zeit ungetrübter Freude sein. Auch die Sklavenmama bemüht sich, die Herzen ihrer Kinder auf das Fest einzustimmen. Benny und Ellen fanden ihre Weihnachtsstrümpfe gefüllt vor. Der eingesperrten Mutter war es freilich nicht vergönnt, Zeuge ihrer Überraschung und Freude zu werden. Doch ich genoß das Vergnügen, zuzusehen, wie sie mit ihren neuen Sachen die Straße betraten. Benny fragte einen kleinen Spielgefährten, ob Santa Claus auch ihm etwas gebracht habe.

„Ja“, antwortete der Junge, „aber Santa Claus gibt es in Wirklichkeit gar nicht. Die Mutter füllt die Strümpfe der Kinder.“

„Nein, das kann nicht sein“, wandte Benny ein. „Santa Claus hat Ellen und mir diese neuen Sachen gebracht, und Mutter ist schon lange fort.“

Wie gern hätte ich gesagt, daß seine Mutter die Kleidungsstücke genäht und bei der Arbeit mit manchen Tränen genetzt hat!

Am ersten Feiertag stehen alle Kinder früh auf, um Johnkanaus zu sehen.[1] Ohne sie wäre Weihnachten einer ihrer größten Attraktionen beraubt. Sie bestehen aus Gruppen von Plantagensklaven, gewöhnlich Angehörigen der unteren Schichten. Netze mit allen möglichen bunten Streifen werden zwei athletisch gebauten Männern in Kattunumhängen übergeworfen und von ihnen mitgeschleppt. Auf dem Rücken der beiden sind Ochsenschwänze befestigt, und Hörner zieren ihre Köpfe. Ein Dutzend Leute schlagen auf eine mit Schaffell bedeckte Schachtel, die sogenannte „gumbo box“, während andere Triangel und Klappern betätigen. Zum Rhythmus der Instrumente bewegen sich Gruppen von Tänzern. Einen Monat vor dem Fest entstanden Lieder, die nun gesungen werden. Diese Scharen, jede hundert Köpfe stark, gehen am frühen Morgen auf die Straße und dürfen bis zwölf Uhr um Gaben bitten. Nicht eine Tür wird ausgelassen, wenn nur die geringste Aussicht besteht, einen Penny oder ein Glas Rum zu ergattern. Getrunken wird nicht, solange der Umzug dauert. Die Teilnehmer schütten den Rum in Krüge und nehmen ihn für ein Gelage nach Hause mit. Die Weihnachtsspenden betragen meist zwanzig oder dreißig Dollar. Nur selten weigert sich ein Weißer – Erwachsener oder Kind –, eine Kleinigkeit zu geben. Geschieht es aber doch, dann gellt dem Geizhals das folgende Lied in den Ohren:

„Arm Massa, sagen sie,
Wie Kirchenmaus, sagen sie,
Nicht ein Shilling ’m Haus, sagen sie.
Gott’s Allmächt’gen Segen! sagen sie.“[2]

Sowohl für die Weißen als auch für die Farbigen ist Weihnachten ein fröhliches Fest. Sklaven, die das Glück haben, über ein paar Shillinge zu verfügen, geben sie so gut wie sicher für einen Leckerbissen aus, und so mancher Truthahn und so manches Ferkel wird erbeutet, ohne daß es heißt: „Mit Ihrer Erlaubnis, mein Herr", und wer hierbei leer ausgeht, begnügt sich mit einem Opossum oder einem Waschbären, die sich ebenfalls zu wohlschmeckenden Gerichten verarbeiten lassen. Großmutter hielt Geflügel und Schweine zum Verkauf, und es war bei ihr eherne Sitte, als Festschmaus sowohl einen Truthahn als auch ein Ferkel zu braten.

Ich erhielt eine Warnung, mich äußerst ruhig zu verhalten, weil zwei Gäste eingeladen waren: der Stadtkonstabler und ein freier Farbiger, der sich gern als Weißer aufspielte und stets bereit war, jedes schmutzige Handwerk zu verrichten, um die Gunst der Weißen zu erwerben. Großmutter wußte genau, warum sie die beiden eingeladen hatte. Es ergab sich eine Gelegenheit, sie durch das ganze Haus zu führen. Im Erdgeschoß standen sämtliche Türen offen, so daß sie ungehindert ein- und ausgehen konnten, und nach dem Mittagessen wurden sie nach oben gebeten, unter dem Vorwand, daß sie sich einen Spottvogel ansehen sollten, den mein Onkel gerade mitgebracht hatte. Auch dort waren die Türen geöffnet. Mir blieb fast das Herz stehen, als ich die beiden auf dem Hof sprechen hörte. Der Farbige hatte viele Nächte nach mir gesucht. Wie jedermann wußte, war sein Vater ein Sklave; er selbst aber hätte einem Sklavenhalter die Füße geküßt. Wie ich ihn verachtete! Er war noch tiefer gesunken als der Konstabler, dessen Amtshandlungen ich verabscheute, der jedoch nicht scheinen wollte, was er nicht war. Jeder Weiße, der genug Geld aufbringen konnte, um sich einen Sklaven zu kaufen, hätte sich gescheut, Konstabler zu werden, aber der Posten gestattete diesem Mann, Macht auszuüben. Traf er nach neun Uhr abends einen Sklaven draußen an, durfte er ihn nach Herzenslust auspeitschen, und das betrachtete er als begehrenswertes Privileg. Als die Gäste aufbrachen, gab Großmutter jedem ein Stück Kuchen für die Gattin mit. Durch mein Guckloch beobachtete ich, wie sie durch die Pforte traten, und war froh, als sie sich hinter ihnen schloß. So verbrachte ich das erste Weihnachtsfest in meiner Höhle.

XXIII
Immer noch im Kerker

Als der Frühling wiederkehrte, erfreute mich das Fleckchen Grün, das ich durch die Öffnung sah. Wie viele Sommer und Winter würde ich in meiner Höhle zubringen müssen? Ich sehnte mich danach, die Lungen voll frische Luft zu pumpen, die verkrampften Glieder zu strecken, genug Platz zu haben, um aufrecht zu stehen, die Erde unter den Füßen zu spüren. Meine Verwandten suchten ständig nach einer Möglichkeit zur Flucht, aber sie hatten keinen Plan, der durchführbar oder halbwegs erfolgversprechend war.

Die Sommerhitze setzte ein und ließ das Terpentin von dem dünnen Dach über mir herabtropfen. In den Nächten fand ich keine Ruhe, weil es an Luft zum Atmen fehlte und ich mich nicht herumwerfen und umdrehen konnte. Ich wurde nur dadurch ein wenig entschädigt, daß es die Mücken verschmähten, mir in der stickigen Atmosphäre in meiner Höhle um die Ohren zu summen. Sosehr ich Dr. Flint haßte, ich konnte ihm schwerlich eine schlimmere Strafe wünschen – weder in dieser Welt noch im Jenseits – als die Qualen, die ich im Verlauf eines Sommers ertragen mußte. Doch *ihm* billigte das Gesetz einen Aufenthalt in der freien Luft zu, während ich, obwohl ich nichts verbrochen hatte, hier eingepfercht war, weil ich nur so den Grausamkeiten entging, die er mir nach dem bestehenden Recht zufügen durfte. Immer wieder dachte ich, daß mein Ende nahte, doch ich sah, wie im nächsten Herbst die Blätter durch die Luft wirbelten, und erlebte die Unbilden eines zweiten Winters. Im Sommer fand ich das schwerste Gewitter erträglich. Dann regnete es durch, und ich rollte das Bettzeug zusammen, damit die Tropfen den erhitzten Fußboden kühlten. Zu vorgerückter Jahreszeit aber wurde ich manchmal naß bis auf die Haut, und als die Temperaturen weiter zurückgingen, war das unangenehm. Trocken blieb ich nur, wenn die Unwetter weniger heftig ausfielen und es genügte, die lecken Stellen mit Werg abzudichten.

Trotz aller Mißlichkeiten jedoch gewann ich einige Eindrücke von den Vorgängen in der Außenwelt. Das tröstete mich ein wenig über die Armseligkeit meines Verstecks hinweg. Eines Tages beobachtete ich, wie eine Sklavin durch die Pforte kam, und hörte sie murmeln: „Es ist seins; er kann es töten, wenn er will." Großmutter erzählte mir die Geschichte dieser Frau. Sie hatte ein hellhäutiges Kind zur Welt gebracht, und ihrer Herrin war an dem Tag erstmalig aufgefallen, daß das Neugeborene ihrem Gatten ähnlich sah. Sie hatte die Mutter samt ihrem Baby hinausgeworfen und ihr verboten, je zurückzukehren. Die Sklavin war zu ihrem Herrn gelaufen, hatte ihm ihr Mißgeschick erzählt, und er hatte versprochen, mit seiner Gattin zu reden, alles in Ordnung zu bringen. Am nächsten Tag wurden Mutter und Kind einem Händler aus Georgia verkauft.

Ein andermal stürmte unten eine Sklavin vorbei. Zwei Männer verfolgten sie. Sie war die Amme der Kinder ihrer Herrin. Wegen eines geringfügigen Vergehens sollte sie entkleidet und ausgepeitscht werden. Um der Schande und der Marter zu entgehen, rannte sie zum Fluß, sprang hinein und beendete die Pein durch den Tod.

Senator Brown aus Mississippi mußte um solche und ähnliche Vorfälle wissen, sie waren in allen Südstaaten an der Tagesordnung. Doch er stand im Kongreß der USA auf und erklärte, die Sklaverei sei „ein großer moralischer, sozialer und politischer Segen, ein Segen für den Herrn und ein Segen für den Sklaven.[1]"

Im zweiten Winter mußte ich härter als im ersten leiden. Die Bewegungsarmut ließ meine Glieder erstarren, und in der Kälte verkrampften sie sich. Ich verspürte ein sehr schmerzhaftes Frostgefühl im Kopf. Sogar Gesicht und Zunge waren gelähmt; ich konnte nicht mehr sprechen. Natürlich war es unter den gegebenen Umständen nicht möglich, einen Arzt hinzuzuziehen. William tat, was er konnte, um zu helfen. Auch Onkel Phillip sorgte sich liebevoll um mich, und die gute Großmutter kroch immer wieder hinauf und erkundigte sich, ob es erste Anzeichen einer Besserung gebe. Sie erweckten mich aus der Ohnmacht, indem sie mir kaltes Wasser ins Gesicht schütteten. Als ich zu mir kam, lehnte ich gegen den Arm meines Bruders, der sich über mich beugte und weinte. Wie er mir später sagte, hatte er geglaubt, daß ich im Sterben läge, denn ich war sechzehn Stunden ohne Bewußtsein gewesen. Dann setzte Delirium ein, und ich lief Gefahr, meine Freunde und mich zu verraten. Um dies zu verhindern, betäubten sie mich mit Drogen. Ich blieb sechs Wochen im Bett, körperlich gebrochen und krank am Herzen. Wo medizinischen Rat einholen, war jetzt die Frage. Schließlich suchte William einen Arzt in Thompson auf und schilderte ihm alle meine Beschwerden und Gebrechen.[2] Er kehrte mit Kräutern, Wurzeln und Salbe zurück. Der Arzt hatte ihm besonders nahegelegt, mich an offenem Feuer einzureiben. Doch wie sollte das in meiner kleinen Höhle geschehen? Sie versuchten es mit Holzkohle in einem Ofen, aber da ein Rauchabzug fehlte, hätte es mich um ein Haar das Leben gekostet. Dann brachten sie glühende Kohle in einer Eisenpfanne, die sie auf Ziegel setzten. Ich war so schwach und hatte so lange die Wärme eines Feuers entbehrt, daß mir angesichts der Glut die Tränen kamen. Die Medizin hat mir, glaub ich, gutgetan, aber ich genas sehr langsam. Trübe Gedanken beschäftigten mich, als ich Tag für Tag so dalag. Ich bemühte mich, für die schäbige kleine Zelle dankbar zu sein, sie sogar zu lieben, weil sie zu dem Preis gehörte, den ich für die Erlösung meiner Kinder zu zahlen hatte. Manchmal erschien mir Gott wie ein mitfühlender Vater, der mir alle Leiden lohnte, indem er mir meine Sünden vergab. Dann wieder kam es mir so vor, als ob es im göttlichen Reich weder Gerechtigkeit noch Gnade gebe. Warum duldete der Himmel, daß Sklaverei existierte, daß ich seit meinen Jungmädchenjahren verfolgt und gepeinigt wurde? Diese Ungereimtheiten bildeten für mich ein großes Geheimnis, das ich bis heute nicht so weit gelöst habe, wie es eines Tages hoffentlich geschehen wird.[3]

Ich war noch sehr krank, da brach Großmutter zusammen. Die Aufregung und die rastlose Tätigkeit waren zuviel gewesen. Die Vorstellung, daß ich sie verlieren könnte, bereitete mir den größten Kummer, den ich je erfahren hatte. Oh, wie ernsthaft betete ich dafür, daß sie gesund werden möge, meine beste Freundin, die meinen Kindern eine Mutter war! Wie schrecklich, daß ich sie nicht pflegen konnte, die so lange und liebevoll für mich gesorgt hatte.

Eines Tages gab mir kindliches Geschrei die Kraft, an das Guckloch zu kriechen. Ich erblickte meinen Sohn – bluttriefend. Ein scharfer Hund, der gewöhnlich an der Kette gehalten wurde, hatte ihn gebissen. Man holte einen Arzt, und ich hörte, wie Benny stöhnte und schrie, als die Wunden genäht wurden. Oh, welche Qual für ein Mutterherz, das anzuhören und nicht zu ihm gehen zu dürfen!

Doch die Tage der Kindheit sind wie die des Frühlings, abwechselnd Schauer und Sonnenschein. Noch vor dem Abend war Benny wieder munter und fidel, drohte, den Hund umzubringen, und wer beschreibt sein Entzücken, als ihm der Arzt am nächsten Tag erzählte, daß das Tier einen zweiten Jungen gebissen hatte und erschossen worden war. Die Wunden verheilten, aber es dauerte lange, ehe er wieder richtig laufen konnte.

Als es sich herumgesprochen hatte, daß Großmutter krank war, kamen viele ihrer Kundinnen, brachten eine Kleinigkeit zum Trost und erkundigten sich, ob sie irgend etwas brauche. Eines Abends bat Tante Nancy um die Erlaubnis, am Bett der kranken Mutter wachen zu dürfen. Mrs. Flint erwiderte: „Ich sehe keinen Grund dafür, daß du hingehst. Ich kann auf dich nicht verzichten."

Doch dann erfuhr sie, daß andere Nachbarinnen so aufmerksam waren, und da sie an christlicher Nächstenliebe nicht übertroffen werden wollte, ließ sie sich gnädigst herab, die Kranke selbst aufzusuchen. Sie stand am Lager der Frau, der frühere Liebe und Güte mit bitterem Unrecht vergolten worden war. Sie schien überrascht zu sein, sie so leidend vorzufinden, und schalt Onkel Phillip aus, weil er sich nicht an Dr. Flint gewandt hatte. Sie schickte unverzüglich zu ihm, und er kam. Ich lag zwar in meinem sicheren Versteck, aber ich wäre entsetzt gewesen, hätte ich gewußt, daß er so nahe war. Er bezeichnete Großmutters Zustand als sehr kritisch und sagte, daß er sich, falls es der behandelnde Arzt gern sehe, um sie kümmern würde. Niemand wollte, daß er zu jeder beliebigen Stunde das Haus betrat, und wir waren auch nicht geneigt, ihm Gelegenheit zu geben, uns eine lange Rechnung auszustellen.

Als Sally die Gäste hinausgeleitete, erzählte sie, daß Benny lahmte, weil ihn ein Hund gebissen hatte.

„Das freut mich", entgegnete Mrs. Flint. „Ich wünschte, er hätte ihn getötet. Es wäre eine gute Nachricht für seine Mutter. *Ihr* Tag kommt ganz gewiß. *Sie* werden die Hunde noch fassen." Mit diesen christlichen Worten schied sie an der Seite ihres Mannes, und zu meiner großen Erleichterung kamen sie beide nicht wieder.

Von Onkel Phillip hörte ich mit unbeschreiblicher Freude und Dankbarkeit, daß die Krise vorüber war und Großmutter die

Krankheit überstanden hatte. Jetzt konnte ich aus tiefster Seele sagen: Gott ist barmherzig. Er hat mir das furchtbare Gefühl erspart, an ihrem Tode schuld zu sein.

XXIV

Kandidat des Kongresses

Der Sommer war fast zu Ende, als Dr. Flint eine dritte Reise nach New York unternahm, um mich dort zu suchen. Zwei Männer kandidierten für den Kongreß, und er kam rechtzeitig zur Wahl zurück. Der Vater meiner Kinder war der Kandidat der Whigs, der Gegner der Demokraten, und Dr. Flint, bislang ein eingefleischter Parteigänger der Whigs, setzte alles daran, Mr. Sands eine Niederlage zu bereiten. Er lud zahlreiche Gäste zum Essen ein, speiste mit ihnen im Schatten seiner Bäume, ließ reichlich Rum und Brandy kredenzen. Wenn irgendein armer Bursche zu tief ins Glas geguckt hatte und in angeheitertem Zustand offenherzig verkündete, daß er nicht vorhabe, für die Demokraten zu stimmen, wurde ihm ohne viel Federlesens die Tür gewiesen.

Der Doktor spendierte den Schnaps umsonst. Mr. Sands wurde gewählt. Das Ergebnis löste bei mir Befürchtungen aus.[1] Er hatte meine Kinder nicht emanzipiert, und wenn ihm etwas zustoßen sollte, wären sie der Gnade seiner Erben ausgeliefert. Zwei Stimmchen, die ich häufig hörte, schienen mich anzuflehen, ihren Vater nicht abreisen zu lassen, ohne daß ihre Freiheit gesichert sei. Ich hatte ihn seit Jahren nicht gesprochen, ja nicht einmal gesehen seit jenem Abend, als ich in Seemannskleidung unerkannt an ihm vorübergegangen war. Da ich vermutete, daß er noch einmal vorbeikommen würde, um mit Großmutter wegen der Kinder zu sprechen, faßte ich einen Entschluß.

Der Abend vor seiner Abreise nach Washington[2] fand mich darauf vorbereitet, in die Kammer unter meinem Versteck hinabzusteigen. Wie ich feststellen mußte, war ich so steif und schwerfällig geworden, daß es mir nur unter großen Schwierigkeiten und mit vielen Pausen glückte, abwärts zu klettern. Als ich unten anlangte, versagten mir die Beine, und ich sank erschöpft auf den Fußboden. Ich glaubte meine Glieder nie wieder voll gebrauchen zu können. Doch die Absicht, die ich verfolgte, ließ mich alle Kraft zusammenraffen. Auf Händen und Knien kroch ich zum Fenster. Dort verbarg ich mich hinter einem Faß und wartete. Ich hörte es neun schlagen und wußte, daß der Dampfer zwischen zehn und elf ablegte. Meine Hoffnungen schwanden dahin, doch plötzlich sagte jemand: „Warte hier einen Augenblick. Ich möchte Tante Martha sprechen."

Er betrat das Haus. Als er herauskam und das Fenster passierte, rief ich ihn an. „Halt, einen Moment, bitte! Es geht um meine Kinder."

Er zuckte zusammen, zauderte, dann lief er weiter und schritt durchs Tor.

Ich schloß den Fensterladen, den ich ein Stück geöffnet hatte, und fiel hinter dem Faß um. Ich hatte viel durchgemacht, aber selten einen so heftigen Stich verspürt wie in diesen Sekunden. Waren ihm meine Kinder denn völlig gleichgültig geworden? Und empfand er gar nichts mehr für ihre geplagte Mutter, daß er sich weigerte, sie anzuhören, wenn sie ihn darum bat? Schmerzliche Erinnerungen überwältigten mich. Ich vergaß, daß ich den Fensterladen nicht eingehakt hatte, und erinnerte mich erst, als er aufgestoßen wurde. Ich hob den Kopf. Er war umgekehrt.

„Wer hat mich angesprochen?" fragte er.

„Ich."

„Oh, Linda! Ich erkannte deine Stimme, aber ich scheute mich zu antworten, weil mein Freund nichts merken sollte. Weshalb bist du hergekommen? Ist es möglich, daß du dich in dieses Haus wagst? Sie sind wahnsinnig, es zu gestatten. Du wirst euch alle zugrunde richten."

Ich wollte ihn nicht hineinziehen. Deshalb verschwieg ich, wo ich Zuflucht gefunden hatte, und sagte nur: „Ich dachte mir, daß du dich von Großmutter verabschieden würdest. Darum bin ich hergekommen. Ich möchte mit dir über meine Kinder reden. Du solltest dafür sorgen, daß sie emanzipiert werden. So viel kann sich verändern während der sechs Monate, die du nicht hier bist. Es scheint mir unrecht zu sein, sie irgendwelchen Risiken auszusetzen. Ich wünsche nichts für mich. Alles, worum ich dich bitte, ist: Gib meine Kinder frei oder ermächtige einen Freund, es zu tun, bevor du abfährst."

Er versprach es und bekundete auch seine Bereitschaft, mich kaufen zu lassen.

Ich hörte Schritte, die näher kamen, zog hastig den Fensterladen zu und wollte wieder in meine Höhle kriechen, ohne daß jemand erfuhr, was ich getan hatte, denn ich wußte, sie würden es für sehr unvorsichtig halten. Doch er lief ins Haus zurück, erzählte Großmutter, daß er mit mir am Fenster der Vorratskammer gesprochen hatte, und bat sie, mich für die Nacht nicht aufzunehmen; es sei der Gipfel des Wahnsinns von mir, herzukommen. Ich würde gewiß alle zugrunde richten. Zum Glück war er zu sehr in Eile, als daß er auf Antwort gewartet hätte. Sonst wäre ihm von der guten alten Frau sicher reiner Wein eingeschenkt worden.

Ich versuchte hochzuklettern, merkte aber, daß es schwieriger war, hinaufzugelangen, als herabzukommen. Außerdem war meine Mission erfüllt und das bißchen Kraft verbraucht, das ich gesammelt hatte. Hilflos lag ich auf dem Fußboden. Großmutter, die mein riskantes Vorgehen beunruhigt hatte, betrat im Dunkeln die Vorratskammer. „Linda, wo bist du?“ flüsterte sie.

„Ich bin hier am Fenster“, antwortete ich. „Ohne dafür zu sorgen, daß die Kinder emanzipiert werden, *konnte* ich ihn nicht fortlassen. Es kann doch wer weiß was geschehen.“

„Komm, komm, Kind“, sagte sie. „Es ist gefährlich für dich, auch nur eine Minute länger unten zu bleiben. Du hast nicht richtig gehandelt, doch ich mache dir keine Vorwürfe, armes Ding.“

Ich erklärte ihr, daß es mir ohne Hilfe nicht möglich war, zurückzugehen. „Du mußt meinen Onkel rufen“, sagte ich. Onkel Phillip kam, und das Mitleid hinderte ihn daran, mich auszuschimpfen. Er trug mich in mein Verlies, setzte mich sanft ab, gab mir Medizin und erkundigte sich, ob er noch irgend etwas für mich tun könnte. Dann ließ er mich mit meinen Gedanken allein, die schwarz waren wie die sternenlose Finsternis über mir.

Meine Verwandten fürchteten, daß ich zeitlebens ein Krüppel bleiben würde. Ich war meiner Gefangenschaft so überdrüssig, daß ich gern gestorben wäre, hätte ich nicht gehofft, den Kindern noch dienen zu können. Ihretwegen war ich bereit, weiter durchzuhalten.

XXV

Wetteifer in Listigkeit

Dr. Flint hatte mich nicht aufgegeben. Wieder und wieder redete er Großmutter ein, ich werde noch zurückkommen und mich freiwillig stellen. Dann könnten mich meine Verwandten kaufen oder wer immer den Wunsch hätte, es zu tun. Ich kannte sein listiges Wesen zu gut, als daß ich ihn nicht durchschaut hätte. Auch alle meine Freunde hielten seine Beteuerungen für eine Falle. Ich beschloß, mich in der Listigkeit mit ihm zu messen. Um ihn in dem Glauben zu bestärken, daß ich nach New York gegangen sei, wollte ich einen Brief mit dem Namen dieser Stadt vor dem Datum schreiben. Ich ließ meinen Freund Peter rufen und fragte ihn, ob er einen vertrauenswürdigen Schiffer kenne, der ein Schriftstück nach New York mitnehmen und im dortigen Postamt aufgeben könne.[1] Er sagte, er kenne einen Mann, für den er beide Hände ins Feuer legen würde. Ich wies ihn darauf hin, daß die Sache nicht ungefährlich war. Das wisse er wohl, sagte er, aber er sei bereit, nichts unversucht zu lassen, um mir zu helfen. Dann wünschte ich mir eine New-Yorker Zeitung, damit ich einige Straßennamen ermitteln konnte, und er griff sich in die Tasche. „Hier ist eine halbe. Darin war eine Mütze eingewickelt, die ich gestern von einem Hausierer gekauft habe." Ich sagte ihm, daß der Brief am nächsten Abend fertig sei. Er verabschiedete sich und sagte: „Laß den Mut nicht sinken, Linda. Nach und nach kommt schon alles ins Lot."

Onkel Phillip hielt über die Pforte hinweg Wache, bis unsere kurze Unterredung beendet war.

Am nächsten Morgen setzte ich mich beizeiten an mein Fensterchen, um die Zeitung zu prüfen. Es war ein Stück des New York Herald. Wenigstens einmal sollte das Blatt, das die Farbigen systematisch verunglimpfte, dazu veranlaßt werden, ihnen einen Dienst zu erweisen.[2] Nachdem ich mich über Straßennamen und -nummern hinreichend informiert hatte, schrieb ich zwei Briefe, richtete einen an Großmutter, den anderen an Dr. Flint. Ich erinnerte ihn, wie er, ein ergrauter Mann, ein ihm anvertrautes Kind behandelt, wie übel er ihm mitgespielt hatte. In der Nachricht für Großmutter wünschte ich, daß sie mir meine Kinder schickte, weil ich ihnen Selbstachtung beibringen und Tugendhaftigkeit vorleben wollte, was einer Sklavenmutter im Süden unmöglich wäre. Ich bat sie, ihre Antwort an eine bestimmte Bostoner Adresse zu richten, da ich nicht in New York wohne, obwohl ich mich dort gelegentlich aufhalte. Die Briefe datierte ich vor, damit sie rechtzeitig nach New York gelangten. Das Datum nannte ich dem Kurier.

Als mein Freund die Briefe abholte, sagte ich zu ihm: „Gott segne dich und lohne dir diese selbstlose Freundlichkeit, Peter. Bitte, sei vorsichtig. Wenn man dich ertappt, werden die Folgen für uns beide schrecklich sein. In meiner Verwandtschaft gibt es keinen Menschen, der das für mich tun würde."

„Linda", entgegnete er, „du kannst dich auf mich verlassen. Ich vergesse nicht, daß dein Vater mein bester Freund war, und will der Freund seiner Kinder sein, solange mich Gott leben läßt."

Ich hielt es für angebracht, Großmutter meine Pläne mitzuteilen, denn sie mußte darauf vorbereitet sein, den Brief zu bekommen und sich in Ruhe anzuhören, was Dr. Flint zu sagen hatte. Die ganze Sache mißfiel ihr sehr. Sie war sicher, daß es großen Ärger geben würde. Auch Tante Nancy weihte ich ein, damit sie uns sagen konnte, was im Hause Dr. Flints gesprochen wurde. Durch einen Spalt flüsterte ich es ihr zu, und sie flüsterte zurück: „Hoffentlich gelingt es. Ich hätte nichts dagegen, bis ans Lebensende Sklavin zu bleiben, wenn nur du und die Kinder freikommen."

Ich hatte dafür gesorgt, daß die Briefe am 20. des Monats in dem New-Yorker Postamt aufgegeben wurden. Am Abend des 24. berichtete Tante Nancy, Dr. Flint und seine Frau hätten sich leise über einen Brief unterhalten. Wenn er zum Tee käme, wolle er ihn mitbringen. Also sagte ich mir, daß mein Brief am folgenden Tag gelesen werden sollte. Ich informierte Großmutter über den bevorstehenden Besuch und bat sie, es so einzurichten, daß der Arzt bei einer bestimmten Tür Platz nahm, und sie müßte angelehnt sein, damit ich hören konnte, was er sagte.

Am nächsten Morgen bezog ich meinen Posten, erstarrte zur Salzsäule, und es dauerte nicht lange, dann fiel die Pforte ins Schloß. Bekannte Schritte näherten sich. Dr. Flint betrat das Haus, setzte sich auf den Stuhl, der für ihn bereitstand, und sagte: „Ja, Martha, ich bringe dir einen Brief von Linda. Mir hat sie auch einen geschickt. Ich weiß genau, wo ich sie finden kann, aber ich habe nicht vor, nach Boston zu fahren, um sie zu holen. Es wäre mir lieber, wenn sie aus eigenem Antrieb und auf anständige Weise käme. Ihr Onkel Phillip ist am besten geeignet, die Sache in die Hand zu nehmen. Vor ihm würde sie sich in ihrer Handlungsfreiheit nicht eingeengt fühlen. Ich bin bereit, ihm die Kosten für die Hin- und Rückreise zu erstatten. Sie soll an ihre Freunde verkauft werden. Die Kinder sind ja schon frei, zumindest nehme ich es an, und wenn du auch noch die Freiheit deiner Enkelin erlangst, seid ihr eine glückliche Familie. Martha, du hast vermutlich nichts dagegen, daß ich dir den Brief vorlese, den dir Linda geschrieben hat."

Er brach das Siegel auf, und ich hörte ihn lesen. Der alte Schuft! Es war nicht der Brief, den ich verfaßt hatte, sondern ein gefälschter Text des folgenden Wortlauts:

„Liebe Großmutter, schon lange möchte ich Dir schreiben, unterließ es aber bisher, weil ich mich schämte, Dich und die Kinder so schmählich verlassen zu haben. Wenn Du wüßtest, was ich seit meiner Flucht alles durchmachen mußte, täte ich Dir leid, und Du würdest mir verzeihen. Ich habe für meine Freiheit einen sehr hohen Preis gezahlt. Sollte es sich irgendwie einrichten lassen, daß ich in den Süden zurückkehre, ohne wieder Sklavin zu sein, würde ich gerne kommen. Falls nicht, bitte ich Dich, mir die Kinder nach dem Norden zu schicken. Ich kann ohne sie nicht mehr leben. Teile es mir rechtzeitig mit. Dann wollen wir uns in New York oder Philadelphia treffen, an jedem beliebigen Ort, der meinem Onkel geeignet erscheint. Schreib Deiner unglücklichen Tochter so bald wie möglich.

Linda."

„Es ist ganz so, wie ich erwartet habe", sagte der alte Heuchler, indem er sich erhob. „Du siehst, das törichte Mädchen bereut, überstürzt gehandelt zu haben, und möchte zurückkommen. Wir müssen ihr helfen, es zu tun, Martha. Besprich die Angelegenheit mit Phillip. Ihm würde sie trauen. Wenn er sie abholt, geht sie mit. Ich hätte morgen gern eine Antwort. Guten Tag, Martha."

Als er auf den Hof hinaustrat, stolperte er über meine kleine Tochter. „Ach, Ellen, bist du es?" fragte er höchst gönnerhaft. „Ich habe dich gar nicht bemerkt. Wie geht es dir?"

„Ganz gut, mein Herr", antwortete sie. „Sie meinen, daß meine Mutter nach Hause kommt? Ich möchte sie wiedersehen."

„Ja, Ellen, ich hole sie sehr bald heim. Dann kannst du sie sehen, sooft du willst, du kleiner krausköpfiger Nigger."

Das war eine köstliche Komödie für mich, die jedes Wort gehört hatte. Doch Großmutter war bestürzt und machte sich Sorgen, weil der Doktor wünschte, daß mich mein Onkel abholte.

Am nächsten Abend fand sich Dr. Flint ein, um zu hören, wie die Sache stand. Mein Onkel erklärte, nach allem, was er über Massachusetts wisse, müßte er damit rechnen, einen Krawall auszulösen, wenn er einen entlaufenen Sklaven zurückholen wolle.

„Alles Unsinn und dummes Zeug, Phillip", entgegnete der Doktor. „Meinst du, ich will, daß es deinetwegen in Boston Krach gibt? Die Sache kann doch ganz still abgewickelt werden. Linda schreibt, daß sie kommen möchte. Du bist ihr Onkel, *dir* würde sie vertrauen. Der Fall läge freilich anders, wenn ich hinfahren würde. Sie könnte etwas dagegen haben, *mich* zu begleiten, und die verdammten Abolitionisten brauchen nur zu hören, daß ich ihr Herr bin, um mir nicht zu glauben, daß sie selbst darum gebeten hat, zurückkehren zu dürfen, und glauben sie es doch, möchte ich nicht zusehen müssen, wie man Linda durch die Straßen schleift, als ob sie eine einfache Negerin wäre.[3] Sie ist sehr undankbar gegen mich gewesen, der ich immer nett und freundlich zu ihr war, aber ich würde ihr vergeben und die Stellung eines Freundes einnehmen. Mir liegt nichts daran, sie als Sklavin zu halten. Ihre Freunde können sie kaufen, sobald sie hier eintrifft."

Da diese Argumente meinen Onkel nicht umstimmten, ließ der Doktor die Katze aus dem Sack und erklärte, an den Bürgermeister von Boston geschrieben zu haben, um festzustellen, ob sich eine Person, die von ihm beschrieben worden war, unter der angegebenen Adresse aufhielt. Der Briefkopf fehlte in dem Schreiben, das er Großmutter vorgelesen hatte. Hätte ich New York als meinen Wohnsitz angegeben, wäre der alte Mann vermutlich ein weiteres Mal dort hingefahren. Doch was Massachusetts betrifft, so hatte ich sogar in jener finsteren Region, wo man Informationen von den Sklaven geflissentlich fernhält, wahrhaftig genug gehört, um zu wissen, daß Sklavenhalter diesen Staat als einen ungemütlichen Aufenthaltsort ansahen, wenn sie einen Davongelaufenen verfolgten. So war es, bevor das Sklavenfluchtgesetz angenommen wurde, bevor sich Massachusetts bereit fand, ein „Niggerjäger" für den Süden zu werden.

Angesichts der Gefahren, die unserer Familie ständig gedroht hatten, war Großmutter kopfscheu geworden. Sie kam mit sorgenschwerer Miene zu mir und sagte: „Was willst du machen, wenn der Bürgermeister von Boston antwortet, daß du nie dort warst? Dann durchschaut der Doktor deinen Trick, und vielleicht kriegt er noch mehr heraus und bereitet uns allen Schwierigkeiten. O Linda, ich wünschte, du hättest die Briefe nie abgeschickt."

„Beruhige dich, Großmutter", entgegnete ich. „Der Bürgermeister von Boston hat Wichtigeres zu tun, als für Doktor Flint Nigger zu jagen. Die Briefe werden sich letzten Endes bewähren. Über kurz oder lang komme ich aus diesem finsteren Loch heraus."

„Hoffentlich hast du recht, Kind", versetzte meine gute, geduldige alte Freundin. „Du bist nun schon fast fünf Jahre hier, aber wann immer du fortgehst, mir wird es das Herz brechen. Ich müßte jeden Tag darauf gefaßt sein, zu hören, daß man dich in Ketten gelegt, zurückgebracht und ins Gefängnis gesperrt hat. Möge Gott dir helfen, armes Kind. Wollen wir dankbar sein, daß wir eines Tages dorthin gehen dürfen, wo die Gottlosen aufhören zu toben und diejenigen Ruhe finden, die viel Mühe gehabt haben."[4]

Amen, dachte ich, und es kam mir von Herzen.

Die Tatsache, daß Dr. Flint an den Bürgermeister von Boston geschrieben hatte, überzeugte mich: Er hielt meine Angaben für echt und ahnte nicht im entferntesten, wo ich mich wirklich aufhielt. Es war äußerst wichtig, ihn in seinem Irrtum zu bestärken, damit wir weniger Grund hatten, uns zu ängstigen. Auch wenn sich eine Gelegenheit zu fliehen fand, wäre es sehr günstig. Ich nahm mir deshalb vor, von Zeit zu Zeit weitere Briefe aus dem Norden folgen zu lassen.

Als zwei, drei Wochen verstrichen waren, ohne daß der Bürgermeister geantwortet hatte, ließ sich Großmutter erweichen, meinem Drängen nachzugeben. Ich durfte zeitweilig mal die Zelle verlassen, Arme und Beine gebrauchen, um zu verhüten, daß sie vollends verkrüppelten. Sie gestattete mir, am frühen Morgen in die Vorratskammer hinabzugleiten und eine Weile dort zu bleiben.[5] Der Raum war ganz mit Fässern vollgestellt, bis auf den Platz unter der Klappe, gegenüber der Tür, deren oberer Teil aus Glas bestand und wohlweislich unverhängt blieb, damit jeder Neugierige hineinschauen konnte. Auch hier war es stickig, trotzdem weit angenehmer als in der verbrauchten Luft meiner Zelle. Vor der Rückkehr dahin graute mir. Sobald es hell wurde, kam ich herab und blieb bis gegen acht, wenn die Leute begannen, ihrer Beschäftigung nachzugehen, und die Gefahr bestand, daß jemand auf den Hof kam. Ich hatte verschiedene Übungen ausprobiert, um Wärme und Gefühl in die Glieder zurückzubringen, aber es war alles umsonst gewesen. Sie blieben so taub und steif, daß mich jede Bewegung schmerzliche Anstrengung kostete. Hätten mich meine Feinde auf der kleinen freien Stelle der Vorratskammer überrascht, wäre ein Entkommen unmöglich gewesen.

XXVI

Ein bedeutsamer Abschnitt im Leben meines Bruders

Mir fehlten die Gesellschaft und die freundliche Aufmerksamkeit meines Bruders, der Mr. Sands, seinen Herrn, nach Washington begleitet hatte. William schickte uns mehrere Briefe, in denen er mich nicht erwähnte, aber einige Formulierungen zeigten, daß er mich nicht vergessen hatte. Mit verstellter Handschrift antwortete ich ihm in gleicher Weise. Der Kongreß tagte lange, und als die Sitzungen beendet waren, ließ er uns wissen, daß er mit Mr. Sands für einige Zeit nordwärts reisen sollte. Sein Herr hatte versprochen, ihm die Freiheit zu schenken, doch war kein genauer Zeitpunkt bestimmt worden. Ob William die Gelegenheit beim Schopfe ergriff oder ungenutzt verstreichen ließ? Ich erinnerte mich, wie wir in jungen Jahren Fluchtpläne erörtert hatten, und hielt es für sehr zweifelhaft, daß er zurückkehren würde.

Großmutter erhielt einen Brief von Mr. Sands, der ihr mitteilte, William habe sich als höchst zuverlässiger Diener – und er könne hinzufügen, auch als wertvoller Freund – erwiesen; keine Mutter habe ihren Sohn jemals besser erzogen. Er schrieb, auf ihren Fahrten durch die Nordstaaten und Kanada hätten die Abolitionisten ihn zu ködern versucht, jedoch nicht den geringsten Erfolg gehabt. Zum Schluß informierte er uns, daß sie bald heimkommen wollten.

Wir erwarteten weitere Briefe von William mit Reiseberichten, aber es traf keine Post mehr ein. Dann erfuhren wir, Mr. Sands beabsichtige im Spätherbst zu kommen und eine Braut mitzubringen.[1] Von William noch immer keine Zeile. Jetzt war ich fast sicher, ihn auf dem Boden der Südstaaten nie wiederzusehen. Doch warum fand er keine Worte des Trostes für seine Verwandten zu Hause, für die arme Gefangene in ihrem Kerker? Meine Gedanken wanderten durch die finstere Vergangenheit und kreisten um die ungewisse Zukunft. Ich vergoß bittere Tränen in meiner einsamen Zelle, in der mich nur Gott sehen konnte. Zu ihm betete ich inständig, mich meinen Kindern wiederzugeben, eine nützliche Frau und gute Mutter sein zu lassen.

Endlich kam der Tag für die Rückkehr. Großmutter hatte den Empfang des Jungen am heimatlichen Herd liebevoll vorbereitet. Als der Mittagstisch gedeckt wurde, nahm Williams Teller seinen alten Platz ein. Die Postkutsche fuhr leer vorüber. Großmutter wartete mit dem Essen. Sie dachte, Mr. Sands könne William vielleicht noch nicht entbehren. In meinem Gefängnis lauschte ich erwartungsvoll, doch weder die Stimme noch der Schritt meines Bruders erschollen. Am Nachmittag schickte Mr. Sands einen jungen Burschen, der Großmutter mitteilte, daß William nicht mit zurückgekommen war, daß ihn die Abolitionisten fortgelockt hätten. Mr. Sands ließ jedoch ausrichten, sie solle sich deswegen keine Gedanken machen; er sei sicher, ihn in wenigen Tagen wieder vor sich zu sehen. Sobald er Zeit finde nachzudenken, würde er zurückkehren, denn er könne nicht erwarten, daß es ihm im Norden je so gut gehe, wie es ihm bei seinem Herrn ergangen war.

Wer die Tränen gesehen und das Schluchzen gehört hätte, der wäre sicher gewesen, der Bote habe eine Todesnachricht und nicht die Kunde von der Freiheit überbracht. Die arme alte Frau spürte, daß sie ihren Liebling nie wiedersehen würde. Und ich war selbstsüchtig. Ich dachte mehr daran, was ich verloren, als daran, was mein Bruder gewonnen hatte. Neue Befürchtungen marterten mich. Mr. Sands hatte viel Geld ausgegeben, und der erlittene Verlust ärgerte ihn natürlich. Das konnte die Aussichten meiner Kinder schmälern, denn sie wurden allmählich wertvolles Eigentum. Woher sollte ich die Gewißheit nehmen, daß ihr Vater sein Versprechen hielt, zumal er jetzt verheiratet war. Zu oft hatte ich erlebt, wie sehr es vom Zufall abhängt, ob derartige Zusicherungen erfüllt werden, mochten sie zu dem Zeitpunkt, da sie gegeben worden waren, noch so gut und aufrichtig gemeint gewesen sein.

Wie sehnlich hatte ich meinem Bruder die Freiheit gewünscht, und nun stimmte mich der Schritt, den er unternommen hatte, traurig und bang. Der nächste Sabbat war ein ruhiger, heiterer Tag, so schön, daß er wie ein Sabbat im Reich der Ewigkeit erschien. Großmutter führte die Kinder auf den Hof hinaus. Wenn ich sie hören würde, meinte sie, könnte es mich über meine Mutlosigkeit hinwegtrösten, und so war es auch. Sie plapperten unbekümmert, wie es nur Kinder tun.

Benny fragte: „Großmutter, denkst du, Will bleibt für immer fort? Kommt er nie mehr zurück? Vielleicht trifft er Mutter. Sie *würde* sich aber freuen! Warum gehst du nicht mit Onkel Phillip und mit uns dahin, wo Mutter ist? Ich wäre froh darüber. Ellen, und du?"

„Ja, ich wäre auch froh", erwiderte Ellen. „Und wie wollen wir sie finden? Weißt du, wo sie wohnt, Großmutter? Ich weiß gar nicht mal, wie sie aussieht. Benny, und du?"

Benny erinnerte sich und fing an, mich zu beschreiben, als ihn eine alte Sklavin unterbrach, Aggie von nebenan.[2] Die arme Frau hatte zusehen müssen, wie ihre Kinder verkauft und mit unbekanntem Ziel abtransportiert wurden, ohne daß die geringste Hoffnung bestand, jemals wieder ein Lebenszeichen von ihnen zu erhalten. Sie bemerkte, daß Großmutter geweint hatte, und fragte mitfühlend: „Was ist passiert, Tante Marthy?"

„Ach, Aggie, es sieht so aus, als ob ich keins meiner Kinder und Enkelkinder behalten soll. Wer wird mir da zu trinken geben, wenn ich im Sterben liege, und meinen alten Körper unter die Erde bringen? Der Junge ist nicht mit zurückgekommen. Er ist im Norden geblieben."

Die gute alte Aggie klatschte vor Freude in die Hände. „Is' dat, wat du beschreit?" rief sie aus. „Knie dich hin un' segne'n Herrn! Ich weiß nich', wo meine arme Kinner is' un' 'warte nie, daß ich's je erfahr. Du weiß' nich', wo die arme Linda hin is', aber wo ihr Bruder is', dat weiß' du. Er is' in de freien Teile, un' dat's de richtge Ort. Murr nich' über de Wege des Herrn. Knie dich hin un' dank'm für seine Güte."

Mir war, als wollte mir die arme Aggie meinen Egoismus vorhalten. Sie jubelte über die Flucht eines bloßen Mitsklaven, während seine eigene Schwester nur daran dachte, welche Folgen sein Glück für ihre Kinder haben konnte. Auf Knien bat ich Gott, mir zu vergeben, und ich dankte ihm von ganzem Herzen, daß ein Mitglied meiner Familie dem Griff der Sklaverei entronnen war.

Es dauerte nicht lange, dann erhielten wir einen Brief von William. Er schrieb, Mr. Sands habe ihn stets gut behandelt, und er sei bestrebt gewesen, seine Pflicht gewissenhaft zu tun. Doch seit seiner Kindheit sehne er sich danach, frei zu sein, und er habe genug erlebt, um überzeugt zu sein, daß es unklug wäre, eine sich bietende Gelegenheit nicht zu nutzen. Zum Schluß schrieb er: „Mach dir meinetwegen keine Sorgen, liebe Großmutter. Ich werde immer an dich denken, und das wird mir ein Ansporn sein, hart zu arbeiten und rechtschaffen zu sein. Wenn ich genug Geld verdient habe, um dir ein Heim zu geben, kommst du vielleicht in den Norden, und wir können alle glücklich zusammen leben."

Mr. Sands sprach mit Onkel Phillip über die Flucht und berichtete Einzelheiten: „Ich vertraute ihm wie einem Bruder und habe ihn gut behandelt. Die Abolitionisten redeten hier und da auf ihn ein, aber ich ahnte nicht, daß sie ihn dazu verleiten konnten. Trotzdem mache ich William keine Vorwürfe. Er ist jung und unbedacht, und diese Schufte im Norden haben ihn beschwatzt. Ich muß gestehen, der Taugenichts war ziemlich kühn. Ich begegnete ihm, als er im Astor House, seinen Koffer auf der Schulter, die Treppe herabkam, und fragte ihn, wo er hingehe. Einen neuen Koffer besorgen, antwortete er. Ich bestätigte, daß der alte recht schäbig war, und fragte ihn, ob er kein Geld brauche. Er verneinte, bedankte und entfernte sich. Er kam nicht so schnell zurück, wie ich geglaubt hatte, aber ich wartete geduldig weiter. Schließlich ging ich nachschauen, ob unsere Koffer für die Reise gepackt waren. Ich fand sie verschlossen vor, und eine versiegelte Mitteilung auf dem Tisch informierte mich, wo die Schlüssel lagen. Der Bursche versuchte sogar, religiös zu sein. Er hoffe, Gott würde mich immer behüten, schrieb er, und mir meine Freundlichkeit lohnen. Er habe nichts dagegen, mir zu dienen. Nur wünsche er, ein freier Mann zu sein, und hoffentlich würde ich ihm verzeihen, auch wenn ich dächte, daß er unrecht handle. In fünf Jahren wollte ich ihm die Freiheit schenken. Er hätte mir vertrauen können, statt sich undankbar zu zeigen; aber ich werde ihn nicht suchen und nicht suchen lassen. Ich bin zuversichtlich, daß er bald zu mir zurückkehrt."

Später erzählte mir William von der Geschichte und stellte sie anders dar.[3] Abolitionisten hätten ihn nicht zur Flucht gedrängt. Es bedurfte keiner Auskünfte über Sklaverei, um seinen Freiheitswunsch zu nähren. Er betrachtete seine Hände und erinnerte sich, wie er einst in Eisen gelegen hatte. Welche Gewähr gab es, daß sich dies nicht wiederholte? Mr. Sands behandelte ihn freundlich, hatte ein Versprechen gegeben, konnte die Erfüllung aber auf unbegrenzte Zeit aufschieben, in Geldschwierigkeiten geraten, sein Vermögen an die Gläubiger verlieren oder sterben, ohne dafür gesorgt zu haben, daß William frei wurde. Mein Bruder kannte zu viele derartiger Fälle, als daß er die Gelegenheit, künftig sein eigener Herr zu sein, nicht ergriffen hätte. Jedoch scheute er sich, Mr. Sands unter irgendeinem Vorwand um Geld zu bitten. Er verkaufte seine besten Sachen, und so konnte er die Reise nach Boston bezahlen. Die Sklavenhalter nannten ihn einen gemeinen, undankbaren Lumpen, weil er das Vertrauen seines Herrn mißbraucht habe. Was hätten *sie* unter ähnlichen Umständen getan?

Als in der Familie Dr. Flints bekannt wurde, daß William geflohen war, begrüßten sie die Nachricht mit schallendem Hohngelächter. Mrs. Flint offenbarte wieder einmal ihre christliche Gesinnung. Sie sagte: „Das freut mich aber. Ich hoffe, daß er ihn nie wiederkriegt. Ich habe es gern, wenn einem Menschen mit gleicher Münze bezahlt wird. Ich schätze, er wird sich an Lindas Kindern schadlos halten. Ich würde sie gern wieder in den Händen eines Spekulanten wissen. Es macht mich schon krank, die kleinen Nigger durch die Straßen marschieren zu sehen."

XXVII

Neue Bestimmung für die Kinder

Mrs. Flint verkündete ihre Absicht, Mrs. Sands darüber aufzuklären, wer der Vater meiner Kinder war und was für eine durchtriebene Teufelin ich sei. Außerdem wollte sie ihr sagen, daß ich große Unruhe in ihre Familie gebracht, Mr. Sands auf seiner Reise durch den Norden zweifellos gefolgt war – natürlich verkleidet – und William überredet hatte, ihn zu verlassen. Diese Vermutungen hatte sie nicht ganz aus der Luft gegriffen. Schließlich waren meine Briefe an verschiedenen Orten des Nordens aufgegeben worden. Viele von ihnen hatte Dr. Flint in die Hände bekommen, wie ich es vorgesehen hatte. So mußte er zu dem Schluß gelangen, daß ich viel reiste. Meine Kinder behielt er scharf im Auge, denn er glaubte, sie würden ihn irgendwann zu mir führen.

Ein neues, unvorhergesehenes Problem erwuchs mir, als Mr. Sands mit seiner Frau eines Tages durch unsere Straße ging und ihnen Benny über den Weg lief. Der Junge gefiel der Dame, und sie rief entzückt: „Was für ein hübscher kleiner Neger! Wem gehört er denn?"

Benny verstand nicht, was ihr Mann antwortete, aber er rannte nach Hause, entrüstet, weil ihn die fremde Frau einen Neger genannt hatte. Wenige Tage danach erschien Mr. Sands bei Großmutter und teilte ihr mit, er möchte die Kinder zu sich nehmen. Wie er erzählte, hatte er seine Gattin darüber informiert, in welchem Verhältnis er zu ihnen stand und daß sie keine Mutter hatten, und sie wünschte die beiden zu sehen.

Nachdem er gegangen war, erkundigte sich Großmutter bei mir, was ich zu tun gedächte. Die Frage kam mir fast wie Ironie vor. Was *konnte* ich tun? Die Kinder waren seine Sklaven, ihre Mutter war eine Sklavin. Er hatte mich für tot erklärt. Vielleicht glaubte er auch, daß ich es war. Ich fühlte mich elend und verwirrt, außerstande, eine Entscheidung zu treffen. So wurden sie ohne mein Wissen hinübergebracht.

Mrs. Sands hatte in Illinois eine kinderlose Schwester, die sich bei ihr aufhielt.[1] Diese Dame fand Gefallen an Ellen und erbot sich, sie zu adoptieren, sie wie eine eigene Tochter aufzuziehen. Mrs. Sands wünschte Benjamin zu nehmen. Für mich war es ein schier unerträglicher Schlag. Mehr war nicht erreicht worden mit all den Entbehrungen, die ich ertragen hatte, um den Kindern zur Freiheit zu verhelfen? Gewiß, dem *Anschein* nach war es eine faire Lösung. Nur würde ein Sklavenhalter solche verwandtschaftlichen Beziehungen eben allzusehr auf die leichte Schulter nehmen. Es genügte, daß pekuniäre Schwierigkeiten auftraten oder die jungverheiratete Frau mehr Geld verlangte, als vorhanden war, und schon würde man in den Kindern eine willkommene Möglichkeit sehen, weitere Mittel zu beschaffen. Ich hatte kein Vertrauen zu dir, o Sklaverei! Nie konnte ich Seelenfrieden finden, solange die Kinder nicht mit allen erforderlichen rechtlichen Formalitäten ihre Emanzipation erlangt hatten.

Freilich war ich zu stolz, als daß ich Mr. Sands gebeten hätte, irgend etwas zu meinem eigenen Nutzen zu tun, doch fand ich mich jederzeit bereit, eine Bittstellerin für die Kinder zu sein. Ich wollte an sein Ehrgefühl appellieren und bewegte Großmutter, ihn aufzusuchen. Sie sagte ihm, daß ich lebte, gehört hatte, was geschehen sollte, mir Sorgen machte, die Zeit für gekommen hielt, die Kinder zu emanzipieren. In meinem Namen redete sie ihm ernsthaft ins Gewissen und beschwor ihn, sein Wort einzulösen. Gewiß ging ich auf diese Weise ein kleines Risiko ein, denn nun wußte er, daß ich mich in der Nähe aufhielt. Doch was tut eine Mutter nicht für ihre Kinder?

Er nahm die Botschaft überrascht auf und sagte: „Die Kinder sind frei. Ich habe niemals die Absicht gehabt, sie als Sklaven zu beanspruchen. Linda soll über ihr Schicksal entscheiden. Nach meiner Meinung wäre es besser, sie in den Norden zu schicken. Ich glaube nicht, daß sie hier ganz sicher sind. Doktor Flint prahlt, sie noch in der Gewalt zu haben. Er behauptet, sie wären Eigentum seiner Tochter, und da sie unmündig war, als sie verkauft wurden, sei der Vertrag gesetzlich nicht bindend."

Demnach befanden sich die Kinder also zwischen zwei Feuern, zwischen meinem alten Herrn und ihrem neuen Herrn – nach allem, was ich um ihretwillen auf mich genommen hatte! Und ich war ohnmächtig. Es gab keinen rechtlichen Schutz, den ich beanspruchen konnte. Mr. Sands schlug vor, Ellen zunächst zu Verwandten zu bringen, die nach Brooklyn, Long Island, gezogen waren.[2] Er versprach, daß sie dort gut umsorgt und zu gegebener Zeit zur Schule geschickt werden sollte. Ich willigte ein. Es war die beste Regelung, die sich finden ließ. Natürlich führte Großmutter die Verhandlungen, und Mrs. Sands wußte von keiner anderen Person, die allen Vereinbarungen zugestimmt hatte. Sie meinte, daß es das beste wäre, Ellen nach Washington mitzunehmen und im Haus zu behalten, bis sich eine gute Gelegenheit fand, sie nach Brooklyn zu bringen. Ihr eigenes Töchterchen[3] hatte ich flüchtig gesehen, als die Amme mit dem Baby auf dem Arm an Großmutters Haus vorbeigegangen war. Kein angenehmer Gedanke, daß das Kind einer Sklavin möglicherweise einmal ihre frei geborene Schwester bedienen sollte, aber es gab keine Alternative.

Ellen wurde für die Reise ausgestattet. Oh, wie blutete mir das Herz, sie hergeben zu müssen, so jung, allein zu fremden Leuten, ohne Mutterliebe, die sie vor den Stürmen des Lebens schützte, fast ohne Erinnerung an eine Mutter! Ich zweifelte, ob sie und Benny für mich die natürliche Zuneigung empfanden, die andere Kinder ihren Eltern entgegenbrachten. Vielleicht, dachte ich, werde ich meine Tochter nie wiedersehen, und verspürte den großen Wunsch, sie vor ihrer Abreise noch einmal bei mir zu haben, damit sie sich eine Vorstellung von mir machen konnte. Doch sie in meinem Kerker zu empfangen, erschien mir allzu grausam. Schlimm genug für die Kleine zu wissen, daß ihre Mutter ein Opfer der Sklaverei war. Da sollte sie nicht noch erfahren, in welcher erbärmlichen Höhle ich hausen mußte. Ich bat um die Erlaubnis, die letzte Nacht mit Ellen gemeinsam in einer der Kammern verbringen zu dürfen. Sie meinten, ich hätte den Verstand verloren, dem jungen Kind ein so gefährliches Geheimnis anvertrauen zu wollen. Ich entgegnete, daß ich sie beobachtet hatte, ihren Charakter kannte und sicher war, von ihr nicht verraten zu werden, kurz, ich drückte meine feste Entschlossenheit aus, die Tochter noch einmal zu sprechen, und wenn sie mir die Begegnung nicht erleichtern wollten, sagte ich, dann würde ich einen anderen Weg finden, sie möglich zu machen. Sie hielten mir vor, unüberlegt zu handeln, aber da sie merkten, daß sie mich von meinem Vorhaben nicht abbringen konnten, gaben sie schließlich nach.

Ich schlüpfte durch die Klappe in die Vorratskammer, und mein Onkel hielt an der Pforte Wache, während ich über den Hof und die Treppe hinauf ging, in das Zimmer, das ich einst bewohnt und das ich so lange nicht gesehen hatte. Über fünf Jahre war das her. Die Erinnerungen überwältigten mich. Hier war ich aufgenommen worden, als mich meine Herrin hinausgeworfen hatte; hierher war der alte Tyrann gekommen, hatte mich verspottet, beleidigt, verflucht; hier waren mir beide Neugeborenen in die Arme gelegt worden; hier hatte ich über sie gewacht, Tag für Tag, mit immer tieferer und wehmutsvollerer Liebe; hier hatte ich in großer Herzensangst Gott angefleht, mir meine Schuld zu vergeben. Wie lebhaft stand mir alles wieder vor Augen! Und nun trat ich nach langer, finsterer Pause als Wrack erneut an diese Stätte!

Mitten in meinen Grübeleien hörte ich Schritte auf der Treppe. Die Tür wurde geöffnet, und Onkel Phillip kam herein. Er führte Ellen an der Hand. Ich nahm sie in die Arme und sagte: „Ellen, mein liebes Kind, ich bin deine Mutter."

Sie wich zurück und sah mich an; dann schmiegte sie sich süß vertrauensvoll an mich, Wange gegen Wange, und ich drückte sie an das Herz, das sie so lange entbehrt hatte.

Danach war sie die erste, die Worte fand. Sie hob den Kopf und fragte: „*Bist* du wirklich meine Mutter?"

Ich erwiderte, daß ich es wirklich war, sie während der langen Zeit der Trennung immer sehr lieb gehabt hatte und sie sehen und mich mit ihr unterhalten wollte, weil sie doch fortging und sie mich in Erinnerung behalten sollte.

Mit leichtem Schluchzen sagte sie: „Ich bin froh, daß du herkommst, um mich zu sehen. Aber warum bist du vorher nie gekommen? Benny und ich wollten dich so gerne sehen. Er erinnert sich an dich, und manchmal erzählt er mir von dir. Warum bist du nicht nach Hause gekommen, als dich Doktor Flint holen wollte?"

„Weil ich nicht eher kommen konnte, liebes Kind", antwortete ich, „aber da ich jetzt hier bin, sag mir, ob du gern fortgehst."

„Ich weiß nicht", erwiderte sie und weinte. „Großmutter sagt, ich sollte nicht weinen, ich gehe an einen guten Ort, wo ich lesen und schreiben lernen kann, und nach und nach kann ich ihr einen Brief schreiben. Doch ich kann Benny nicht bei mir haben oder Großmutter oder Onkel Phillip oder irgendwen, der mich lieb hat. Kannst du nicht mitkommen? Oh, *komm* doch mit, liebe Mutter!"

Ich erklärte ihr, das ginge jetzt nicht, später dagegen würde ich kommen, und dann würden sie und Benny und ich zusammenleben und glücklich sein. Sie wollte hinauslaufen und Benny holen, damit er mich ebenfalls sehen könne. Ich sagte ihr, bald würde ich mit Onkel Phillip nach Norden gehen und vor der Abreise Benny besuchen. Ob sie wünschte, daß ich die ganze Nacht bliebe und hier schlafe, fragte ich.

„O ja", erwiderte sie. Dann drehte sie sich zu dem Onkel um und fragte bettelnd: „*Darf* ich auch bleiben? Bitte, Onkel! Sie ist doch meine Mutter."

Er legte ihr eine Hand auf den Kopf und sagte feierlich: „Ellen, dies ist das Geheimnis, über das du mit niemandem reden wirst, wie du Großmutter versprochen hast. Wenn du es je tust, darfst du Großmutter nie wiedersehen, und deine Mutter kann nie nach Brooklyn kommen."

„Onkel, ich will nie darüber sprechen", erwiderte sie.

Da sagte er ihr, daß sie bei mir bleiben könne, und als er gegangen war, nahm ich sie in die Arme und erzählte ihr, daß ich eine Sklavin war, und erklärte, das sei der Grund, weshalb sie keinem verraten dürfe, daß sie mich gesehen hat. Ich ermahnte sie, artig zu sein; den Leuten, zu denen sie gehe, alles recht machen zu wollen, Gott würde ihr Freunde schicken, und sie solle viel beten, stets auch für ihre arme Mutter und dafür, daß uns Gott erlaube, uns wiederzusehen. Sie weinte, und ich wehrte ihr nicht. Vielleicht würde es ihr nie wieder vergönnt sein, Tränen an der Brust der Mutter zu vergießen. Die ganze Nacht schmiegte sie sich an mich, und ich verspürte keinen Wunsch zu schlummern. Die Augenblicke waren zu kostbar, als daß ich einen davon missen wollte. Einmal dachte ich, sie sei eingeschlafen, küßte ihr sanft die Stirn, und sie sagte: „Ich schlafe nicht, liebe Mutter."

Ehe der Tag heraufdämmerte, kamen die Verwandten, um mich in die Höhle zurückzubringen. Ich zog die Gardine beiseite, weil ich einen letzten Blick auf mein Kind werfen wollte. Der Mond beschien ihr Gesicht, und ich beugte mich über sie, wie ich es Jahre vorher getan hatte, damals, in jener trostlosen Nacht, als ich geflohen war. Ich drückte sie an mein klopfendes Herz, und Tränen, zu bitter für ein kleines Kind, liefen ihr über die Wangen. Sie gab mir ihren Abschiedskuß und flüsterte mir ins Ohr: „Mutter, ich will es nie verraten." Und sie hielt Wort.

In meiner Höhle sank ich aufs Bett und weinte. Ich fühlte mich allein, und es war stockfinster. Unten verließ Ellen das Haus. Eine Nachbarin sagte zu ihr: „Auf Wiedersehen, Ellen. Ich hoffe, deine Mutter wird dich finden. Bestimmt wirst du froh sein, wieder bei ihr zu sein."

„Yes, ma'am", entgegnete sie, und die Leute ließen sich nicht träumen, welch gewichtiges Geheimnis ihr junges Herz bedrückte. Sie war ein liebes Kind, aber von Natur aus sehr reserviert, aufgeschlossen nur gegenüber Menschen, die ihr besonders nahestanden. Ich war mir sicher, daß sie das Geheimnis hüten würde. Die Pforte schloß sich hinter ihr. Ich hörte es mit einem

Gefühl, wie es nur eine Sklavenmutter empfinden kann. Während des Tages kamen mir traurige Gedanken. Manchmal fürchtete ich, sehr selbstsüchtig gewesen zu sein, als ich nicht jeden Mutterschaftsanspruch aufgegeben und nicht zugestimmt hatte, daß sie nach Illinois kam, um von Mrs. Sands' Schwester adoptiert zu werden. Doch meine Erfahrungen hatten mich anders entscheiden lassen. Vielleicht wären Umstände eingetreten, die ihre Adoptivmutter veranlaßt hätten, sie zurückzuschicken. Ich war zuversichtlich, daß ich nach New York gelangen würde. Dann konnte ich mich um sie kümmern und sie bis zu einem gewissen Grade beschützen.

Dr. Flint und seine Familie erfuhren erst von der Vereinbarung, als Ellen bereits abgereist war. Die Nachricht mißfiel ihnen sehr. Mrs. Flint forderte die Schwester von Mrs. Sands auf, Erkundigungen einzuziehen.[4] Sie äußerte sehr freimütig ihre Meinung darüber, welchen Respekt Mr. Sands seiner Frau gegenüber beweise und welchen Charakter er offenbare, indem er diese „jungen Nigger" anerkenne, und wenn er Ellen fortgegeben habe, so wäre das regelrechter Diebstahl, nicht anders, als hätte er aus ihrem Wohnzimmer ein Möbelstück entwendet. Ihre Tochter sei unmündig, sagte sie, also folglich nicht berechtigt, einen Kaufkontrakt zu unterschreiben, aber sobald sie mündig oder verheiratet sei, wolle sie sich ihr Eigentum zurückholen, wo immer sie seiner habhaft werden könne.

Miss Emily Flint, die mich geerbt hatte, stand jetzt im sechzehnten Lebensjahr.[5] Ihre Mutter hielt es für richtig und gerechtfertigt, daß ihre Tochter oder deren künftiger Mann meine Kinder stahlen; doch sie verstand nicht, wie in einer ehrenwerten Gesellschaft jemand den Leuten noch in die Augen sehen konnte, nachdem er die eigenen Kinder gekauft hatte. Dr. Flint äußerte sich kaum. Vielleicht dachte er, die Aussicht, daß Benny nicht auch fortgeschickt würde, sei größer, wenn er schwieg. Einer meiner Briefe, die ihm in die Hände fielen, kam aus Kanada, und er sprach danach selten von mir. Dieser Umstand ermöglichte es mir, häufiger in die Vorratskammer hinabzugleiten, aufrecht zu stehen, die Glieder zu bewegen.

Tage, Wochen, Monate verstrichen, ohne daß wir etwas über Ellen hörten. In Großmutters Namen schickte ich einen Brief nach Brooklyn und erkundigte mich, ob sie eingetroffen sei. Die

Antwort lautete: Nein, sie sei es nicht. Darauf schrieb ich nach Washington, doch der Mann, der für die Ängste der Angehörigen zu Hause Verständnis haben sollte, nahm keine Notiz davon. Wie besorgt und überzeugend hatte er einst dem armen, hilflosen Sklavenmädchen zugeredet! Und ich hatte ihm uneingeschränkt vertraut! Jetzt aber mißtraute ich ihm.
War meine Tochter tot, oder hatten sie mich getäuscht und sie verkauft?

Wollte man die geheimen Memoiren so manches Kongreßmitgliedes veröffentlichen, würden merkwürdige Einzelheiten ans Tageslicht gelangen. Ich sah einen Brief eines Abgeordneten an eine Sklavin, die Mutter von sechs seiner Kinder. Er schrieb, sie solle die Kinder vor seiner Rückkehr aus dem Haus nehmen, da er in Begleitung einiger Freunde komme. Die Frau konnte nicht lesen und war gezwungen, sich den Brief von einer anderen vorlesen zu lassen. Daß farbige Kinder vorhanden waren, störte diesen Herrn nicht. Er fürchtete nur, die Freunde könnten in ihren Gesichtszügen eine gewisse Ähnlichkeit mit ihm entdecken.

Nach sechs Monaten erhielt Großmutter endlich Nachricht aus Brooklyn. Eine junge Dame in der Familie teilte mit, Ellen sei soeben eingetroffen.[6] Der Brief enthielt auch folgende Botschaft von meiner Tochter für mich: „Ich mache es so, wie du gesagt hast, und bete jeden Abend und jeden Morgen für dich." Die Worte waren Balsam für mein Herz. Zum Schluß schrieb die Verfasserin: „Ellen ist ein nettes kleines Mädchen, und wir werden sie gern bei uns haben. Mr. Sands, mein Vetter, hat sie mir zugedacht. Sie soll mein kleines Kammermädchen sein. Ich werde sie in die Schule schicken und hoffe, daß sie eines Tages selbst schreiben wird."

Der Brief verwirrte und beunruhigte mich. Hatte der Vater meiner Tochter sie nur für die Zeit hingeschickt, bis sie alt genug war, um für sich selbst zu sorgen, oder hatte er sie seiner Kusine als ihr Eigentum gegeben? Falls das zweite zutraf, konnte die Dame jederzeit in den Süden zurückkehren, und Ellen wäre dann ihre Sklavin. Ich suchte den bitteren Gedanken von mir zu schieben, daß uns ein so faules Unrecht zugefügt werden konnte, und sagte mir: *Etwas* Gerechtigkeit muß der Mensch doch kennen, aber dann dachte ich seufzend daran, wie die Sklaverei alle natürlichen

Gefühle verderbte. Es versetzte mir einen Stich, wenn ich meinen fröhlichen Jungen sah. Er glaubte frei zu sein. Sollte er wieder in das Joch der Sklaverei gezwängt werden, wäre es mehr, als ich ertragen könnte. Wie sehnte ich mich danach, ihn in sicherer Ferne zu wissen!

XXVIII

Tante Nancy

Ich erwähnte bereits meine Tante, die eine Sklavin in Dr. Flints Haushalt war und bei der ich vor seinen schändlichen Nachstellungen Schutz gesucht hatte. Diese Tante hatte mit zwanzig Jahren geheiratet – das heißt, soweit Sklaven heiraten *können*. Die Herrschaft hatte zugestimmt, und ein Geistlicher hatte die Trauung vollzogen. Doch das war eine bloße Formsache, ohne allen rechtlichen Wert. Der Herr oder die Herrin konnten die Ehe jederzeit für null und nichtig erklären, so sie es nur wünschten. Sie hatte immer vor Mrs. Flints Zimmer auf dem Fußboden geschlafen, um, wenn sie gebraucht wurde, zur Stelle zu sein. Als sie heiratete, hieß es, sie könne einen kleinen Raum in einem Nebengebäude benutzen. Ihre Mutter und ihr Gatte möblierten ihn. Er war Seemann, und in den Nächten, die er zu Hause verbrachte, durfte er dort schlafen. Am Hochzeitsabend aber wurde die Braut auf ihren alten Posten zurückbeordert.

Mrs. Flint hatte damals noch keine Kinder. Doch sie war werdende Mutter, und wer, wenn nicht ihre Sklavin, sollte ihr Wasser bringen, falls sie in der Nacht Durst bekam? So war meine Tante gezwungen, bei der Tür zu liegen, bis sie einmal – gegen Mitternacht – fortgehen mußte, weil sie eine Frühgeburt hatte. Vierzehn Tage später befahl man ihr, den Platz auf dem Fußboden wieder einzunehmen, weil Mrs. Flints Baby ihrer Aufmerksamkeit bedurfte. Sommer wie Winter war sie auf dem Posten, brachte im Laufe der Zeit sechs Frühgeburten zur Welt und kümmerte sich um Mrs. Flints Kinder. Da sie den ganzen Tag über hart zu arbeiten hatte und nachts keine Ruhe fand, erlitt sie schließlich einen völligen Zusammenbruch. Dr. Flint erklärte, es sei ausgeschlossen, daß sie je ein lebendes Kind gebären könne. Die Furcht, eine so wertvolle Dienerin durch den Tod zu verlieren, bewog ihn und seine Frau, meiner Tante endlich zu gestatten, in dem kleinen Raum des Nebengebäudes zu schlafen, sofern in der Familie niemand krank war. Zweimal noch wurde sie von einem Baby entbunden. Beide waren schwächlich, aber sie lebten. Eins starb nach wenigen Tagen, das andere im Alter von vier Wochen. Ich weiß noch, mit welcher Ergebenheit und Trauer sie ihr letztes totes Kind auf dem Arm hielt und sagte: „Ich wünschte, es hätte leben können; es ist nicht Gottes Wille, daß eins meiner Kinder am Leben bleibt. Aber ich will versuchen, darauf vorbereitet zu sein, ihren kleinen Seelen im Himmel zu begegnen."[1]

Tante Nancy war Haushälterin und Kammermädchen in einer Person. Tatsächlich war sie das *Faktotum* der Familie. Nichts gelang recht ohne sie. Als Zwillingsschwester meiner Mutter tat sie für uns Waisen alles, was in ihrer Macht stand.[2] Ich verbrachte die Nächte an ihrer Seite, solange ich im Haus meines alten Herrn lebte, und die Bande zwischen uns waren sehr stark. Wo mir andere abrieten fortzulaufen, redete sie mir zu. Als sie meinten, ich sollte lieber zurückkehren und meinen Herrn um Verzeihung bitten, weil ein Entkommen unmöglich sei, empfahl sie mir, nie aufzugeben. Wenn ich durchhielt, könnte ich für meine Kinder vielleicht die Freiheit erringen, und sollte ich dabei zugrunde gehen, wäre es immer noch besser, als sie unter den gleichen Verfolgungen stöhnen zu lassen, die mein eigenes Leben vergiftet hatten. Seit ich in meiner dunklen Zelle eingekerkert war, schlich sie häufig zu mir, überbrachte die letzten Neuigkeiten und fand einige aufmunternde Worte. Kniend vernahm ich den Trost, den sie spendete: „Ich bin alt", pflegte sie durch einen Spalt zu flüstern, „ich habe nicht mehr lange zu leben, aber ich würde glücklich sterben, wenn ich dich und die Kinder frei sehen könnte. Du mußt zu Gott beten, Linda, wie ich für dich bete, daß er dich aus dieser Finsternis herausführen möge." Ich bat sie dann, sich meinetwegen nicht zu sorgen; früher oder später hätten alle Leiden ein Ende, und ob ich in Ketten lebte oder in Freiheit – sie würde ich stets als eine gute, hilfreiche Freundin im Gedächtnis behalten. Ihre Bemerkungen gaben mir immer Kraft, und nicht nur mir. Die ganze Familie baute auf ihr Urteil und ließ sich von ihrem Rat leiten.

Ich vegetierte schon sechs Jahre in meiner Zelle, als Großmutter an das Lager dieser ihrer letzten Tochter gerufen wurde. Tante Nancy war sehr krank; es hieß, sie werde sterben. Großmutter hatte lange keinen Schritt in dieses Haus getan. Die Flints waren grausam zu ihr gewesen, doch daran dachte sie jetzt nicht. Es machte sie dankbar, daß man ihr erlaubte, bei ihrem Kind zu wachen. Die beiden waren sich immer zugetan gewesen, und nun blickten sie einander in die Augen und hätten gern über das Geheimnis gesprochen, das so schwer auf beider Herzen lastete. Meine Tante war gelähmt. Sie lebte nur noch zwei Tage, und am letzten Tag verlor sie die Sprache. Vorher noch bat sie ihre Mutter, nicht traurig zu sein, wenn sie bald nicht mehr reden könne, sie würde dann versuchen, eine Hand zu heben zum Zeichen, daß alles gut sei. Sogar der hartherzige Doktor war leicht gerührt, als er sah, wie die Sterbende ihre alte, neben ihr kniende Mutter anzulächeln versuchte. Für einen Moment wurden ihm die Augen feucht bei seinen Worten, sie sei stets eine zuverlässige Dienerin gewesen und nie ersetzbar. Mrs. Flint mußte, vom Schock überwältigt, das Bett hüten.

Großmutter saß allein am Totenlager, da trat der Arzt nochmals ein. Er brachte seinen jüngsten Sohn mit. Tante Nancy hatte ihn sehr ins Herz geschlossen, und er hing an ihr.[3] „Martha", sagte Dr. Flint, „Tante Nancy hat diesen Jungen lieb gehabt, und wenn er dorthin geht, wo du bist, wirst du um ihretwillen hoffentlich freundlich zu ihm sein."

Sie erwiderte: „Ihre Gattin ist einmal meine Pflegetochter gewesen, Doktor Flint, die Pflegeschwester meiner armen Nancy, und Sie kennen mich schlecht, wenn Sie glauben, daß ich ihren Kindern je anders als wohlwollend begegnen könnte."

„Ich wünschte, die Vergangenheit wäre vergessen, daß wir nie mehr daran zu denken brauchten", sagte er, „und daß Linda käme, um den Platz ihrer Tante einzunehmen. Sie wäre uns mehr wert als alles Geld, das einer für sie hergäbe. Ich wünschte es auch deinetwegen, Martha. Jetzt, da dir Nancy genommen ist, wäre sie dir ein großer Trost auf deine alten Tage."

Er wußte, er hatte eine empfindliche Saite angeschlagen. Großmutter entgegnete mit tränenerstickter Stimme: „Es war nicht ich, die Linda vertrieben hat. Meine Enkel sind fort, und von meinen neun Kindern ist mir nur noch eins geblieben.[4] Gott steh mir bei!"

Mich machte der Tod dieser guten Verwandten unbeschreiblich

traurig. Ich wußte, daß man sie langsam gemordet hatte, und ich spürte, daß mein Schicksal dazu beigetragen hatte, das Werk zu vollenden. Nachdem mir von ihrer Krankheit berichtet worden war, hatte ich bang auf weitere Nachrichten gewartet, und der Gedanke, die Tante nicht besuchen zu dürfen, war schrecklich gewesen. Am Sterbetag kam Onkel Phillip heim, und ich hörte, daß sich jemand erkundigte: „Wie geht es ihr?“ Und er antwortete: „Sie ist tot.“

Meine Zelle schien sich um mich zu drehen, und mir schwanden die Sinne. Als ich die Augen öffnete, beugte sich Onkel Phillip über mich. „Linda, sie ist glücklich gestorben“, flüsterte er. Ich konnte nicht weinen. Mein starrer Blick beunruhigte ihn. „Mach nicht so ein Gesicht“, sagte er, „der Kummer meiner armen Mutter ist schwer genug. Denk daran, was sie zu ertragen hat. Wir sollten alles in unseren Kräften Stehende tun, um sie zu trösten.“

Ach ja, diese segenbringende alte Großmutter! Dreiundsiebzig Jahre lang mußte sie verheerende Stürme über sich ergehen lassen. Sie hatte wahrhaftig Trost nötig!

Mrs. Flint hatte dafür gesorgt, daß ihre arme Pflegeschwester kinderlos geblieben war, und keine Reue gezeigt, hatte sie übermäßig, aber ohne Entlohnung schuften lassen, ihr die Nachtruhe nicht gegönnt, sie mit grausamem Egoismus zugrunde gerichtet. Doch jetzt wurde sie sehr sentimental. Vermutlich dachte sie, es wäre eine schöne Veranschaulichung des engen Verhältnisses, das zwischen der Sklavenhalterin und ihrer Sklavin bestand, wenn sie den Leichnam der verbrauchten Dienerin ihr zu Füßen bestatten ließe. Sie schickte zum Pfarrer und fragte ihn, ob er irgendwelche Einwände dagegen habe, daß man Tante Nancy im Familiengrab des Arztes beisetze. Kein Farbiger war jemals auf dem Friedhof der Weißen bestattet worden, und der Geistliche, der wußte, daß alle verstorbenen Mitglieder unserer Familie zusammen in der alten Begräbnisstätte der Sklaven ruhten, erwiderte deshalb: „Ich habe keine Einwände gegen Ihren Wunsch, aber Tante Nancys Mutter mag eine andere Wahl treffen. Schließlich handelt es sich um die sterbliche Hülle ihrer Tochter.“

Es war Mrs. Flint nie in den Sinn gekommen, daß Sklaven auch Gefühle haben könnten. Als man Großmutter fragte, sagte sie sofort, sie wünsche, daß man Nancy dort zur letzten Ruhe bette, wo ihre toten Angehörigen lagen und auch sie einmal unter die Erde kommen werde. Mrs. Flint stimmte gnädig zu, obwohl sie bemerkte, es sei schmerzlich für sie, Nancy weit von *ihr* entfernt begraben zu wissen. Sie hätte mit rührseligem Pathos hinzufügen können: Ich war es so lange gewöhnt, daß sie in meiner Nähe auf dem Fußboden lag.

Onkel Phillip bat um die Erlaubnis, seine Schwester auf eigene Rechnung bestatten zu lassen, und Sklavenhalter sind stets bereit, derartige Gefälligkeiten zu gewähren. Die Feierlichkeiten waren sehr einfach, jedoch durchaus schicklich. Tante Nancy wurde am Sabbat zu Grabe getragen. Mrs. Flints Pfarrer hielt den Trauergottesdienst ab. Ein großes Aufgebot von Farbigen – Sklaven und Freien – gab der Toten das Geleit. Auch einige Weiße, Freunde der Familie, folgten dem Sarg. Sogar die Kutsche Dr. Flints befand sich im Zug, und als die Leiche in die Grube gesenkt wurde, verlor die Herrin eine Träne. Dann kehrte sie zur Kutsche zurück, wahrscheinlich in der Überzeugung, einer vornehmen Pflicht genügt zu haben.

Die Sklaven bezeichneten das Begräbnis als mächtig groß, und Reisende aus dem Norden, die zufällig vorübergefahren wären, hätten meinen können, die breite Aufmerksamkeit, mit der man einer bescheidenen Toten die letzte Ehre erwies, sei ein schönes Merkmal der „patriarchalischen Institution", ein rührender Beweis für die Verbundenheit von Sklavenhaltern und ihren Dienern, die zartbesaitete Mrs. Flint hätte sich die Augen mit ihrem Taschentuch gewischt und diesen Eindruck bestätigt.

Wir wären in der Lage gewesen, eine andere Geschichte zu erzählen, einige Kapitel über Leiden und Unrecht, die zu Herzen gegangen wären, vorausgesetzt, daß die Reisenden ein Herz für Farbige hatten. Wir hätten zu berichten gewußt, wie sich eine arme alte Sklavenmutter Jahr für Jahr geschunden hatte, um achthundert Dollar aufzubringen und ihrem Sohn Phillip damit das Recht zum eigenen Gelderwerb zu erkaufen, wie dieser Phillip die Ausgaben für das Begräbnis trug, das nach ihrer Meinung dem Herrn nicht hoch genug anzurechnen war. Auch von einem armseligen jungen Menschenkind hätten wir erzählen können, von einer bedauernswerten Kreatur, die jahrelang lebendig begraben war, um der Folter auszuweichen, und der es übel ergangen wäre, wenn sie gewagt hätte, hervorzukriechen, um ihrer verstorbenen Tante noch einmal ins Gesicht zu schauen.

Diese und andere Gedanken gingen mir durch den Kopf, während ich bei meinem Guckloch saß und darauf wartete, daß meine Verwandten von der Beerdigung zurückkehrten. Manchmal weinte ich, manchmal sank ich in Schlaf und hatte sonderbare Träume von Toten und Lebenden.

Schwer war es, zu sehen, wie leidvoll Großmutter trauerte. Sie hatte seit jeher viel ertragen müssen und sich immer stark gemacht; auch jetzt fand sie in ihrem festen Glauben eine Stütze, aber ihr finsteres Leben war noch finsterer geworden, und das Alter und der Kummer hinterließen in ihrem welken Gesicht tiefe Spuren. Es gab vier Stellen, von denen aus sie mich durch Klopfzeichen zur Klappe rief, und jede Stelle hatte eine andere Bedeutung. Sie kam jetzt öfter als früher und sprach über ihre tote Tochter, während ihr die Tränen langsam über die zerfurchten Wangen liefen. Ich sagte ihr alles, was ich vermochte, um sie zu trösten; doch ich überlegte traurig, daß ich, statt ihr helfen zu können, ständig nur Angst und Sorgen hervorrief. Der arme alte Rücken war der Bürde gewachsen. Er beugte sich unter der Last, aber er brach nicht.

XXIX

Vorbereitungen zur Flucht

Ich kann kaum erwarten, daß mir der Leser Glauben schenkt, wenn ich behaupte, fast sieben Jahre in diesem trostlosen, an Licht und Luft so armen Loch verbracht zu haben, wo es so eng war, daß ich mich kaum rühren konnte.[1] Und doch ist es eine Tatsache, für mich eine traurige, auch heute noch, denn körperliche Leiden sind die Nachwirkung dieser langen Einkerkerung, von den psychischen ganz zu schweigen. Angehörige, die jetzt in New York und Boston leben, können die Wahrheit meiner Worte bezeugen.

Zahllos die Nächte, in denen ich spät noch am Guckloch saß. Es war gerade groß genug, mir einen Blick auf einen blinkenden Stern zu gewähren. Ich hörte, wie Patrouillen und Sklavenjäger über ihr Vorgehen berieten, und wußte sehr wohl, daß sie frohlocken würden, wenn sie mich fangen könnten.

Sommer für Sommer, Jahr für Jahr betrachtete ich die Gesichter meiner Kinder, lauschte dem süßen Klang ihrer Stimmen, und von Herzen gern hätte ich allezeit gesagt: Eure Mutter ist hier. Manchmal kam es mir so vor, als ob Jahrzehnte vergangen wären, seit dieses freudlose, einförmige Dasein begonnen hatte. Bisweilen war ich teilnahmslos und wie benommen, bisweilen wurde ich ungeduldig und fragte mich, wann das Ende der düsteren Zeit kommen würde, wann ich wieder die Sonne spüren und reine Luft atmen durfte.

Nachdem Ellen abgereist war, steigerte sich dieses Gefühl. Mr. Sands hatte sich bereit gefunden, Benny in den Norden zu entlassen, wenn immer Onkel Phillip ihn begleiten könnte, und es drängte mich, selbst dort zu sein, über meine Kinder zu wachen, ihnen nach Kräften beizustehen. Außerdem drohte meine Höhle voll Wasser zu laufen, falls ich viel länger darin hausen mußte; denn das dünne Dach war dringend reparaturbedürftig, und der Onkel traute sich nicht, die Schindeln zu entfernen, aus Furcht, daß mich jemand entdecken könnte. Stürmte es nachts, breiteten sie Matten und Teppichstücke aus, so daß es am Morgen den Anschein hatte, sie wären zum Trocknen hingelegt worden; am Tage jedoch wäre es aufgefallen, wenn Onkel Phillip das Dach abgedichtet hätte. Folglich wurden meine Sachen und das Bettzeug häufig völlig durchnäßt, ein Umstand, der die Schmerzen in den verkrampften, steifen Gliedern arg vergrößerte. Fortgesetzt schmiedete ich Fluchtpläne, und kam Großmutter, um an der Klappe zu flüstern, schilderte ich ihr einige davon. Die gutmütige alte Frau empfand starkes Mitgefühl für flüchtige Sklaven, da sie oft genug erlebt hatte, wie grausam man Ausbrecher bestrafte, deren man habhaft wurde. Immer wieder wanderten ihre Gedanken zurück zu dem klugen und hübschen Benjamin, ihrem Lieblingssohn, dem jüngsten ihrer Nachkommen. Berührte ich dieses Thema, stöhnte sie auf. „O sprich nicht davon, Kind. Du brichst mir das Herz.“ Mir fehlte die gute alte Tante Nancy, die mir so oft Mut gemacht hatte, und Bruder William und die Kinder winkten mich ständig nach Norden.

Und nun muß ich um einige Monate zurückgreifen. Wie ich schon darlegte, wurden viele Sklaven am ersten Januar verkauft oder ausgeliehen. Würde die Zahl der Herzschläge das Tempo des Zeitverlaufs bestimmen, wäre dem Sklaven dieser leidesvolle, für den Freien so fröhliche Abschnitt des Jahres schier endlos erschienen. Am Neujahrstag vor dem Ableben meiner Tante sollte Fanny, eine Freundin von mir, versteigert werden, damit ihr Herr seine Schulden begleichen konnte. Ich mußte von früh bis spät an sie denken, und als der Abend kam, erkundigte ich mich nach ihrem Schicksal. Ein Sklavenhalter hatte sie gekauft, ein anderer, der weit entfernt wohnte, ihre vier kleinen Töchter. Sie war geflohen und konnte nicht gefunden werden. Ihre Mutter war die alte Aggie, die ich schon erwähnte. Sie lebte in einer Mietshütte, die Großmutter gehörte und auf derselben Parzelle wie ihr eigenes Haus stand. Die Wohnung wurde durchsucht und beobachtet. Die Patrouillen kamen so dicht heran, daß ich in meiner Höhle bleiben mußte. Fanny verstand es irgendwie, den Häschern zu entgehen, und nicht viel später bemerkte Benny sie zufällig in der Hütte ihrer Mutter. Er erzählte es Großmutter, die verlangte, daß er nie darüber spreche, und ihm sagte, was die schrecklichen Folgen wären. Benny bewahrte Stillschweigen, und Aggie ahnte weder, daß Großmutter wußte, wo sich Fanny versteckt hielt, noch daß ihre alte gebeugte Nachbarin eine ähnliche Last der Angst und Sorgen wie sie selbst zu tragen hatte; doch die drückenden Geheimnisse vertieften die Sympathie der beiden Frauen füreinander.

So lebten meine Freundin und ich viele Wochen lang in Rufweite nebeneinander, nur wußte sie nichts davon. Gern hätte ich meine Höhle mit ihr geteilt, sie schien mir ein sichererer Zufluchtsort als die Hütte Aggies zu sein; aber Großmutters Leben war ohnedies schon schwer genug. Es wäre unrecht gewesen, von ihr zu erwarten, daß sie noch weitere Risiken einging. Meine Unruhe wuchs. Zu lange schon plagten mich die physischen und psychischen Schmerzen, und dann war da die ständige Angst, daß mir meine Kinder – sei es durch Zufall, sei es durch List und Tücke – doch noch entrissen wurden. Diese Befürchtung raubte mir fast den Verstand, und ich war fest entschlossen, koste es, was es wolle, den Nordstern anzusteuern.[2] Als meine Krise ihren Höhepunkt erreicht hatte, sandte mir die Vorsehung unverhoffte Hilfe.

Eines Abends erschien mein Freund Peter und bat, mich sprechen zu dürfen. „Dein großer Tag ist nahe, Linda“, sagte er. „Ich habe eine Möglichkeit gefunden, wie du in die Freien Staaten gelangen kannst. Du hast zwei Wochen Zeit, dich zu entscheiden.“

Die Nachricht klang zu gut, als daß sie wahr sein konnte, aber

Peter erläuterte mir seinen Plan und meinte, alles, was ich zu tun hätte, wäre zuzustimmen. Ich wollte ihm schon mit einem freudigen Ja antworten, da fiel mir Benny ein. Die Verlockung sei äußerst groß, erklärte ich, allein, ich hätte schreckliche Angst vor Dr. Flint, in dessen Macht sich mein Sohn angeblich befand, so daß ich nicht fortlaufen und ihn im Stich lassen könne. Peter protestierte energisch. Eine so günstige Gelegenheit würde sich vielleicht nie wieder bieten, meinte er, und Benny sei frei, es müßte möglich sein, ihn mir zu schicken, außerdem sollte ich wegen des Wohls der Kinder keinen Augenblick zögern, einzuwilligen.

Ich versprach, mich mit Onkel Phillip zu beraten, und als ich ihm den Plan unterbreitet hatte, war er sofort dafür. Er forderte mich auf, unter allen Umständen zu gehen. Wenn ihm nicht der Tod einen Strich durch die Rechnung mache, wollte er mir Benny bringen oder schicken, sobald ich einen sicheren Ort erreicht hätte. Da stimmte ich zu, hielt es aber für angebracht, Großmutter erst unmittelbar vor dem Abschied einzuweihen. Mein Onkel dachte, es würde sie härter treffen, wenn ich sie so plötzlich verließe. „Ich werde es ihr begreiflich machen", sagte er, „und sie überzeugen, wie nötig es ist, nicht nur deinet-, sondern auch ihretwegen. Du kannst nicht die Augen vor der Tatsache verschließen, daß sie recht gramgebeugt ist."

Nein, ich verschloß die Augen nicht. Ich wußte, daß das Versteck eine nie versiegende Quelle der Ängste bildete und daß Großmutter, je älter sie wurde, desto ärger eine Entdeckung fürchtete. Mein Onkel sprach mit ihr und brachte sie schließlich zu der Einsicht, daß es absolut notwendig war, die Gelegenheit, die sich so unerwartet geboten hatte, wahrzunehmen.

Die Aussicht, eine freie Frau zu sein, war fast zuviel für mich in meinem geschwächten Zustand. Die Aufregung spornte mich an und verwirrte mich zugleich. In aller Eile traf ich Reisevorbereitungen und sorgte dafür, daß mir mein Sohn folgte. Vor dem Aufbruch wollte ich mit ihm reden, ihn gemahnen, vorsichtig zu sein, ihm Ratschläge erteilen und ihm sagen, wie sehr ich im Norden auf ihn warten würde. Großmutter stahl sich so oft wie möglich zu mir, um mir Empfehlungen zuzuflüstern. Sie verlangte hartnäckig, daß ich an Dr. Flint schriebe, sobald ich in den Freien Staaten einträfe, und ihn bäte, mich ihr zu verkaufen. Sie sei entschlossen, ihr Haus und allen weltlichen Besitz zu opfern, damit ich und die Kinder in

Sicherheit leben könnten. Wenn sie nur lange genug lebe, um *dies* zu erfahren, wolle sie getrost sterben. Ich versprach der guten alten Seele, gleich nach meiner Ankunft zu schreiben und ihr den Brief auf einem verläßlichen Wege zuzuleiten; doch insgeheim war ich entschlossen, es so einzurichten, daß kein weiterer Cent ihres sauer verdienten Geldes den raubgierigen Sklavenhaltern in die Hände fiel, und selbst wäre ich nicht willens gewesen, käuflich zu erwerben, was ich bereits besaß, hätte mich einfache Menschlichkeit daran gehindert, ihr großzügiges Angebot zu akzeptieren und zuzulassen, daß meine betagte Freundin am Rand ihres Grabes noch Haus und Heim hergab.

Ich sollte mit einem Schiff fliehen. Nähere Einzelheiten mag ich jedoch nicht nennen. Meine Vorbereitungen waren abgeschlossen, als sich die Ankunft des Fahrzeugs unerwartet verzögerte. Inzwischen erreichte die Nachricht von einem haarsträubenden Mord die Stadt. Es handelte sich um einen flüchtigen Sklaven namens James, dessen Mutter Charity eine alte Bekannte von uns war. Die schockierenden Umstände, die zum Tode des unglücklichen jungen Mannes führten, habe ich in dem Kapitel über benachbarte Sklavenhalter beschrieben. Großmutter, die in diesem Punkt äußerst empfindlich war, erschrak zu Tode. Sie glaubte mit Sicherheit zu fühlen, daß mich ein ähnliches Schicksal erwartete, falls ich mich keines Besseren besänne. Sie schluchzte und ächzte und beschwor mich, nicht fortzugehen. Ihre grenzenlose Angst steckte mich an. Gegen ihre Bedenken war mein Herz nicht gefeit. Es tat schrecklich weh, aber ich versprach, meine Pläne aufzugeben.

Als Freund Peter davon erfuhr, war er enttäuscht und zornig. Er sagte, nach aller bisherigen Erfahrung würde es lange dauern, ehe ich noch einmal Gelegenheit hätte, eine so günstige Chance zu vertun. Sie brauche nicht vertan zu werden, bemerkte ich, eine Freundin, die sich in der Nähe verborgen halte, wäre nur allzu gern bereit, meine Stelle einzunehmen. Ich erzählte ihm von der armen Fanny, und der gutherzige, edelmütige Bursche, der nie einem in Not geratenen Menschen, gleichgültig, ob schwarz oder weiß, die kalte Schulter zeigte, erklärte sich bereit, ihr zu helfen. Aggie fiel aus allen Wolken, als sie feststellen mußte, daß wir ihr Geheimnis kannten. Erfreut hörte sie von der Chance, die sich ihrer Tochter bot, und traf alle nötigen Vorkehrungen, daß Fanny in der folgenden Nacht an Bord gehen konnte. Da sie mich beide längst im Norden wähnten, fiel mein Name bei den Beratungen nicht. Pünktlich zur festgesetzten Zeit wurde Fanny an Bord gebracht und in einer sehr kleinen Kabine versteckt. Der Preis für diese Unterkunft war so hoch, daß das Geld ausgereicht hätte, eine Überfahrt nach England zu bezahlen. Aber so ist das eben: Schlägst du einem vor, das gute alte England zu besuchen, wird nachdenklich kalkuliert, ob man sich die Kosten dieses Vergnügens leisten könne, während bei den Verhandlungen über eine Flucht aus der Sklaverei das schlotternde Opfer bereitwillig sagt: Nehmt alles, was ich habe, nur verratet mich nicht!

Am nächsten Morgen spähte ich durch mein Guckloch und sah, daß es trübe und bewölkt war. Am Abend teilte man mir mit, der Wind wehe ungünstig, das Schiff habe nicht abgelegt. Ich bangte sehr um Fanny, und auch Peter, der auf meinen Vorschlag hin ein so großes Risiko auf sich genommen hatte, war höchst besorgt. Am nächsten Tag blieben Wind und Wetter unverändert. Die arme Fanny war schon halbtot vor Angst an Bord gegangen, und ich konnte mir lebhaft vorstellen, welche Qualen sie jetzt erduldete. Großmutter kam häufig, um mir zu sagen, wie dankbar sie war, daß ich meine Höhle nicht verlassen hatte. Am dritten Morgen gab sie mir durch Klopfzeichen zu verstehn, ich solle in die Vorratskammer herabkommen. Die leidgeprüfte Frau brach unter der Last ihres Kummers zusammen. Sie war jetzt leicht aus der Fassung zu bringen. Ich bemerkte ihre Nervosität, den Erregungszustand, in dem sie sich befand, doch es entging mir, daß sie versäumt hatte, die Tür wie üblich hinter sich abzuschließen. Der verlängerte Aufenthalt des Seglers beunruhigte sie außerordentlich. Sie befürchtete, man würde alles aufdecken, Fanny, Peter und mich zu Tode foltern, Phillip ruinieren, ihr Haus niederreißen. Armer Peter! Wie schrecklich wäre es für einen jeden von uns, wenn er seine Güte und Hilfsbereitschaft mit einem furchtbaren Tod, wie kürzlich der bedauernswerte James, bezahlen müßte! Doch der Gedanke war nicht neu für mich. Er hatte meinem Herzen schon so manchen scharfen Stich versetzt. Ich bemühte mich, meine eigenen Ängste zu verbergen und beschwichtigend auf Großmutter einzureden. Sie erwähnte Tante Nancy, ihre geliebte Tochter, die sie unlängst zu Grabe getragen hatte. Danach verlor sie alle Kontrolle über sich.

Zitternd und schluchzend stand sie vor mir, als sich vom Hof her eine Stimme vernehmen ließ: „Wo is' du, Tante Marthy?"

Großmutter fuhr zusammen. In der Aufregung öffnete sie die Tür, ohne daran zu denken, daß ich bei ihr war, und Jenny betrat die Kammer, jene bösartige Hausgehilfin meiner weißen Wohltäterin, die seinerzeit versucht hatte, in mein Zimmer einzudringen. „Ich macht überall Jagd auf dich, Tante Marthy", sagte sie. „My missis will, daß du ihr ein paar Kekse schickt."

Ich war schnell hinter ein Faß gekrochen. Es verdeckte mich, aber mir schien, Jenny starre unverwandt diese Stelle an. Das Herz schlug mir bis zum Halse.

Großmutter erkannte, was sie angerichtet hatte. Sie eilte mit Jenny hinaus, um die Kekse abzuzählen. Nach wenigen Minuten kam sie zurück und bot ein Bild höchster Verzweiflung. „Armes Kind!" jammerte sie. „Meine Schlafmützigkeit wird dich zugrunde richten. Das Boot is' noch nich' abgesegelt. Mach dich sofort bereit, mit Fanny zu fahren. Jetzt habe ich nichts mehr einzuwenden; denn keiner weiß, was der heutige Tag noch bringen wird."

Sie schickte nach Onkel Phillip, der wie sie selbst meinte, daß Jenny in weniger als vierundzwanzig Stunden Dr. Flint informieren würde. Er riet dazu, mich an Bord zu bringen, wenn das möglich wäre; falls aber nicht, solle ich am besten in meiner Höhle bleiben und mich mucksmäuschenstill verhalten; dort würden sie mich nicht entdecken, ohne das ganze Haus niederzureißen. Es sei unangebracht, daß er etwas in der Sache unternehme, sagte er; das würde sofort Verdacht erregen; doch er versprach, mit Peter zu reden. Mir widerstrebte es zwar, mich nochmals an meinen Freund zu wenden, nachdem ich seine Dienste schon mehr als einmal in Anspruch genommen und ihm nicht gedankt hatte, aber eine Alternative schien es nicht zu geben, und es stellte sich heraus: So verärgert Peter wegen meiner Wankelmütigkeit gewesen war, so sehr blieb er der ihm eigenen Großzügigkeit treu. Ohne lange zu überlegen, sagte er zu, zu tun, was in seinen Kräften stand, um mir zu helfen. Er baue darauf, daß ich diesmal mehr Charakterstärke beweise als beim erstenmal.

Er begab sich unverzüglich zum Kai, wo er sich davon überzeugte, daß der Wind gedreht hatte und das Schiff langsam flußabwärts fuhr. Unter einem Vorwand zahlte er zwei Ruderern je einen Dollar, damit sie den Segler einholten. Es gelte, eine unaufschiebbare Angelegenheit zu regeln, erklärte er. Er war von heller Hautfarbe, und als der Kapitän die drei Männer rasch näher kommen sah, glaubte er, von Beamten verfolgt zu werden, weil er eine flüchtige Sklavin aufgenommen hatte. Er ließ Segel setzen, aber das Ruderboot war schneller, und der nimmermüde Peter sprang an Bord.

Der Kapitän erkannte ihn wieder, Peter bat ihn nach unten, einer ungültigen Banknote halber, die er ihm gegeben habe. Als er seine wahre Absicht offenbart hatte, entgegnete der Kapitän: „Ja, die Frau ist doch schon hier, und ich habe sie dorthin gebracht, wo Sie oder der Teufel harte Arbeit leisten müßten, wenn Sie sie aufstöbern wollten."

„Aber es handelt sich um eine andere Frau, die ich herbringen möchte", sagte Peter. „Sie befindet sich ebenfalls in großer Not. Ich bin bereit, jeden vertretbaren Preis zu zahlen, wenn Sie stoppen und sie mitnehmen."

„Wie ist ihr Name?" fragte der Kapitän.

„Linda", antwortete Peter.

„So heißt doch die Frau, die ich schon hier habe", entgegnete der Kapitän. „By George! Ich glaube, Sie wollen mich hereinlegen."

„Ach, Gott weiß, daß ich Ihnen kein Haar krümmen würde. Ich bin Ihnen viel zu dankbar. Doch es befindet sich wirklich noch eine Frau in großer Gefahr. Bringen Sie die Menschlichkeit auf, anzuhalten und sie mitzunehmen."

Nach einigem Hin und Her einigten sie sich. Fanny, die sich nicht träumen ließ, daß ich mich in der Nähe aufhielt, hatte meinen Vornamen angenommen, obwohl sie sich Johnson nannte.

„Linda ist verbreitet", sagte Peter, „die Frau, die ich herholen möchte, heißt Linda Brent."

Der Kapitän erklärte sich einverstanden, bis zum Abend an einer bestimmten Stelle zu warten, und strich für den Aufschub ein hübsches Sümmchen ein.

Natürlich wurde es für uns alle ein aufregender Tag, doch wir sagten uns, falls mich Jenny gesehen hatte, wäre sie zu gerissen, als daß sie ihre Herrin einweihen würde, und vor dem Abend würde sie kaum Gelegenheit erhalten, bei Dr. Flint vorzusprechen, denn die Regeln, die im Hause dieser Familie galten, waren uns gut bekannt. Später erwies es sich als wahrscheinlich, daß sie mich nicht bemerkt hatte, da in der Folgezeit nie das geringste geschah, und Jenny gehörte zu jenen gemeinen Individuen, die einen leidenden Mitmenschen für dreißig Silberlinge verraten.[3]

Ich tat alles, was erforderlich war, um bei Anbruch der Abenddämmerung an Bord gehen zu können. Bis dahin wollte ich in Gesellschaft meines Sohnes sein. Sieben Jahre lang war es mir nicht vergönnt gewesen, ihn zu sprechen, obwohl ich unter einem Dach mit ihm lebte und ihn an allen Tagen, an denen es mein Gesundheitszustand erlaubte, beim Guckloch zu sitzen, beobachtet hatte. Über die Grenzen der Vorratskammer wagte ich mich nicht hinaus. Also brachte man ihn dorthin und schloß uns beide ein. Wir unterhielten uns sehr lebhaft an einer Stelle, die von der Tür aus nicht zu sehen war.

Nachdem wir eine Weile miteinander geredet und geweint hatten, sagte er: „Mutter, ich freue mich, daß du fortgehst. Ich wünschte, ich könnte mit dir gehen. Ich wußte, daß du hier warst, und hatte *solche* Angst davor, daß einer herkommt und dich gefangennimmt."

Diese Bemerkung überraschte mich. Ich fragte, wie er mein Versteck gefunden habe.

„Ich stand einmal unter der Dachrinne", sagte er, „noch bevor Ellen fortging, da hörte ich, wie über dem Holzschuppen jemand aufhustete. Ich weiß nicht, warum ich dachte, daß es du warst, aber ich dachte es. Dann fiel mir auf, daß Ellen in der Nacht vor ihrer Abreise nicht da war. Vielleicht war sie bei *dir*, dachte ich, um auf Wiedersehen zu sagen, denn ich hörte, wie ihr Großmutter zuflüsterte: ‚Geh jetzt schlafen, und denk daran, zu keinem Menschen ein Wort darüber.'"

Ich fragte ihn, ob er seine Vermutung der Schwester mitgeteilt habe. Nie, sagte er, aber wenn er sie, nachdem er mich husten gehört, mit Kindern auf dieser Seite des Hauses habe spielen sehen, sei er stets bemüht gewesen, ihr einzureden, daß es besser wäre, um die Ecke zu gehen. Kein anderer sollte mich husten hören. Dr. Flint habe er argwöhnisch beobachtet, sagte er, und sooft er den Mann im Gespräch mit einem Konstabler oder einer Streife bemerkt habe, sei es Großmutter gemeldet worden. Nach dieser Enthüllung erinnerte ich mich, wie unruhig er jedesmal gewesen war, wenn irgendwelche Leute auf dieser Seite des Hauses gestanden hatten, und wie perplex ich gewesen war, als ich seine unerklärliche Nervosität festgestellt hatte. Es mag ungewöhnlich erscheinen, daß ein Zwölfjähriger so umsichtig sein kann, aber angesichts der Ungewißheit, der Täuschungen und Gefahren, die den Sklaven ständig umlauern, lernt er frühzeitig, mißtrauisch und wachsam zu sein, wird er in jungen Jahren schon vorsichtig und listig. An Großmutter hatte er nie eine Frage gerichtet, ebensowenig an Onkel Phillip, und ich hatte oft gehört, wie er in den Chor anderer Kinder einstimmte, die davon sprachen, daß ich im Norden sei.

Und jetzt ginge ich tatsächlich in die Freien Staaten, sagte ich ihm, und wenn er ein guter, ehrlicher Junge bleibe, der lieben alten Großmutter zugetan, würde der Herr ihm seinen Segen schenken und ihn zu mir führen, so daß wir und Ellen zusammen leben könnten. Er erzählte mir, Großmutter habe den ganzen Tag nichts gegessen. Während er noch sprach, wurde die Tür aufgeschlossen. Sie kam mit einer kleinen Geldtasche herein. Ich bat sie, wenigstens einen Teil der Barschaft für sich zu behalten, die Kosten für Bennys Reise in den Norden, doch sie bestand darauf, daß ich die ganze Summe mitnähme, wobei ihr in rascher Folge Tränen über die Wangen liefen. „Du könntest unter Fremden krank werden", sagte sie, „man würde dich zum Sterben ins Armenhaus schicken." Ja, so war sie, diese gute Großmutter!

Zum letztenmal suchte ich meinen Winkel auf, aber in der düsteren Umgebung erschauderte ich nicht mehr. Das Licht der Hoffnung erhellte meine Seele. Doch trotz der wunderbaren Aussicht, bald frei zu sein, stimmte es mich traurig, die alte Heimstatt für immer verlassen zu müssen. Hier hatte ich bei der lieben Großmutter lange Zuflucht gefunden, meinen ersten Liebestraum geträumt, hatten sich, nachdem er ausgeträumt war, die Kinder eng an mein vereinsamtes Herz gekuschelt.

Als die Stunde des Abschieds nahte, ließ ich mich wieder in die Kammer hinab. Großmutter und Benny waren schon dort. Sie ergriff meine Hand und sagte: „Linda, laß uns beten." Gemeinsam knieten wir nieder. Ich drückte den Sohn an die Brust, legte den anderen Arm um die treue, mitfühlende alte Freundin, und noch nie hatte ich ein so inbrünstiges Bittgebet um Gnade und Schutz gehört wie diesmal. Es ging mir durch und durch und flößte mir Gottvertrauen ein.

Peter erwartete mich auf der Straße. Bald ging ich neben ihm, körperlich schwach, aber von starkem Willen erfüllt. Ich drehte mich nicht um, obwohl ich fühlte, daß ich die traute Stätte nie wiedersehen sollte.[4]

XXX

Die Reise in den Norden

Ich wüßte nicht zu sagen, wie wir zum Kai gelangten. In meinem Kopf drehte sich alles wie in einem Strudel, und mir schlotterten die Beine. An der vereinbarten Stelle trafen wir Onkel Phillip, der vor uns aufgebrochen und auf einem anderen Wege zum Hafen gegangen war, um uns im Falle der Gefahr warnen zu können. Ein Ruderboot erwartete mich.

Ich stand im Begriff, einzusteigen, als jemand von hinten sanft an meinen Sachen zupfte. Ich wandte den Kopf und erblickte Benny, der blaß und aufgeregt aussah. „Ich habe beim Doktor durchs Fenster geguckt", flüsterte er mir zu. „Er ist zu Hause. Leb wohl, Mutter. Weine nicht. Ich komme nach."

Er eilte davon, und ich ergriff die Hand meines guten Onkels, dem ich soviel zu verdanken hatte, und die Peters, des tapferen, großzügigen Freundes, der aus freien Stücken solche schrecklichen Risiken eingegangen war, um mir zur Freiheit zu verhelfen. Noch heute sehe ich, wie sein freundliches Gesicht vor Freude strahlte, als er mir mitteilte, daß er eine zuverlässige Fluchtmethode gefunden habe. Und dieser intelligente, unternehmungslustige, edelmütige Mensch gehörte zur beweglichen Habe seines Herrn, durfte nach den Gesetzen des Landes, das sich zivilisiert nannte, wie Pferde und Schweine veräußert werden! Wir schieden schweigend. Aller Herzen waren so übervoll, daß wir keine Worte fanden.

Schnell glitt das Boot über das Wasser. Nach einer Weile sagte einer der Seeleute: „Lassen Sie den Mut nicht sinken, meine Dame. Wir werden Sie sicher zu Ihrem Gatten bringen."

Im ersten Augenblick stutzte ich und wußte nicht, was er meinte, aber dann sagte ich mir: Wahrscheinlich bezieht er sich auf eine Information, die er vom Kapitän erhalten hat, und ich dankte ihm geistesgegenwärtig für seinen Trost. „Hoffentlich hält sich das Wetter“, setzte ich hinzu.

An Bord trat mir der Schiffsführer entgegen, ein älterer Herr von angenehmem Äußeren. Er begrüßte mich und führte mich zu einer kleinen Kabine, in der meine Freundin Fanny saß.

Sie schrak zusammen, als ob sie ein Gespenst sähe. Höchst verblüfft starrte sie mich an. „Linda, kann es sein, daß *du* es bist? Oder ist es dein Geist?“

Wir umarmten uns, und ich konnte meine übermächtigen Gefühle nicht länger zügeln. Da mich der Kapitän schluchzen hörte, erinnerte er uns freundlich daran, daß es im Interesse seiner wie auch unserer eigenen Sicherheit ratsam wäre, kein Aufsehen zu erregen. Wenn ein Segel in Sicht sei, wünsche er, daß wir unten blieben; ansonsten habe er nichts dagegen einzuwenden, daß wir uns an Deck aufhielten. Er beteuerte, gründlich Ausschau halten zu wollen, und wenn wir vernünftig handelten, bestände nach seiner Meinung keinerlei Gefahr. Der Besatzung habe er gesagt, daß wir zu unseren Männern fahren wollten. Wir bedankten uns und versprachen, seine Anweisungen genau zu befolgen.

Als Fanny und ich allein waren, tauschten wir leise unsere Erlebnisse aus. Sie erzählte, was sie bei der Flucht durchgemacht und welche Ängste sie im Haus ihrer Mutter ausgestanden hatte. Am ausführlichsten schilderte sie, wie grausam sie an jenem schrecklichen Auktionstag von ihren Kindern getrennt worden war.

Als ich ihr sagte, wo ich nahezu sieben Jahre verbracht hatte, wollte sie es kaum glauben. „Wir haben alle die gleichen Sorgen“, sagte ich.

„Nein“, entgegnete sie, „du wirst deine Kinder bald wiedersehen, während ich nicht einmal die Hoffnung habe, von meinen je noch einmal etwas zu hören.“

Bald lief das Schiff aus, kam jedoch infolge von Gegenwind nur langsam voran. Das hätte mich gleichgültig gelassen, wären wir von der Stadt aus nicht mehr zu sehen gewesen; aber ehe nicht einige Meilen Wasser zwischen uns und unseren Feinden lagen, lebte ich in der ständigen Furcht, daß die Konstabler an Bord kommen könnten. Auch wußte ich nicht, wie weit dem Kapitän und seinen Männern zu trauen war, einem mir völlig fremden Menschenschlag. Ich hatte lediglich gehört, Seeleute seien rauhe, mitunter grausame Gesellen. Wir waren ihnen restlos ausgeliefert, und wehe uns, sollten es Schurken sein. War es nicht denkbar, daß der Kapitän, nachdem er das Geld für unsere Fahrt kassiert hatte, versuchen würde, mehr einzustreichen, indem er uns denjenigen auslieferte, die Besitzansprüche auf uns erhoben? Ich war von Natur aus vertrauensselig, die Sklaverei freilich hatte mich gegen jedermann mißtrauisch gemacht. Fanny teilte meine Bedenken nicht. Sie sagte, anfangs habe auch sie Angst gehabt, doch während der drei Tage, die sie im Hafen an Bord verbracht hatte, seien alle korrekt gewesen und weder der Kapitän noch seine Männer ihr irgendwie zu nahe getreten. Nie habe man sie anders als zuvorkommend behandelt.

Der Kapitän kam bald wieder und riet uns, an Deck zu gehen, um frische Luft zu schöpfen. Sein liebenswürdiges, respektvolles Auftreten, dazu Fannys Aussage beruhigten mich, und wir begleiteten ihn. Er bot uns sehr bequeme Sitzplätze an und griff gelegentlich in die Unterhaltung ein. Er sei im Süden geboren, habe den größten Teil seines Lebens in den Sklavenhalterstaaten verbracht und vor kurzem einen Bruder verloren, einen Sklavenhändler, sagte er und fügte gleich darauf hinzu: „Aber das ist ein schändliches, ein unwürdiges Gewerbe. Ich habe mich immer geschämt, weil mein Bruder solche dunklen Geschäfte betrieb." Als wir Snaky Swamp, den Schlangensumpf, passierten, wies er hinüber und bemerkte: „Da liegt ein Sklavengebiet, das jedem Empfinden hohnspricht."

Ich dachte an die furchtbaren Tage, die ich dort zugebracht hatte, und obwohl er nicht Dismal Swamp, Schreckenssumpf, hieß, war mir bei dem Anblick doch ganz schrecklich zumute.[1]

Nie werde ich jenen Abend vergessen. Die laue Frühlingsluft war so erquickend! Und wie soll ich beschreiben, was ich bei der Fahrt durch die Chesapeake Bay empfand? Oh, die herrliche Sonne, die labende Brise, und ich durfte alles uneingeschränkt und ohne Furcht genießen! Ich hatte nie geahnt, daß Luft und Sonnenlicht so belebend sein können, bevor ich ihrer beraubt worden war.

Zehn Tage nach dem Auslaufen näherten wir uns Philadelphia. Der Kapitän sagte, wir würden in der Nacht ankommen, aber er halte es für geraten, bis zum Morgen zu warten und erst im Hellen an Land zu gehen, um keinen Verdacht zu erregen.

„Sie müssen es wissen", erwiderte ich. „Werden Sie an Bord bleiben und uns beschützen?"

Er spürte meinen Argwohn und erklärte, es täte ihm leid, daß wir ihm so wenig vertrauten, jetzt, da die Reise zu Ende war. Nun ja, wäre er je ein Sklave gewesen, hätte er gewußt, wie schwer es fällt, einem Weißen zu trauen. Wir sollten getrost die ganze Nacht schlafen, schlug er vor, er wolle schon für unseren Schutz sorgen. Ja, gereiche es diesem Mann zur Ehre, daß er Fanny und mir nicht mit größerer Achtung hätte begegnen können, wären wir beide Weiße und unsere Reise gesetzlich sanktioniert gewesen. Mein kluger Freund Peter hatte den Charakter des Menschen, dessen Obhut er uns übergeben, ganz richtig eingeschätzt.

Kaum dämmerte der neue Tag herauf, war ich auf Deck. Ich rief Fanny, sich den Sonnenaufgang anzuschauen, unseren ersten von freiem Boden aus – wie wir *damals* meinten. Der Himmel färbte sich rot, langsam schob sich die große feurige Scheibe aus dem Wasser. Die Wellen begannen zu funkeln, alles wurde von einer schönen Glut erfaßt. Vor uns lag die Stadt der Fremden. Wir sahen einander an, und beider Augen wurden feucht. Wir waren der Sklaverei entronnen, fühlten uns vor den Häschern sicher. Doch wir waren allein in dieser Welt, fern von den teuren Banden, die der Dämon grausam zerrissen hatte.

XXXI

Erlebnisse in Philadelphia

Ich hatte gehört, der arme Sklave habe im Norden viele Freunde. Sicherlich würde es uns gelingen, einige von ihnen aufzuspüren. Doch zunächst wollte ich voraussetzen, daß jeder ein Freund war, solange er nicht das Gegenteil bewies. Ich suchte den netten Kapitän auf, bedankte mich für seine Aufmerksamkeiten, gelobte, nie zu vergessen, welche Dienste er uns erwiesen hatte, reichte ihm eine Botschaft für die Freunde zu Hause, und er versprach, sie zu überbringen. Wir wurden in ein Ruderboot gesetzt, und nach etwa fünfzehn Minuten betraten wir den hölzernen Kai von Philadelphia.[1]

Als ich mich umsah, berührte mich der Kapitän an der Schulter und sagte: „Hinter Ihnen steht ein achtbar erscheinender Farbiger. Ich werde ihn nach den New-Yorker Zügen fragen und ihm erklären, daß Sie bald weiterfahren möchten."

Ich dankte ihm und bat ihn, mir einige Geschäfte zu zeigen, wo ich Handschuhe und Schleier kaufen konnte. Er kam der Bitte nach. Dann sagte er, er wolle sich mit dem Farbigen unterhalten, bis ich zurück sei.

Ich beeilte mich, so gut es ging. An Bord hatte ich mir viel Bewegung verschafft und mich häufig mit Salzwasser abgerieben, so daß ich Arme und Beine fast wie früher gebrauchen konnte. Der Lärm der großen Stadt verwirrte mich, aber ich fand die Läden und kaufte für Fanny und für mich Schleier und Handschuhe ein.

Der Verkäufer sagte, das mache soundso viel Levies. Dieses Wort hatte ich noch nie gehört, aber das wollte ich nicht eingestehen. Wenn er merkte, daß ich eine Fremde war, dachte ich, könnte er fragen, wo ich herkäme. Ich reichte ihm ein Goldstück, und als er das Wechselgeld herausgab, zählte ich es. So erfuhr ich, was ein Levy wert war.[2]

Ich ging zum Kai zurück, wo mich der Kapitän mit dem Farbigen bekannt machte, einem Geistlichen der Kirche von Bethlehem, Rev. Jeremiah Durham.[3] Er nahm mich an die Hand, als ob wir alte Freunde wären. Für den New-Yorker Frühzug sei es viel zu spät, sagte er; wir müßten bis zum Abend oder nächsten Morgen warten. Er lud mich zu sich nach Hause ein und versicherte mir, daß mich seine Frau herzlich aufnehmen würde. Es war sehr freundlich gegenüber einer Fremden. Ich dankte ihm und sagte, daß ich während des Aufenthaltes gern einige Leute aus unserem Landesteil treffen würde. Mr. Durham bestand auf ein gemeinsames Mittagessen; danach wollte er mir behilflich sein, meine Freunde zu finden.

Die Seeleute kamen, um sich zu verabschieden. Ich schüttelte ihre harten Hände, und Tränen traten mir in die Augen. Sie waren alle sehr nett zu uns gewesen und hatten uns einen größeren Dienst erwiesen, als sie ahnen konnten.

Ich hatte nie eine so große Stadt gesehen und war nie in so belebten Straßen gewesen. Die Vorübergehenden schienen uns neugierig zu mustern. Ich schälte mich in dem von Hitzebläschen bedeckten Gesicht, weil ich bei Wind und Sonne auf Deck gesessen hatte, und es fiel wohl schwer, herauszufinden, welcher Nation ich angehörte.

Mrs. Durham hieß mich freundlich willkommen, ohne etwas zu fragen. Ich war abgespannt, und ihre Liebenswürdigkeit tat mir gut. Gott segne sie! Sicher hatte sie andere erschöpfte Wesen getröstet, bevor sie mir ihre Güte schenkte. Ihre Kinder und ihr Gatte umgeben sie in einem Heim, das rechtlich geschützt war. Ich dachte an meine Kinder und seufzte.

Nach dem Essen führte mich Mr. Durham zum Haus der Leute, von denen ich gesprochen hatte. Sie stammten aus meiner Heimatstadt, und ich sah der Begegnung erwartungsvoll entgegen; doch da wir sie nicht antrafen, lenkten wir unsere Schritte durch die herrlich sauberen Straßen zurück. Unterwegs bemerkte Mr. Durham, ich hätte erwähnt, eine Tochter besuchen zu wollen. Das überrasche ihn; ich sähe so jung aus, daß er mich für ledig gehalten hätte. Damit berührte er ein Thema, über das zu sprechen mir peinlich war. Als nächstes würde er sich nach meinem Gatten erkundigen, und was sollte er von mir denken, wenn ich ihm ehrlich antwortete? Ich erzählte, daß ich zwei Kinder hatte, eins in New York, das andere im Süden. Er stellte noch mehrere Fragen, und ich schilderte ihm freimütig einige der wichtigsten Begebenheiten aus meinem Leben. Es war unangenehm, davon zu reden, aber ich mochte ihn nicht täuschen. Wenn er mein Freund sein wollte, mußte er wissen, inwieweit ich seiner Freundschaft würdig war.

„Verzeihen Sie, wenn ich Ihnen zu nahe getreten bin“, sagte er, „ich habe nicht aus eitel Neugier gefragt. Ich möchte Ihre Lage kennen, um zu wissen, ob ich Ihnen oder Ihrem Töchterchen irgendwie dienlich sein kann. Ihre aufrichtigen Antworten gereichen Ihnen zur Ehre. Nur – seien Sie nicht zu jedem so offen. Es könnte einigen herzlosen Leuten einen Vorwand liefern, Sie mit Verachtung zu strafen.“

Das Wort *Verachtung* brannte wie glühende Kohlen. Ich erwiderte: „Gott allein weiß, was ich erduldet habe, und er, dessen bin ich gewiß, wird mir vergeben. Wenn ich meine Kinder haben darf, will ich eine gute Mutter sein und so leben, daß mich niemand verachten kann.“

„Ich schätze Ihre Gefühle“, sagte er. „Vertrauen Sie auf Gott, lassen Sie sich von guten Grundsätzen leiten, und es wird Ihnen gelingen, Freunde zu finden."

Als wir wieder zu Hause waren, zog ich mich in mein Zimmer zurück, froh, der Welt für ein Weilchen entronnen zu sein. Die Worte, die er gebraucht hatte, bewegten mich tief. Sie beschworen Schatten aus der leidigen Vergangenheit herauf. Während ich noch grübelte, klopfte es an der Tür. Mrs. Durham trat ein und meldete mir freudestrahlend, eine Freundin sei unten, eine Gegnerin der Sklaverei, die mich gern sprechen würde. Ich überwand meine Hemmungen Fremden gegenüber und begleitete meine Gastgeberin. Viele Fragen über Erfahrungen in und die Flucht aus der Sklaverei mußte ich beantworten, doch sie vermied es sorgsam, irgend etwas zu sagen, was verletzend gewesen wäre. Wie wohltuend das für mich war, können nur diejenigen ermessen, die auch einmal so behandelt worden sind, als ob sie keine Menschen wären. Die Freundin der Antisklavereibewegung war gekommen, um sich nach meinen Plänen zu erkundigen und mich zu unterstützen, falls es erforderlich sei. Ein Freund Mr. Durhams hatte Fanny aufgenommen, und die Antisklaverei-Gesellschaft war bereit, ihre Reisekosten nach New York zu begleichen.[4] Dasselbe Angebot wurde auch mir gemacht, doch ich lehnte dankend ab, da mich Großmutter so reichlich mit Geld versehen hatte, daß ich die Fahrt selbst bezahlen konnte. Man drängte uns, einige Tage in Philadelphia zu bleiben, bis sich eine geeignete Begleitung finden ließ. Ich nahm den Vorschlag gern an, denn ich fürchtete mich, allein irgendwelchen Sklavenhaltern zu begegnen, und auch vor der Reise mit der Eisenbahn war mir nicht ganz geheuer. Ich hatte noch nie in einem Zug gesessen. So eine Fahrt mußte ein aufregendes Erlebnis sein.

Mit bisher nicht bekannten Regungen streckte ich mich in meinem Bett aus. Ich fühlte mich richtig als freie Frau, lag lange wach auf meinem Kissen, und kaum war ich endlich eingeschlafen, als mich die Feuerglocken aus dem Schlummer rissen.[5] Mit einem Satz war ich draußen und schlüpfte eilig in die Sachen. Wo ich herkam, zog sich bei Feueralarm jeder hastig an. Die Weißen meinten, ein Großbrand könnte eine gute Gelegenheit für einen Aufstand bieten; es wäre ratsam, auf alles gefaßt zu sein, und die Farbigen wurden ins Freie beordert, um das Feuer zu löschen. In unserer Stadt gab es eine einzige Spritze, und die farbigen Frauen und Kinder mußten sie oft zum Fluß ziehen und füllen.

Die Tochter der Durhams schlief in demselben Zimmer wie ich, und da ich merkte, daß sie sich durch all das Getöse nicht stören ließ, hielt ich es für meine Pflicht, sie aufzuwecken. „Was ist los?" fragte sie und rieb sich die Augen.

„Auf der Straße wird gerufen, daß es brennt, und die Glocken läuten", entgegnete ich.

„Was ist dabei?" murmelte sie schläfrig. „Daran sind wir gewöhnt. Wir stehen nie auf, höchstens wenn es ganz nahe ist. Wozu auch?"

Es überraschte mich, daß wir nicht hinauslaufen mußten, um beim Füllen der Feuerspritze zu helfen. Ich war ein unwissendes Kind, gerade erst dabei, in die Gepflogenheiten der Großstädter einzudringen.

Als es hell wurde, hörte ich Marktschreierinnen, die frischen Fisch, Beeren, Rettiche und verschiedene andere Waren anpriesen. Auch das war neu für mich. Ich fuhr in die Sachen und setzte mich ans Fenster, um das ungewohnte Leben und Treiben zu beobachten. Philadelphia kam mir wunderbar groß vor. Beim Frühstück gab es viel Heiterkeit wegen meines Verlangens, die Feuerspritze ziehen zu helfen, und ich stimmte in das Gelächter ein.

Dann besuchte ich Fanny, die sich bei ihren neuen Freunden so wohl fühlte, daß sie keine Eile hatte, die angenehme Stätte zu verlassen. Auch ich war sehr glücklich. Meine liebenswürdige Gastgeberin besaß die Vorzüge einer guten Bildung und war mir in diesem Punkt hoch überlegen. Doch jeden Tag, fast jede Stunde erweiterte sich mein Wissen. Mrs. Durham führte mich durch die Stadt und zeigte mir alles, was sie für sehenswert hielt. Einmal besuchten wir das Atelier eines Künstlers, wo wir Porträts einiger ihrer Kinder[6] betrachteten, die ersten Bilder von Farbigen, die mir je zu Gesicht gekommen waren, und ich fand sie schön.

Als fünf Tage verstrichen waren, erbot sich eine Freundin Mrs. Durhams, uns am darauffolgenden Morgen nach New York zu begleiten.[7] Ich drückte meiner lieben Gastgeberin zum Abschied die Hand, und dabei hätte ich gern gewußt, wie weit sie über mich im Bilde war. Ich nehme an, ihr Mann hatte ihr alles erzählt, aber aus ihrem Munde hörte ich nie eine Anspielung. Vermutlich war es das taktvolle Schweigen weiblichen Mitgefühls.

Als uns Mr. Durham die Fahrkarten aushändigte, sagte er: „Ich fürchte, Sie werden eine unangenehme Reise haben, aber für die Ersterklassewagen konnte ich Ihnen keine Karten besorgen."

In der Meinung, ihm nicht genug Geld gegeben zu haben, bot ich ihm mehr an.

„O nein", sagte er, „sie wären um keinen Preis zu haben. Farbigen ist es nicht gestattet, erster Klasse zu fahren."

So erhielt meine Begeisterung für die Freien Staaten einen kleinen Dämpfer. Im Süden mußten die Farbigen schmutzige Kästen am Ende des Zuges benutzen, doch für diese Gnade brauchten sie nichts zu bezahlen. Es stimmte mich traurig zu sehen, wie der Norden die Bräuche der Sklaverei nachäffte.

Wir wurden in einem großen, groben, überfüllten Wagen verstaut, wo die Fenster auf beiden Seiten so hoch angebracht waren, daß wir ohne aufzustehen nicht hinausschauen konnten. Vertreter anscheinend aller Nationen gaben sich ein Stelldichein. In Betten und Wiegen fuhren zahlreiche schreiende und strampelnde Säuglinge mit. Jeder zweite Mann hatte eine Zigarre oder Pfeife im Mund, und Krüge mit Whisky machten die Runde. Der Schnapsgeruch und die dicken Rauchschwaden verursachten Brechreiz, und gleichermaßen Übelkeit erregend waren die schmutzigen Witze und zotigen Lieder, die um mich her laut wurden. Ja, es war eine sehr unangenehme Fahrt, doch seit damals hat es auf der Bahn einige Verbesserungen gegeben.[8]

XXXII

Begegnung zwischen Mutter und Tochter

Als wir in New York ankamen, machten mich die Menge der Kutscher und ihre Rufe „Wagen gefällig, meine Dame?" halb wahnsinnig. Wir verhandelten mit einem, der uns für zwölf Shilling nach Sullivan Street bringen wollte, da trat ein stämmiger Ire heran und sagte: „Ich besorge es für sechs Shilling."

Eine Ermäßigung um fünfzig Prozent war verlockend, und wir fragten, ob wir gleich aufbrechen könnten.

„Klar, das machen wir, ladies", antwortete er. Ich bemerkte jedoch, daß sich die Kutscher zulächelten, und erkundigte mich, ob das Fahrzeug anständig sei.

„Ja, 's is' anständig, ist es, Gnädije. Ich wär doch wohl ein Dreckskerl, wenn ich die Damen in einem Fahrzeug, das nicht anständig wär, befördern wollte."

Wir gaben ihm unsere Gepäckscheine, und er tauchte bald wieder auf und sagte: „Hier lang, bitte, ladies."

Wir folgten ihm, fanden unsere Koffer auf einem Rollwagen und wurden aufgefordert, uns daraufzusetzen.

Als wir einwandten, das sei nicht im Sinn unserer Abmachungen, er müsse die Koffer abladen, schwor er, sie sollten nicht angerührt werden, bis wir ihm sechs Shilling gezahlt hätten. In unserer Lage wäre es unklug gewesen, Aufmerksamkeit zu erregen, und ich fand mich schon bereit, der Forderung des Iren nachzukommen, da schüttelte ein Mann in nächster Nähe den Kopf und gab mir zu verstehen, es nicht zu tun. Nach vielem Hin und Her wurden unsere Koffer endlich auf eine Droschke umgeladen.

Wir fuhren zu einer Pension, die uns empfohlen worden war, und dort, in der Sullivan Street, trennten sich unsere Wege. Die Anti-Slave Society hatte Fanny ein Heim verschafft, wo sie, wie ich später hörte, unter gedeihlichen Umständen lebte.

Ich schickte nach einem alten Freund, der aus meinem Landesteil stammte. Der Mann hatte seit einiger Zeit geschäftlich in New York zu tun und kam sofort. Ich wünsche meine Tochter aufzusuchen, sagte ich ihm und bat ihn, mir bei der Vermittlung eines Gesprächs behilflich zu sein.[1]

Der Familie sollte er verschweigen, daß ich gerade erst aus dem Süden eingetroffen war, weil man mich dort seit sieben Jahren im Norden wähnte. Er erzählte mir, in Brooklyn lebe eine farbige Frau, die aus derselben Stadt komme wie ich, und er empfahl mir, mich mit meiner Tochter in ihrem Haus zu treffen. Ich griff den Vorschlag dankbar auf, und er erklärte sich bereit, mich nach Brooklyn zu bringen. Über Fulton ferry fuhren wir zur Myrtle Avenue und hielten vor dem Haus, das er meinte.[2] Ich stand im Begriff einzutreten, als zwei Mädchen an mir vorbeigingen. Mein Freund machte mich auf sie aufmerksam. Ich drehte mich um und erkannte Sarah, die Tochter einer Frau, die früher bei meiner Großmutter gelebt, den Süden aber vor längerer Zeit verlassen hatte. Überrascht und erfreut über die unerwartete Begegnung schlang ich beide Arme um sie und erkundigte mich nach ihrer Mutter.

„Du beachtest ja das andere Mädchen gar nicht", sagte mein Freund, und als ich mich der Jüngeren zuwandte, stand meine Ellen vor mir! Sie hatte sich in den zwei Jahren seit unserem Abschied ein gut Teil verändert, und auch eine weniger scharfe Beobachterin als eine Mutter hätte gewisse Zeichen der Vernachlässigung bemerkt. Mein Freund meinte, wir sollten alle eintreten, doch Ellen sagte, sie sei auf einem Botengang unterwegs, wolle ihren Auftrag so schnell wie möglich erfüllen, dann nach Hause laufen und Mrs. Hobbs bitten, mich besuchen zu dürfen. Wir vereinbarten, daß ich am nächsten Tag nach ihr schicken sollte. Sarah eilte hinein, um ihrer Mutter meine Ankunft zu melden. Als ich dem Mädchen folgte, mußte ich feststellen, daß die Hausherrin nicht anwesend war. Ich wartete auf sie, und bevor ich sie sah, hörte ich sie. „Wo ist Linda Brent? Ich habe ihre Eltern gekannt." Gleich darauf kam Sarah herein, und ihre Mutter begleitete sie. So waren nun einige Leute aus der Nachbarschaft meiner Großmutter versammelt. Sie scharten sich um mich, überhäuften mich mit Fragen, lachten, weinten, schrien, dankten Gott, daß es mir gelungen war, meinen Häschern zu entgehen, daß ich mich auf Long Island in Sicherheit befand. Es war ein sehr aufregender Sonnabend. Wie anders als die Stille der Wochen, Monate, Jahre, die ich in meiner öden Höhle verbracht hatte!

Als ich Sonntagmorgen erwachte, galten die ersten Gedanken der Mitteilung, die ich Mrs. Hobbs schicken wollte. Daß ich vor kurzem angekommen sein mußte, lag auf der Hand; andernfalls hätte ich mich früher um Ellen gekümmert, aber ich konnte nicht zugeben, den Süden unlängst verlassen zu haben, damit würde ich eingestehen, daß ich dort untergetaucht war, und einige Menschen in Schwierigkeiten bringen, wenn nicht gar ins Unglück stürzen.

Ich bin stets für einen offenen Kurs ohne Winkelzüge und mache ungern Ausflüchte. Wo immer ich diesem Grundsatz untreu geworden bin, trägt das System der Sklaverei die Schuld daran. Es war diese Ordnung der Gewalt und des Unrechts, die mir jetzt keine andere Wahl ließ, als zu einer Lüge zu greifen. Ich schrieb, ich sei vor kurzem aus Kanada eingetroffen und wünsche sehr, meine Tochter zu sehen.

Ellen kam und überbrachte die Botschaft, Mrs. Hobbs lade

mich zu sich ein und versichere mir, daß ich nichts zu befürchten hätte.[3]

Unser Gespräch war nicht gerade beruhigend. Als ich meine Tochter fragte, ob sie gut behandelt wurde, sagte sie ja, aber es lag keine Herzlichkeit in dem Ton, und ich hatte den Eindruck, daß sie mich nur beschwichtigen wollte, weil ich mir ihretwegen keine Sorgen machen sollte. Später erkundigte sie sich sehr ernst: „Mutter, wann holst du mich zu dir?"

Es bekümmerte mich, daß ich ihr kein Heim zu bieten hatte, ehe ich Arbeit fand und Geld verdiente, und das konnte lange dauern. Einst war vereinbart worden, Mrs. Hobbs solle sie in die Schule schicken. Ellen war jetzt zwei Jahre bei ihr. Sie war neun und kannte kaum das Abc. Hierfür gab es keine Entschuldigung, denn Brooklyn verfügte über gute öffentliche Schulen, die sie kostenlos hätte besuchen können.[4]

Sie blieb, bis es dunkel wurde; dann begleitete ich sie. Die Familie nahm mich freundlich auf, und alle schienen sich darin einig, daß Ellen ein nützliches, gutes Mädchen war. Doch Mrs. Hobbs sah mir kühl ins Gesicht und sagte: „Ich nehme an, Sie wissen, daß Mister Sands, mein Vetter, sie meiner Ältesten gegeben hat. Sie wird ein nettes Kammermädchen aus ihr machen, wenn sie herangewachsen ist."

Ich erwiderte kein Wort. Wie *konnte* sie, die aus eigener Erfahrung die Stärke der Mutterliebe kannte und die sehr genau wußte, in welchem Verhältnis Mr. Sands zu meinen Kindern stand – wie *konnte* sie es wagen, mich anzusehen, während sie mir diesen Dolch ins Herz stieß?

Es überraschte mich nicht mehr, daß sie dem Kind keine Schulbildung zukommen ließen. Mr. Hobbs war einst wohlhabend gewesen, dann aber gescheitert und hatte danach einen untergeordneten Posten bei der Zollbehörde erhalten.[5] Vielleicht beabsichtigten sie, eines Tages in den Süden zurückzukehren; für eine Sklavin wären die Kenntnisse, über die Ellen verfügte, völlig ausreichend. Es drängte mich zu arbeiten, Geld zu verdienen, damit ich die Lage meiner Kinder verändern konnte. Mr. Sands hatte sein Versprechen, sie zu emanzipieren, nicht gehalten. Im Fall meiner Tochter war ich getäuscht worden. Welche Sicherheit gab es für Benjamin? Keine, das fühlte ich.

Ich kehrte unzufrieden zum Haus meiner Freundin zurück.

Wenn ich meinen Kindern helfen wollte, durfte ich keine Sklavin sein. Ich hielt mich für einen freien Menschen, manchmal glaubte ich sogar fest daran, es zu sein, doch ich kannte auch die Gefahren. An jenem Abend setzte ich mich hin und schrieb Dr. Flint einen höflichen Brief, in dem ich ihn bat, mir den niedrigsten Preis zu nennen, zu dem er mich verkaufen würde; und da ich rechtlich seiner Tochter gehörte, wandte ich mich mit einem ähnlichen Ersuchen ebenfalls an sie.

Seitdem ich im Norden angekommen war, hatte ich versucht, meinen lieben Bruder William zu finden, und fleißig nach ihm geforscht. Da er in Boston sein sollte, fuhr ich dorthin. Als ich eintraf, war er nach New Bedford weitergereist. Ich schickte einen Brief hinterher und bekam Bescheid, er sei auf einer Walfangfahrt unterwegs und werde einige Monate bleiben.[6] Da fuhr ich nach New York zurück, wo ich mich in Ellens Nähe um eine Stelle bemühte.

Die Antwort, die mir Dr. Flint gab, war nicht gerade ermutigend. Er riet mir, umzukehren, mich meinen rechtmäßigen Eigentümern zu beugen, dann würde jede Bitte, die ich vorbrächte, gewährt werden. Ich lieh den Brief einem Freund, der ihn verloren hat; sonst würde ich ihn für meine Leser abdrucken lassen.

XXXIII

Ein Heim gefunden

Mein größter Wunsch war es jetzt, Arbeit zu finden. Gesundheitlich ging es mir weit besser, obwohl mir die Gliedmaßen schwollen, wenn ich viel auf den Beinen war. Die Hauptschwierigkeit bestand jedoch darin, daß jeder, der einen Fremden einstellte, ein Empfehlungsschreiben des Vorgängers verlangte, und ich konnte in meiner Situation von den Familien, denen ich treu gedient hatte, natürlich kein Zeugnis bekommen.

Eines Tages kam mir zu Ohren, daß ein Kindermädchen gesucht wurde. Ich bewarb mich sofort um die Stelle. Die Dame sagte, sie bevorzuge eine Mutter, die im Umgang mit Kleinkindern erfahren sei, und als sie hörte, ich hätte zwei eigene Säuglinge gestillt, stellte sie zwar viele Fragen, forderte zu meiner großen Erleichterung jedoch keine Referenzen. Wie sie erzählte, war sie Engländerin, und diesen Umstand empfand ich als erfreulich, denn es hieß, Engländer hätten weniger Vorurteile als Amerikaner gegen Menschen anderer Hautfarbe. Wir vereinbarten, daß ich auf eine Woche probeweise eingestellt wurde. Der Versuch war für beide Seiten ein Erfolg. Danach sollte ich einen Monat bleiben.[1]

Der himmlische Vater ist höchst gnädig gewesen, mich in diesen Haushalt zu führen. Mrs. Bruce war eine nette, höfliche Dame und erwies sich als aufrichtige, mitfühlende Freundin. Ehe die festgelegte Frist abgelaufen war, schwollen mir die Gliedmaßen, weil ich häufig Treppen steigen mußte. Vor Schmerzen konnte ich meinen Pflichten nicht mehr nachkommen. Manch eine Dame hätte mich daraufhin bedenkenlos entlassen. Nicht so Mrs. Bruce. Sie sorgte dafür, daß ich weniger Stufen zu laufen hatte. Außerdem zog sie einen Arzt hinzu, der sich um mich kümmerte. Noch hatte ich ihr nicht erzählt, daß ich eine flüchtige Sklavin war. Sie bemerkte jedoch, daß mich etwas bedrückte, und erkundigte sich nach der Ursache meines Trübsinns. Ich sagte, es sei die Trennung von den Kindern und anderen lieben Verwandten. Das ständige Gefühl der Unsicherheit, das mein Gemüt belastete, ließ ich unerwähnt. Zwar hätte ich mich gern einem Menschen offenbart, aber so oft war ich von Weißen hintergangen worden, daß ich jedes Vertrauen zu ihnen verloren hatte. Wenn sie freundliche Worte für mich fanden, vermutete ich eine eigennützige Absicht dahinter. Mißtrauisch, wie ich der Sklaverei entflohen, war ich in dieses Haus gekommen, doch noch vor Ablauf des ersten Halbjahres hatten die sanftmütige Mrs. Bruce und das Lächeln ihres liebenswerten Kindes mein erkaltetes Herz warm gemacht. Auch erweiterte sich mein Horizont unter dem Einfluß anspruchsvoller Konversation und der Lektüre, der ich mich gern widmen durfte, sooft es meine Zeit erlaubte. Allmählich wurde ich energischer und fröhlicher.

Das alte Gefühl der Unsicherheit, insbesondere im Hinblick auf die Kinder, überschattete oftmals die lichte Seite meines Lebens. Mrs. Bruce erbot sich, Ellen aufzunehmen, doch so angenehm es gewesen wäre, meiner Tochter ein neues Heim zu geben – ich wagte den Vorschlag nicht anzunehmen, aus Furcht, die Hobbs zu beleidigen. Sie wußten, in welcher prekären Lage ich mich befand, und das lieferte mich ihnen aus. Ich spürte, daß ich es nicht mit ihnen verderben durfte, bis es mir meine Arbeit und Sparsamkeit ermöglichten, den Kindern ein Zuhause zu schaffen.

Trotz dieser Überlegungen stimmte es mich nach wie vor unzufrieden, daß Ellen vernachlässigt wurde. Manchmal besuchte sie mich, doch gewöhnlich brachte sie Wünsche von Mrs. Hobbs mit. Bald sollte ich ihr ein Paar Schuhe kaufen, bald irgendein Kleidungsstück, und jedesmal erhielt ich das Versprechen, die Auslagen ersetzt zu bekommen, sobald Mr. Hobbs' Gehalt fällig wurde; doch aus irgendwelchen Gründen wollte und wollte der Zahltag nie kommen. So gab ich manchen Dollar meiner Ersparnisse dafür aus, daß das Kind etwas Ordentliches anzuziehen hatte. Das war jedoch ein geringes Übel im Vergleich zu der Furcht, daß finanzielle Schwierigkeiten die Hobbs veranlassen könnten, meine teure kleine Tochter zu veräußern. Ich wußte, daß sie ständige Verbindung zu Leuten im Süden unterhielten und folglich jederzeit Gelegenheit fänden, eine derartige Transaktion vorzunehmen. Wie bereits erwähnt, als Ellen im Alter von zwei Jahren eingekerkert wurde, litt sie an einer Augenentzündung, die von Masern verursacht worden war. Die Krankheit quälte sie noch immer, und die freundliche Mrs. Bruce schlug vor, sie solle für einige Zeit nach New York kommen, um sich unter die Obhut des renommierten Augenarztes Dr. Elliot zu begeben.[2] Es schien mir in keiner Weise ungehörig zu sein, daß eine Mutter diesen Wunsch äußerte, aber Mrs. Hobbs wurde sehr ärgerlich und weigerte sich, Ellen gehen zu lassen. Mit Rücksicht auf meine Lage wäre es unklug gewesen, auf meiner Bitte zu beharren. Ich klagte nicht, aber das Verlangen, über das Wohl der Kinder frei entscheiden zu können, wuchs und wuchs.

Als ich wieder nach Brooklyn kam, entschuldigte sich Mrs. Hobbs quasi für ihren Zornausbruch, indem sie mir mitteilte, daß sie ihren eigenen Arzt zu Rate gezogen habe. Er solle Ellen behandeln, und mein Ersuchen habe sie abgelehnt, weil ihr ein Aufenthalt in New York zu unsicher gewesen wäre. Ich nahm die Erklärung schweigend entgegen; doch sie hatte mir gesagt, mein Kind *gehöre* ihrer Tochter, und ich argwöhnte, daß die Befürchtung, ich könnte ihr diesen Besitz abspenstig machen, das wahre Motiv ihrer Entscheidung gewesen war. Vielleicht tat ich ihr unrecht, aber nach meinen Erfahrungen mit Südstaatlern fiel es mir schwer, anders zu fühlen.

Süße und Bitterkeit vermischten sich im Kelch meines Lebens, und ich war dankbar, daß der Inhalt nicht mehr ausschließlich aus Bitterkeit bestand. Ich liebte das Baby, das ich zu betreuen hatte. Wenn es lachte, mir ins Gesicht krähte, die weichen Ärmchen mir vertrauensvoll um den Nacken legte, dachte ich an die Zeit, als Benny und Ellen in diesem Alter gewesen waren, und das war Balsam für mein wundes Herz.

Eines freundlichen Morgens stand ich am Fenster, wiegte die Kleine in meinen Armen und wurde plötzlich auf einen jungen Mann in Seemannskleidung aufmerksam, der im Vorübergehen jedes Haus forschend musterte. Ich sah ihn mir genauer an. Konnte es Bruder William sein? Er mußte es sein, nur – wie er sich verändert hatte! Ich brachte das Kind in Sicherheit, flog die Treppe hinab, öffnete die Haustür, winkte dem Seemann zu, und wenige Sekunden später umarmte mich mein Bruder.[3] Was wir uns alles zu erzählen hatten! Wie jeder über die Abenteuer des anderen lachte und lamentierte!

Ich begleitete ihn nach Brooklyn, sah ihn wieder bei Ellen, die er ins Herz geschlossen und sorgsam behütet hatte, während ich in meiner elenden Höhle eingesperrt gewesen war. Er blieb eine Woche in New York. Seine alte Zuneigung für Ellen und für mich war lebendig wie je. Keine Bande sind so stark wie jene, die durch gemeinsame Leiden geknüpft werden.

XXXIV

Wieder der alte Feind

Miss Emily Flint, meine junge Herrin, antwortete nicht auf den Brief, in dem ich ihre Zustimmung zu meinem Verkauf erbeten hatte. Nach einiger Zeit kam jedoch eine Nachricht, die angeblich ihr kleiner Bruder verfaßt hatte. Um sich am Inhalt des Schreibens richtig ergötzen zu können, muß der Leser bedenken, daß mich die Familie seit vielen Jahren im Norden wähnte. Die Flints meinten, ich wüßte nicht, daß der Doktor auf der Suche nach mir dreimal New York durchkämmt hatte. Sie ahnte weder, daß ich ihn belauscht hatte, als er gekommen war, um zu diesem Zweck fünfhundert Dollar zu borgen, noch daß ich ihn gesehen hatte, als er an Großmutters Haus vorbei zum Dampfer gegangen war; sie wußten nicht einmal, daß mir alle Einzelheiten, die den Tod und das Begräbnis meiner Tante Nancy betrafen, taufrisch hinterbracht worden waren. Ich habe dieses Schriftstück aufgehoben und lasse einen Abdruck folgen.

„Dein Brief an meine Schwester ist vor wenigen Tagen eingegangen. Ich entnehme ihm, daß Du den Wunsch hast, in Deinen Heimatort, zu Deinen Freunden und Verwandten, zurückzukehren. Wir waren alle erfreut über den Inhalt Deines Briefes; und ich darf Dir versichern, wenn irgendwelche Mitglieder der Familie je Gefühle der Verstimmung Dir gegenüber empfunden haben, so empfinden sie heute nichts mehr dergleichen. Wir nehmen alle Anteil an Deinem Mißgeschick und sind bereit zu tun, was in unseren Kräften steht, um Dich zufrieden und glücklich zu machen. Freilich ist es schwierig für Dich, als freie Person nach Hause zurückzukehren. Falls Dich Deine Großmutter kaufen würde, wäre es zweifelhaft, ob Du die Erlaubnis bekämest, zu bleiben, wiewohl Du das Recht hierzu hättest. Wollte man einer Dienerin gestatten, sich selbst zu kaufen und frei zurückzukehren, nachdem sie sich ihren Besitzern so lange entzogen hat, würde es eine schädliche Auswirkung haben. Deinem Brief nach zu urteilen mußt Du Dich in einer schweren und mißlichen Lage befinden. Komm nach Hause. Es steht in Deiner Macht, unsere Gunst erneut zu erwerben. Wir würden Dich mit offenen Armen und Freudentränen empfangen. Du brauchst keinerlei unfreundliche Behandlung zu befürchten, haben wir uns doch weder Unannehmlichkeiten noch Unkosten eingehandelt, um Deiner habhaft zu werden. Hätten wir es getan, würden wir vielleicht anders denken. Du weißt, meine Schwester war Dir stets verbunden, und Du bist nie als Sklavin behandelt worden. Du brauchtest dich nie zu schinden oder Feldarbeit zu verrichten. Im Gegenteil, Du wurdest ins Haus genommen, wie eine von uns behandelt, fast wie eine Freie; und wir zumindest fühlten, daß Du darüber erhaben wärest, Dich schändlich aus dem Staub zu machen. Da ich glaube, daß Du geneigt bist, freiwillig nach Hause zu kommen, habe ich mich veranlaßt gefühlt, für meine Schwester zu schreiben. Die Familie wird sich freuen, Dich zu sehen, und Deine arme alte Großmutter äußerte den großen Wunsch, Dich kommen zu lassen, als ihr Dein Brief vorgelesen wurde. Auf ihre alten Tage braucht sie den Trost, ihre Kinder um sich zu haben. Zweifellos hast Du vom Tod Deiner Tante gehört. Sie war eine treue Dienerin und ein treues Mitglied der Episkopalkirche. In ihrem Christenleben lehrte sie uns zu leben und – oh, zu hoch der Preis des Wissens – auch zu sterben![1] Hättest Du uns mit ihrer Mutter an ihrem Totenbette sehen können, wie unsere Tränen zu einem gemeinsamen Strom zusammenflossen, hättest Du gewußt, daß zwischen einem Herrn und seiner Dienerin die gleichen herzlichen Bande bestehen wie zwischen einer Mutter und ihrem Kind. Aber dieses Thema ist zu schmerzlich, als daß ich mich dabei aufhalten möchte. Ich muß meinen Brief zum Abschluß bringen. Falls es Dir gefällt, Deiner Großmutter, Deinem Kind, Deinen Dich liebenden Freunden fern zu sein, dann bleib, wo Du bist. Wir werden uns nie die Mühe machen, Dir nachzustellen. Solltest Du es aber vorziehen, nach Hause zu kommen, werden wir tun, was wir können, um Dich glücklich zu machen. Falls Du nicht in der Familie bleiben möchtest, so weiß ich, daß Vater durch unsere Fürsprache geneigt sein wird, Dich durch jede Person unserer Gemeinde, wen immer Du wählen magst, kaufen zu lassen. Du willst bitte so bald wie möglich antworten und uns Deine Entscheidung wissen lassen. Die Schwester schickt Dir liebe Grüße. Inzwischen bin ich Dein aufrichtiger Freund und Gönner."

Der Brief trägt die Unterschrift von Emilys Bruder, der noch ein bloßer Jüngling war.[2] Der Stil verriet mir, daß ihn kein Mensch seines Alters abgefaßt haben konnte, und obgleich die Handschrift verstellt war, hatte sie mich in der Vergangenheit zu oft unglücklich gemacht, als daß ich die Züge Dr. Flints nicht erkannt hätte. Oh, die Heuchelei der Sklavenhalter! Hielt mich der alte Fuchs für eine so dumme Gans, daß ich in diese Falle gehen würde? Wahrhaftig, er baute allzusehr auf die „Dummheit der afrikanischen Rasse". Ich blieb der Familie Flint die Antwort auf ihre freundliche Einladung schuldig – ein Versäumnis, für das sie mich ohne Zweifel gemeiner Undankbarkeit bezichtigte.

Bald darauf schrieb mir ein Freund aus dem Süden, Dr. Flint

habe vor, den Norden zu besuchen. Der Brief traf verspätet bei mir ein, so daß der Arzt bereits auf dem Weg sein konnte. Da ich Mrs. Bruce verschwiegen hatte, daß ich flüchtig war, sagte ich ihr, wichtige Geschäfte riefen mich nach Boston, wo sich William zu der Zeit aufhielt. Ich bat um die Erlaubnis, meine Stelle als Kindermädchen für zwei Wochen an eine Freundin abtreten zu dürfen, und fuhr unverzüglich ab. Gleich nach der Ankunft schrieb ich Großmutter, falls Benny Reiselust verspüre, solle sie ihn nach Boston schicken. Ich wußte, sie wartete nur auf eine günstige Gelegenheit, ihn in den Norden zu befördern. Zum Glück besaß sie das Recht, es zu tun, ohne erst eine Genehmigung einholen zu müssen. Als meine Kinder gekauft worden waren, hatte es Mr. Sands für zweckmäßig erachtet, den Kaufbrief auf ihren Namen ausstellen zu lassen. Es wurde vermutet, daß er das Geld aufgebracht hatte, doch mit Sicherheit wußte das niemand zu sagen. Im Süden darf ein Herr eben unbeschadet eine ganze Schar farbiger Kinder sein eigen nennen, doch wird bekannt, daß er sie kauft, um sie in die Freiheit zu entlassen, gilt dies als gefährliches, gegen die „besondere Institution" gerichtetes Exempel, und er macht sich unbeliebt.

Da ein Schiff direkt nach New York fuhr, wurde Benny an Bord gebracht und ihm ein Brief mitgegeben, der die Bitte enthielt, daß ein Freund ihn nach Boston geleite.

Eines Morgens klopfte es stürmisch an meine Tür. Völlig außer Atem stürzte mein Sohn herein. „So, Mutter, da bin ich", verkündete er. „Ich bin den ganzen Weg gerannt, und ich komme allein. Wie geht es dir?"

Vermag eine Leserin meine Freude nachzuempfinden? Nein, das kann sie nicht, es sei denn, sie wäre ebenfalls einmal eine Sklavenmutter gewesen.

Benjamin plapperte los, so schnell sich die Zunge bewegen ließ. „Mutter, warum holst du Ellen nicht her? Ich war in Brooklyn drüben, um sie zu besuchen, und sie fühlte sich sehr schlecht, als ich mich verabschiedete. ‚Ach Ben', sagte sie, ‚ich wünschte, ich würde auch gehen.' Ich dachte, sie weiß wunder was, aber sie weiß nicht mal soviel wie ich. Ich kann lesen, sie kann es nicht. Und, Mutter, ich habe unterwegs alle Sachen verloren. Was kann ich machen, um welche zu beschaffen? Ich denke doch, freie Jungs können sich hier im Norden so gut stehn wie weiße Jungs."

Ich mochte dem lebhaften, glücklichen kleinen Gesellen nicht sagen, wie sehr er sich irrte. Wir gingen zu einem Schneider, der ihn so ausstattete, daß er die Garderobe wechseln konnte. Den Rest des Tages verbrachten wir damit, uns gegenseitig auszufragen. Immer wieder wünschten wir, daß die gute alte Großmutter bei uns wäre, und Benny schärfte mir ein, ihr umgehend zu schreiben und ja nicht zu versäumen, ihr alles über seine Seefahrt und die Reise nach Boston zu berichten.

Dr. Flint besuchte New York, strengte sich sehr an, mich zu finden und in den Süden einzuladen; da er jedoch nicht herausbekam, wo ich mich aufhielt, dampfte er unverrichteterdinge ab, und die reizende Familie, die mich mit „offenen Armen“ empfangen wollte, mußte sich enttäuschen lassen.

Sobald ich wußte, daß er wohlbehalten zu Hause angelangt war, übergab ich Benjamin der Obhut meines Bruders und kehrte zu Mrs. Bruce zurück. Dort blieb ich den Winter und das Frühjahr über, bestrebt, gewissenhaft meine Pflicht zu tun. Der Charme der kleinen Mary, die rücksichtsvolle Freundlichkeit ihrer großartigen Mutter, die gelegentlichen Gespräche mit meiner geliebten Tochter machten mich recht glücklich.

Doch als der Sommer kam, stellte sich das alte Gefühl der Unsicherheit wieder ein. Ich mußte Mary täglich ausführen, damit sie Bewegung und frische Luft hatte, und die Stadt wimmelte von Südstaatlern, von denen mich dieser oder jener erkennen konnte. Bei heißem Wetter tummeln sich die Schlangen und die Sklavenhalter, und ich mag die einen giftigen Kreaturen so wenig wie die anderen. Ein Trost, daß ich so frei sein darf, das offen zu *sagen*.

XXXV

Vorurteile gegen Hautfarbe

Ich spürte Erleichterung, als ich sah, daß Vorbereitungen getroffen wurden, die Stadt zu verlassen.

Mit dem Dampfer „Knickerbocker“ fuhren wir nach Albany.[1] Als der Gong zum Tee rief, sagte Mrs. Bruce: „Linda, es ist spät. Es wäre besser, wenn du und das Kind mit zur Tafel kämen.“

„Ich weiß, daß es für die Kleine an der Zeit ist, Abendbrot zu essen", entgegnete ich, „aber ich möchte lieber nicht mit Ihnen gehen, wenn Sie erlauben. Ich fürchte, daß ich beleidigt werde."

„O nein, nicht, wenn du bei *mir* bist", sagte sie.

Mehrere weiße Kindermädchen begleiteten ihre Ladies, und ich wagte es ihnen gleichzutun. Wir gingen zum äußersten Ende der Tafel. Dort hatte ich kaum Platz genommen, als ich mürrisch angebläfft wurde. „Steh auf! Du weißt, daß du hier nicht sitzen darfst."

Ich hob den Kopf, und zu meiner Überraschung und Entrüstung stellte ich fest, daß der Kläffer ein Farbiger war. Wenn es zu seinen Aufgaben zählte, dafür zu sorgen, daß die Schiffsordnung eingehalten wurde, hätte er wenigstens einen höflichen Ton anschlagen können.

„Ich werde nicht aufstehen", sagte ich, „es sei denn, der Kapitän kommt und hilft mir hoch."

Mir wurde keine Tasse Tee angeboten, aber Mrs. Bruce reichte mir ihre und ließ sich eine neue bringen. Ich beobachtete die anderen Kindermädchen, um zu sehen, wie man sie behandelte. Sie wurden alle ordentlich bedient.

Am nächsten Morgen machten wir zum Frühstück in Troy fest. Jeder eilte zur Tafel. Mrs. Bruce sagte: „Nimm meinen Arm, Linda. Wir gehen zusammen hinein."

Das hörte der Wirt, und er fragte: „Madam, werden Sie Ihrem Kindermädchen und dem Baby gestatten, das Frühstück mit meiner Familie einzunehmen?"

Ich wußte, daß er dies wegen meiner Hautfarbe sagte, doch er sprach höflich; darum machte es mir nichts aus.

In Saratoga erwies es sich, daß das United States Hotel voll besetzt war, und Mr. Bruce nahm eins der dazugehörigen Häuschen. Ich hatte beglückt daran gedacht, in ländliche Einsamkeit zu gelangen, und jetzt stellte sich heraus, daß mich hier ein Schwarm von Südstaatlern umgab.[2] Mit Furcht und Zittern sah ich mich um, immer gewärtig, erkannt zu werden. Zu meiner Beruhigung erfuhr ich, daß wir nur kurze Zeit bleiben wollten.

So kehrten wir bald nach New York zurück und bereiteten uns darauf vor, den Rest des Sommers in Rockaway zu verleben. Während die Wäscherin die Sachen in Ordnung brachte, ergriff ich die Gelegenheit, einen Abstecher nach Brooklyn zu machen.

Dort traf ich Ellen, die zum Kaufmann unterwegs war. Ihre ersten Worte lauteten: „O Mutter, geh nicht zu Mistress Hobbs. Ihr Bruder, Mister Thorne, ist aus dem Süden gekommen. Er könnte verraten, wo du bist."

Ich beherzigte die Warnung, sagte meiner Tochter, daß ich am folgenden Tag mit Mrs. Bruce verreisen, aber sie gleich nach der Rückkehr besuchen würde.

Da ich im Dienst einer Angelsächsin stand, brauchte ich im Zug nach Rockaway keinen Waggon für Farbige, keinen „Jim Crow car", zu benutzen, und niemand mutete mir zu, auf einem mit Gepäck beladenen Rollwagen durch die Straßen zu fahren, doch überall begegneten mir Zeugnisse jenes grausamen Vorurteils, das die Farbigen so entmutigt und ihre Energie lähmt.[3] Wir erreichten Rockaway vor dem Dunkelwerden und stiegen im *Pavilion* ab, einem großen, schön an der Küste gelegenen Hotel, wo sich die vornehme Welt ein Stelldichein gab.[4] Dreißig bis vierzig Kindermädchen waren dort, Angehörige der verschiedensten Nationen. Einige Damen hatten farbige Kammerfrauen und Kutscher, aber ich war das einzige Kindermädchen mit einigen Tropfen afrikanischem Blut in den Adern. Als zum Tee geläutet wurde, nahm ich Mary auf den Arm und folgte den anderen. Das Abendessen wurde in einem langgestreckten Saal serviert. Ein junger Mann, der die Hotelgäste plazierte, umkreiste zwei- oder dreimal die Tafel und deutete schließlich auf einen Platz am unteren Ende. Da dort nur ein Stuhl stand, setzte ich mich und nahm das Kind auf den Schoß. Da kam der junge Mann zu mir und bemerkte in schmalzigster Weise: „Willst du so gut sein, die Kleine auf den Stuhl zu setzen, dich dahinterzustellen und das Mädchen zu füttern? Nachdem alle gespeist haben, wird man dich in die Küche weisen, wo du ein gutes Abendessen erhältst."

Das war die Höhe! Viel fehlte nicht, und ich hätte die Selbstbeherrschung verloren, als ich mich umschaute, den Blicken von Kindermädchen mit nur einer Nuance hellerem Teint begegnete und sah, daß sie mich wie eine Luftverpesterin anstarrten. Ich sagte jedoch nichts, nahm ruhig das Kind hoch, zog mich in unser Zimmer zurück und weigerte mich, noch einmal zur Tafel zu gehen. Mr. Bruce ließ das Essen für Mary und mich oben auftragen. Einige Tage lang geschah das reibungslos, doch dann beschwerten sich die weißen Kellner, sie seien nicht angestellt, um Neger zu bedienen. Der Hotelbesitzer bat Mr. Bruce, mich zu den Mahlzeiten nach unten zu schicken. Seine Leute, sagte er, rebellierten dagegen, im Zimmer zu servieren; auch seien die farbigen Diener anderer Herrschaften unzufrieden, weil nicht alle gleich behandelt wurden.

Meine Antwort lautete, daß die farbigen Diener *mit sich selbst* unzufrieden sein sollten, wenn sie so wenig Selbstachtung aufbrächten, daß sie sich diese Behandlung bieten ließen. Es gebe keine Preisunterschiede für die Beköstigung farbiger und weißer Diener und folglich auch keine Rechtfertigung für eine unterschiedliche Behandlung. Nach diesem Disput blieben wir noch einen Monat, und da mich die Leute entschlossen fanden, meine Rechte zu verteidigen, hielten sie es für angebracht, anständig mit mir umzugehen. Wenn wir es erreichen, daß alle Farbigen so auftreten, werden unsere Unterdrücker schließlich aufhören, auf uns herumzutrampeln.

XXXVI

Ein Entrinnen mit knapper Not

Als wir nach New York zurückgekehrt waren, benutzte ich die erste sich bietende Gelegenheit, Ellen aufzusuchen. Da ich vermutete, daß der Gast aus dem Süden noch anwesend war, bat ich darum, meine Tochter herabzuschicken; denn eine Begegnung mit Mr. Thorne wollte ich vermeiden.[1] Mrs. Hobbs kam jedoch in die Küche und verlangte, daß ich hinaufging. „Mein Bruder wünscht dich zu sehen", sagte sie. „Es tut ihm leid, daß du ihm ausweichst. Er weiß, daß du in New York lebst. Er sagt, ich soll dir ausrichten, er hätte der guten alten Tante Martha zu viele Gefälligkeiten zu verdanken, als daß er so gemein sein könnte, ihre Enkelin zu verraten."

Dieser Mr. Thorne war verarmt und heruntergekommen gewesen, lange bevor er den Süden verlassen hatte, und wenn sich solche Leute einen Dollar borgen oder ein gutes Essen beschaffen möchten, wenden sie sich lieber an einen alten treuen Sklaven, als daß sie zu einem Menschen ihresgleichen gehen. Für solche Art

Gefälligkeiten bekundete er Großmutter gegenüber Dankbarkeit. Ich wünschte, er wäre in der Ferne geblieben, doch da er nun einmal hier war und wußte, wo ich mich aufhielt, konnte ich nichts gewinnen, wenn ich ihm aus dem Wege ging; im Gegenteil, ich würde mir vielleicht seinen Unwillen zuziehen. Also folgte ich seiner Schwester die Treppe hinauf. Er empfing mich sehr freundlich, gratulierte mir zu meiner Flucht aus der Sklaverei und drückte die Hoffnung aus, daß ich gut untergekommen und zufrieden sei.

Ich besuchte Ellen, sooft ich konnte. Das gute, rücksichtsvolle Kind vergaß keinen Augenblick, in welcher gefährlichen Lage ich mich befand. Sie war stets wachsam und auf meine Sicherheit bedacht. Nie klagte sie über Unannehmlichkeiten oder Sorgen, aber sie konnte mich nicht darüber hinwegtäuschen, daß sie nicht ganz glücklich war. Als ich sie bei einem meiner Besuche ungewöhnlich ernst antraf, fragte ich, was sie bedrücke. Nichts, sagte sie, alles sei in Ordnung. Doch ich verlangte zu wissen, warum sie so ein freudloses Gesicht mache. Schließlich kam heraus, es sei ihr unangenehm, daß man im Hause ständig zechte. Sie wurde sehr häufig zum Laden geschickt, um Rum und Weinbrand zu kaufen, und sie schämte sich, so oft danach zu gehen. Mr. Hobbs und Mr. Thorne tranken maßlos. Ihre Hände zitterten, und sie riefen Ellen, damit sie Schnaps einschenke. „Trotzdem", sagte sie, „Mister Hobbs ist nett zu mir. Ich mag ihn gern. Er tut mir leid."

Ich versuchte sie zu trösten, indem ich ihr erklärte, daß ich hundert Dollar zurückgelegt hatte und hoffte, ihr und Benjamin bald ein Heim geben und sie zur Schule schicken zu können. Da sie immer danach trachtete, mir das Leben mit ihren Nöten nicht noch schwerer zu machen, erfuhr ich erst Jahre später, daß Mr. Thornes Trunksucht nicht die einzige Belästigung war, unter der sie zu leiden hatte. Er behauptete zwar, Großmutter zu dankbar zu sein, als daß er einen ihrer Nachkommen verletzen könne, was ihn indes nicht hinderte, ihrer unschuldigen Urenkelin lose Worte ins Ohr zu raunen.

Die Sonntagnachmittage verbrachte ich gewöhnlich in Brooklyn, und einmal fing mich Ellen ungeduldig vor dem Haus ab. „O Mutter", sagte sie, „ich warte schon so lange auf dich. Ich fürchte, Mister Thorne hat Doktor Flint geschrieben, wo du bist. Beeil dich, komm herein. Mistress Hobbs wird dir alles erzählen."

Der Bericht war schnell gegeben. Am Tag zuvor hatten ihre Kinder in der Weinlaube gespielt, als Mr. Thorne herausgekommen war, einen Brief zerrissen und die Schnitzel verstreut hatte. Ellen war dabei gewesen, den Hof zu fegen, und da sie dem Mann seit jeher mit Mißtrauen begegnete, hatte sie die Stücke aufgelesen und zu den Kindern gebracht. „Ich möchte wissen, an wen Mister Thorne geschrieben hat."

„Ich bin sicher, ich weiß es nicht", hatte das älteste der Kinder entgegnet, „und es ist mir auch egal. Ich verstehe nicht, was es dich angeht."

„Aber es geht mich an", hatte Ellen erwidert, „ich fürchte, er hat wegen meiner Mutter nach dem Süden geschrieben."

Die Kinder hatten sie ausgelacht, ein törichtes Ding genannt, die Fetzen jedoch gutmütig zusammengefügt, und das kleine Mädchen hatte ausgerufen: „Ich möchte sagen, Ellen, ich glaube, du hast recht."

Soweit ich mich erinnere, hatte Mr. Thornes Brief folgenden Wortlaut: „Ich habe Ihre Sklavin Linda gesehen und mit ihr geredet. Sie kann leicht festgenommen werden, wenn Sie es klug anstellen. Es gibt genug von unseren Leuten hier, die beschwören würden, daß es sich um Ihr Eigentum handelt. Ich bin ein Patriot, ich liebe mein Land, und ich tue dies als einen Akt der Gerechtigkeit vor dem Gesetz." Zum Schluß teilte Mr. Thorne dem Arzt meine Adresse mit.

Die Kinder hatten die Schnitzel zu Mrs. Hobbs gebracht, die sogleich in das Zimmer ihres Bruders gelaufen war, um eine Erklärung zu verlangen. Mr. Thorne war nicht anwesend gewesen, aber die Diener hatten gesehen, wie er mit einem Brief in der Hand fortgegangen war, vermutlich zum Postamt. Natürlich lag die Annahme nahe, daß er Dr. Flint eine Abschrift geschickt hatte. Als er kam, sagte es ihm seine Schwester auf den Kopf zu, und er leugnete den Anwurf nicht, ging in sein Zimmer, und am nächsten Morgen suchte er das Weite. Ehe sich in der Familie jemand rührte, brach er nach New York auf.

Ich durfte keine Zeit verlieren. Mir war schwer ums Herz, und ich eilte in die Stadt zurück. Wieder sollte ich ein trautes Heim verlieren, wieder hatte der Dämon meine Pläne mit den Kindern zunichte gemacht. Jetzt bedauerte ich, Mrs. Bruce meine Geschichte nicht erzählt zu haben. Ich hatte sie verschwiegen, nicht nur, weil ich flüchtig war – das hätte sie erschreckt, allerdings auch ihr Mitgefühl erregt –, aber ich schätzte die hohe Meinung, die sie von mir hatte, und fürchtete, sie könnte sie verlieren, wenn ich sie in die traurigen Einzelheiten einweihte. Doch nun mußte sie erfahren, woran sie war. Mit der Absicht, mich am nächsten Morgen zu offenbaren, traf ich bei ihr ein. Es war meine sorgenvolle Miene, die sie veranlaßte, Fragen zu stellen, und meine Antworten führten dazu, daß ich ihr noch vor dem Schlafengehen mein volles Herz ausschüttete.[2] Sie hörte mir mit echt fraulichem Verständnis zu und sagte, daß sie tun wollte, was möglich war, um mich zu schützen. Ich segnete sie aus tiefster Seele.

In aller Frühe wurden Richter Vanderpool und Anwalt Hopper konsultiert.[3] Beide meinten, ich sollte die Stadt sofort verlassen, da das Risiko groß wäre, wenn der Fall zur Verhandlung käme. Mrs. Bruce brachte mich mit dem Wagen zu einer Freundin. In diesem Haus sei ich sicher, sagte sie, bis mein Bruder ankomme, was ein paar Tage dauern würde.

In der Zwischenzeit grübelte ich viel über Ellen. Sie gehörte zu mir, nicht nur, weil ich sie geboren hatte, sondern auch nach dem Gesetz des Südens, weil Großmutter den Kaufbrief besaß, der sie mir offiziell zusprach. Trotzdem bangte ich um sie, solange ich sie nicht bei mir hatte, und Mrs. Hobbs, die sich für den Verrat ihres Bruders schämte, ging auf meine Bitten ein – unter der Voraussetzung, daß sie nach zehn Tagen zu ihr zurückkehrte. Ich vermied es, etwas zu versprechen. Mit leichten, verwachsenen Sachen bekleidet und einem Schulranzen unterm Arm traf sie bei mir ein. Es war Oktober, und sie mußte frieren. Da ich mich nicht hinauswagte, um Einkäufe zu machen, schneiderte ich meinen Flanellrock für sie zurecht. Die gute Mrs. Bruce kam sich verabschieden, und als sie sah, was ich getan hatte, traten ihr Tränen in die Augen. „Warte auf mich, Linda“, sagte sie, verließ das Haus und besorgte ein hübsches warmes Tuch und eine Kapuze für Ellen. Wahrhaftig, sie war eine Seele von Mensch.

Am Mittwoch darauf war mein Bruder bei mir. Anwalt Hopper riet uns, die Stoningtoner Route nach Boston zu nehmen, da in diese Richtung weniger Südstaatler fuhren.[4] Mrs. Bruce wies ihre Diener an, allen Leuten, die sich nach mir erkundigten, zu sagen, ich hätte früher dort gewohnt, wäre jedoch aus der Stadt abgereist.

Wir gelangten wohlbehalten an Bord der *Rhode Island*.[5] Auf dem Dampfer waren schwarze Arbeitskräfte beschäftigt, aber ich wußte, daß für die Kabine keine farbigen Passagiere zugelassen wurden. Doch ich suchte die Abgeschiedenheit, weniger, weil ich die nächtliche Kühle scheute, mehr, um nicht gesehen zu werden. Anwalt Hopper erwartete uns. Er bat die Stewardeß um den besonderen Gefallen, uns gut zu behandeln. Zu mir sagte er: „Wenden Sie sich an den Kapitän, nehmen Sie Ihr kleines Mädchen mit, und ich bin sicher, daß er sie nicht an Deck schlafen läßt." Nach diesen freundlichen Worten und einem Händedruck ging er von Bord.

Das Schiff legte ab, und rasch vergrößerte sich der Abstand zu dem behaglichen Heim, in dem ich Sicherheit und Ruhe zu finden gehofft hatte. Mein Bruder hatte es mir überlassen, die Fahrscheine zu lösen, weil er glaubte, daß ich eher Erfolg hätte. Als die Stewardeß zu mir kam, zahlte ich, was sie verlangte, und sie gab mir drei Tickets mit gekappten Ecken.

So unbefangen wie möglich sagte ich: „Ihnen ist ein Irrtum unterlaufen. Ich habe Sie um Kabinenkarten gebeten. Mit meiner kleinen Tochter kann ich keinesfalls an Deck schlafen."

Das sei kein Irrtum, versicherte sie mir. Auf einigen Linien wären Farbige für die Kabine zugelassen, jedoch nicht auf dieser, da sie von vielen wohlhabenden Leuten benutzt werde. Ich bat sie, mich zum Kapitän zu führen, und sie entgegnete, nach dem Tee.

Als es soweit war, nahm ich Ellen an die Hand, ging zu ihm und bat ihn höflich, unsere Tickets umzutauschen, weil es an Deck sehr ungemütlich wäre. Es sei unüblich, entgegnete er, aber er würde dafür sorgen, daß wir unten Kojen bekämen. Auch um bequeme Sitzplätze im Eisenbahnwagen wolle er sich kümmern; ob es ihm gelänge, sei ungewiß, er wolle es allerdings dem Zugführer nahelegen, sobald das Schiff am Ziel sei. Ich bedankte mich und ging in die Damenkabine zurück.

Später kam er zu mir und teilte mir mit, der Zugführer sei an Bord, er habe ihm das Anliegen vorgetragen und eine entsprechende Zusage erhalten. Ich staunte über soviel Freundlichkeit. Vielleicht hatte das angenehme Gesicht meiner Tochter das Herz des Kapitäns gewonnen, oder die Stewardeß hatte dem Gebaren des Anwalts entnommen, daß ich ein Flüchtling war, und sich für mich eingesetzt.

Als wir Stonington anliefen, hielt der Zugführer Wort und wies uns Plätze im ersten Wagen zu, gleich hinter der Lokomotive. Wir sollten an der Tür sitzen, erbat er sich aus, aber als er weitergegangen war, wagten wir, ans andere Ende des Abteils vorzudringen, und niemand wurde unhöflich. Wohlbehalten erreichten wir Boston.

Der Tag nach der Ankunft war einer der glücklichsten meines Lebens. Ich hatte das Gefühl, den Bluthunden entronnen zu sein, und zum erstenmal seit vielen Jahren waren beide Kinder bei mir. Sie freuten sich, wieder vereint zu sein, lachten und plauderten fröhlich. Jede ihrer Bewegungen entzückte mich.

Da ich mich in New York nicht sicher fühlen konnte, ging ich auf den Vorschlag einer Freundin ein, gemeinsam Haushalt zu führen und uns in die Kosten zu teilen. Mrs. Hobbs teilte ich mit, daß Ellen Unterricht genießen und zu diesem Zweck bleiben müsse. Sie schämte sich, in ihrem Alter des Lesens und Schreibens unkundig zu sein. Deshalb schickte ich sie nicht mit Benny, sondern brachte ihr selbst etwas bei, bis sie soweit war, daß sie eine Mittelschule besuchen konnte.[6] Der Winter verlief angenehm. Ich war rührig mit der Nadel, und meine Kinder waren es mit ihren Büchern.

XXXVII

Ein Besuch Englands

Im Frühjahr erhielt ich eine traurige Nachricht. Mrs. Bruce war gestorben.[1] Nie wieder auf dieser Welt sollte ich ihr in das sanftmütige Antlitz schauen, ihre sympathische Stimme hören. Ich hatte eine ausgezeichnete Freundin verloren und die kleine Mary eine liebevolle Mutter. Mr. Bruce wünschte mit dem Kind einige Verwandte in England zu besuchen und legte großen Wert darauf, daß ich die Kleine betreute. Die Halbwaise war an mich gewöhnt, hing an mir, und ich dachte, in meiner Obhut wäre sie glücklicher als in der einer Fremden. Auch konnte ich mit der Nadel nicht soviel verdienen wie in dieser Stellung. Ich schickte Benny in die Lehre und ließ Ellen bei meiner Freundin. Sie sollte zur Schule gehen.[2]

Wir verließen New York und legten nach einer zwölftägigen angenehmen Seereise in Liverpool an.[3] Dann ging es direkt nach London weiter, wo wir uns im Adelaide Hotel einquartierten. Das Essen schien mir weniger üppig als in den amerikanischen Hotels zu sein; dafür war meine Lage unbeschreiblich günstiger. Zum erstenmal im Leben wurde ich nicht nach der Hautfarbe, sondern meinem Verhalten entsprechend beurteilt. Ich fühlte mich, als wäre mir ein Mühlstein von der Brust gewälzt. In dem herrlichen Bewußtsein, reine, uneingeschränkte Freiheit zu genießen, bewohnte ich mit meinem Schützling ein schönes Zimmer, bettete ich den Kopf am Abend auf mein Kissen.

Da ich mich ständig um das Kind kümmerte, fand ich wenig Gelegenheit, die Wunder der großen Stadt zu besichtigen, aber ich beobachtete das rege Leben, das durch die Straßen pulsierte und einen eigenartigen Kontrast zu der Stagnation in den Städten unseres Südens bildete. Mr. Bruce und seine Tochter verbrachten einige Tage bei Freunden in Oxford Crescent, und natürlich mußte ich sie begleiten. Ich hatte viel über die systematischen englischen Erziehungsmethoden gehört und wünschte sehr, daß meine liebe Mary sogleich in die richtige Bahn gelenkt wurde. Deshalb beobachtete ich aufmerksam ihre kleinen Spielgefährten und deren Kindermädchen, jederzeit bereit, in der Wissenschaft guter Lenkung und Leitung etwas von ihnen zu lernen. Die Kleinen waren rosiger als die amerikanischen, doch im übrigen konnte ich keine auffälligen Unterschiede feststellen. Sie waren wie alle Kinder – manchmal fügsam, manchmal widerspenstig.

Dann reisten wir nach Steventon in Berkshire weiter,[4] einer Kleinstadt, von der es heißt, daß sie die armseligste der Grafschaft sei. Ich sah Männer, die für sechs oder sieben Shilling die Woche auf den Feldern arbeiteten, und Frauen, die sechs oder sieben Pence am Tag verdienten, wovon sie ihren Lebensunterhalt bestreiten mußten. Natürlich ging es bei ihnen äußerst primitiv zu; anders konnte es nicht sein, wenn der Tageslohn einer Frau nicht ausreichte, ein Pfund Fleisch zu kaufen. Sie zahlten niedrige Mieten, und ihre Garderobe bestand aus billigstem Gewebe, obwohl die Qualität immer noch viel besser war als die der Stoffe, die man in den Vereinigten Staaten für das gleiche Geld bekommt. Ich hatte viel darüber gehört, wie die Armen in Europa unterdrückt werden, und von den Menschen, die ich traf, zählten nicht wenige zu den Ärmsten der Armen; doch ich besuchte sie in ihren strohgedeckten Häuschen und konnte mich davon überzeugen, daß sogar die untersten Schichten unter günstigeren Bedingungen lebten als die am meisten begünstigten Sklaven in Amerika. Sie arbeiteten schwer, aber sie brauchten nicht aufs Feld auszurücken, wenn die Sterne noch am Himmel standen, wurden weder an heißen noch an kalten Tagen von einem Aufseher durch Peitschenschläge angetrieben und mußten nicht schuften, bis die Sterne wieder schienen. Ihre Häuschen waren sehr bescheiden, doch das Gesetz schützte sie. Keine unverschämten Patrouillen durften dort mitten in der Nacht eindringen und die Bewohner nach Belieben verprügeln. Schloß der Familienvater die Tür ab, konnten sich er und die Seinen sicher fühlen. Kein Herr oder Aufseher kam, um die Frau oder Tochter zu schänden. Gingen die Kinder fort, um einen eigenen Hausstand zu gründen, wußten die Eltern, wo sie lebten, und standen mit ihnen in Briefverbindung. Zu heilig waren die Beziehungen zwischen Mann und Frau, zwischen Eltern und Kind, als daß der reichste Adlige im Land es gewagt hätte, sie zu beschmutzen. Schulen wurden eröffnet, Wohltätigkeitsgesellschaften unternahmen Anstrengungen, um die Voraussetzungen zu verbessern. Es gab kein Gesetz, das diesen Menschen verbot, lesen und schreiben zu lernen, und wenn sie einander halfen, die Bibel zu verstehen, setzten sie sich nicht der Gefahr aus, neununddreißig Peitschenhiebe zu bekommen, wie es bei mir und dem frommen alten Onkel Fred der Fall gewesen. Ich wiederhole, selbst der letzte, der elendeste dieser Bauern war tausendmal besser daran als der verwöhnteste amerikanische Sklave.

Dabei bestreite ich nicht, daß die Armen in Europa unterdrückt werden. Ich bin weit davon entfernt, ihre Lebensbedingungen in rosigen Farben darzustellen, wie es die ehrenwerte Miss Murray mit denen der Sklaven in den Vereinigten Staaten tut.[5] Nun, ein Bruchteil *meiner* Erfahrung könnte sie befähigen, ihre eigenen Seiten mit geläuterten Augen zu lesen. Würde sie ihre Titel ablegen, seßhaft werden, statt bei vornehmen Leuten ein- und auszugehen, bei einem Pflanzer in Louisiana oder Alabama als arme Gouvernante arbeiten, bekäme sie Dinge zu sehen und zu hören, die sie eine andere Geschichte erzählen ließen.

Die Reise nach England war ein denkwürdiges Ereignis in meinem Leben, nicht zuletzt auch wegen der Tatsache, daß ich hier stark religiöse Eindrücke erhielt. Die geringschätzige Art, wie in meiner Heimat den Farbigen das Abendmahl verabreicht wurde, die konfessionellen Bindungen eines Dr. Flint und seinesgleichen, der An- und Verkauf von Sklaven durch berufsmäßige Verkünder des Evangeliums hatten mich gegen die Episkopalkirche aufgebracht. Der ganze Gottesdienst war mir wie Hohn, wie eine Farce erschienen. Doch in Steventon nahm mich die Familie eines Geistlichen auf, der ein wahrer Jünger Jesu war. Die Schönheit seines täglichen Wirkens verhalf mir zu dem festen Glauben, daß es aufrechte Christen unter den Pfarrern gibt. Das Herz tat sich mir auf, und mit echter Demut der Seele kniete ich am Altar.

Zehn Monate blieb ich im Ausland, viel länger, als ich gedacht hatte.[6] Während dieser ganzen Zeit begegnete ich kein einziges Mal dem geringsten Anzeichen von Rassenvorurteilen. Tatsächlich vergaß ich ganz, daß es so etwas überhaupt gab, bis ich wieder in Amerika war.

XXXVIII

Erneute Einladung in den Süden

Langweilig gestaltete sich die Überfahrt im Winter, und gespenstisch zeichnete sich in der Ferne die Küste der Vereinigten Staaten ab. Es ist traurig, wenn man Angst vor der Rückkehr in die eigene Heimat verspürt. Wir kamen in New York an, und ich eilte nach Boston, um meine Kinder zu sehen.

Ellen war wohlauf, in der Schule erfolgreich; doch Benny konnte mich nicht willkommen heißen. Er hatte einen Beruf erlernen sollen, und einige Monate lang war alles gut gegangen. Sein Meister hatte ihn ins Herz geschlossen, bei den anderen Lehrlingen war er sehr beliebt, aber eines Tages entdeckten sie zufällig einen Umstand, den sie vorher nie bemerkt hatten, die Tatsache, daß er farbig war! Da erschien er allen sogleich in anderem Licht. Die Lehrlinge waren Amerikaner oder in Amerika geborene Iren, und es verstieß gegen ihre Würde, einen „Nigger" unter sich zu wissen, nachdem sie erfahren hatten, daß er einer *war*. Sie straften ihn mit Verachtung, und da er ihnen mit gleicher Münze heimzahlte, beleidigten und schmähten sie ihn.[1] Er war zu selbstbewußt, als daß er das ertragen hätte. Er verließ sie, und weil er sich ohne fremde Hilfe durchschlagen wollte und niemanden hatte, den er um Rat fragen konnte, nahm er an einer Walfangfahrt teil. Ich vergoß viele Tränen bei der Nachricht und machte mir bittere Vorwürfe, daß ich ihn so lange allein gelassen hatte. Doch es war gut gemeint gewesen, und nun blieb mir nichts anderes zu tun, als den himmlischen Vater um Führung und Beistand zu bitten.[2]

Bald nach meiner Ankunft erhielt ich von der ehemaligen Miss Emily Flint, der jetzigen Mrs. Dodge, folgenden Brief:[3]

„Sicher wirst Du die Handschrift Deiner Freundin und Herrin erkennen. Da ich hörte, daß Du mit einer Familie nach Europa gefahren warst, wartete ich mit dem Schreiben bis zu Deiner Rückkehr. Längst hätte ich Deinen Brief beantworten sollen, aber da ich nicht unabhängig von meinem Vater handeln konnte, wußte ich, daß zu Deiner Zufriedenheit nichts getan werden konnte. Es gab hier einige Personen, die bereit wären, Dich zu kaufen und das Risiko einzugehen, Dich aufzunehmen. Dem wollte ich nicht zustimmen. Ich bin Dir immer zugetan gewesen und würde Dich nicht gern als Sklavin eines anderen oder unfreundlich behandelt sehen. Jetzt bin ich verheiratet und kann Dich beschützen. Mein Gatte plant, im Frühjahr nach Virginia zu ziehen, wo wir uns niederzulassen gedenken. Mir läge sehr viel daran, daß Du kommen und bei mir leben würdest. Wenn Du nicht bereit bist zu kommen, darfst Du Dich selbst kaufen; aber ich würde es vorziehen, Dich bei mir zu haben. Wenn Du kommst, kannst Du, wenn Du möchtest, einen Monat bei Deiner Großmutter und Deinen Freunden verbringen und dann zu mir nach Norfolk, Virginia, kommen. Überleg es Dir, und schreib mir so bald wie möglich, und laß mich die Entscheidung wissen. In der Hoffnung, daß Deine Kinder wohlauf sind, bin ich Deine Freundin und Herrin."[4]

Natürlich blieb ich ihr die Antwort schuldig. Ich dankte ihr nicht für diese herzliche Einladung, sondern war beleidigt, daß sie mich für so dumm hielt, auf den Schwindel hereinzufallen.

„‚Komm in meine Wohnung', sprach die Spinne
zu der Fliege;
‚Gemütlich ist es hier wie in der schönsten Wiege.'"[5]

Es lag auf der Hand, daß die Familie Dr. Flints über meine Bewegungen unterrichtet wurde. Ich erwartete weitere Schwierigkeiten von diesen Leuten; doch da ich ihnen bisher hatte ausweichen können, hoffte ich auch künftig so erfolgreich zu sein. Das verdiente Geld wollte ich in die Ausbildung der Kinder und in ein Heim für sie stecken. Daß ich für mich selbst zahlen sollte, erschien mir nicht nur hart, sondern ungerecht. Ich konnte mich unmöglich als ein Stück Eigentum betrachten. Außerdem hatte ich viele Jahre gearbeitet, ohne entlohnt zu werden; während dieser Zeit war ich Großmutter für so manche Unterstützung mit Nahrung und Bekleidung zu Dank verpflichtet gewesen. Meine Kinder gehörten zweifelsfrei mir, aber obwohl Dr. Flint ihrethalben keinerlei Ausgaben gehabt hatte, war ihm für sie doch eine große Summe Geld zugeflossen. Trotz allem würde das Gesetz entscheiden, daß ich sein Eigentum war, und seiner Tochter wahrscheinlich einen Besitzanspruch auf meine Kinder zuerkennen. In meinen Augen waren diese Gesetze die Satzungen von Räubern, deren Rechte zu respektieren ich mich nicht verpflichtet fühlte.

Das Sklavenflüchtlingsgesetz schien damals nicht in Kraft zu sein. Die Richter von Massachusetts hatten den Zutritt zu dem sogenannten Justizpalast noch nicht durch Ketten versperrt. Da ich wußte, daß mein alter Herr eine sehr geringe Meinung von Massachusetts hatte, glaubte ich, daß es ein freiheitsliebender Staat wäre, und fühlte mich auf seinem Boden sicher. Heute weiß ich, welche unverdiente Ehre ich dem ehrwürdigen Gemeinwesen erwies.[6]

XXXIX

Das Geständnis

Zwei Jahre schlug ich mich mit meiner Tochter recht und schlecht in Boston durch.[1] Am Ende dieser Zeit empfahl mir William, Ellen auf eine Heimschule zu schicken. Es kostete mich große Überwindung, zuzustimmen, mich von ihr zu trennen, denn es gab wenig Menschen, die mir nahestanden, und ihre Gegenwart ließ meine beiden kleinen Zimmer wohnlich erscheinen. Doch die Vernunft siegte über meine eigennützigen Gefühle. Ich traf Vorbereitungen für ihre Abreise. Während der zwei Jahre, die wir beieinander gewesen waren, hatte ich mir oft vorgenommen, ihr etwas über ihren Vater zu erzählen, aber nie den Mut aufgebracht, mein Vorhaben wahr zu machen. Mich plagte eine unüberwindliche Furcht davor, daß mich mein Kind weniger lieben könnte, und obwohl sie in diesem Punkt neugierig sein mußte, hatte sie nie irgendwelche Fragen gestellt. Sie war immer sehr darauf bedacht, mir das Dasein so angenehm wie möglich zu machen. Doch jetzt, da sie im Begriff stand, mich zu verlassen, sagte ich mir, falls ich sterben sollte, ehe sie zurückkam, könnte sie die Geschichte von jemand erfahren, der die mildernden Umstände nicht kannte, und wenn sie dann völlig unvorbereitet wäre, würde sie bei ihrem sensiblen Gemüt vielleicht einen schmerzlichen Schock erleiden.

Ehe wir uns zur Nachtruhe zurückzogen, sagte sie: „Mutter, es ist sehr schwer, dich allein zu lassen. Fast tut es mir leid, daß ich fortgehe, obwohl ich schon etwas dazulernen möchte. Du wirst mir doch oft schreiben, nicht wahr, Mutter?"

Ich schloß sie nicht in die Arme. Ich antwortete ihr nicht. Ruhig, feierlich – denn es kostete mich große Anstrengung – sagte ich: „Hör zu, Ellen, ich habe dir etwas mitzuteilen!" Dann schilderte ich eingehend meinen Leidensweg und berichtete, wie sie mich beinah zugrunde gerichtet hatten. Ich begann von der großen Sünde zu reden, zu der ich getrieben worden war, da drückte sie mich an sich und rief aus: „Ach, sei still, Mutter! Bitte, sprich nicht weiter."

„Aber mein Kind", sagte ich, „du sollst doch etwas über deinen Vater erfahren, ich möchte es."

„Ich weiß es schon, Mutter", entgegnete sie, „ich weiß alles. Ich bedeute ihm nichts, und er bedeutet mir nichts. Meine ganze Liebe gehört dir. In Washington bin ich fünf Monate bei ihm gewesen, und er hat sich nie um mich gekümmert. Nie hat er mit mir gesprochen wie mit seiner kleinen Fanny. Ich habe die ganze Zeit gewußt, daß er mein Vater war. Fannys Kindermädchen hat es mir erzählt; aber sie meinte, ich dürfte nicht darüber reden, und ich habe es nie getan. Ich habe immer darauf gewartet, daß er mich wie Fanny in die Arme nehmen und küssen würde oder daß er mich anlächelte, wie er es mit ihr machte. Ich dachte, als mein Vater müßte er mich liebhaben. Ich war damals noch ein kleines Mädchen und konnte es nicht verstehen, doch jetzt halte ich gar nichts mehr von ihm. Ich liebe nur dich." Sie schmiegte sich fester an mich, und ich dankte Gott, daß durch die Kunde, die mitzuteilen ich mich so gescheut hatte, die Zuneigung meiner Tochter nicht getrübt worden war. Ich hatte nicht im leisesten geahnt, daß sie diesen Teil meiner Lebensgeschichte kannte. Sonst hätte ich mich längst erleichtert, denn die gezügelten Gefühle hatten mich oft gedrängt, mich jemand, dem ich vertrauen konnte, zu offenbaren. Der Takt und die Zurückhaltung, die das liebe Mädchen ihrer unglücklichen Mutter gegenüber bewiesen hatte, machten sie mir noch teurer.

Am nächsten Morgen brach sie mit ihrem Onkel zu der Schule im Bundesstaat New York auf.[2] Es wurde finster um mich her. In meinem Zimmerchen fühlte ich mich schrecklich einsam. Ich war dankbar, als eine Dame, die meine Dienste wiederholt beansprucht hatte, mir einen Brief schickte und mich bat, zu ihr zu kommen, um für ihre Familie einige Wochen lang zu nähen. Als ich danach zurückkam, fand ich einen Brief von William vor. Er schrieb mir, er hätte vor, in Rochester eine Antisklaverei-Lesestube zu eröffnen, damit den Verkauf einiger Bücher und Schreibwaren zu verbinden, und er wünsche, daß ich mich beteilige. Ich ging auf seinen Vorschlag ein, aber der Erfolg blieb aus.[3] Wir fanden einige Freunde, glühende Gegner der Sklaverei, doch die Zahl der Sympathisanten war zu gering, als daß sich das Unternehmen aufrechterhalten ließ. Fast ein Jahr verbrachte ich bei Isaac und Amy Post, überzeugten Anhängern einer christlichen Lehre von menschlicher Brüderschaft. Sie maßen den Wert eines Menschen an seinem Charakter, nicht an der Hautfarbe. Bis zu meiner letzten Stunde werde ich mir das Andenken an diese ehrenhaften, liebenswerten Freunde im Gedächtnis bewahren.[4]

XL

Das Sklavenflüchtlingsgesetz

Mein Bruder, enttäuscht von dem Fehlschlag seines Projekts, trug sich mit der Absicht, nach Kalifornien zu gehen, und wir kamen überein, daß ihn Benjamin begleiten solle. Ellen gefiel es in der

Schule. Sie war dort sehr beliebt. Ihre Lehrer kannten ihre Geschichte nicht, und sie sprach nicht darüber, weil sie aus dem Mitleid kein Kapital zu schlagen wünschte. Als es zufällig ans Licht kam, daß ihre Mutter eine flüchtige Sklavin war, wurde nichts unversucht gelassen, ihre Vorteile zu erweitern und ihre Ausgaben zu verringern.[1]

Ich war wieder allein. Es machte sich erforderlich, Geld zu verdienen, und ich zog es vor, bei Bekannten zu arbeiten. Nach meiner Rückkehr aus Rochester meldete ich mich im Hause von Mr. Bruce, um Mary zu sehen, die mir einst das Herz erwärmt hatte, als es in freudlosem Mißtrauen gegenüber den Mitmenschen zu erstarren drohte. Sie war ein großes Mädchen geworden, und ich mochte sie so gern wie früher. Mr. Bruce hatte wieder geheiratet. Seine Frau schlug mir vor, Marys kleine Halbschwester zu betreuen.[2] Ich zögerte, weil ich mich in New York nicht sicher fühlte, zumal das Sklavenflüchtlingsgesetz inzwischen angenommen war; dennoch sagte ich zu.

Die zweite Mrs. Bruce war unter aristokratischen Einflüssen aufgewachsen und unterlag ihnen noch, aber wenn sie irgendwelche Rassenvorurteile hatte, so ließ sie mich diese nie fühlen, und das System der Sklaverei lehnte sie von ganzer Seele ab. Keine Verdrehungen der Südstaatler täuschten sie über die ganze Ungeheuerlichkeit dieser Ordnung hinweg. Sie huldigte ausgezeichneten Grundsätzen und hatte ein edles Herz. Für mich ist sie von der ersten Stunde an bis heute stets ein treue, mitfühlsame Freundin gewesen. Gesegnet sei sie und seien die Ihren!

Etwa zu der Zeit, als ich zur Familie Bruce zurückkehrte, geschah etwas, was für die Farbigen verhängnisvolle Folgen hatte. Der Sklave Hamlin, der erste Flüchtling, auf den sie das neue Gesetz anwandten, wurde von den Bluthunden des Nordens an die Bluthunde des Südens ausgeliefert. Es war der Anfang einer Schreckenszeit für die gesamte farbige Bevölkerung. Die große Stadt geriet in Aufruhr und nahm keine Notiz von den „Kurzen und einfachen Annalen der Armen".[3] Doch während die Reichen in der Metropolitan Hall der erregenden Stimme Jenny Linds lauschten,[4] stieg von der Zionskirche das markerschütternde Bittgebet hundert gejagter Farbiger zum Herrn auf.[5] Viele Familien, die seit zwanzig Jahren in der Stadt lebten, ergriffen jetzt die Flucht.[6] So manche arme Wäscherin, die sich durch harte Arbeit ein Heim geschaffen hatte, sah sich gezwungen, ihre Möbel zu opfern, den Freunden eilends Lebewohl zu sagen, ihr Glück in Kanada zu suchen, und es gab Ehefrauen, die ein Geheimnis entdeckten, von dem sie vorher nichts geahnt hatten – daß ihr Gatte flüchtig war und sie verlassen mußte, um sich selbst in Sicherheit zu bringen. Schlimmer noch, Ehemänner stellten fest, daß die Gattin vor Jahren aus der Sklaverei geflohen war, und da „das Kind dem Status seiner Mutter folgt", drohte den Söhnen und Töchtern seiner Liebe, ergriffen und in Sklaverei übergeführt zu werden.

Allerorts zogen Angst und Bestürzung in die bescheidenen Wohnungen ein. Doch was kümmerte die Gesetzgeber der „herrschenden Rasse" das Blut, das sie aus gebrochenen Herzen preßten?

William verbrachte den letzten Abend vor der Abreise nach Kalifornien bei mir, und wir sprachen fast die ganze Zeit von dem entsetzlichen Leid, das die Annahme dieses schändlichen Gesetzes über uns unterdrückte Menschen gebracht hatte. Nie zuvor hatte ich meinen Bruder so verbittert reden gehört, hatte er sich so feindselig gegen unsere Unterdrücker geäußert. Für ihn selbst galt das Gesetz nicht, denn er war nicht geflohen; sein Herr hatte ihn in die Freien Staaten gebracht; aber auf mich konnte es angewandt werden, und so erging es Hunderten intelligenter und fleißiger Leute um uns her. Ich wagte mich selten hinaus, und wenn es sich erforderlich machte, für Mrs. Bruce oder ein anderes Mitglied der Familie etwas zu besorgen, benutzte ich so viel wie möglich Hintergassen und Nebenstraßen.[7] Was für eine Schande für eine Stadt, die sich frei nannte, daß unschuldige, pflichtbewußte Einwohner dazu verurteilt waren, in ständiger Furcht zu leben, und sich an niemanden um Schutz wenden konnten! Dieser Zustand führte natürlich zur Gründung zahlreicher Sicherheitsausschüsse. Jeder Farbige und jeder Freund der verfolgten Rasse hielt wachsam die Augen offen. Abend für Abend ging ich sorgfältig die Zeitungen durch, um festzustellen, welche Südstaatler in den Hotels abgestiegen waren. Ich tat dies einerseits im eigenen Interesse, denn auch die Namen meiner jungen Herrin oder ihres Gatten könnten in den Listen zu finden sein, und zweitens wollte ich die Informationen nötigenfalls an andere weitergeben, denn „so werden viele darüber kommen und großen Verstand finden".[8]

Dabei fällt mir Luke ein, Sklave aus dem Süden, den ich flüchtig kannte und der einem wohlhabenden Mann in der Nachbarschaft gehört hatte. Sein Herr starb, hinterließ einen Sohn und eine Tochter, die sein Vermögen erbten. Bei der Aufteilung der Sklaven wurde Luke dem Sohn zugesprochen. Dieser junge Mann wurde ein Opfer der Laster, die in der „patriarchalischen Institution“ so üppig gediehen. Er ging nach Norden, um seine Ausbildung zu vollenden, die Laster begleiteten ihn, und man mußte ihn nach Hause bringen. Zügellose Ausschweifungen hatten eine Lähmung hervorgerufen. Luke wurde ausersehen, seinen bettlägerigen Herrn zu betreuen. Die Wut über die eigene Hilflosigkeit verschärfte die despotischen Gewohnheiten des Kranken erheblich. Er hielt einen Ochsenziemer stets griffbereit, und bei dem geringsten Versäumnis befahl er seinem Diener, den Rücken zu entblößen und neben dem Lager niederzuknien. Dann peitschte er ihn, bis er erschöpft war. Manchmal durfte Luke nichts als ein Hemd tragen, um dem Herrn die Handgreiflichkeiten zu erleichtern. Selten verging ein Tag, ohne daß er den Sklaven auspeitschte. Leistete Luke den geringsten Widerstand, wurde der Stadtkonstabler geholt, um ihn zu bestrafen, und Luke merkte bald, wieviel ärger er den starken Arm des Konstablers als den verhältnismäßig schwachen seines Herrn zu fürchten hatte. Die Kräfte des Tyrannen erlahmten immer mehr, und schließlich versiegten sie völlig. Fortan wurden ständig die Dienste des Konstablers in Anspruch genommen. Die Tatsache, daß der Kranke ganz und gar auf Pflege angewiesen war und wie ein Kind versorgt werden mußte, machte ihn nicht etwa dankbar, führte nicht zu größerem Verständnis für Luke, sondern steigerte nur seine Reizbarkeit und Grausamkeit. Während er hilflos auf seinem Bett lag, nur noch das verfallene Wrack eines Mannes, waren den Launen seiner despotischen Natur keine Grenzen gesetzt, und zauderte Luke, sich seinen Anordnungen zu unterwerfen, wurde unverzüglich nach dem Konstabler geschickt. Einige dieser Grillen waren so ausgefallen, daß sie sich nicht beschreiben lassen. Als ich floh, war der arme Luke noch an das Krankenlager dieses grausamen und abscheulichen Schuftes gefesselt.

Eines Tages mußte ich für Mrs. Bruce etwas besorgen, eilte wie gewöhnlich durch rückwärtige Straßen, als mir ein junger Mann entgegenkam, dessen Gesicht mir vertraut erschien. Aus nächster

Nähe erkannte ich Luke. Ich frohlockte immer, wenn ich hörte oder sah, daß wieder einer der finsteren Grube entronnen war; doch bei diesem Burschen, der so außerordentlich Schweres durchgestanden hatte, freute ich mich besonders, auch wenn ich die Erde des Nordens nicht mehr als frei bezeichnen konnte.

Nur zu gut erinnerte ich mich, wie einsam man sich allein unter Fremden fühlt. So trat ich auf Luke zu und begrüßte ihn herzlich. Zuerst wußte er nicht, wer ich war, aber ich nannte meinen Namen, und da erinnerte er sich. Ich erzählte ihm vom Sklavenflüchtlingsgesetz und fragte, ob er nicht ahne, daß New York eine Stadt von Kidnappern sei.

„De Risiko is nich so schlimm for mich", entgegnete er, „wie for dich, weil ich rennte weg von de Händler, un du rennte weg von de Massa. De Händler zahln nich de Geld forn Ausreißer zu komm, wenn se nich sicher gewiß sin, daß se ihn in de Hänne krien, un ich sag dich, ich han da gut forsorgte. Das warn zu schwere Zeit for mich da unne, zu lassn dis Nigger fangn."

Dann sprach er von dem Rat, den man ihm erteilt hatte, und von den Plänen, die er verwirklichen wollte. Ob er denn genug Geld habe, um nach Kanada zu gelangen, fragte ich ihn.

„'laß dich drauf, ich han", erwiderte er. „Ich han da gut forsorgte. Ich han de ganze Zeit for de 'flixtn Weißn arbeitete, un se han mit Tritte und Knuffe dafor zahlte. So ich denke, dis Nigger han Recht uff 'nug Geld, zu bring ihn in de Free States. Massa Henry er leben, bis jeder ihn wünschen tot, un wenn er starbn tat, ich weißte, de Debbil willtn han un willte nich, dasse de Geld mitbring tut. So nehmte ich paar Scheine un tat se in de Tasche von de olle Hose, un wenne beerdigte war, dis Nigger bittete um de olle Hose, un er gebte se mich." Leise kichernd fügte er hinzu: „Siehste, ich han se nich stehlte, er gebte se mich. Ich sag dich, ich han mächtig schwere Zeitn, daß de Händler se nich find tat, abber er kriechte se nich."

Das ist ein treffendes Beispiel dafür, wie sich in der Sklaverei Moralbewußtsein herausbildet. Kann man erwarten, daß jemand, dem Jahr für Jahr der Arbeitslohn gestohlen wird, mehr Sinn für Ehrlichkeit hat als derjenige, der ihn beraubt, zumal der Diebstahl gesetzlich sanktioniert und erzwungen wird? Ich bin zwar ein bißchen aufgeklärt, muß aber gestehen, daß ich mit dem armen, unwissenden, weidlich mißbrauchten Luke in diesem Punkt einer

Meinung bin. Er hatte *Anspruch* auf dieses Geld als einen Teil des ihm vorenthaltenen Lohns. Er ging bald nach Kanada; seitdem habe ich nichts wieder von ihm gehört.

Den ganzen Winter über lebte ich in einem Zustand der Angst. Wenn ich mit den Kindern hinausging, um frische Luft zu schöpfen, betrachtete ich genau die Gesichter aller Menschen, denen ich begegnete. Ich fürchtete den nahenden Sommer, wenn Schlangen und Sklavenhalter auf der Bildfläche erschienen. Tatsächlich war ich in New York so sehr Sklave, den Sklavengesetzen unterworfen, wie ich es vorher in einem Sklavenhalterstaat gewesen war. Eine sonderbare Ungereimtheit für einen Staat, der sich frei nennt.

Es wurde Frühling, und ich erhielt eine Warnung aus dem Süden. Dr. Flint wisse, daß ich zu meiner alten Arbeitsstelle zurückgekehrt sei; er treffe Vorbereitungen, mich dingfest zu machen. Wie ich später erfuhr, waren ihm von einigen Handlangern des Nordens auch mein Kleid und die Garderobe der Kinder beschrieben worden. Sklavenhalter benutzen solche Leute für ihre schändlichen Zwecke und schmähen sie anschließend wegen ihrer Habgier und gemeinen Dienstbarkeit.

Ich teilte Mrs. Bruce unverzüglich mit, in welcher Gefahr ich mich befand, und sie ergriff, ohne zu zögern, geeignete Schutzmaßnahmen. Da sie so schnell keinen Ersatz für mich fand, entschied die großzügige, warmherzige Dame, daß ich das Baby mitnehmen sollte.[9] Es war mir ein Trost, die Kleine bei mir zu haben und nicht alle geliebten Menschen verlassen zu müssen; doch wie wenige Mütter wären bereit gewesen, sich von ihrem Säugling zu trennen, um einem armen, gehetzten Kindermädchen zu helfen, einer Bedrängten, gegen die des Landes Gesetzgeber die Bluthunde losgelassen hatten? Als ich von dem Opfer sprach, das sie mir bringen wollte, erwiderte sie: „Es ist besser so, Linda; denn wenn sie deine Spur finden, werden sie mir das Kind bringen müssen, und dann wollen wir sehen, ob es eine Möglichkeit gibt, dich doch noch zu retten."

Diese Dame hatte einen sehr wohlhabenden Verwandten, einen gütigen Herrn in mancher Hinsicht, aber aristokratisch, ein Verfechter der Sklaverei. Er machte ihr Vorhaltungen, weil sie eine flüchtige Sklavin aufgenommen hatte. Sie verstoße gegen die Gesetze des Landes, sagte er ihr und fragte, ob sie wisse, daß sie dafür bestraft werden könne.

„Ich bin mir dessen sehr wohl bewußt“, antwortete sie. „Mit Gefängnis und einer Geldstrafe von tausend Dollar. Schande über mein Land, daß dem so *ist*! Ich bin bereit, die Folgen zu tragen. Lieber gehe ich ins Staatsgefängnis, als daß ich ein armes Opfer aus *meinem* Haus zerren und in die Sklaverei zurückbringen lasse.“

Das noble Herz! Das mutige Herz! Tränen stehen mir in den Augen, während ich von Mrs. Bruce schreibe. Möge der Gott der Hilflosen ihr das Mitgefühl für die Verfolgten lohnen!

Sie beorderte mich nach Neuengland, wo mich die Gattin eines Senators aufnahm. Auch ihn werde ich stets in dankbarer Erinnerung behalten.[10] Dieser ehrenwerte Herr hätte nicht wie der Senator in „Onkel Toms Hütte“ für das Sklavenflüchtlingsgesetz gestimmt; im Gegenteil, er war strikt dagegen, doch der Einfluß der anderen Seite reichte immerhin so weit, daß er sich scheute, mich längere Zeit in seinem Haus zu behalten. Ich wurde aufs Land geschickt, wo ich mit dem Baby einen Monat blieb. Als angenommen werden konnte, daß Dr. Flints Häscher die Spur verloren und die Verfolgung fürs erste aufgegeben hatten, kehrte ich nach New York zurück.

XLI

Endlich frei[1]

Mrs. Bruce war wie jedes andere Mitglied der Familie äußerst nett zu mir. Diesen Menschen hatte ich es zu verdanken, daß sich mein Schicksal segensreich gestaltete, und doch konnte ich nicht immer eine freundliche Miene zur Schau tragen. Ich trat keinem zu nahe, im Gegenteil, ich tat Gutes, soweit es in meinen schwachen Kräften stand. Trotzdem war es mir nicht vergönnt, Gottes freie Luft zu atmen, ohne Herzbeklemmungen zu verspüren. Das war schwer und in meinen Augen ein Unrecht für jedes zivilisierte Land.

Von Zeit zu Zeit ließ mir meine gute alte Großmutter eine Nachricht zukommen. Sie konnte nicht schreiben, aber sie hatte ihre Leute, die es für sie taten. Hier ist ein Auszug aus einem ihrer letzten Briefe. –

„Liebe Tochter, ich kann nicht hoffen, Dich auf Erden wiederzusehen, aber ich bete zu Gott, uns im Jenseits zu vereinen, wo die Schmerzen nicht mehr diesen meinen schwachen Körper foltern werden, wo die Sorge und die Trennung von meinen Kindern überwunden sind.[2] Gott hat uns diese Dinge verheißen, wenn wir bis ans Ende getreulich glauben. Mein Alter und meine schwache Gesundheit hindern mich jetzt, zur Kirche zu gehen; doch Gott ist bei mir hier zu Hause. Dank Deinem Bruder für seine Güte. Grüße ihn vielmals und sag ihm, in den Tagen seiner Jugend des Schöpfers zu gedenken und danach zu trachten, mir im Reich des Vaters zu begegnen.[3] Liebe Grüße an Ellen und Benjamin. Vernachlässige ihn nicht. Sag ihm, daß er für mich ein guter Junge sein soll. Sei bestrebt, mein Kind, sie zu Gottes Kindern zu erziehen. Möge er Dich schützen und für Dich sorgen. Das ist das Gebet Deiner Dich liebenden alten Mutter."

Diese Briefe stimmten mich fröhlich und traurig zugleich. Es freute mich immer, von der gütigen, treuen alten Freundin meiner unglücklichen Jugend zu hören, aber ihre liebevollen Botschaften pflanzten mir die Sehnsucht in das Herz, sie noch einmal zu sehen, bevor sie starb, und ich beklagte die Tatsache, daß dies unmöglich war. Einige Monate nach meiner Rückkehr aus Neuengland bekam ich einen Brief, in dem sie schrieb: „Dr. Flint ist tot. Er hinterläßt eine notleidende Familie. Armer alter Mann! Ich hoffe, er hat mit Gott Frieden geschlossen."[4]

Ich dachte daran, wie er Großmutters sauer verdientes Geld geliehen und sie darum geprellt, wie er sie um die versprochene Freiheit zu betrügen versucht, wie er ihre Kinder verfolgt hatte, und ich sagte mir, daß sie eine bessere Christin war als ich, wenn sie ihm völlig vergeben konnte. Ich müßte lügen, wollte ich behaupten, daß diese Todesnachricht meine Gefühle besänftigte. Es gibt Unrecht, das selbst das Grab nicht tilgen kann. Der Mann war mir zu Lebzeiten zuwider, und zuwider ist mir auch heute die Erinnerung an ihn.

Nach seinem Ableben verringerte sich keineswegs die Gefahr für mich. Er hatte Großmutter gedroht, wenn er nicht mehr sei, würden mich seine Erben in Sklaverei halten; nie sollte ich frei sein, solange eins seiner Kinder lebte. Was Mrs. Flint angeht, so hatte sie härtere Schicksalsschläge als den Verlust ihres Mannes ertragen, einige ihrer Kinder hergeben müssen und war doch unvermindert hartherzig geblieben. Der Doktor war vor seinem Ende in Geldschwierigkeiten geraten, hatte den Erben wenig hinterlassen, abgesehen von jenem Besitz, dessen sie bisher nicht habhaft geworden waren. Doch ich wußte nur zu gut, was ich von der Familie Flint erwarten durfte, und ein Brief aus dem Süden bestätigte, wie berechtigt meine Ängste waren. Man riet mir warnend, auf der Hut zu sein, Mrs. Flint habe öffentlich erklärt, daß ihre Tochter es sich nicht leisten könne, eine so wertvolle Sklavin wie mich herzugeben.

Regelmäßig blätterte ich die Zeitungen durch, aber an einem Sonnabend, als ich besonders viel zu tun hatte, versäumte ich, in den *Evening Express* zu schauen. Am nächsten Morgen ging ich ins Wohnzimmer hinab und sah, wie der Junge mit dem Blatt das Feuer anfachen wollte. Leser, wenn du nie Sklave gewesen bist, kannst du unmöglich nachempfinden, welcher Stich mein Herz traf, als ich las, daß in einem Hotel der Courtland Street Mr. und Mrs. Dodge abgestiegen waren.[5] Es war eine drittklassige Herberge, und dieser Umstand überzeugte mich, daß die Dodges tatsächlich über geringe Mittel verfügten und mich auf Dollar und Cent taxierten. Ich eilte mit der Zeitung zu Mrs. Bruce, deren Herz und Hand sich stets öffneten, wenn jemand in Bedrängnis geraten war. Es ließ sich unmöglich sagen, wie nahe der Feind war. Er könnte mehrmals am Haus vorbeigegangen sein, während wir geschlafen hatten. In diesem Augenblick konnte er draußen warten, um sich auf mich zu stürzen, wenn ich mich zur Tür hinauswagte. Ich hatte den Gatten meiner jungen Herrin nie gesehen, würde ihn daher unter den anderen Fremden nicht herausfinden. Schnell bestellte Mrs. Bruce einen Wagen, und dicht verschleiert folgte ich ihr. Wieder ging ich mit dem Baby ins Exil. Nach einer Kreuz-und-Querfahrt hielt der Wagen vor dem Haus einer befreundeten Familie, die mich freundlich aufnahm. Mrs. Bruce kehrte unverzüglich zurück, um den Bediensteten einzuschärfen, was sie zu sagen hätten, falls sich jemand nach mir erkundigte.

Es war mein Glück, daß die Zeitung nicht Feuer gefangen hatte, bevor ich die Liste der Ankömmlinge durchsehen konnte.

Es dauerte gar nicht lange, dann sprachen mehrere Leute vor. Einer fragte nach mir, einer nach meiner Tochter Ellen, einer behauptete, von meiner Großmutter einen Brief zu haben, den er persönlich übergeben müsse.

„Sie ist hier gewesen", hieß es, „aber jetzt ist sie fort."

„Wie lange schon?"

„Ich weiß nicht, mein Herr."

„Weißt du, wo sie hingegangen ist?"

„Nein, mein Herr", und die Tür wurde geschlossen.

Dieser Mr. Dodge, der Anspruch auf mich erhob, war, ursprünglich ein Yankee, als Hausierer in den Süden gekommen, Kaufmann geworden und schließlich Sklavenhalter. Es gelang ihm, sich in die sogenannte erste Gesellschaft einzuführen. Nachdem er Miss Emily Flint geheiratet hatte, entbrannte zwischen ihm und dem Bruder seiner Frau ein Streit, züchtigte sein Schwager ihn mit dem Ochsenziemer. Dies führte zu einer Familienfehde, und er wollte nach Virginia verziehen. Dr. Flint hinterließ ihm keinen Besitz. Seine eigene Vermögenslage war auch recht bescheiden geworden, und Frau und Kinder wollten unterhalten werden.[6] Unter diesen Umständen war es nur natürlich, daß er sich bemühte, mich in die Hand zu bekommen.

Ich hatte einen farbigen Freund, dem ich uneingeschränkt vertraute, einen Mann aus meinem Heimatort, schickte nach ihm und erzählte ihm, daß Mr. und Mrs. Dodge eingetroffen waren. Ich schlug ihm vor, zum Hotel zu gehen und sich nach seinen Freunden im Süden zu erkundigen, denn die Familie Dr. Flints war mit diesen Leuten gut bekannt. Er hielt es für angebracht, so zu verfahren, und stimmte zu.

Als er an die Tür des Zimmers geklopft hatte, das Mr. Dodge bewohnte, öffnete der Herr persönlich und fragte barsch: „Was führt dich her? Woher weißt du, daß ich in der Stadt bin?"

„Die Abendblätter haben Ihre Ankunft gemeldet, mein Herr, und ich bin gekommen, um Mrs. Dodge nach meinen Freunden zu fragen. Ich hatte mir nichts Arges dabei gedacht."

„Wo ist das Negermädchen, das meiner Frau gehört?"

„Welches Mädchen, sir?"

„Das weißt du ziemlich gut. Ich meine Linda, die vor einigen Jahren von Dr. Flints Plantage fortgelaufen ist. Ich wage zu behaupten, du hast sie gesehen und weißt, wo sie ist."

„Ja, sir. Ich habe sie gesehen und weiß, wo sie ist. Sie befindet sich außerhalb Ihrer Reichweite, sir."

„Sag mir, wo sie ist, oder bring sie her, und ich will ihr Gelegenheit geben, ihre Freiheit zu kaufen."

„Ich glaube nicht, daß es den geringsten Zweck hätte, sir. Sie hat mir selbst gesagt, daß sie lieber bis ans Ende der Welt laufen würde, als irgendeinem Menschen etwas für ihre Freiheit zu geben, weil sie denkt, daß sie ohnehin Anspruch darauf hat. Außerdem könnte sie nicht zahlen, selbst wenn sie wollte, weil sie ihre Ersparnisse in die Erziehung der Kinder gesteckt hat."

Diese Auskünfte machten Mr. Dodge sehr zornig. Ein Wort gab das andere. Mein Freund wagte nicht, zu mir zu gehen, aber im Verlaufe des Tages ließ er mir eine Nachricht zukommen. Ich hatte von vornherein nicht angenommen, daß die Dodges nur zu ihrem Vergnügen hergereist seien – mitten im Winter, und jetzt war restlos klar, welche Art Geschäfte sie im Norden betreiben wollten.

Mrs. Bruce suchte mich auf und bat mich, die Stadt am nächsten Morgen zu verlassen. Sie sagte, ihr Haus werde beobachtet; es sei nicht ausgeschlossen, daß die Verfolger zu mir fänden. Ich weigerte mich, ihren Rat zu befolgen. Da beschwor sie mich so eindringlich und lieb, daß ich hätte nachgeben sollen, aber ich war verbittert und mutlos; ich hatte es über, von einem Ort zum andern zu fliehen. Ein halbes Leben lang hatten sie mich gehetzt, und die Jagd schien nie ein Ende nehmen zu wollen. Da saß ich nun in dieser großen Stadt, hatte nichts verbrochen und durfte es doch nicht wagen, in irgendeine Kirche zur Andacht zu gehen. Ich hörte am Nachmittag die Glocken zum Gottesdienst läuten, und mit verächtlichem Sarkasmus sagte ich: „Werden die Pfarrer predigen, den Gefangenen die Freiheit zu proklamieren und den Geknechteten die Kerkertore zu öffnen? Oder werden sie sich zu den Worten äußern: ‚Alles nun, was ihr wollt, daß euch die Leute tun sollen, das tut ihr ihnen auch' – oder was?"[7] Unterdrückte Polen und Ungarn fanden in dieser Stadt sicheren Unterschlupf; John Mitchell durfte im Rathaus offen seinen Wunsch aussprechen, „eine mit Sklaven gut versehene Plantage" zu besitzen, doch ich, eine unterdrückte Amerikanerin, konnte es nicht wagen, das Gesicht zu zeigen.[8] Gott vergebe mir die düsteren und bösen Gedanken, die mich an diesem Sabbat heimsuchten. In der Schrift heißt es: „Unterdrückung macht sogar einen Weisen zum Narren", und ich war nicht weise.[9]

Man hatte mir gesagt, Mr. Dodge und seine Frau hätten ihren Anspruch auf meine Kinder nie aufgegeben, und wenn sie meiner nicht habhaft werden könnten, würden sie die beiden nehmen.[10] Das vor allem versetzte meine Seele in Aufruhr. Benjamin war bei seinem Onkel in Kalifornien, aber meine unschuldige kleine Tochter hatte mich aufgesucht, um die Ferien bei mir zu verbringen. Ich dachte daran, was ich in ihrem Alter erlitten hatte, und mein Herz glich dem einer Tigermutter, der ein Jäger ihr Junges nehmen will.

Liebe Mrs. Bruce! Ich kann mir noch genau ihren Gesichtsausdruck vorstellen, als sie sich, von meiner Hartnäckigkeit enttäuscht, abwandte. Da sie mit ihren Vorhaltungen nichts ausgerichtet hatte, schickte sie mir Ellen, die in mich dringen sollte. Als meine Tochter und ich am Abend um zehn noch nicht aufgetaucht waren, wurde die aufmerksame und verläßliche Freundin ungeduldig. Sie fuhr bei uns vor und brachte einen großen vollen Koffer für die Reise mit, da sie überzeugt war, daß ich inzwischen Vernunft angenommen, und ich gab nach, was ich längst hätte tun sollen.

Am nächsten Tag brach ich mit dem Baby bei schwerem Schneesturm wieder nach Neuengland auf. Dort angekommen, erhielt ich aus der Stadt der Ungerechtigkeit mehrere Briefe, die unter einem angenommenen Namen an mich adressiert waren. In einem teilte mir Mrs. Bruce mit, daß mein neuer Herr noch nach mir suchte. Sie beabsichtige, einen Schlußstrich zu ziehen, schrieb sie, und mich zu kaufen. Es war ein freundliches Ansinnen, aber der Gedanke war nicht so angenehm, wie man meinen könnte. Je mehr Fortschritte ich in der Aufklärung machte, desto schwerer fiel es mir, mich als Handelsware zu betrachten, und wenn denen, die mich so schmerzlich unterdrückt hatten, obendrein noch Geld gezahlt wurde, schien mir das allen Glanz des Triumphes zu nehmen.[11] Ich dankte Mrs. Bruce, schrieb ihr jedoch auch, von einem Besitzer einem anderen verkauft zu werden, gemahne mich zu sehr an Sklaverei; eine so große Schuld könne nicht leicht getilgt werden, und ich zöge es vor, zu meinem Bruder nach Kalifornien zu gehen.

Ohne mein Wissen beauftragte Mrs. Bruce einen Herrn, mit Mr. Dodge Verhandlungen aufzunehmen. Der Mann erbot sich, dreihundert Dollar in bar zu zahlen, wenn Mr. Dodge bereit wäre, fortan auf alle Ansprüche mir oder meinen Kindern gegenüber zu verzichten. Mr. Dodge, der sich als mein Herr bezeichnete, entgegnete, er verschmähe es, sich mit einer so geringen Summe für eine so wertvolle Dienerin abspeisen zu lassen. Da sagte der Unterhändler: „Ganz, wie Ihnen beliebt, sir. Wenn Sie das Angebot ablehnen, werden Sie nie etwas bekommen, denn die Frau hat Freunde, die sie und ihre Kinder ins Ausland bringen werden."

Nach dieser Bemerkung gelangte Mr. Dodge zu dem Schluß, daß ein halber Laib besser als gar kein Brot sei, und akzeptierte die vorgeschlagenen Bedingungen.[12]

Mit der nächsten Post kam wieder ein Brief von Mrs. Bruce: „Ich bin sehr froh, Ihnen mitteilen zu können, daß das Geld für Ihre Freiheit an Mr. Dodge gezahlt wurde. Kommen Sie morgen heim. Ich sehne mich danach, Sie und mein süßes Kindchen zu sehen."

In meinem Kopf drehte sich alles, als ich diese Zeilen las. Ein Herr, der in meiner Nähe war, sagte: „Es ist wahr. Ich habe den Kaufbrief gesehen."

Den Kaufbrief! Das Wort traf mich wie ein Keulenschlag. Also war ich endlich *verkauft*! Ein Mensch *verkauft* in der freien Stadt New York! Der Kaufbrief ist verfügbar und wird kommenden Generationen belegen, daß eine Frau Handelsware war – tief im neunzehnten Jahrhundert der christlichen Religion. Für Altertumsforscher, die versuchen werden, den Fortschritt der Zivilisation in den Vereinigten Staaten zu ermessen, mag er sich dereinst als nützliches Dokument erweisen. Ich kenne den Wert dieses Papiers sehr gut, aber sosehr ich die Freiheit liebe, so ungern werfe ich einen Blick darauf. Der großzügigen Freundin, die das Schriftstück beschaffte, bin ich zu tiefstem Dank verpflichtet, doch ich verabscheue den Schurken, der für etwas eine Zahlung verlangte, was nach meiner Rechtsauffassung ihm oder seinesgleichen niemals gehört hat.

Ich war dagegen gewesen, daß mir die Freiheit gekauft wurde, doch ich muß gestehen, nachdem es geschehen war, fühlte ich mich, als wäre mir eine schwere Bürde von den Schultern genommen. Ich saß im Zug, fuhr nach Hause und brauchte mich nicht mehr zu scheuen, den Schleier vom Gesicht zu nehmen und später, auf der Straße dann, die Passanten anzuschauen. Wie gern wäre ich Daniel Dodge begegnet. Ich wünschte, daß er mich sehen und kennenlernen könnte, um vielleicht über die unglückseligen Umstände zu trauern, die ihn gezwungen hatten, mich für dreihundert Dollar zu verkaufen.

Als ich zu Hause ankam, umarmte mich meine Wohltäterin, und unsere Tränen flossen ineinander. Sobald sie sprechen konnte, sagte sie: „O Linda, ich bin *so* froh, daß alles vorbei ist! Du schriebst, als ob du dachtest, daß du nur den Besitzer wechseln solltest; aber ich habe dich nicht deiner Dienste wegen gekauft. Ich hätte genauso gehandelt, wenn du morgen nach Kalifornien segeln würdest. Dann hätte ich wenigstens die Genugtuung gehabt, dich als freie Frau scheiden zu sehen."

Mein Herz war übervoll. Ich dachte daran, wie mich mein Vater einst hatte kaufen wollen und enttäuscht worden war. Seine Seele, hoffte ich, würde sich jetzt freuen. Ich dachte auch an Großmutter, die später ihre Rücklagen angeboten und ebenfalls nichts erreicht hatte. Das Glück würde ihr treues, liebevolles Herz höher schlagen lassen, wenn sie wüßte, daß meine Kinder und ich frei waren. Meinen Angehörigen war es nicht beschieden gewesen, das Ziel ihrer Wünsche zu erreichen, doch Gott hatte mir unter Fremden eine Freundin erkoren, mir den großen, lang ersehnten Segen zu spenden. Freundin! Ein alltägliches Wort, oft leichtherzig gebraucht. Wie anderes Gute und Schöne kann es beschmutzt werden, geht man sorglos damit um. Doch wenn ich Mrs. Bruce meine Freundin nenne, ist mir das Wort heilig.

Großmutter erlebte die Freude meiner Freiheit; aber bald schon kam ein Brief mit schwarzem Siegel. Sie war dorthin gegangen, wo „daselbst müssen doch aufhörn die Gottlosen mit Toben; daselbst ruhen doch, die viel Mühe gehabt haben".[13]

Die Zeit verging, und eines Tages erhielt ich eine Todesanzeige aus dem Süden. Onkel Phillip war gestorben.[14] Es ist der einzige mir bekannte Fall, daß einem Schwarzen solche Ehre zuteil wurde. Einer seiner Freunde hatte sie verfaßt, und sie enthielt die folgenden Worte: „Jetzt, da der Tod ihn hinweggerafft hat, nennen sie ihn einen guten Mann und einen tüchtigen Bürger. Doch was sollen Eulogien einem Schwarzen, wenn die Welt aus seinem Gesichtskreis geschwunden ist? Der Mensch bedarf der Lobpreisung nicht, um in Gottes Reich Ruhe zu finden."[15] So nannten sie einen Farbigen einen *Bürger*! Eine sonderbare Bezeichnung für diese Gegend![16]

Leserin, meine Geschichte endet mit der Freiheit, nicht wie gemeinhin üblich mit einer Heirat. Meine Kinder und ich sind frei, so frei von der Macht eines Sklavenhalters wie die Weißen des Nordens, und obwohl das nach meiner Auffassung nicht allzuviel besagt, bedeutet es immerhin eine gewaltige Verbesserung *meiner* Lage. Noch aber hat sich der Traum meines Lebens nicht erfüllt, lebe ich nicht mit den Kindern im eigenen Heim. Noch sehne ich mich nach eigenem Herd, so bescheiden er auch wäre. Um der Kinder willen wünsche ich es noch mehr als meinetwegen. Doch Gott hat es so eingerichtet, daß ich bei meiner Freundin Mrs. Bruce geblieben bin. Liebe, Pflichten, Dankbarkeit binden mich an sie. Es ist ein Vorrecht, ihr zu dienen, die mit meinem unterdrückten Volk fühlt, die meinen Kindern und mir den unschätzbaren Segen der Freiheit gebracht hat.

In mancherlei Hinsicht ist es schmerzlich für mich gewesen, an die tristen Jahre verflossener Knechtschaft zurückzudenken. Ich wäre froh, sie vergessen zu können. Doch der Rückblick ist nicht völlig ohne Trost; denn mit den düsteren Erinnerungen kam auch das sanfte Gedenken an meine gute alte Großmutter, glitten liebe Gedanken dahin wie leichte Schäfchenwolken über einer dunklen, aufgewühlten See.

Anhang

Die folgende Erklärung stammt von Amy Post, einem Mitglied der Society of Friends im Staate New York. Bei Freunden der Armen und Unterdrückten ist sie gut bekannt und hochgeschätzt. Wie auf vorherigen Seiten bereits erwähnt, hat die Autorin dieses Bandes einige Zeit unter ihrem gastlichen Dach zugebracht.[1]

L. M. C.

„Die Autorin dieses Buches ist meine hochgeschätzte Freundin. Wenn die Leser sie so kennen würden, wie ich sie kenne, wäre es ihnen unmöglich, an ihrer Geschichte nicht zutiefst interessiert zu sein. Fast das ganze Jahr 1849 war sie eine liebenswerte Hausgenossin unserer Familie. Ihr herzlicher und zuverlässiger Bruder, der uns vorher einige fast unglaubliche Ereignisse aus dem Leben seiner Schwester geschildert hatte, führte sie bei uns ein. Ich war Linda sofort sehr zugetan; denn sie hatte ein angenehmes Äußere, und ihre Art, sich zu geben, ließ auf beachtliches Feingefühl und redliches Denken schließen.

Als wir miteinander bekannt wurden, erzählte sie mir von Zeit zu Zeit einige Einzelheiten ihrer bitteren Erfahrung, die sie als Sklavin gemacht hatte. Sie hat ein natürliches Verlangen nach Menschlichkeit und mußte doch so leiden, mußte es sogar noch, wenn sie im privaten, vertraulichen Gespräch an die schlimme Zeit zurückdachte. Die Bürde der Erinnerungen lastet ihr schwer auf dem Gemüt, weil sie von Haus aus tugendhaft und empfindlich ist. Ich habe sie wiederholt gedrängt, ihre Geschichte zu veröffentlichen, denn ich spürte, daß sie Menschen bewegen würde, mit größerem Ernst an die Arbeit zu gehen, damit die schreckliche Seelenmühle, die sie so unerträglich fand und in der heute noch Millionen gequält werden, vom Erdboden verschwindet. Aber weil sie so sensibel ist, schreckte sie vor der Öffentlichkeit zurück. ‚Du weißt', sagte sie, ‚es fällt einer Frau viel leichter, das grausame Unrecht, das ihr widerfahren ist, einer lieben Freundin ins Ohr zu flüstern, als es offen zu berichten, so daß alle Welt darüber lesen kann.' Während sie mit mir sprach, weinte sie viel und schien solche Seelenqualen auszustehen, daß mir ihre Geschichte zu heilig war, als daß ich sie ihr durch lästige Fragen hätte aus dem Mund ziehen können. Ich stellte es ihr frei, mir so viel oder so wenig wie sie wollte zu erzählen. Trotzdem wies ich sie nachdrücklich auf ihre Pflicht hin, einen Bericht ihrer Erfahrungen zu veröffentlichen, weil er eine gute Wirkung auslösen würde, und schließlich übernahm sie die Aufgabe.

Da sie in einem so großen Abschnitt ihres Lebens Sklavin war, hat sie nie systematisch lernen können; sie ist gezwungen, mit ihrer Hände Arbeit für sich selbst zu sorgen, und sie ist unermüdlich bemüht gewesen, ihren Kindern eine Schulbildung zu ermöglichen; mehrmals mußte sie ihre Arbeitsstelle verlassen, um den Menschenjägern unseres Landes zu entkommen, aber sie ist vor keinem Hindernis zurückgeschreckt und hat sie alle überwunden. War das Tagewerk geschafft, schrieb sie um Mitternacht – heimlich und erschöpft – im Schein der Lampe einen wahren Bericht über ihr ereignisreiches Leben.

Dieser Empire State New York ist für die Unterdrückten ein schäbiger Zufluchtsort; aber hier ist es trotz aller Aufregung, Unruhe und Verzweiflung einer großzügigen, rührigen Freundin am Ende doch gelungen, Linda und ihren Kindern die Freiheit zu sichern. Sie war dankbar für die Wohltat, doch der Gedanke, *gekauft* worden zu sein, widerstrebte ihr stets, da sie sich nie damit abfinden konnte, als ein Stück Eigentum behandelt zu werden. Bald darauf schrieb sie an uns: ‚Ich danke Euch, daß Ihr Eure Freude über meine Freiheit zum Ausdruck brachtet; aber die Freiheit, die ich vor der Zahlung genaß, war mir teurer. *Diese* Freiheit hatte mir Gott gegeben, doch der Mensch wog Gottes Ebenbild gegen die armselige Summe von dreihundert Dollar auf. Ich diente meiner Freiheit so treu, wie Jakob der Rachel diente. Am Ende hatte er große Besitzungen; aber ich wurde um den Sieg betrogen; ich war genötigt, auf meine Krone zu verzichten, um mich von einem Tyrannen zu befreien.'[2]

Da ihre Geschichte von ihr selbst geschrieben wurde, ist der Leser unwillkürlich gefesselt. Es ist eine traurige Illustration zu Verhältnissen in einem Lande, das sich mit seiner Zivilisation brüstet, während es gleichzeitig Gesetze und Gewohnheiten sanktioniert, die gegenwärtige Erfahrungen schrecklicher erscheinen lassen als irgendwelche Erdichtungen der Vergangenheit.

Amy Post.

Rochester, N. Y., 30. Okt. 1859."

Das folgende Zeugnis stammt von einem Mann, der jetzt als hochangesehener farbiger Bürger in Boston lebt.[3]

L. M. C.

„Dieses Buch enthält einige Begebenheiten, die so ungewöhnlich anmuten, daß zweifellos manch einer, dem es zufällig unter die Augen geraten mag, zu glauben geneigt ist, es sei stark gefärbt, um einen bestimmten Zweck zu erfüllen. Aber wie immer es von Ungläubigen betrachtet werden mag, ich weiß, daß es voll lebendiger Wahrheit steckt. Ich bin mit der Autorin seit meiner Kindheit gut bekannt. Die näheren Umstände, die sie in ihrer Geschichte schildert, sind mir völlig vertraut. Ich wußte, wie ihr Herr sie behandelte, wußte, daß ihre Kinder eingekerkert, verkauft und zurückgekauft wurden, daß sie sich sieben Jahre lang verborgen hielt, daß sie anschließend nach Norden entkam. Ich bin jetzt ein Einwohner von Boston und bezeuge die Wahrheit dieser interessanten Erzählung.

George W. Lowther."

3. *Dr. James Norcom.*

4. *Amy Post.*

5. *Lydia Maria Child in den sechziger Jahren.*

6. *Cornelia Grinnell Willis im Old Mansion, New Bedford, Massachusetts, 1884.*

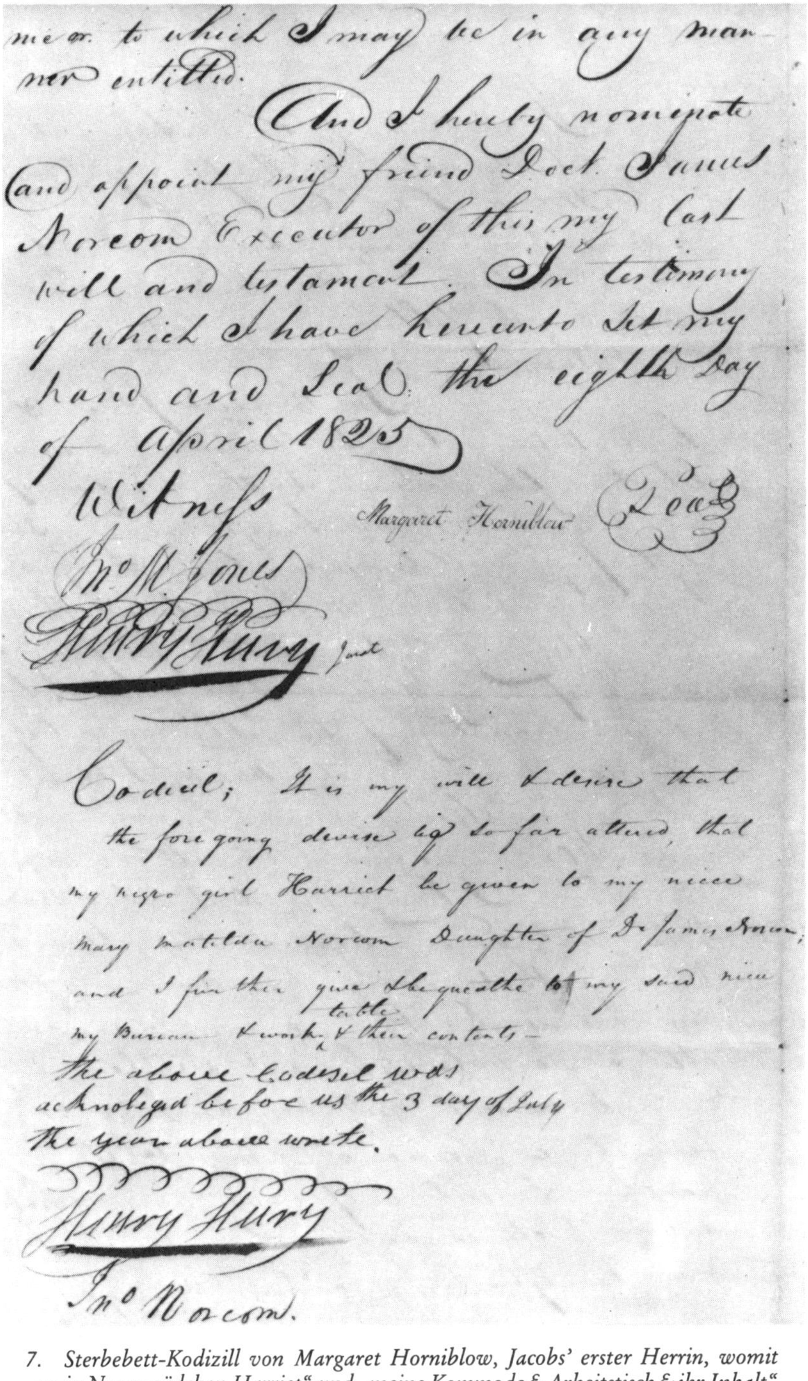
me or to which I may be in any manner entitled.
And I hereby nominate and appoint my friend Doct. James Norcom Executor of this my last will and testament. In testimony of which I have hereunto set my hand and Seal the eighth Day of April 1825

Witness

Margaret Horniblow (Seal)

Jno M. Jones
Henry Flury Junr

Codicil; It is my will & desire that the foregoing devise be so far altered, that my negro girl Harriet be given to my niece Mary Matilda Norcom Daughter of Dr James Norcom; and I further give & bequeathe to my said niece my Bureau & work table & their contents —

the above Codicil was acknoleged before us the 3 day of July the year above write.

Henry Flury
Jno Norcom.

7. *Sterbebett-Kodizill von Margaret Horniblow, Jacobs' erster Herrin, womit „mein Negermädchen Harriet" und „meine Kommode & Arbeitstisch & ihr Inhalt" ihrer dreijährigen Nichte Mary Matilda Norcom vermacht wurden, 3. Juli 1825.*

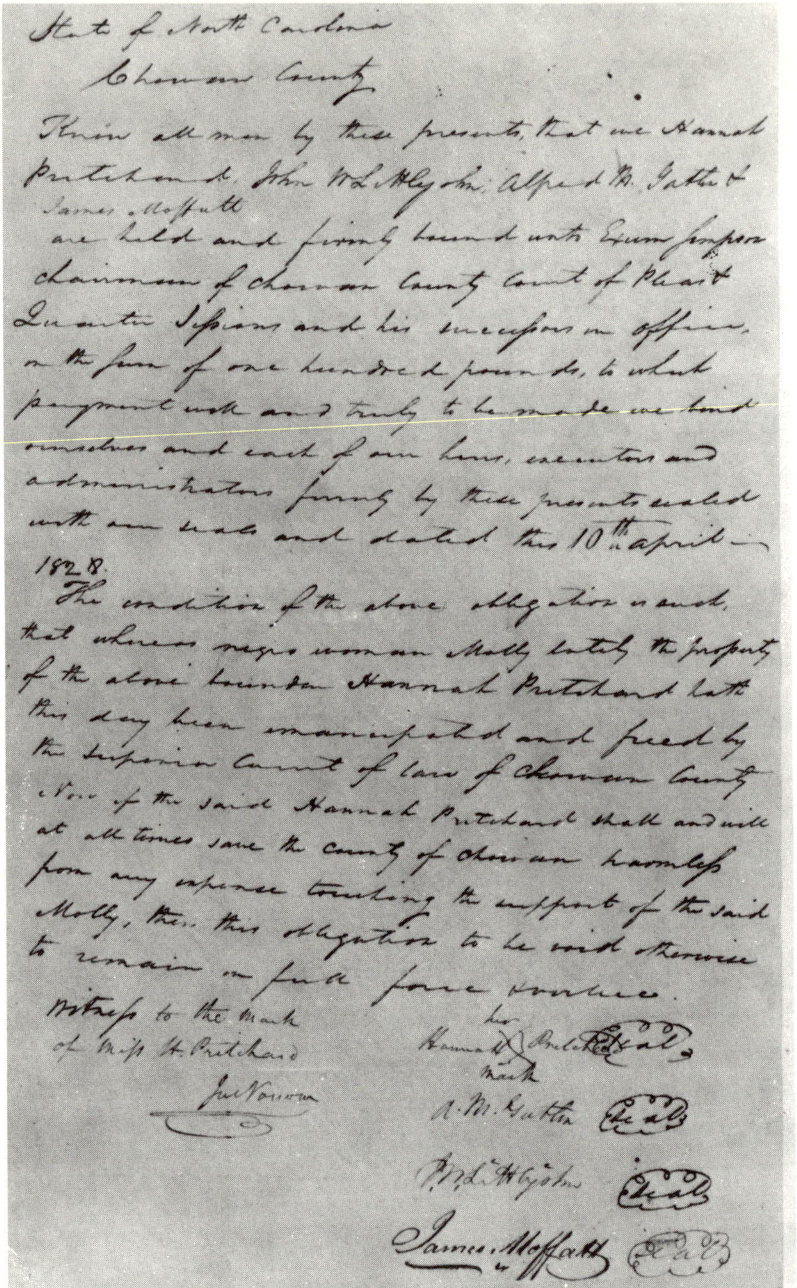

State of North Carolina
Chowan County

Know all men by these presents, that we Hannah Pritchard, John W L Littlejohn, Alfred M. Gatlin & James Moffatt are held and firmly bound unto Exum Simpson chairman of Chowan County Court of Pleas & Quarter Sessions and his successors in office, in the sum of one hundred pounds, to which payment well and truly to be made we bind ourselves and each of our heirs, executors and administrators firmly by these presents sealed with our seals and dated this 10th of April 1828.

The condition of the above obligation is such, that whereas negro woman Molly lately the property of the above bounden Hannah Pritchard hath this day been emancipated and freed by the Superior Court of law of Chowan County Now if the said Hannah Pritchard shall and will at all times save the County of Chowan harmless from any expense touching the support of the said Molly, then this obligation to be void otherwise to remain in full force & virtue.

Witness to the mark of Miss H. Pritchard
Jas Norcom

her
Hannah X Pritchard (Seal)
mark

A. M. Gatlin (Seal)

J. W. L. Littlejohn (Seal)

James Moffatt (Seal)

8. *Petition zur Emanzipierung von Jabocs' Großmutter Molly Horniblow, unterschrieben mit einem X von Hannah Pritchard, 10. April, 1828.*

$100 REWARD

WILL be given for the apprehension and delivery of my Servant Girl HARRIET. She is a light mulatto, 21 years of age, about 5 feet 4 inches high, of a thick and corpulent habit, having on her head a thick covering of black hair that curls naturally, but which can be easily combed straight. She speaks easily and fluently, and has an agreeable carriage and address. Being a good seamstress, she has been accustomed to dress well, has a variety of very fine clothes, made in the prevailing fashion, and will probably appear, if abroad, tricked out in gay and fashionable finery. As this girl absconded from the plantation of my son without any known cause or provocation, it is probable she designs to transport herself to the North.

The above reward, with all reasonable charges, will be given for apprehending her, or securing her in any prison or jail within the U. States.

All persons are hereby forewarned against harboring or entertaining her, or being in any way instrumental in her escape, under the most rigorous penalties of the law.

JAMES NORCOM.

Edenton, N. C. June 30

9. Anzeige zur Ergreifung von Harriet Jacobs, American Beacon (Tageszeitung), Norfolk, Virginia, 4. Juli, 1835.

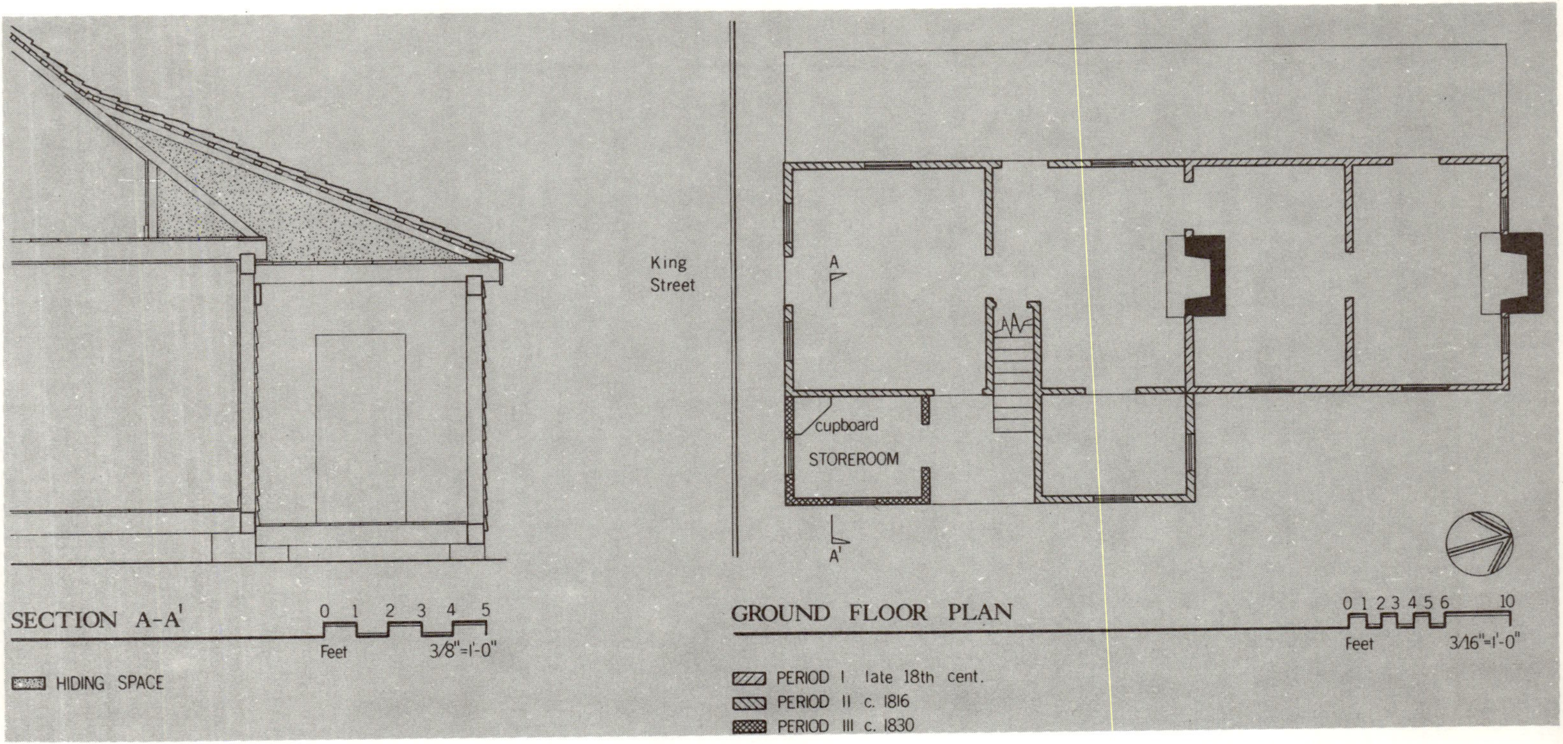

10. *Molly Horniblows Haus. Maßstabgerechte Rekonstruktion von Vorderansicht und Grundriß mit Jacobs' Schlupfwinkel.*

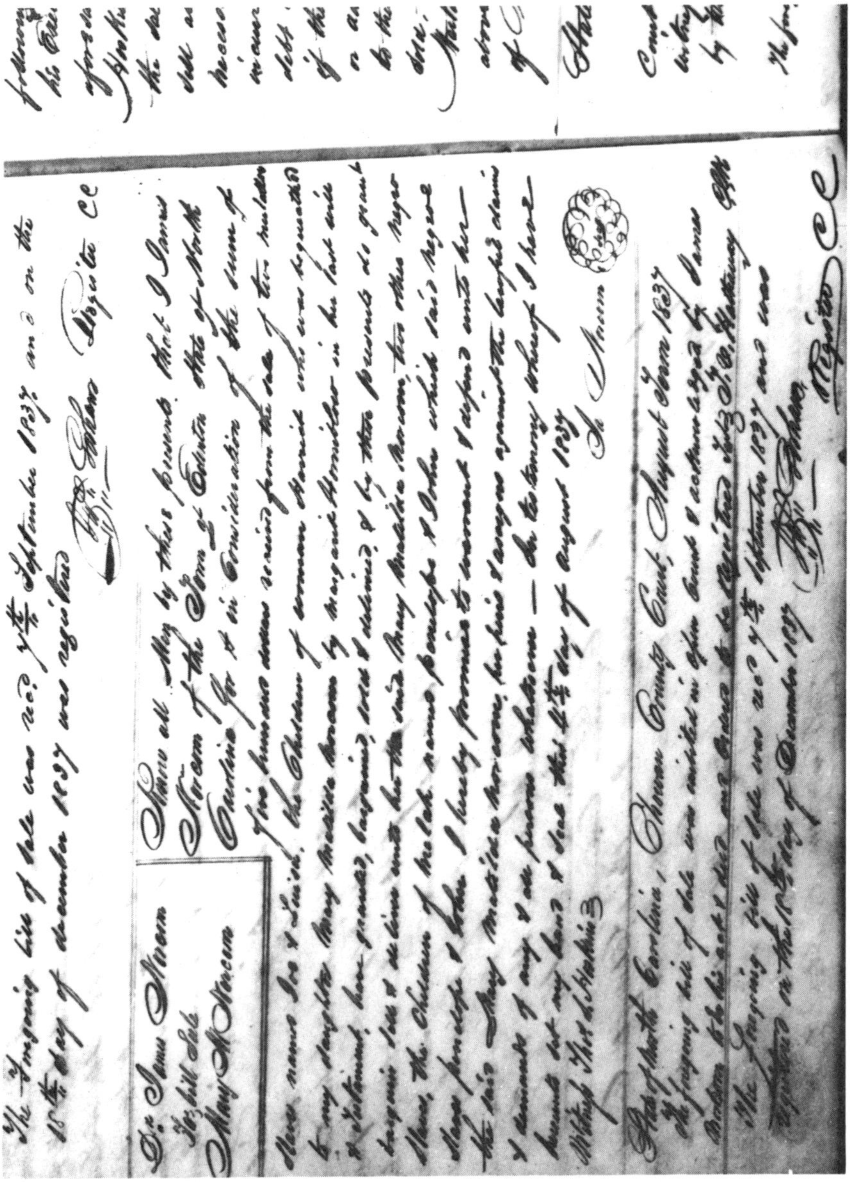

11. Dr. Norcoms Promesse, die seiner Tochter zur Entschädigung für den Verkauf ihrer „beiden Mulattensklaven mit Namen Joe & Louisa, den Kindern der Frau Harriet" zwei andere Kinder zuschreibt, 4. August, 1837.

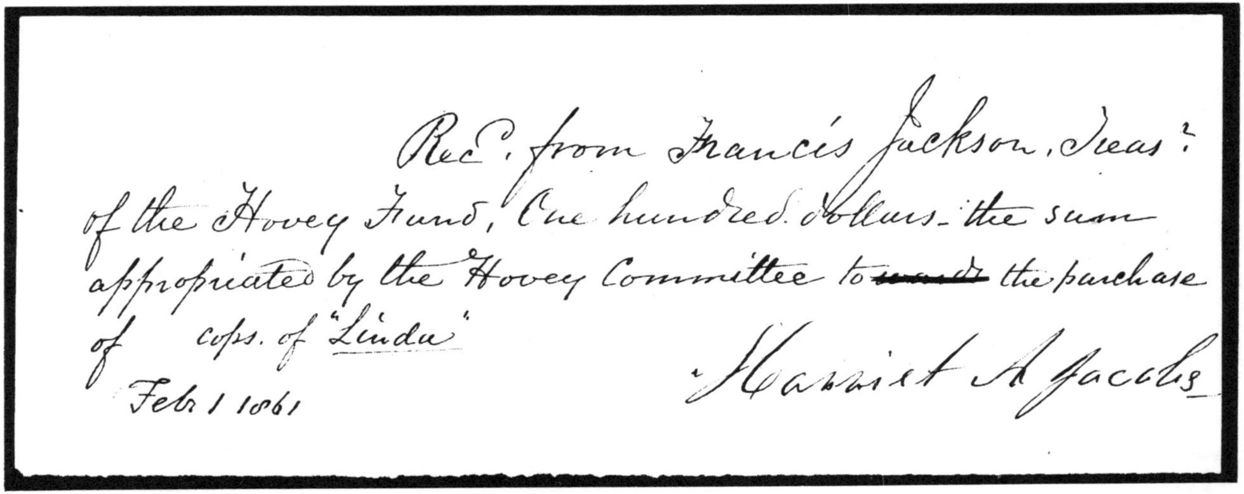
Rec^d. from Francis Jackson, Treas^r.
of the Hovey Fund, One hundred dollars – the sum
appropriated by the Hovey Committee to [illegible] the purchase
of copies of "Linda"
Feb. 1 1861
Harriet A Jacobs

12. *Harriet Jacobs' Quittung, in der eine Zahlung von $ 100 „zum Ankauf von Ex. von ‚Linda'" durch den Hovey Fund der Abolitionisten bescheinigt wird, 1. Februar, 1861.*

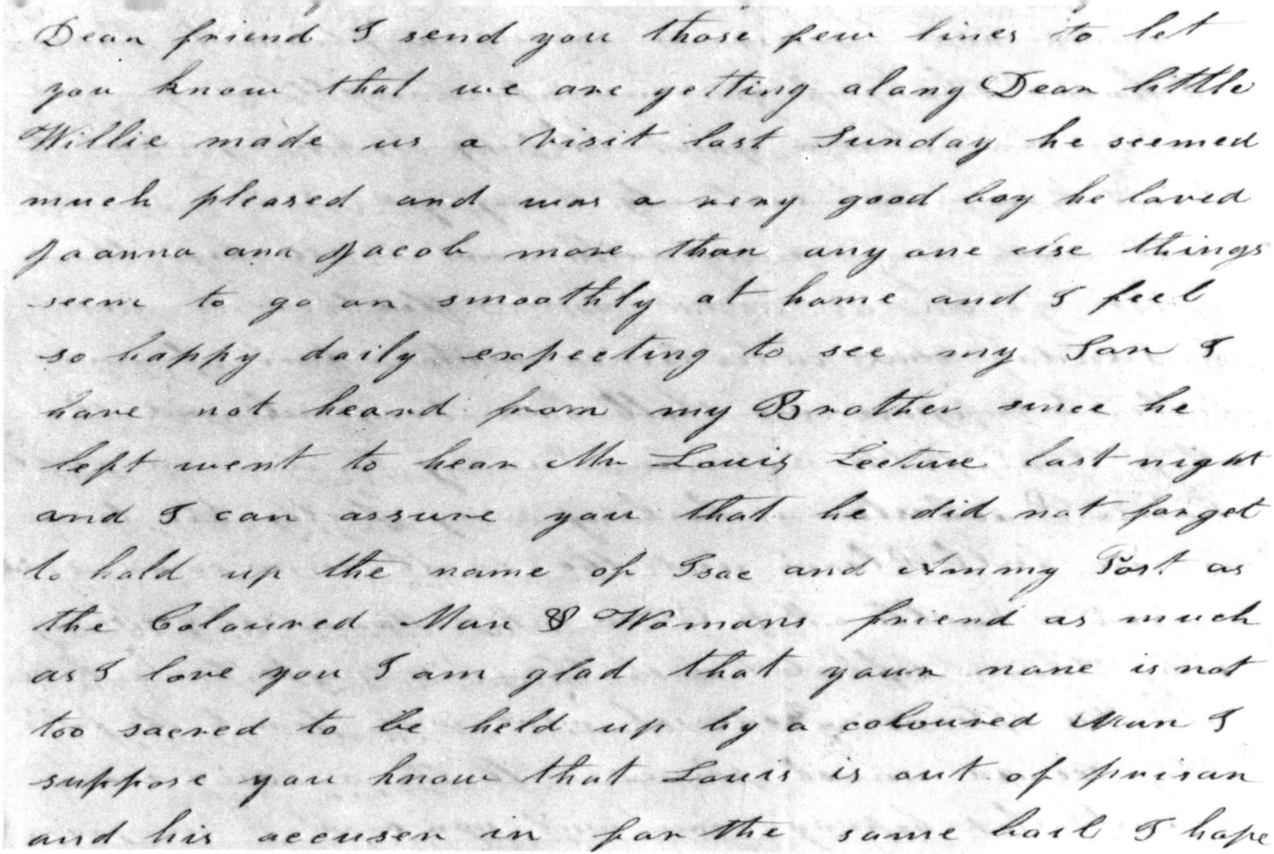
Dear friend I send you those few lines to let
you know that we are getting along Dear little
Willie made us a visit last Sunday he seemed
much pleased and was a very good boy he loved
Joanna and Jacob more than any one else things
seem to go on smoothly at home and I feel
so happy daily expecting to see my San I
have not heard from my Brother since he
left went to hear Mr Louis Lecture last night
and I can assure you that he did not forget
to hold up the name of Isac and Ammy Post as
the Coloured Man & Womans friend as much
as I love you I am glad that your name is not
too sacred to be held up by a coloured Man I
suppose you know that Louis is out of prison
and his accuser in for the same hail I hope

13. *Erste Seite von Harriet Jacobs' Brief an Amy Post – Mai 1849.*

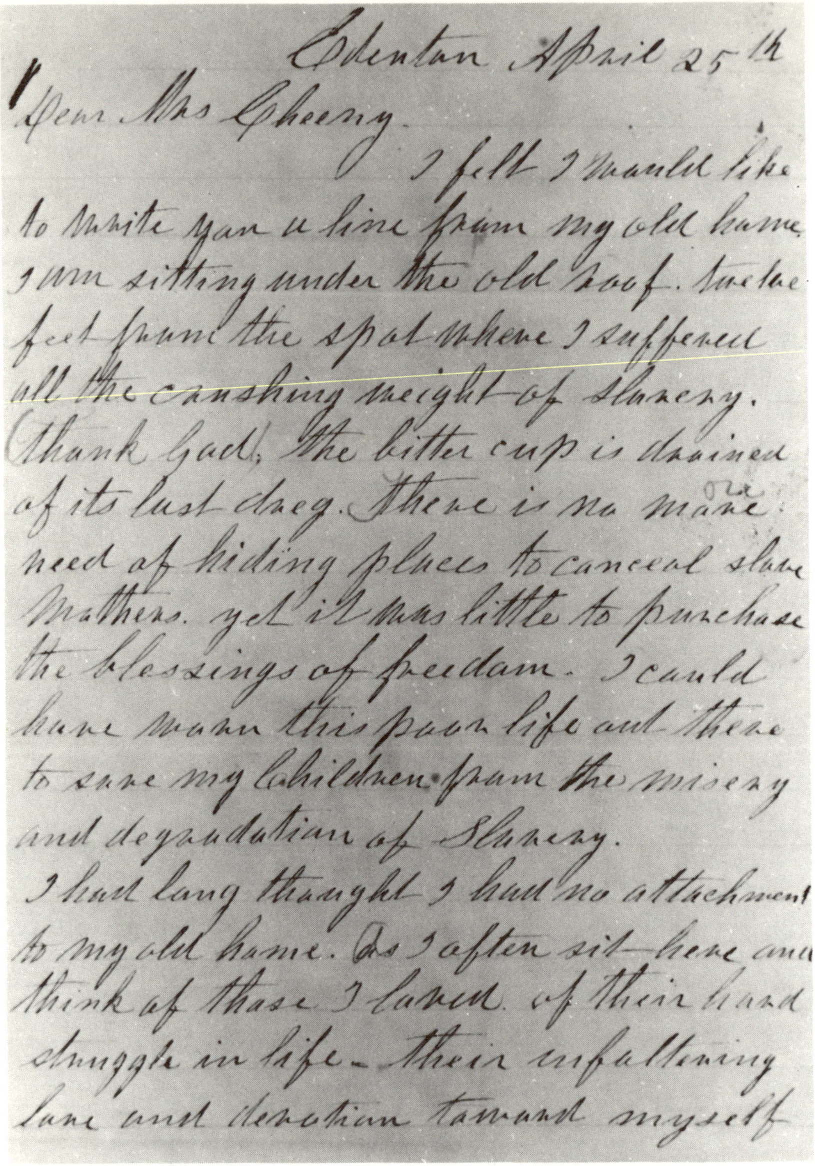

Edenton April 25th

Dear Mrs Cheney

I felt I would like to write you a line from my old home. I am sitting under the old roof. twelve feet from the spot where I suffered all the crushing weight of Slavery. Thank God, the bitter cup is drained of its last dreg. There is no more need of hiding places to conceal slave Mothers. yet it was little to purchase the blessings of freedom. I could have worn this poor life out there to save my children from the misery and degradation of Slavery.

I had long thought I had no attachment to my old home. As I often sit here and think of those I loved. of their hard struggle in life – their unfaltering love and devotion toward myself

14. Erste Seite von Harriet Jacobs' Brief an Ednah Dow Cheney, 25. April 1867.

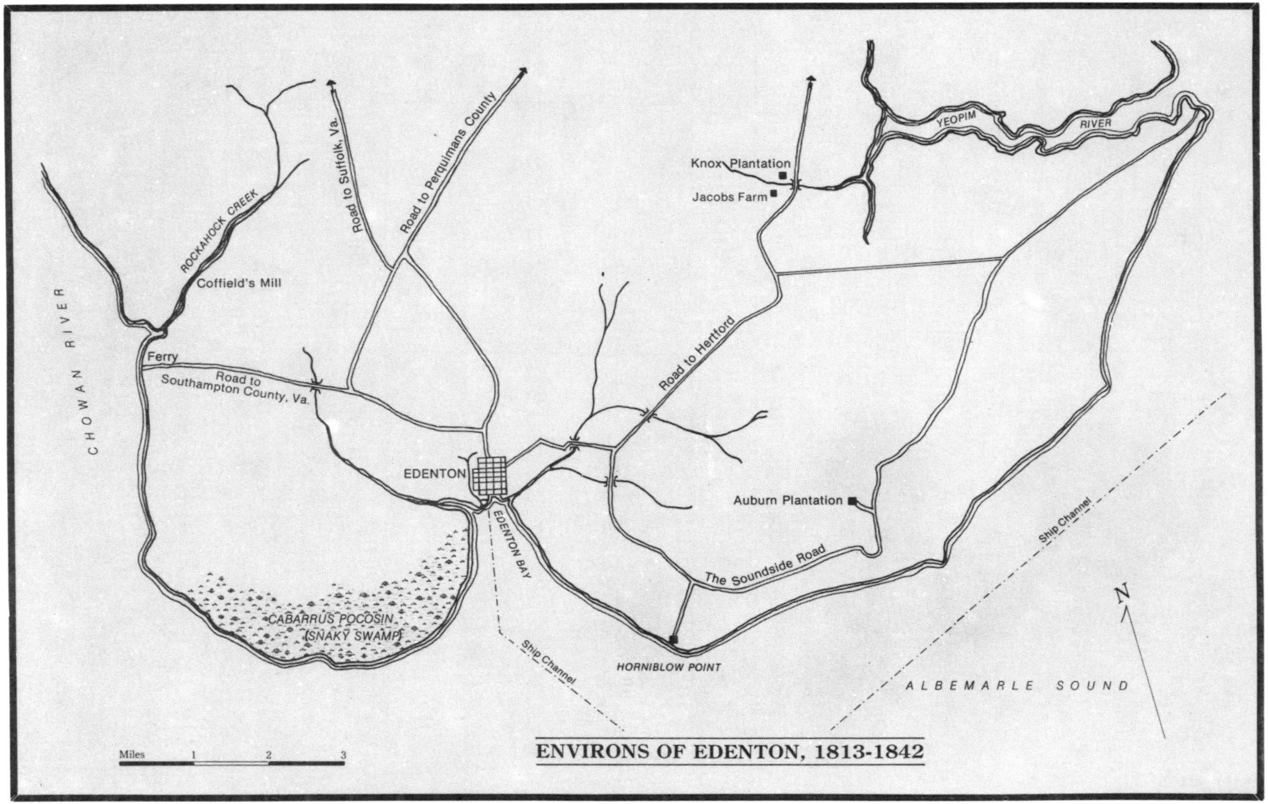

15. *Karte 1: Umgebung von Edenton. North Carolina, 1813–1842.*

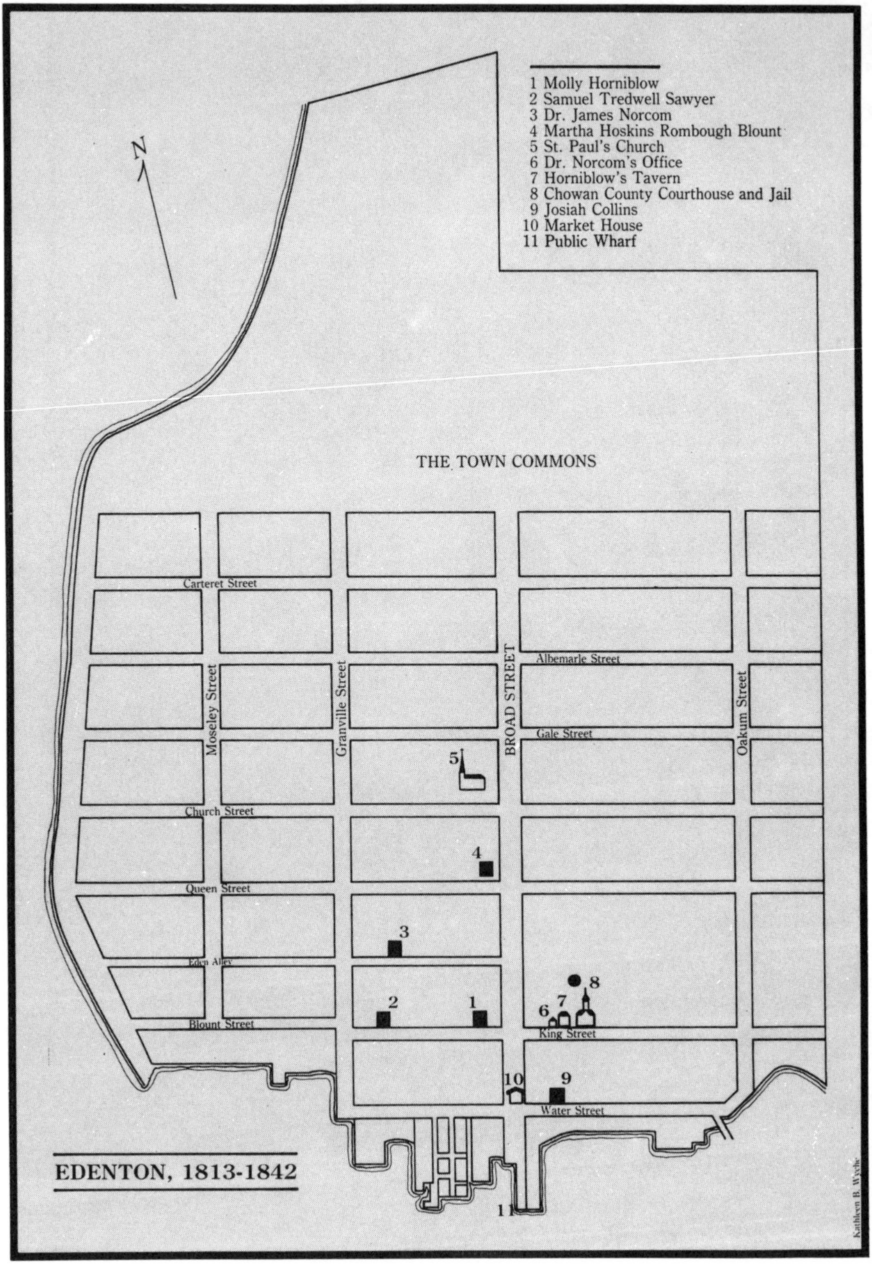

16. Karte 2: Edenton, North Carolina, 1813–1842

Bildnachweis

1. Harriet Jacobs 1894.

Photographie im Kabinettformat von Gilbert Studios, Washington, D. C. Goldgetontes Eiweißpositiv.

2. Titelseite der ersten Ausgabe der *Incidents.* (Im Original S. XXXV).

3. Dr. James Norcom.

Visitformat von C. M. Bell Studio, Washington, D. C., vermutlich nach einer Daguerreotypie aus dem Jahre 1847, von der angenommen wird, daß es sich um ein Photo von Dr. James Norcom handelt. Dr. J. Norcom Papers, North Carolina State Archives. Mit Genehmigung.

4. Amy Post, ca. 1861–1864.

Photographie (Format 3 5/8 × 2 1/4 Zoll) von Powelson, Photograph, Rochester, New York. Mit Genehmigung, Isaac and Amy Post Family Papers, Department of Rare Books and Special Collections, Rush Rhees Library, University of Rochester.

5. Lydia Maria Child in den sechziger Jahren.

Eiweißpositiv (3 1/4 × 2 Zoll). Mit Genehmigung der Trustees of the Boston Public Library.

6. Cornelia Grinnell Willis im Old Mansion, New Bedford, Massachusetts, 1884.

Silberprozeß-Photographie (4 3/4 × 7 3/4 Zoll) von Parlow, Photograph, New Bedford. Mit Genehmigung der Joint Free Public Library of Morristown and Morris Township, New Jersey.

7. Sterbebett-Kodizill von Margaret Horniblow, Jacobs' erster Herrin, womit „mein Negermädchen Harriet" und „meine Kommode & Arbeitstisch & ihr Inhalt" ihrer dreijährigen Nichte Mary Matilda Norcom vermacht wurden, 3. Juli 1825.

Dr. J. Norcom Papers, North Carolina State Archives. Mit Genehmigung.

8. Petition zur Emanzipierung von Jacobs' Großmutter Molly Horniblow, unterschrieben mit einem X von Hannah Pitchard, 10. April, 1828.

Chowan County Miscellaneous Slave Records, 1730–1866, North Carolina State Archives. Mit Genehmigung.

9. Anzeige zur Ergreifung von Harriet Jacobs, *American Beacon* (Tageszeitung), Norfolk, Virginia, 4. Juli, 1835.

Von Mikrofilm in der Sammlung der North Carolina State Archives. Mit Genehmigung.

10. Molly Horniblows Haus. Maßstabgerechte Rekonstruktion von Vorderansicht und Grundriß mit Jacobs' Schlupfwinkel.

Entworfen und gezeichnet von Carl R. Lounsbury, Colonial Williamsburg Foundation. Mit Genehmigung.

11. Dr. Norcoms Promesse, die seiner Tochter zur Entschädigung für den Verkauf ihrer „beiden Mulattensklaven mit Namen Joe & Louisa, den Kindern der Frau Harriet" zwei andere Kinder zuschreibt, 4. August, 1837.

Dr. J. Norcom Papers, North Carolina State Archives. Mit Genehmigung.

12. Harriet Jacobs' Quittung, in der eine Zahlung von $ 100 „zum Ankauf von Ex. von ‚Linda' " durch den Hovey Fund der Abolitionisten bescheinigt wird, 1. Februar, 1861.

Mit Genehmigung der Houghton Library, Harvard University.

13. Erste Seite von Harriet Jacobs' Brief an Amy Post – Mai 1849 – (Brief drei).

Mit Genehmigung, Isaac and Amy Post Family Papers, Department of Rare Books and Special Collections, Rush Rhees Library, University of Rochester.

14. Erste Seite von Harriet Jacobs' Brief an Ednah Dow Cheney, 25. April – 1867 – (Brief fünfzehn).

Mit Genehmigung von Sophia Smith Collection, Smith College.

15. Karte 1. Umgebung von Edenton, North Carolina, 1813–1842.

Entwickelt von George Stevenson und gezeichnet von Kathleen B. Wyche, North Carolina State Archives. Mit Genehmigung.

16. Karte 2. Edenton, North Carolina, 1813–1842.

Entwickelt von George Stevenson und gezeichnet von Kathleen B. Wyche, North Carolina State Archives. Mit Genehmigung.

Abkürzungen

AL Autograph letter – autographischer Brief, Unterschrift weggelassen.
ALS Autograph letter, signed – autographischer Brief, unterschrieben.
BAP Black Abolitionist Papers – Papiere schwarzer Abolitionisten. Siebzehn Rollen mit einem veröffentlichten Leitfaden und Index. New York: Microfilming Corporation of America, 1981–83: Ann Arbor: University Microfilms International, 1984.
BPL Boston Public Library – Öffentliche Bibliothek Boston, Boston, Mass.
IAPFP Isaac and Amy Post Family Papers. Department of Rare Books, Manuscripts, and Archives, University of Rochester Library, Rochester, N. Y.
LMCP Lydia Maria Child Papers. *The Collected Correspondence of Lydia Maria Child, 1817–1880,* ed Patricia G. Holland and Milton Meltzer. Millwood, N. Y.: Kraus Microform, 1980.
NCSA North Carolina State Archives, Raleigh, N. Y.
NFP Norcom Family Papers. North Carolina State Archives.

Chronologie

1813 Herbst: Harriet Ann Jacobs wird in Edenton, North Carolina, als Tochter von Delilah, Tochter Molly Horniblows und Sklavin Margaret Horniblows, und des Zimmermanns Daniel Jacobs, Sklave von Dr. Andrew Knox, geboren.

1815 John S. Jacobs, Harriets Bruder, wird geboren.

1819 Harriets Mutter stirbt; Harriet wird in das Haus ihrer Herrin Margaret Horniblow in Edenton gebracht und lernt lesen, schreiben und nähen.

1825 3. Juli: Margaret Horniblow stirbt und vermacht Harriet ihrer dreijährigen Nichte Mary Matilda Norcom. Harriet und ihr Bruder werden in das Haus Dr. James Norcoms gebracht.

1826 Harriets Vater stirbt.

1826 1. Januar: Harriets Großmutter, Molly Horniblow, wird nach dem Tod ihrer Herrin Elizabeth Horniblow verkauft. Hannah Pritchard kauft Molly und ihren älteren Sohn, Mark Ramsey, und emanzipiert Molly am 10. April. Molly Horniblow kauft Mark Ramsey. Joseph, ihr jüngerer Sohn, schlägt seinen Herrn nieder und ergreift die Flucht. Obwohl in Ketten zurückgebracht, für sechs Monate eingekerkert und nach New Orleans verkauft, flieht er wieder. Nach einer kurzen Begegnung mit seinem Bruder in New York verliert die Familie ihn aus den Augen.

1829 Harriet Jacobs nimmt sexuelle Beziehungen zu Samuel Tredwell Sawyer auf, nachdem ihr untersagt wurde zu heiraten und ihr Herr, Dr. Norcom, mit Konkubinat gedroht hat. Nach Drohungen seitens Mrs. Norcoms zieht sie in das Haus ihrer Großmutter. Ihr Sohn Joseph wird geboren.

1831 Erhebung Nat Turners.

1833 Louisa Matilda, Jacobs' Tochter mit Sawyer, wird geboren.

1835 Jacobs weist Dr. Norcoms sexuelle Forderungen erneut zurück und wird auf eine mehrere Meilen von Edenton entfernte Plantage geschickt. Juni: Sie läuft davon und verbirgt sich bei Freunden, nachdem sie erfahren hat, daß Norcom plant, ihre Kinder auf die Plantage zu schikken, damit sie „abgerichtet" werden. Als Vergeltung bringt Norcom Jacobs' Tante Betty und ihre Kinder – alle sind Sklaven – ins Gefängnis. Über einen Sklavenhändler kauft Sawyer Jacobs' Bruder und die Kinder, denen er gestattet, bei der Großmutter zu leben. August: Jacobs' Familie versteckt sie, zuerst in einem Sumpf, dann im Haus ihrer Großmutter. In ihrem Schlupfwinkel näht sie und liest die Bibel.

1837 August: Sawyer wird in den Kongreß gewählt, verläßt

Edenton und fährt nach Washington, ohne die Kinder emanzipiert zu haben.

1838 11. August: Sawyer heiratet Lavinia Peyton in Chicago. Spätherbst: John S. Jacobs läuft Sawyer in New York davon.

1840 Louisa Matilda wird mit Sawyer, seiner Frau und ihrem Baby nach Washington, D. C., geschickt; nach fünf Monaten wird sie zu seiner Kusine nach Brooklyn, N. Y., gebracht.

1842 Tante Betty stirbt. Juni: Jacobs entkommt in den Norden. In Philadelphia hilft ihr das Vigilant Committee; in Brooklyn sieht sie ihre Tochter; in New York findet sie Anstellung bei Mary Stace Willis, deren Baby Imogen sie betreut.

1843 Auf der Flucht vor Sklavenfängern fährt Jacobs nach Boston, dann arrangiert sie, daß ihr Sohn dorthin geschickt wird. Sie kehrt nach New York zurück, aber nach neuerlicher Gefährdung nimmt sie 1844 ihre Tochter und läßt sich in Boston nieder, wo sie als Näherin ihre Kinder unterhält.

1845 März: Mary Stace Willis stirbt. Jacobs fährt mit dem verwitweten Nathaniel Parker Willis als Kindermädchen für Imogen nach England.

1846 Nach New York zurückgekehrt, wird Jacobs von Mary Matilda Norcom und ihrem neuen Gatten, Daniel Messmore, belästigt. Sie versuchen, sie wieder zu versklaven.

1849 Jacobs schickt Louisa Matilda in die Schule nach Clinton, N. Y. März: Jacobs verläßt Boston und zieht nach Rochester, wo sie im Antisklavereibüro und im Lesesaal arbeitet, die ihr Bruder, John S. Jacobs, jetzt Antisklaverei-Lektor, leitet. Sie trifft Amy Post und einen Zirkel von Abolitionistinnen und Frauenrechtlerinnen.

1850 Das Neue Sklavenfluchtgesetz wird als Teil des Kompromisses von Missouri erlassen. September: Jacobs kehrt nach New York zurück und nimmt die Tätigkeit in der Familie Willis wieder auf. Sie sorgt für das Baby der zweiten Frau Willis', Cornelia Grinnell Willis. John S. Jacobs geht nach Kalifornien, um Gold zu schürfen, gefolgt von Jacobs' Sohn. 1853 sind beide beim Bergbau in Australien. November: Dr. Norcom stirbt in Edenton.

1851 Frühjahr: Jacobs erhält eine Warnung, daß Dr. Norcom von ihrer Rückkehr nach New York gehört und Pläne für ihre Festnahme entworfen hat. Da sie nicht weiß, daß er inzwischen verstorben ist, flieht sie aus New York und verbirgt sich für einen Monat in Massachusetts.

1852 Februar: Messmore reist nach New York, um Jacobs zu fangen; sie flieht wieder nach Massachusetts. Cornelia Grinnell Willis trifft Vorkehrungen, Jacobs zu kaufen. Jacobs ist frei.

1853 Februar: Jacobs prüft Amy Posts Vorschlag, ihre Geschichte zu erzählen. Sie trifft Vorkehrungen, sich Harriet Beecher Stowe zu nähern, verwirft aber Stowes Vorschlag, ihre Erlebnisse in *A Key to Uncle Tom's Cabin* aufzunehmen. Jacobs beschließt, das Buch selbst zu schreiben, und beginnt zu arbeiten. Juni und Juli: Sie veröffentlicht Briefe in der *New York Tribune*. Juli: Sie zieht mit Familie Willis nach Idlewild in Cornwall, N. Y., um, unterhält aber Verbindung zum organisierten Abolitionismus. September: Molly Horniblow stirbt in Edenton.

1858 Jacobs vollendet ihr Manuskript. Sie fährt nach Boston, um Briefe an ausländische Abolitionisten zu besorgen, segelt im Mai nach England, um ihr Buch zu verkaufen. Ohne Erfolg kehrt sie im Herbst zurück. Ihr Onkel, Mark Ramsey, der 1843 frei wurde, stirbt in Edenton.

1859 Die Bostoner Verleger Phillips und Sampson willigen ein, Jacobs' Werk zu veröffentlichen, gehen dann bankrott. John Brown überfällt das Bundesarsenal von Harpers Ferry.

1860 Jacobs schickt ihr Manuskript an die Bostoner Verleger Thayer und Eldridge, die ein Vorwort von Lydia Maria Child haben möchten. William C. Nell führt Jacobs bei Child ein, und ein Vertrag, das Buch zu veröffentlichen, wird von Child (die für Jacobs zeichnet) und Thayer und Eldridge unterschrieben, die dann bankrott gehen.

1861 Jacobs kauft die stereotypierten Platten ihres Buches. Ein Bostoner Drucker veröffentlicht *Incidents* „für die Autorin". Februar: Jacobs geht nach Philadelphia, um *Incidents* zu verkaufen. 12. April: Die Konföderation feuert auf Fort Sumter.

1862 Die englische Ausgabe, *The Deeper Wrong*, erscheint in London. September: Jacobs geht nach Washington, D. C., um Wohltätigkeitsarbeit unter den „contrabands" zu leisten. Die Freedmen's Relief Association wird gegründet.

1863 1. Januar: Proklamation der Emanzipation. Januar: Unter Schirmherrschaft philadelphischer und New-Yorker Quäker arbeitet Jacobs in Alexandria, Va., wo sie Kleidung verteilt, lehrt und in der Gesundheitspflege tätig ist. November: Louisa Matilda schließt sich Jacobs in Alexandria an. Jacobs beantwortet einen Notruf von Joseph, der in Australien erkrankt ist, hört aber nie wieder etwas von ihm.

1865 März: Das Freedmen's Bureau wird eingerichtet. April: Lee kapituliert; Lincoln wird ermordet. Oktober: Jacobs besucht Edenton, bringt Hilfsgüter. Dreizehnter Zusatz zur Verfassung.

1866 Harriet und Louisa Matilda verlassen Alexandria, um in Savannah Wohltätigkeitsarbeit zu leisten.

1867 Mai: Jacobs besucht wieder Edenton, verteilt Kleidung und Saatgut. Rekonstruktionsgesetze. Der Ku-Klux-Klan wird organisiert.

1868 März: Harriet und Louisa Matilda segeln nach London, um Geld für ein Waisen- und für ein Altersheim in Savannah zu beschaffen. September: Jacobs schickt Spenden in Höhe von £ 100 an die New York Quakers, schlägt jedoch vor, wegen der „ungeklärten Lage im Süden" nicht zu bauen. Vierzehnter Zusatz zur Verfassung.

1870 Fünfzehnter Zusatz wird ratifiziert. Jacobs leitet eine Pension in Cambridge, Mass.

1875 John S. Jacobs stirbt und wird auf dem Friedhof Mount Auburn Cemetery, Cambridge, beigesetzt.

1877 Die Bundestruppen werden aus dem Süden abgezogen.

1885 Harriet und Louisa Matilda Jacobs leben in Washington, D. C.

1892 Jacobs verkauft Haus und Parzelle ihrer Großmutter in Edenton für $ 425. Die Familie hatte sorgsam Vorkehrungen getroffen, daß sie beides erbt.

1896 Louisa Matilda beteiligt sich am Organisieren von Versammlungen der National Association of Colored Women in Washington, D. C.

1897 7. März: Harriet Jacobs stirbt in Washington, D. C., und wird in Mount Auburn Cemetery, Cambridge, beigesetzt.

Korrespondenz

1. Joshua Coffin an Lydia Maria Child[1]

Phila., 25. Juni 1842

Werte Freundin,

... Ich hoffe, Sie werden vorsprechen & sehen, ob sie jetzt in der Stadt ist, einer der interessantesten Fälle von Flucht aus der Sklaverei, den Sie je gesehen haben. Sie wurde gestern morgen aus dieser Stadt geschickt & Mr. Johnston anvertraut.[2] Sie kommt aus N. C., wurde von einem Kapitän zur See fortgebracht. Von ihrem Herrn war sie an die Spekulanten verkauft worden, und um zu verhindern, weggeschickt zu werden, war sie 7 Jahre! in einem kleinen Dachverschlag eines Hauses versteckt, das von Farbigen bewohnt wurde, hundert Yard von dem Haus ihres Herrn entfernt, der nicht wußte, daß sie dort war. Ihren Jungen hatte sie 7 Jahre nicht gesehen und sprach ihn erst 3 Tage vor der Flucht. Sie ist so lange eingesperrt gewesen, daß sie kaum gehen kann. Eine andere Frau, die an einen Baum gebunden aufgefunden wurde, brachten sie aus Delaware. Wenn Mr. Johnston der Mann wäre, der er sein sollte, würde er Sie gelegentlich einladen, damit Sie sich einige dieser bemerkenswerten Fälle ansehen, die ständig von Phil. nach N. Y. weitergeleitet werden. Der Landstreicher [durchgestrichen] was für ein schrecklicher Fehler. Der Sicherheitsausschuß dieser Stadt leistet ganze Arbeit, das Gebäude der Sklaverei zu erschüttern & zu beschädigen. Erfolg für ihn...

Joshua Coffin

ALS; Anti-Slavery Collection, BPL; LMCP 14/389-4.

1. Ich bin Carolyn Karsher dankbar dafür, daß sie mich auf diesen Brief aufmerksam machte. 1842 arbeitete Child in New York als Redakteurin der garrisonschen Zeitung *National Anti-Slavery Standard* (1840–1872). Joshua Coffin (1792–1864), Lehrer, Historiker und Altertumsforscher, war einer der Gründer der New England Anti-Slavery Society und der American Anti-Slavery Society; er schrieb *An Account of Some of the Principal Slave Insurrections* (New York, 1860).

2. Lymis Johnson, Bahnangestellter, wird im Protokoll des Philadelphia Vigilant Committee für 1840, 1843 und 1844 genannt; für 1842 sind die Berichte unvollständig. Joseph A. Bomome, „The Vigilant Committee of Philadelphia“, *Pennsylvania Magazine of History and Biography* 92 (Juli 1968): 320–351; persönliche Mitteilung an Jean Yellin von Phil Lapsansky, Library Company of Philadelphia, 11. Okt. 1985.

2. John S. Jacobs an Sydney Howard Gay[1]

Chelsea Mass 4. Juni 1846

Freund Gay

Sie haben die Katze aus dem Sack gelassen und ich dachte daß ich dir sagen würde daß sie sich als verkleideter Deubel erwies meine Schwester bekam vorche Woche einen sehr liebenswürdigen Brief von ihrer jungen Herrin Mrs Mesmore[2] sie schreibt sie hat geheiratet und auch gehört daß meine Schwester nach England gefahren war sie hat auf die Ankunft von Mr. W[illis] gewartet und erinnert meine Schwester jetzt an ihre frühere Liebe und in der gefühlvollen Art die so bezeichnend für diese Nation ohne Seele ist will sie wissen ob sie nicht NACH HAUSE KOMM will daß sie ihrem Vater nie das Einverständnis gab sie zu verkaufen weil sie nicht winschte daß sie die Sklavin eines andern als sie selbst sein sollte die sie immer geliebt hat und nett zu sie gewesen ist in der Tat es scheint mich das der alte Dr Brief an die Bluthunde von New York und der junge Dr. Brief an meine Schwester mit dem von vorche Woche erhaltnen alle Pillndreher in die Stadt koppschei [kopfscheu] machen würde weil sie nichts rechts damit anzufang wißten[3] laß mich einen Auszug aus alle anfihrn der alte Dr schreibt seinen nach New York damit er in die Hände des schlausten Poliseioffesiers der Stadt gerät und er bietet $ 100 Belohnung für sie und nachdem er sie so genau wie meglich beschrim hat sacht er daß er sie um keinen Preis verkaufen will denn er will sie kriegen um mit sie zum Sehgen der Institution ein Ensmbel zu studiern [Exempel zu statuieren][4]

Der junge Dr schreibt als ob er Gerade von einem Stellchenein kommt sein ganzer Kopf ist voll von Liebe der reinsten Sorte wie bei Delilah[5] er fürchtet daß sie nicht glücklich und zufrieden ist so weit weg von die Freunde und Verwandten und nachdem er sie versichert hat daß die Familie noch die freundlichsten Gefiehle vor sie hat bittet er sie ihm zu schreiben wo sie ist damit er sie in ihr früheres Glück die Hölle zurückholen kann

Der Brief der von Mesmore geschrim wurde war wie Du weißt eine komplätte Fälschung und obendrin war es eine so schwarze Falschheit wie sie nur jemals aus der bodenlosen Grube entwischt ist er sagte daß ein Herr aus dem Norden sie kaufen wollte und daß die Familie Norcom nichts dagegen hatte weil der damals in die Familie Norcom einheiraten wollte was er inzwischen besorgt hat die neu gemachte Mrs Mesmore wünscht daß sie nach Hause kommt oder sich selbst kauft aber da meine Schwester nicht die Mittel hat sich zu kaufen und diese kalten Rejonen gesünder findet als den sonnigen Süden werden sie sich wohl aus der Ferne lieben müssen in der sießesten Liebe die es zwischen Herrn und Sklaven je gegeben hat. ich kenne diesen Mr – Mesmore nicht die Menschenfenger von New York hat ihn nach Edenton reingeschleust wie mich die Babystehler rausgeschleust aber nach seinen Briefen zu Urteilen würde ich sagen seine 15 Gran epecuaner [ipekakuanha][6] in lauwarmes Wasser gemixt ist er warlig wert aber der arme Bursche hat für seine Frau teuer bezahlen müssen man hat auf ihn geschossen ihn zusammengeschlagen und eingelocht[7] aber aus Mangel an Zeit muß ich seine intressante Familie jetzt verlassen mege der Herr Arbarmen vor sie haben

Stets der Deine im Namen der Unterdrückten der ganzen Welt

John S Jacobs

ALS; Sydney Howard Gay Collection, Columbia University Libraries.

1. Sydney Howard Gay (1814–1888), Abolitionist, Autor und Journalist, las für die American Anti-Slave Society und arbeitete dreizehn Jahre als Chefredakteur des *Standard. The Letters of William Lloyd Garrison*, Red. Walter M. Merrill and Louis Ruchames, 6 Bde. (Cambridge: Harvard University Press, 1971–1981), III, S. 269.

2. Mary Matilda Norcom, jetzt verheiratet mit Daniel Messmore. Vgl. ihren Brief in Kapitel XXXVIII.

3. Der alte Doktor ist Dr. James Norcom, der junge wahrscheinlich sein Sohn Dr. John Norcom (1802–1856), ein wiedergeborener Christ. NFP.

4. Die Institution: Sklaverei.

5. Delilah täuschte Liebe zu Samson vor und verriet ihn an seine Feinde. Das Buch der Richter 16/4–21.

6. Ipekakuanha oder Brechwurz ist ein Brechreiz erzeugendes und schleimlösendes Mittel.

7. Vgl. Kapitel XLI, Anmerkung 6.

3. Harriet Jacobs an Amy Post

[Rochester, Mai 1849]

Liebe freundin ich schicke dir diese wenigen zeilen damit du weißt daß es uns gut geht der Liebe kleine Willie[1] besuchte uns letzten Sonntag er schien sehr zufrieden und war ein sehr guter Junge er liebte Johanna und Jakob mehr als sonst jemand zu Hause scheint alles glatt zu gehen und ich fühle mich täglich so glücklich in der erwartung meinen Sohn zu sehen[2] von meinem Bruder habe ich nichts gehört seit er abreiste war gestern abend dort um mir den Vortrag von Mr Louis anzuhören und kann dir versichern daß er nicht versäumte den namen von Isaac und Amy Post als freunde der Farbigen Männer & Frauen hochzuhalten[3] so sehr ich euch liebe so froh bin ich daß euer name nicht zu heilig ist von einem farbigen Mann hochgehalten zu werden Ich nehme an du weißt daß Louis aus dem Gefengnis ist und sein kläger drin für die gleiche sache[4] Ich hoffe Du und deine schwester habt angenehme tage Ich weiß daß du glücklich bist wenn du in Long Island sein darfst denn es ist ein großer segen eltern zu haben die man Besuchen kann du mußt deine schwester Sarah bestimmt mit zurückbringen denn jeder wird sie sehen wollen[5] das Büro läuft wie gewöhnlich[6] waren wenige hier zur versammlung am Sonntag war angetan von einem teil deines briefes Ich nehme an wir werden Sonntag Frederick[7] und die Griffiths[8] hier haben damit es ein volles haus wird Rochester sieht sehr hübsch aus die Bäume stehen in voller Blüte und die Erde scheint mit einer grünen Hülle bedeckt zu sein Miss Owen[9] & Miss Marse verließen uns gestern

Abby Thayer[10] reiste letzte woche ab Die Miss Griffiths ist heute nachmittag hier gewesen Frederick ist mit ihnen zu den fällen gegangen der leseraum scheint ihnen sehr gefallen zu haben

Ich muß aufhören hoffend daß du bald zu hause sein wirst Deine

Harriet

ALS; IAPFP #787; BAP 16/0678-79.

1. Willett Post (1847–1917), Amy Posts jüngstes Kind.

2. Joseph Jacobs war von seiner Walfangfahrt zurückgekehrt. Isaac Post an Amy Post, 7. Mai 1849 und 22. Mai 1849, IAPFP.

3. Am 1. Juni 1849 kommentierte der *North Star* Vorlesungen, die H. G. R. Lewis kurz zuvor gehalten und in denen er die Farbigen aufgerufen hatte, „eine geistige und moralische Überlegenheit anzustreben".

4. In demselben Artikel merkt der *North Star* an, (nicht genannte) „Verleumdungen, die betr. Mr. Lewis kursieren, sind völlig unbegründet".

5. Sarah Kirby Hallowell Willis, Amy Posts jüngste Schwester (1818–1914), Abolitionistin, Frauenrechtlerin, Fürsprecherin des Abstinenzlertums, war Mitglied des Committee of Arrangements of the Rochester Women's Rights Convention. IAPFP; Nancy Hewitt, *Women's Activism and Social Change, Rochester, New York, 1822–1872* (Ithaca: Cornell University Press, 1984), S. 231.

6. Das Antisklavereibüro und der Leseraum in Buffalo Street, über der Zeitung von Frederick Douglass. Vgl. Kapitel XXXIX. *Daily American Dictionary of the City of Rochester for 1849/50.* S. 155.

7. Frederick Douglass (ca. 1819–1895), afroamerikanischer Reformer, Redner, Schriftsteller und Herausgeber, entkam 1838 aus der Sklaverei und gelangte zu Ansehen nach seiner Rede, die er 1841 vor der Antisklavereigesellschaft von Massachusetts hielt. 1845 veröffentlichte Douglass seine *Narrative of the Life of Frederick Douglass, an American Slave: Written by Himself.* Er verbrachte die beiden folgenden Jahre in England und Irland, kehrte im April 1847 in die Vereinigten Staaten zurück und brachte im Dezember desselben Jahres die erste Ausgabe seiner Zeitung *North Star* in Rochester heraus. Benjamin Quarles, *Frederick Douglass* (1948; New York: Atheneum, 1969).

8. Die englischen Schwestern Julia und Eliza Griffiths, denen Douglass in Britannien begegnet war, kamen Mitte Mai 1849 in Rochester an; Julia Griffith blieb sechs Jahre. Sie wurde ständige Sekretärin der Rochester Ladies' Anti-Slavery Society, und ihre Arbeit zur Finanzierung der Zeitung von Douglass half ihren Erfolg zu sichern. Um Geld für den *North Star* zu beschaffen, edierte sie 1852 und 1853 zwei Geschenkbücher, beide mit dem Titel *Autographs for Freedom.* Quarles, *Frederick Douglass*, S. 91–95; Hewitt, *Women's Activism*, S. 150/151.

9. Sarah Owen (?–1879), Abolitionistin und Mitglied des Committee of Arrangements for the Rochester Women's Rights Convention von 1848, organisierte mit Amy Post die Working Women's Protective Union. Hewitt, *Women's Activism*, S. 231/232, 236; persönliche Nachricht an Jean Fagan Yellin von Karl Kabelac, University of Rochester Library, 3. Febr. 1986.

10. Abby G. Thayer (1827–1853) war eine garrisonianische Abolitionistin; ihre Schwester Phoebe war Erzieherin der Kinder von Douglass. *Letters of William Lloyd Garrison*, III, 571, 572.

4. Harriet Jacobs an Amy Post
Cornwall, Orange County [New York] [1852?]

Meine Liebe Freundin

Deiner vom 24. traf am 27. hier ein und meine Feder wird nicht imstande sein meine dankbaren Gefühle zu beschreiben als ich ihn las obwohl du noch nie vergessen werden konntest weißt du nicht wie er mein trauriges herz aufheitert und wie sehr ich ein wort des mitgefühls und der freundschaft von jenen schätze die ich liebe denn du ahnst wohl kaum wieviel ich durchmachen mußte seit wir uns das letztemal trafen aber es ist ein segen daß wir auf diese weise ein wort wechseln können so manchem der es weitaus mehr verdient als ich wird dieses privileg vorenthalten. Mrs Hallowells[1] freundlichen brief habe ich beantwortet und hoffe daß sie meine nachricht erhalten hat auch an Mrs Bush[2] habe ich geschrieben aber gestern bekam ich einen brief aus New York von ihr willst du bitte mitteilen daß ich geschrieben hatte es tut mir leid ihr soviel verdruß bereitet zu haben aber ich hatte zweimal pech und dachte so wäre es sicherer meine herzlichsten grüße an sie es freut mich daß ihr wunsch eine süße kleine Tochter zu haben in erfüllung ging und hoffe sie wird mit wiederhergestellter gesundheit und kraft gesegnet sein ehe sie unsere gestade verläßt es tut mir leid zu hören daß der Liebe kleine Willie so zart ausschaut ich würde ihn so gern sehen und oh meine liebe freundin wie würde ich gegenwärtig ein paar stunden bei dir schätzen aber wir armen sterblichen müssen immer danach trachten unsere herzen zu lehren sich den umständen zu fügen es ist eine harte lektion doch es ist ein segen für jene die es wirklich schaffen über deinen vorschlag habe ich immer wieder nachgedacht aber nicht ohne schmerzlichste erinnerungen liebe Amy wenn es das leben einer Heldin wäre an der es nichts auszusetzen gäbe viel besser eine der verhungernden armen aus Irland gewesen zu sein deren knochen an den landstraßen bleichen müssen als eine sklavin gewesen zu sein die und deren Kinder mit dem fluch der sklaverei abgestempelt sind dein reines herz und dein freundliches mitgefühl gewannen mich einmal dafür von meinen Kindern zu sprechen es sind die einzigen worte die mir über die lippen gekommen sind seit ich meine Mutter verließ ich war entschlossen andere denken zu lassen wie es ihnen beliebte aber meine lippen sollten verschlossen bleiben und niemand hatte ein recht mich zu befragen darum machte ich als ich nach Norden kam in der ersten zeit so oft wie möglich einen bogen um die leute von der Antisklavereibewegung weil ich fühlte daß ich nicht ehrlich sein und die ganze wahrheit berichten konnte oft bin ich mit meinen sorgen und meiner selenpein zu meinem armen bruder gegangen seine tränen mischten sich in meine während er mir riet zu tun was recht war mein gewissen billigte es aber mein störrischer stolz wollte nicht nachgeben seit zwei jahren versuche ich ihn zu bezwingen und ich fühle daß Gott mir geholfen hat oder ich wäre niemals bereit irgendeine mit meinem vergangenen leben bekanntzumachen denn ich würde es nicht tun ohne die ganze wahrheit zu berichten wenn es einer anderen mein schicksal ersparen könnte wäre es selbstsüchtig und unchristlich von mir sie zu verschweigen in meiner lage sehe ich keinen weg wie ich es machen könnte Mrs Willis[3] denkt in der hand von Mrs Stowe[4] wäre es sehr gut aufgehoben aber ich könnte sie nicht bitten irgend etwas zu unternehmen Mr W[illis] steht zu sehr auf seiten der sklaverei er würde mir sagen daß es sehr schlecht wäre und daß ich versuche unheil zu stiften oder vielleicht täte es ihm leid wenn ich es anpacke solange ich in seiner familie bin Mrs Willis meint wenn [es] nicht zu meinen lebzeiten getan wird wird es ein guter nachlaß für meine kinder [sein] die es nach meinem tode tun können aber jetzt ist die zeit wo überall soviel aufregung herrscht Mrs Hallowell schrieb in ihrem brief daß du daran denkst in einigen wochen nach New York zu gehen wenn du mich wissen läßt wann ich dich dort treffen werde kann ich dir meine Gedanken viel besser darlegen statt darüber zu schreiben

Falls die Antisklavereigesellschaft dies vorschlagen könnte [?] würde ich mich gern in jeder weise anstrengen die für das gedeihen der sache die beste wäre sie kennen mich nicht sie haben von mir gehört daß ich John Jacobs' schwester bin

meine liebe freundin wärest du bereit diesen vorschlag zu machen mir wäre es lieber wenn du es tätest statt irgendein anderer du könntest es besser tun ich würde glücklicher sein wenn ich daran denke daß du es warst wenn Mrs Stowe es übernehmen würde wäre ich gern einen monat bei ihr ich hätte gern die Geschichte meiner kindheit und der ersten fünf jahre in einem band und die nächsten drei und mein heim in den nordstaaten in dem zweiten außerdem könnte ich ihr einige feine skizzen über sklaverei für ihre feder liefern grüß deinen lieben Gatten und die söhne küsse Willie für mich grüße an alle Gott segne dich

Deine

Harriet

ALS; IAPFP # 84; BAP 16/0700-02.

1. Sarah Kirby Hallowell, später Sarah Kirby Hallowell Willis.

2. Abigail Norton Bush (1809 oder 1810–1898?), Frauenrechtlerin und Abolitionistin, präsidierte 1848 dem Frauenrechtskonvent von Rochester. Im Frühjahr 1852 arbeitete sie im Geschäftskomitee des jährlichen Treffens der Amerikanischen Antisklavereigesellschaft, das in Rochester abgehalten wurde. Hewitt, *Women's Activism*, S. 313, 144, 168; persönliche Mitteilung an Jean Fagan Yellin von Karl Kabelac, University of Rochester Library, 3. Febr. 1986.

3. Cornelia Grinnell Willis.

4. Harriet Beecher Stowe.

5. Harriet Jacobs an Amy Post

14. Febr. [1853]

Meine Liebe Freundin

gestern erhielt ich deinen freundlichen brief wenn schweigen tiefe gefühle ausdrücken kann dann muß ich dich bitten auf diese weise die emotionen entgegenzunehmen die mein herz und meine feder nicht ausdrücken können obwohl ich hoffe daß die zeit wenn wir uns sehen dürfen nicht mehr fern ist muß ich dir mitteilen was ich zu erreichen versuche als ich in der zeitung die notiz fand daß Mrs Stowe beabsichtigt England[1] zu besuchen fühlte ich daß nicht viel hoffnung bestand sie in nächster zeit aufzusuchen und ich dachte wenn ich sie veranlassen könnte Louisa mitzunehmen wäre es vielleicht möglich sie genügend zu interessieren[2] wenn sie selbst nichts tun könnte wäre sie vielleicht imstande Louisa zu helfen etwas zu tun außerdem dachte ich wäre Louisa eine sehr gute vertreterin der Sklaven des Südens sie hat in ihren studien gute fortschritte gemacht und ich denke daß sie hinreichend energie hat etwas für die sache zu tun sie braucht nur ihre aufgabe zu bekommen ich habe Mrs Willis meine Ideen unterbreitet sie meint sie wären gut und erbot sich an Mrs Stowe zu schreiben sie schrieb letzten Dienstag bat um ihre protektion [für

Louisa] und wenn sie sie in einer Antisklavereifamilie unterbringen würde es sei denn ihre dienste wären ihr nützlich was ich vorziehen würde da ich beabsichtige die ausgabe dort zu bezahlen der brief wurde wie deiner adressiert wenn er beantwortet wird will ich es dich wissen lassen liebe Amy da ich keine angst davor habe daß mein name an jene gelangt vor denen ich in furcht gelebt habe kann ich nicht glücklich sein ohne zu versuchen in irgendeiner weise nützlich zu sein ich erhielt freundliche zeilen von der lieben Sarah[3] die mir mitteilt daß sie am 20. in New York ist und unsere straße und hausnummer zu wissen wünscht ich werde sie und Mrs Bush aufsuchen und willst du mir eine zeile schicken falls Mrs B am 20. nicht segelt damit ich bescheid weiß ich schicke Sarah heute noch antwort da sie nicht dort sein wird wenn Mrs B nicht segelt ich werde mehr als glücklich sein euch alle zu sehen[4]

AL; IAPFP # 785; BAP 16/0710/11.

1. Stowe wurde am 10. Dezember 1852 nach England eingeladen; sie segelte am 3. März 1853. Forrest Wilson, Crusader in Crinoline (1941; Neudruck Westport, Conn.: Greenwood, 1972), S. 328, 334, 335.

2. Jacobs hoffte, daß sie Stowe dafür interessieren könnte, ihre Lebensgeschichte zu schreiben.

3. Zu Posts Zirkel von Antisklaverei-Frauenrechtlerinnen gehörten Sarah Fish, Sarah Owen und Sarah Thayer, ebenso Posts Schwester Sarah Kirby Hallowell Willis; es ist unklar, welche Sarah gemeint ist. Hewitt, *Women's Activism.*

4. Der Brief bricht hier ab.

6. Harriet Jacobs an Amy Post

März [durchgestrichen] 4. April [1853]

Meine Liebe freundin ich stehle mir diesen augenblick um ein paar zeilen für dich hinzukritzeln ich hätte eher geschrieben aber ich wartete in der hoffnung von unserer freundin Mrs Stowe etwas berichtenswertes zu erfahren doch wie die dinge liegen weiß ich kaum wo ich beginnen soll denn die gedanken stürmen auf mich ein und rivalisieren miteinander weil dir jeder zuerst mitgeteilt sein möchte so daß sie mein herz füllen und meine augen trübe machen deshalb muß mein schweigen ausdrücken was meine armselige feder nicht zu tun vermag aber du weißt liebe Amy daß mein herz voll liebe und dankbarkeit ist für alles interesse das du zu meinen gunsten gezeigt hast ich wünschte daß ich bei dir sitzen und reden könnte statt zu schreiben aber dieses vergnügen ist mir versagt und ich bin auch so dankbar Mrs Stowe hat deinen brief und den von Mrs Willis erhalten sie schreibt es wäre eine große belastung für sie Louisa mitzunehmen und da sie auf einladung fährt wäre es nicht recht und sie fürchtet wenn ihre [Louisas] situation als Sklavin bekannt werden sollte würde es dazu führen sie viel zu verhätscheln und zu verwöhnen was für ein junges Mädchen mehr angenehm als nützlich wäre und die Engländer hätten eine große schwäche dafür und sie wäre bei dieser klasse von menschen sehr dagegen ich will es dir überlassen den rest zu deuten aber erinn[ere] dich ich beabsichtige Louisa ausgahben zu bezahlen deinen brief schickte sie an Mrs Willis mit der anfrage ob sie so weit gehen dürfe sich zu erkundigen sei denn dieses höchst ungewöhnliche ereignis in allen seinen einzelheiten auch wahr und dürfe sie es für ihren schlüssel verwenden[1] über meine Kinder hatte ich vor Mrs Willis nie den mund geöffnet – in der Milde ihres herzens empfand sie mitleid mit mir und berührte nie den punkt ihrer herkunft von meinen leiden wußte sie zuerst war ich verwirrt sagte ihr aber die volle wahrheit und wir meinten beide daß es unrecht von Mrs Stowe war ihr deinen brief zu schicken sie hätte selbst einen schreiben können um nachzufragen wenn sie das gewollt hätte Mrs Willis schickte ihr eine sehr nette antwort und baht sie keine der fakten in ihrem schlüssel zu verwenden da ich wünsche daß es eine völlig eigenständige geschichte meines lebens sein solle die mehr gutes ausrichten würde doch falls sie einige fakten für ihr buch brauche wäre ich äußerst glücklich sie ihr zu liefern sie ist auf diesen brief nie eingegangen sie [Mrs. Willis] schrieb dann wieder und ich schrieb zweimal ohne besseren erfolg es war nicht Lady like Mrs Willis so zu behandeln sie hätte das mit keinem gemacht ich glaube sie [Mrs. Stowe] mochte meine einwände nicht ich kann es nicht ändern[2]

AL; IAPFP # 788; BAP 16/0681-83.

1. Das ungewöhnliche Ereignis war Jacobs' siebenjährige Einkerkerung. Harriet Beecher Stowe arbeitete an *A Key to Uncle Tom's Cabin, Presenting the Original Facts and Documents upon Which the Story is Founded...* (Boston, Cleveland und London, 1853).

2. Der Brief bricht hier ab.

7. Harriet Jacobs an Amy Post

9. Okt [1853]

Meine Liebe Freundin

Ich war mehr als glücklich deinen willkommenen brief zu erhalten denn ich muß zugeben daß mich dein langes schweigen sehr beunruhigt hat ich hätte vorher schreiben sollen aber die familie wurde durch ein neues kleines mitglied erweitert[1] und ich hatte wenig zeit für etwas außer den extras es macht mir das herz schwer daß ich von meinem Bruder und von Joseph nichts gehört habe und liebe Amy ich habe meine Gute alte Großmutter verloren die mir so lieb und teuer war oh ihr leben ist voll sorge und nöten gewesen aber der dem sie vertraute hat sie nie verlassen ihr Tod war schön möge mir ein ende wie das ihre beschieden sein Louisa ist bei mir ich weiß nicht wie lange sie bleiben wird ich werde versuchen sie den ganzen winter hierzubehalten da ich versuchen möchte etwas zeit für mich haben zu dürfen

Mrs Stowe hat keinen meiner briefe beantwortet nachdem ich es ablehnte meine geschichte in ihrem schlüssel bringen zu lassen vielleicht ists am besten so wenigstens will ich versuchen so zu denken hast du noch mehr von meinem gekrietzel gesehen sie waren mit flüchtling[2] gekennzeichnet William Nell hat Louisa davon erzählt und ihr ein Exemplar geschickt ich hatte mich so bemüht es von ihr fernzuhalten und niemand hier hat mich niemals verdächtigt ich wollte es Mrs W[illis] nicht wissen lassen ehe ich meine geschichte fertig habe denn ich muß jetzt schreiben was ich selbst erlebt und mit eigenen augen gesehen habe erwarte nicht viel von mir liebe Amy du sollst die wahrheit haben aber nicht talent Gott verlieh mir nicht diese gabe aber er gab mir eine seele die für die freiheit brannte und ein herz das durch die entschlossenheit gestählt war selbst bis hin zum tode alles zu erdulden in verfolgung der freiheit ohne die das leben eine unerträgliche last ist aber liebe A ich fürchte daß ich belastend bin zu der nachfrage in deinem brief ich sagte dir es war in allen einzelheiten wahr außer daß es meine Mutter und schwester waren aber wir sind zusammen aufgewachsen[3] es ist die antwort darauf daß die Sklaven in North Carolina außerhalb des gesetzes stehen ich war zu hause als der arme geächtete in die stadt gebringt wurde und sein kopf war von dem körper getrennt[4] der artikel über Kolonisation war genau das was mein armes kleines entrüstetes herz für die gesellschaft[5] fühlte und jetzt meine liebe freundin schmeichle mir nicht ich weiß daß ich viele fehler mache und bin bereit sie mir sagen zu lassen da ich eine ungebildete unterdrückte Sklavin gewesen bin doch laß mich nur vor die welt treten aber ich muß schluß machen grüße alle Gott segne dich entschuldige die Hastige schmiere.

Deine

1 Uhr Harriet

ALS; IAPFP # 85; BAP 16/0713-14.

1. Edith Willis wurde am 28. September 1853 geboren. Henry A. Beers, *Nathaniel Parker Willis*, American Men of Letters Series (Boston und New York: Houghton Mifflin, 1885, 1913).

2. Jacobs bezieht sich auf drei Briefe, die sie an Zeitungen geschickt hatte: „Letters from a Fugitive Slave. Slaves Sold under Peculiar Circumstances", *New York Tribune*, 21. Juni 1853, S. 6; „Cruelty to Slaves", *New York Tribune*, 25. Juli 1853, S. 3; den Artikel über die Colonization Society habe ich nicht gefunden.

3. Der sexuelle Mißbrauch von Sklavenschwestern und die fruchtlosen Versuche ihrer Mutter, sie zu schützen, wurden in Jacobs' Briefen an die *Tribune* vom 21. Juni 1853 behandelt.

4. Jacobs' Brief an die *Tribune* vom 25. Juli 1853 beschreibt die Enthauptung eines flüchtigen Sklaven in North Carolina. John S. identifiziert das Opfer als George Carabus; „A True Tale of Slavery", S. 139. Für Gerichtsberichte betr. dieser Greueltat vgl. Chowan County Miscellaneous Records (Inquests), 16. Sept. 1833, NCSA.

5. Die Kolonisationsgesellschaft – American Colonization Society, gegründet 1817 und von Abolitionisten angegriffen, schlug vor, Schwarze nach Afrika zurückzuschicken, und versuchte Liberia als „eine Negerkolonie in Afrika" zu etablieren. John Hope Franklin, *From Slavery to Freedom: A History of American Negroes*, 2. Ed. (New York: Knopf, 1967), S. 234–237.

8. Harriet Jacobs an Amy Post

Cornwall [New York], März [1854]

Meine Liebe Freundin

Ich erhielt deinen freundlichen und willkommenen brief und hätte ihn viel eher beantworten sollen aber verschiedene schwierigkeiten hinderten mich und als ich geschrieben hatte lag ich im Bett mit einem schweren anfall von Rheumatismus, so daß ich die

Hände nicht an den kopf heben konnte meine schultern machen mir noch immer zu schaffen überhaupt haben wir diesen winter viel krankheit in der familie gehabt ich weiß meine entschuldigung wegen zeitmangels wird ihren weg zu deinem herzen finden

meine liebe freundin ich möchte dir für dein freundliches und großzügiges angebot danken du bietest mir die gastlichkeit deines angenehmen heims aber noch kann ich mich nicht entscheiden meine freunde Mr & Mrs Brackett[1] hätten es gern wenn ich zu ihnen käme um in ihrem haus zu schreiben und sie leben sehr ruhig und zurückgezogen sie waren hier verbrachten einen tag und eine nacht bei mir und sahen daß ich bei meinen täglichen pflichten schwerlich viel zeit zum schreiben finde bis jetzt habe ich noch nicht eine einzige seite im tageslicht geschrieben Mrs W[illis] weiß von meinen lippen nicht daß ich an einem Buch schreibe und hat nie eine zeile von dem geschriebenen gesehen im Herbst sagte ich ihr daß ich ihr den winter hindurch Louisas dienste gäbe wenn sie mir die winterabende ließe aber die pflege des kleinen babys und der großen Babies sowie die pflichten des haushalts nehmen mich so in anspruch daß mir nur wenig zeit bleibt um zu überlegen oder zu schreiben doch ich habe in meiner armseligen art versucht mein bestes zu tun und das ist nicht viel

Und du meine liebe freundin darfst nicht viel erwarten wo so wenig gegeben ist[2] Ja liebe Amy mir wurde mehr als ein üppiger anteil von leiden zuteil genug die feineren gefühle stärkerer herzen als meines armen ängstlichen zu zerstören doch ich will versuchen dir kein seelengemälde zu schicken zur zeit durchläuft das schwache Buch sein puppenstadium und da ich es nie zu einem schmetterling entwickeln kann will ich zufrieden sein wenn es einmal schüchtern zwischen einigen der bescheideneren raupen einherkriecht manchmal wünsche ich mir daß ich in einen schlaf wie Rip Van Winkle[3] fallen und mit dem segensreichen glauben der kleinen Hexe Topsy[4] erwachen könnte nie geboren zu sein doch du wirst sagen dazu ist es jetzt zu spät ich bin über den glauben hinausgewachsen o ja und habe ihn auch überlebt aber du weißt daß mein hoffnungshöcker[5] groß ist wie geht es meinem lieben alten freund Mr Post ich zweifle nicht daran daß er auf seinem Posten ist und vielleicht gerade eine mächtige Phalanx anführt um die Nebraska Bill durchzubringen[6] nun er soll 1856 meine stimme haben wenn *Arnold*[7] und *Belshassar*[8] die lawine ins rollen bringen grüße die ganze familie sehr freundlich sage Willie daß ich ihn sehr gern sehen möchte schreib mir beim nächstenmal ob ich den freund kenne den du in deinem brief erwähnt hast sobald meine pläne reifer geworden sind werde ich dir wieder schreiben es wird sehr schwierig sein jemanden für meine stelle zu finden doch das bleibt wohl mir überlassen ich kenne nur eine person sie ist pflegerin bei einer Dame und ihr lohn wäre hoch aber ich glaube daß [ich] sie gewinnen kann sie ist eine nette person ich muß diesen sprunghaft umherschweifenden brief beenden laß ihn niemand sehen Lou läßt dich vielmals grüßen schade daß du sie nicht besser kennst du hättest sie gern Gott segne dich. schreib so bald wie du kannst

Deine

H Jacobs

ALS; IAPFP # 783; BAP 16/0679-80.

1. Ein Mr. und eine Mrs. Brackett scheinen Jacobs' Tochter von Zeit zu Zeit bei sich aufgenommen zu haben; vgl. Louisa Matilda Jacobs an (John S. Jacobs), 5. Nov. 1849. In einem Brief an Amy Post schrieb William C. Nell am 21. Juli 1853: „In Waterloo eine schöne Zeit bei den McClintocks – verbrachte eine Nacht bei Zenas Brackett zu Hause, und seine Familie machte mich glücklich, natürlich in der anregenden Gesellschaft von Louisa Jacobs." IAPFP.

2. „Denn welchem viel gegeben ist, bei dem wird man viel suchen." Lukas 12/48.

3. Rip Van Winkle, eine Gestalt aus Washington Irvings *The Sketch Book* (1819–1820), verschlief die Amerikanische Revolution.

4. Topsy ist das schwarze Mädchen in Stowes *Uncle Tom's Cabin*, die verkündet: „Grade gewachsen."

5. Die Pseudowissenschaft der Phrenologie bestimmte den Charakter eines Menschen durch Untersuchung der „Höcker" oder der Form des Schädels.

6. Die Nebraska Bill, die im Januar 1854 vorgelegt und von Senator Stephen A. Douglas und Präsident Franklin Pierce unterstützt wurde, setzte den Kompromiß von Missouri faktisch außer Kraft, indem sie festlegte, daß die Bewohner von Kansas und Nebraska durch eine Volksabstimmung entscheiden konnten, ob sie der Union als Sklavenhalter- oder als freie Staaten angehören. Befürworter des Missouri Compromise und des Compromise von 1850 sahen in der Nebraska Bill einen Verrat an diesen Vereinbarungen und verbündeten sich mit den Abolitionisten, um das Gesetz zu opponieren. Jacobs' Andeutung, daß Isaac Post die Maßnahme unterstützen solle, widerspiegelt vielleicht den radikalen Standpunkt des Abolitionisten Thomas Wentworth Higginson, der am 17. Febr. 1854 in

The Liberator schrieb: „Als Agitator empfinde ich... ein Gefühl tiefer Dankbarkeit für diejenigen, die diese Maßnahme eingebracht haben. Jeder derartige Vorschlag zeigt nur noch klarer, daß es für uns unter den gegenwärtigen Bedingungen so etwas wie Frieden nicht geben kann."

7. „Aufgezogen an die Spitze der Fahnenstange der Boston Common wurde... eine Karikatur gefunden" mit der Inschrift „Stephen A. Douglas, Autor der Nebraska Bill – der Benedikt Arnold von 1854." *The Liberator*, 10. März 1854, S. 38.

8. Belsazar – im Buch Daniel ein liederlicher Führer, der blindlings regierte, die Bedürfnisse des Volkes ignorierte und dessen Reich zerstört wurde – bildete in der Rhetorik der damaligen Zeit eine häufig angeführte Bezugsperson. Hier mag Pierce gemeint sein; *The Liberator* vom 17. März 1854 brachte auf S. 48 eine Strafpredigt gegen die Nebraska Bill, wobei Daniel 11/11 und 11/27 angeführt werden.

9. *The Liberator* vom 27. Febr. 1854 druckte auf S. 28 ein Gedicht über die Nebraska Bill ab. Der Schluß lautete:

Lawinen der Entrüstung rollten da
Den Feinden der Nation in das Gesicht.
Begraben warn sie, eh' man sich's versah,
Durch dich, der freien Wähler Strafgericht.
Granit und grün der Hang, vor dem's geschah.

9. Harriet Jacobs an Amy Post

Idlewild [New York], März [1857]

Meine Liebe Freundin

lange hast du das gekritzel meiner feder nicht gesehen – aber viel länger ist es her daß ich von dir einen brief bekommen habe – meine armseligen zeilen sind nichts – während mir die deinigen sehr viel bedeuten – sie versichern mir daß die freunde die ich schätze und liebe manchmal an mich denken – und ich bete dafür daß deine frühere güte und Freundschaft nicht schwinden mögen – zu keiner bloßen – Jährlichen – gegenseitigen verständigung herabgemindert werden – und sich nur auf wenige flüchtige augenblicke beschränken – du kannst nicht wissen – wie enttäuscht ich war daß ich dich nicht noch einmal getroffen habe – als du in der Stadt warst – an dem morgen nachdem ich dich verlassen hatte nahm ich am Konvent[1] teil – aber ich fühlte mich so elend daß ich gehen mußte – ehe ich gelegenheit hatte dich zu sehen – da ich an heftigem Husten litt hielt mich das stürmische Wetter im haus fest – und obgleich ich noch zehn tage blieb spürte ich daß mir alles was mich in die Stadt geführt hatte vorenthalten wurde – ich werde diesmal bestrebt sein das haus zu verlassen – falls nichts dazwischenkommt – was es verhindert – denn ich möchte mich ein zwei tage vor dem Konvent[2] – um einige meiner angelegenheiten kümmern – die es nötig haben – so daß ich vielleicht nichts anderes zu tun habe als dich zu sehen wenn es dir paßt – ich kann höchstens zwei oder drei tage bleiben da – wir um diese zeit Zuwachs erwarten – und diese kleinen wichtigtuer – bringen den ganzen haushalt durcheinander[3] – wenn du schreibst berichte mir alles über Willie – ob er zur Schule geht – ob er gern liest – und ob er die Kinderzeitung Pilgrim Grace Greenwood hat[4] – ich würde ihn gern sehen – nach so vielen Jahren würde ich den lieben kleinen gesellen der mich Dah nannte wahrscheinlich kaum wiedererkennen – Aber ich vergesse ja daß du jetzt eine Großmutter bist die ehre [?] entzückte hoffentlich – sowohl den lieben Opa – wie die Oma – bitte richte deinem lieben guten Mann meine freundlichsten grüße aus – ebenso Mr und Mrs Hallowell[5] – Mr und Mrs Willis[6] – und allen meinen Rochester freunden –

Über den *Liberator* habe ich alles so gut es ging verfolgt – auch über den *Standard*[7] – ich freue mich einige neue Pioniere auf dem plan zu sehen – möge Gott ihre Arbeit segnen – und ich bin so froh über die stellung die W C Nell eingenommen hat[8] – die guten und die aufrechten werden gebraucht – ich werde ganz seelenkrank wenn ich das böse sehe das sich überall im lande breitmacht – oh meine liebe freundin häufig zerreißt es mir vor qual fast dieses arme herz das in der Sklaverei geblutet hat – wenn ich das unrecht und die gemeinheiten beobachte – die unterdrückung – die grausamen gewalttaten die gegen meine rasse verübt werden – manchmal bin ich fast geneigt auszurufen – wo wohnt dieser gerechte Vater – den ich liebe – und an den ich glaube – ist seine hand zu Kurz[9] – ist seine macht zu Schwach – daß all diese anmaßenden exzesse im ganzen lande als oberste gesetze herrschen – Gott erlaubt dies nicht – der Mensch folgt den bösen neigungen des eigenen herzens – denn er ist nicht einmal bereit anzuerkennen daß wir als Gottes Ebenbild geschaffen wurden[10] – hat nicht die entscheidung der letzten tage – in Washington – uns dies gebracht[11] – ich sehe nichts worauf der Schwarze Mensch – den blick richten könnte – außer darauf sein altes Motto zu vergessen – und ein neues zu lernen seine lange geduldige hoffnung – muß sein macht – und Kraft – Freiheit – oder Tod –

Lulu[12] würde grüßen lassen wäre sie hier – aber sie lebt seit fast zehn Monaten auf Long Island – als Gouvernante eines kleinen Mädchens von zwölf jahren – die Stellung gefällt ihr – aber ich vermisse sie wahrhaftig sehr – von meinem Bruder habe ich seit dem letzten Herbst nichts gehört – im Januar – kam ein brief von meinem Sohn – er ist noch in Australien[13] – ich muß hier schließen ich erschöpfe deine Geduld in der hoffnung von dir zu hören

Deine dir Erg

Harriet

[verkehrt herum oben auf der ersten Seite] das Buch warte bis ich dich sehe

ALS; IAPFP #86; BAP 16/0704-07.

1. Die Amerikanische Antisklavereigesellschaft hielt ihren jährlichen Konvent im Mai 1856 in New York City ab. *Letters of William Lloyd Garrison*, III, 336.

2. 1857 wurde der Konvent am 11. Mai in New York City abgehalten. Ebenda, 477–480.

3. Baily Willis wurde am 31. Mai 1857 geboren. Henry A. Beers, *Nathaniel Parker Willis*, American Men of Letters Series (Boston und New York: Houghton Mifflin, 1885).

4. *The Little Pilgrim* (Philadelphia, 1853–1875).

5. Mary Post Hallowell (1823–1913) und William R. Hallowell (1816–1882); wie Amy Post, ihre Tante und Stiefmutter, war Mary Hallowell eine aktive Frauenrechtlerin. IAPFP; Hewitt, *Women's Activism.*

6. Amy Posts Schwester Sarah Kirby Hallowell hatte 1853 Edmund P. Willis (?–1882) geheiratet. IAPFP.

7. Die American Anti-Slave Society hatte im Februar 1857 einen Konvent in Rochester abgehalten. *The Liberator*, 27. Febr. 1857, S. 34; 6. März 1857, S. 38.

8. Diese Bemerkung mag sich auf Nells Brief vom 16. Febr. 1857 aus Boston beziehen, „Equal School Rights for Colored Children", der am 20. Febr. 1857 auf S. 31 in *The Liberator* erschien. Sein Angriff auf die Entscheidung im Falle Dred Scotts erschien in *The Liberator* erst am 8. Mai 1857, S. 76.

9. „Siehe, des Herrn Hand ist nicht zu kurz, daß er nicht helfen könne, und seine Ohren sind nicht hart geworden, daß er nicht höre." Jesaja 59/1.

10. „Und Gott schuf den Menschen ihm zum Bilde, zum Bilde Gottes schuf er ihn; und schuf sie, einen Mann und ein Weib." Das erste Buch Mose 1/27. Bez. der Idee, die Rassen wären getrennten Ursprungs vgl. William Stanton, *The Leopard's Spots: Scientific Attitudes toward Race in America, 1815–1859* (Chicago: University of Chicago Press, 1960).

11. In der Dred-Scott-Entscheidung vom 6. März 1857 fixierte Oberrichter Roger B. Taney die Entscheidung des Obersten Gerichtshofs der

Vereinigten Staaten, derzufolge Scott, ein Sklave, kein Bürger war und keinen Prozeß anstrengen konnte; da der Kompromiß von Missouri für verfassungswidrig erklärt wurde, konnten die Herren ihre Sklaven überall auf den Territorien festnehmen und ihre Besitzansprüche auf sie aufrechterhalten. Franklin, *From Slavery to Freedom*, S. 163–164.

12. Louisa Matilda Jacobs.

13. In einem Brief an Amy Post, datiert am 21. Juli 1853, schrieb Nell, daß Jacobs' Bruder und Sohn Kalifornien verlassen hatten, um in Australien zu graben. IAPFP.

10. Harriet Jacobs an Amy Post

21. Juni [1857]

Meine Liebe Freundin

Ein herz voller dank für deinen freundlichen und willkommenen – brief der sofort beantwortet worden wäre – wenn ich mehr zeit gehabt hätte. Ich würde mich liebend gern mit dir unterhalten denn das wäre angenehmer – doch da ich das nicht kann will ich mich so gut es geht auf dem papier auszudrücken versuchen –

Ich bin Meine liebe freundin – Bestrebt gewesen einen wahren und aufrichtigen bericht meines eigenen lebens in Sklaverei zu geben – Gott weiß ich habe versucht es in Christlichem Geist zu tun – es gibt einige dinge die ich deutlicher hätte machen können ich weiß – es fällt einer Frau viel leichter – das grausame unrecht das ihr widerfahren ist einer lieben freundin ins ohr zu flüstern – als es offen zu berichten so daß alle welt darüber lesen kann – ich habe nichts ausgelassen außer – was ich dachte eine Sklavin nach meinung der welt allzu bereitwillig ausplaudern könnte – um mitleid zu erregen Ich bitte um nichts – ich habe mich offenbart um als frau beurteilt zu werden ob ich mitleid oder verachtung verdiene – ich habe noch ein anderes ziel im auge – aufzutreten als was ich bin eben eine arme Sklavenmutter – nicht zu berichten was ich gehört sondern was ich gesehen habe – und was ich erlitten habe – und wenn es mitleid gibt – sei es das für die tausenden von Sklavenmüttern – die noch geknechtet werden – und weitaus schlimmeres leiden als was ich erduldet habe – lasset uns für ihre hilflosen Kinder bitten auf daß sie die freiheiten genießen mögen deren sich jetzt meine Kinder erfreuen – sag alles über mich was du für richtig hältst wenn es nur aus einer wahren quelle stammt – stell mir jede frage die du willst – über den vater meiner Kinder habe ich wohl schon alles dargelegt doch vielleicht habe ich dir noch nicht gesagt daß er damals Kongreßmitglied war – aber das habe ich geschrieben – es wäre glaube ich am besten wenn du mit unserer bekanntschaft beginnst und mit der langen zeit die ich in eurer familie war sowie mit deinem rat daß ich die geschichte meines lebens in Sklaverei aufschreiben sollte erwähne auch daß ich die ganze zeit eine stelle bekleidete während ich bemüht war das Buch herauszubringen aber schreibe nicht bei wem ich lebte da ich den namen Willis verschweigen möchte auch würde ich nicht wollen daß die leute glauben ich hätte ein Faules leben geführt – und das buch nur herausgebracht um zu geld zu kommen – meine gütige freundin ich schränke dich in nichts ein, denn du weißt viel besser als ich was man schreiben sollte ich bin nur zu glücklich bei dem gedanken daß ich es von dir haben werde[1] –

Ich hoffe du kannst mein unzusammenhängendes gekritzel lesen – ich bin so oft unterbrochen und fortgerufen worden – daß ich kaum noch weiß was ich geschrieben habe – aber ich muß den brief abschicken weil ich nicht weiß ob ich morgen gelegenheit dazu haben werde – Professor Botta und Lady[2] mit Ole Bull ältestem sohn[3] sind hier – auf besuch aus der Stadt – außerdem drei weitere personen die den tag im haus verbringen – und das Baby[4] ist heute morgen gerade vier wochen alt – ich muß mich um den haushalt kümmern und für die Kinder sorgen das nimmt jeden augenblick meiner zeit in anspruch wir haben alle fünf Kinder hier – drei Mädchen – und zwei jungen. Imogen bleibt den Sommer über Louisa hat eine woche bei mir verbracht – sie wünschte dich vielmals zu grüßen – ihr geht es nicht gut sie sieht erschreckend dünn aus –

Ich muß immer daran denken wie gern ich weggehen und mein Buch verkaufen würde – ich könnte dann ein copywright erwerben – um es sowohl hier als auch in England zu verkaufen – und wenn ich mich damit identifizierte könnte ich vielleicht etwas für die Antisklavereisache tun – um das zu machen müßte ich empfehlungsschreiben haben – von den führenden Abolitionisten dieses Landes an die des Alten – wenn du schreibst laß mich wissen was du davon hältst[5] ich muß aufhören denn ich befinde mich an der einzigen stelle wo ich licht haben kann – und die moskitos haben besitz von mir ergriffen – grüße vielmals alle meine freunde – und Willie – und sei überzeugt ich bin immer deine

Harriet

ALS; IAPFP # 90; BAP 16/0676-78 (unvollständig).

1. Das Ergebnis war Posts Bürgschaft, die im Anhang erscheint.

2. Vincenzo Botta (1818–?), später Professor für Italienisch an der Universität der Stadt New York, hatte 1855 Anne Charlotte Lynch (1815–1891) geheiratet, eine Literatin und gelegentliche Mitarbeiterin an Willis' *Home Journal. Notable American Women 1607–1950: A Biographical Dictionary*, Hg. Edward T. James, et alibi, 3. Bd. (Cambridge: Harvard University Press, 1971), I, 212–214. Beers, *Willis*, S. 193.

3. Ole Bull (1810–1880), norwegischer Violinist, der die Vereinigten Staaten wiederholt bereiste, gründete für norwegische Emigranten die Oleana Colony. *Lydia Maria Child: Selected Letters*, 1817–1880, Hg. Milton Meltzer und Patricia G. Holland (Amherst: University of Massachusetts Press, 1982), S. 213.

4. Baily Willis.

5. Über Jacobs' Bemühungen vgl. den Brief, den sie am 28. Juni (1858?), während ihres England-Aufenthaltes an An Warren Weston schrieb, Weston Papers, BPL; BAP 16/0717, 13/0605-06.

11. Lydia Maria Child an Harriet Jacobs

Wayland [Massachusetts], 13. Aug. 1860

Liebe Frau Jacobs,
seit unserer Begegnung arbeite ich angestrengt an Ihrem Ms., und ich habe erst ein Drittel geschafft. Ich finde sehr wenig Veranlassung, an der Sprache, die für jemand mit so begrenzten Bildungsmöglichkeiten wunderbar ist, etwas zu verändern. Das Geschehen ist interessant und gut dargestellt; die Bemerkungen sind ebenfalls trefflich und zweckdienlich. Aber ich schreibe einen großen Teil ab, um Sätze und Seiten umzustellen, die Geschichte kontinuierlich ablaufen zu lassen und die Bemerkungen an *geeignete* Stellen zu rücken. Ich glaube, Sie werden sehen, daß die Geschichte dadurch klarer und unterhaltsamer wird.

Ich würde mir nicht so viel Mühe machen, wenn ich das Buch nicht für ungewöhnlich interessant hielte und für geeignet, der Antisklavereisache höchst dienlich sein zu können. Sie brauchen sich also nicht allzusehr persönlich verpflichtet zu fühlen. Wie Sie wissen, würde ich durch Feuer und Wasser gehen, um der Sklaverei einen Schlag zu versetzen. Ich nehme an, Sie werden das Ms. sehen wollen, nachdem ich ihm meinen geistigen Ordnungsstempel aufgedrückt habe; und in zwei Wochen werde ich es abschikken, wohin Sie immer möchten.

Ich schreibe Ihnen heute, um Sie zu bitten, daß Sie Ihre Erinnerungen an Greueltaten gegenüber Farbigen zur Zeit Nat Turners aufs Papier bringen.[1] Sie sagen, der Leser würde nicht glauben, welche Ausschreitungen Sie gesehen haben, was „Männer, Frauen und Kindern ohne geringste Verdachtsgründe“ angetan wurde. Was *waren* das für Ausschreitungen? Wurde jemand gefoltert, um ein Geständnis zu erpressen? Und wie? Wurde jemand umgebracht? Bitte notieren Sie einige der aussagekräftigsten Einzelheiten und schicken Sie mir das Material zu, damit ich es einfügen kann.

Ich denke, das letzte Kapitel über John Brown[2] sollte besser fortgelassen werden. Es nimmt sich in Ihrer Geschichte nicht natürlich aus, und das Ms. ist ohnehin zu lang. Nichts kann als Schluß so gut geeignet sein wie der Tod Ihrer Großmutter.

Mr. Child[3] wünscht Sie hochachtungsvoll zu grüßen.

Sehr herzlich Ihre Freundin

L. Maria Child

ALS; IAPFP # 1330; IMCP 46/1243.

1. Vgl. Kapitel XII.

2. John Brown (1800–1859) hatte im Oktober 1859 gegen das United States Arsenal von Harpers Ferry, Virginia, einen Angriff geführt, den er als ersten Schlag in einem Kampf zur Beendigung der Sklaverei ansah; er wurde am 2. Dezember 1859 gehängt. Childs Briefe an Brown erschienen in der *Correspondence between Lydia Maria Child and Gov. Wise and Mrs. Mason, of Virginia* (Boston, 1860), einem Bestseller unter den Streitschriften, die von den Abolitionisten herausgegeben wurden.

3. David Lee Child (1794–1874), Abolitionist, Lehrer, Politiker, Schriftsteller und Herausgeber, half zwischen 1843 und 1844 seiner Frau bei der Herausgabe des *Standard.*

12. Lydia Maria Child an Harriet Jacobs

Wayland [Massachusetts], 27. Sept. 1860

Liebe Frau Jacobs,

den Vertrag mit Thayer & Eldridge habe ich in meinem Namen unterschrieben und besiegelt und ihnen gesagt, das Copyright in meinem Namen auszustellen. Sie wissen, daß *Ihr* Name unter den gegebenen Umständen nicht verwendet werden konnte. Nach anderen Buchhändlern habe ich mich umgesehen, fand aber außer

Thayer & Eldridge[1] keinen, der bereit gewesen wäre, die Sache zu übernehmen. Ich habe über sie nichts Nachteiliges gehört, und ich glaube nicht, daß Sie besser fahren könnten, als es ihnen zu überlassen. Sie *sollten* für einige Zeit das alleinige Vervielfältigungsrecht besitzen, da sie es stereotypieren, weil dieses Verfahren mit erheblichem Kostenaufwand verbunden ist, und wenn Sie den Verleger wechseln, wären die Platten für sie wertlos.[2] Als ich davon sprach, die Auflagenhöhe auf 2000 zu begrenzen, ahnte ich nicht, daß sie zu stereotypieren beabsichtigten. Sie haben zugestimmt, Ihnen für alle verkauften Exemplare zehn Prozent vom Einzelhandelspreis zu zahlen und Ihnen jede gewünschte Stückzahl zum niedrigsten Großhandelspreis zu überlassen. Ihrerseits habe ich mich damit einverstanden erklärt, daß sie es zu den genannten Bedingungen für fünf Jahre vertreiben dürfen und daß Sie in dieser Zeit keine gekürzte oder veränderte Fassung drucken werden.

Ich sehe nicht den geringsten Grund anzunehmen, daß Thayer & Eldridge von Bankrott bedroht sind. Das erwähnte ich nur, weil es sich um *Neulinge* handelt. Doch haben in den letzten drei Jahren einige der *ältesten* Buchhandlungsfirmen Konkurs angemeldet, darunter auch mein Verlag. Wir müssen in diesen Dingen auf unser Glück bauen.

Ich habe zugesagt, Korrektur zu lesen, und ich denke nicht, daß es für das Buch irgendeinen Nutzen hätte, wenn Sie zur Zeit hier wären. Wie es heißt, soll es bis 1. Nov. erschienen sein. Es wäre besser, wenn Sie mir im voraus mitteilten, ob Sie nach Wayland kommen; denn wenn ich das Haus verlasse, bleibe ich gewöhnlich über Nacht, und in diesem Fall würden Sie Ihre Zeit und Ihr Geld verlieren. Vor wenigen Minuten habe ich Ihre Tochter gesehen und bin von ihr sehr angetan.

Schreiben Sie mir, wann immer Sie möchten, und wenn ich Zeit habe, werde ich antworten.

Ich wünsche, daß Sie das beiliegende Schriftstück unterschreiben und es an mich zurückschicken. Es gibt Thayer & Eldridge Sicherheit wegen des Vertrages in *meinem* Namen und wird im Falle meines Todes beweisen, daß *Sie* und nicht *ich* das Urheberrecht besitzen.

Herzlich Ihre Freundin

L. Maria Child

ALS; IAPFP # 1338; LMCP 46/1255.

1. Die Verleger Thayer & Eldridge sind im Adressbuch Boston City Directory des Jahres 1860, S. 468, aufgeführt. Sie gingen offenbar bankrott und wurden im darauffolgenden Jahr nicht wieder genannt.

2. Stereotypie ist ein Druckverfahren, bei dem in einer Presse die auf der Druckform liegende Matrize geprägt und anschließend ausgegossen wird.

13. Harriet Jacobs an Amy Post

8. Okt. [1860]

Meine liebe Freundin –

Ich könnte diesen brief mit einem langen vorwort beginnen – voller entschuldigungen für mein langes schweigen – doch will ich mich für heute kurz fassen – indem ich einfach die wahrheit berichte – erstens schäme ich mich wirklich wegen des versäumnisses – aber zugleich bin ich auch sehr froh dir endlich schreiben zu können – als ich von Europa nach hause zurückkam sagte ich daß ich meinen freunden gegenüber mein Ms. nicht wieder erwähnen würde bis etwas damit geschehen wäre – wenig ahnte ich wieviel zeit vergehen würde – aber im laufe der zeit schienen die schwierigkeiten zu wachsen – und ich verlor den mut. ich fühlte daß ich mich von meinen freunden entfernt und kein recht hatte um ihr Mitleid zu bitten – vieles muß liegenbleiben bis wir uns treffen – mein Ms. wurde bei Phillips and Sampson[1] gelesen sie waren bereit es zu nehmen wenn ich Mrs Stowe oder Mr Willis[2] dafür gewinnen könnte ein vorwort zu schreiben – doch sie ließ mich abblitzen, und ihn wollte ich nicht fragen – und ehe etwas erreicht war ging das Unternehmen bankrott. so gab ich die mühe auf bis ich es diesen Herbst an Thayer and Eldridge in Boston schickte – sie waren gewillt es zu drucken falls ich ein Vorwort von Mrs. Child beschaffen könnte. es gab keine einwände gegen dasjenige das ich hatte – aber sie wollten eins von jemand haben der in der öffentlichkeit bekannt ist – damit sich das Buch besser verkaufen läßt. Ich hatte Mrs Child nie gesehen frühere erfahrung ließ mich bei dem gedanken erzittern mich einem weiteren Satelliten dieser größenordnung zu nähern. denn ich habe erfahren daß der mut des alters dem der jugend nicht gewachsen ist aber ich entschloß mich eine letzte anstrengung zu machen durch W C Nells[3] freundliche bereitschaft Mrs Child im A.-S. [Antisklaverei] Büro aufzusuchen Mrs C ist wie du selbst eine Frau von ganzer seele – wir fanden beide bald den weg zum herzen der anderen – ich werde dir einige ihrer briefe schicken die mehr über sie aussagen, als meine armselige feder es vermag – ich gab ihr mein Ms. und deine einführung zu lesen. sprach von dem gefühl das zwischen uns existierte – sagte daß dein rat und deine ermutigenden worte – mir die stärkste anregung waren das Buch zu schreiben sie kannte Mrs Post gut und behielt die einführung um sie zusammen mit einer Buchkritik[4] im standard veröffentlichen zu lassen ich wollte es als brief haben aber Mrs Child sagte daß es im Standard wirksamer wäre und es wird auch in den Liberator[5] kommen. einen brief den ich von einem freund aus der heimat schreiben ließ um die fakten zu bestätigen will Mrs C an den Anglo Affrican[6] schikken. Mr. Wendel Phillips[7] ist einverstanden eintausend eksemplare abzunehmen. Ich übernehme vierhundert zum großhandelspreis für den eigenen vertrieb – das Buch wird am 1. November draußen sein ich habe zehn prozent. ich hoffe meine liebe Freundin daß dir meine vereinbarungen gefallen es war die einzige alternative ich möchte dich gern sehen in der hoffnung dich auf dem ersten Konvent nach meiner heimkehr zu treffen kam ich in die Stadt und war so enttäuscht – ich muß dich um eine zeile bitten obwohl ich weiß daß ich es nicht verdiene schreib mir über dich und die familie viele grüße an alle meine freunde ich werde mich anstrengen diesen winter nach Rochester zu gelangen und hoffe meinen Bruder zu sehen – Louisa ist noch in Boston ich fahre diese woche in die stadt um festzustellen wieviel Antisklavereigesinnung ich dort finden kann nach meiner rückkehr schreibe ich dir wieder grüße meinen lieben alten freund Mr Post sehr lieb von mir und glaube mir stets zu sein deine

HJ

[Randbemerkung S. 1 von unten nach oben] Willst du mir bitte G W Clarks adresse schicken

ALS; IAPFP # 1259; BAP 16/086-88.

1. Im Adressbuch *Boston City Directory* für 1859 sind (Moses D.) Phillips and (George R.) Sampson & Co., c/o S. C. Perkins, at A. K. Loring, booksellers, 13 Winter aufgeführt. 1860 wird die Firma nicht genannt.

2. Nathaniel Parker Willis.

3. Am 13. Juni 1854 hatte W. C. Nell an Amy Post geschrieben: „Das

erinnert mich an Harriet Jacobs' Darstellung, die in die Presse zu bringen ich sie ermunterte, wobei ich mich bereit erklärte, mich mit allem in meiner Macht Stehenden für eine Förderung einzusetzen." IAPFP.

4. Vgl. „New Publications", National *Anti-Slavery Standard*, 23. Febr. 1861.

5. Zur Aufnahme von *Incidents* in *The Liberator* vgl. „Linda, the Slave Girl", 25. Jan. 1861.

6. Zur Aufnahme von *Incidents* im *Weekly Anglo-African* (New York) vgl. „Linda", 13. Apr. 1861.

7. Wendell Phillips war Mitglied des Hovey Committee der Abolitionisten.

14. Harriet Jacobs an Amy Post und Isaac Post

New York, 18. Juni [1861]

Meine Lieben Freunde

Soeben habe ich von meinem Bruder[1] einen brief erhalten dem einer an seinen freund Mr Post beigefügt war. Da er in keinem gesonderten umschlag steckte habe ich ihn selbst gelesen danach las ich meinen der nur aus wenigen zeilen schelte bestand – weil ich mein Buch nicht an verschiedene leute in England geschickt habe. erstens kostet es zuviel solange ich verschuldet bin, und zweitens lag mir nichts daran es herumzureichen ehe es etwas eingebracht hat so habe ich es sehr geduldig hingenommen – aber ich gebe nicht so leicht wie früher auf[2] – das schlimme ist ich stelle allmählich fest daß wir armen Frauen seit jeher zu sanftmütig sind – höre ich einen Mann der eine frau einen Engel nennt wenn sie außer sicht ist – fange ich an über die arme Lea der Bibel nachzudenken, nicht über Lea aus spiritistischen Sitzungen[3] unserer geisterfreundin sagte ich daß es besser ist glücklich als reich geboren zu sein –

doch zu meinem brief ihn und einen teil des euren habe ich Oliver Johnson[4] vorgelesen er wollte daß ich einiges daraus notierte um es mit eurer erlaubnis an den Liberator und an den Standard[5] zu geben was mein Bruder von mir schreibt ist wahr – morgen suche ich zum erstenmal Statten Island auf, den brief meines Bruders werde ich einschreiben schicken es liegen fünfzehn Pfund darin – ich wollte euch eigentlich einen langen brief schreiben aber sie warten auf mich ich bin so müde. Ich möchte euch sehen. Freundlichste grüße an meine freunde

mit vielen lieben grüßen

Harriet

ALS; IAPFP # 1261; BAP 16/0694-0695.

1. John S. Jacobs hatte eine Engländerin geheiratet und lebte zunächst in London, wo er gelegentlich abolitionistische Zusammenkünfte besuchte und im Februar 1861 seine Sklavenerzählung in *Leisure Hour* (London) veröffentlichte. Während des Bürgerkrieges kehrte er in die Vereinigten Staaten zurück.

2. Die Londoner Firma William Tweedie veröffentlichte Jacobs' auch am 1. April 1862 mit dem Titel *The Deeper Wrong; Or, Incidents in the Life of a Slave Girl.* Am 12. April 1862 wurde es im *Athenaeum* angezeigt und erhielt günstige Besprechungen in folgenden Zeitungen: *Londonderry Standard, Newcastle Daily Chronicle, Western Morning News, Caledonian Mercury, Morning Star* und *Daily News*, wie aus einer Anzeige am Ende von Harper Twelvetrees, *The Story of the Life of John Anderson, the Fugitive Slave* (London: Tweedie, 1863), hervorgeht. Ich bin Phil Lapsansky dankbar, mich auf diese Anzeige aufmerksam gemacht zu haben.

3. Die biblische Lea war die ungeliebte erste Frau des Patriarchen Jakob. Die Posts, die Spiritisten waren, nahmen anscheinend an Séancen mit einer Lea teil. Jacobs hatte als Angehörige ihres Kreises offenbar mit Spiritismus experimentiert. Nancy Hewitt, „Amy Kirby Post", *University of Rochester Library Bulletin* 37 (1984): 13.

4. Reformer Oliver Johnson (1809–1889) vertrat Garrison häufig als Herausgeber von *The Liberator* während dessen Abwesenheit.

5. John S. Jacobs' Brief vom 5. Juni 1861 aus London an Isaac Post erschien am 29. Juni 1861 im *National Anti-Slave Standard;* BAP 15/0309.

15. Harriet Jacobs an Ednah Dow Cheney[1]

Edenton [North Carolina] 25. April [1867]

Liebe Mrs Cheney

Ich hatte das gefühl ihnen aus meinem alten heim schreiben zu müssen. Ich sitze unter dem alten dach zwölf fuß von der stelle entfernt an der ich die ganze niederschmetternde last der sklaverei erduldet habe. Gott sei dank sind die hefen des taumelkelchs ausgetrunken[2]. es bedarf keiner schlupflöcher mehr um Sklavenmütter zu verbergen. aber es war wenig wenn man bedenkt daß man damit die segnungen der freiheit erkaufte. dieses armselige leben hätte ich dort hingeben können um meine Kinder aus dem elend und der demütigung der Sklaverei zu retten.

lange hatte ich gedacht daß mich nichts mehr mit meinem alten heim verbindet. doch ich sitze oft hier und gedenke derer die ich liebte ihres harten lebenskampfes ihrer stetiger liebe und ergebenheit für mich und die Kinder. ich sitze gern hier und denke an sie. sie haben die wenigen mir heiligen lichtflecke in mein dunkles leben gebracht.

ich kann nicht beschreiben was ich hier fühle. die veränderung ist so groß daß ich kaum alles erfasse hier wurde ich geboren und inmitten all der neuen segnungen zieht wieder die alte finstere wolke herauf, und ich finde es schwer den rebellen zu glauben.

der vergangene winter war sehr streng für diese region des Landes er brachte viel leid, und von wenigen ausnahmen abgesehen wurden die freigelassenen um ihre baumwollernte betrogen. ihre kontraktherren lieferten für sie, und wenn sie um eine begleichung nachsuchen bekommen sie zur antwort daß man täglich den eingang des geldes erwartet. diese männer sind fröhlich an die arbeit gegangen, haben neu gesät ohne das geld für die alte ernte zum leben zu haben während die gegenwärtige heranreift. viele der großen plantagen der einst wohlhabenden Pflanzer werden jetzt unter kontrolle Farbiger Leute bestellt. die Besitzer verpachten ihre Plantagen lieber an freigelassene als an arme Weiße. sie glauben der Neger ist entschlossen geld zu machen, und sie werden den hauptanteil bekommen. die erfahrung des letzten jahres wird denke ich eine heilsame lehre sein viele werden lernen selbst zu handeln. Negerstimmrecht bewegt hier die gemüter. die rebellen sind bestrebt diesen menschen einzureden daß sie ihre wahren freunde sind und daß sie sich von den Yankees nicht irreführen lassen dürfen. die freigelassenen fragen ob Abraham Lincoln sie irregeführt hat, daß seine freunde ihre freunde seine feinde ihre feinde sind.

einen großen teil meiner zeit habe ich auf den Plantagen zugebracht wo ich saatgut verteilte und versuchte den frauen beizubringen Yankeegärten anzulegen.[3] sie säen alles so daß es im sommer reift wie auf ihren mais und baumwollfeldern. ich habe alle die alten leute aufgestöbert, für sie getan was ich konnte. gern arbeite ich für diese alten menschen. viele von ihnen kenne ich seit meiner kindheit

in Edenton steht eine Schule die gut besucht wird.[4] auf einigen Plantagen gibt es 15 bis 25 Kinder die nicht zur Schule gehen können, der weg ist zu weit. einige der freigelassenen sind sehr dafür Plantagenschulen einzurichten, sobald die fortgeschritteneren Schulen lehrer schicken können. viele der freigelassenen sind bereit und gewillt ihre lehrer zu unterhalten. gegenwärtig gibt es eine große wiedergeburt in den farbigen Kirchen. die Weißen sagen die Nigger haben gesungen und gebetet bis sie ihre freiheit bekamen, und sie sind damit nicht zufrieden. jetzt singen und beten sie für das jüngste gericht. die weißen mitglieder der Baptistenkirche haben die farbigen mitglieder in ihre Kirche eingeladen damit sie ihnen singen und beten helfen. ich bin sicher sie haben es mit gutem grund getan. nie habe ich so einen zustand der erregung gesehen die Kirchen sind tag und nacht geöffnet. diese menschen haben zeit an ihr seelenheil zu denken seitdem sie sich um den Neger keine gedanken mehr zu machen brauchen.

grüßen sie Miss Daisy.[5] ich schicke ihr einige Jasminblüten sagen sie ihr sie tragen den duft der freiheit in sich.

Hochachtungsvoll

H Jacobs

ALS; Sophia Smith Collection.

1. Ednah Dow Littlehale Cheney (1824–1904), Bostoner Philanthropin, Schriftstellerin und Abolitionistin, arbeitete von 1867 bis 1875 als Sekretärin der *New England Freedmen's Aid Society.* Anscheinend wurde sie mit Jacobs bekannt, als diese in Alexandria und Savannah für das Hilfswerk tätig war. *Notable American Women.*

2. „Wache auf, wache auf, stehe auf, Jerusalem, die du von der Hand des Herrn den Kelch seines Grimmes getrunken hast! Die Hefen des Taumelkelchs hast du ausgetrunken und die Tropfen geleckt." Jesaja 50/17.

3. Jacobs machte sich dies zur Gewohnheit. Child schrieb: „Ich fand elf Briefe vor, die mich erwarteten ... Einer war von Mrs. Jacobs. Sie bat mich um Gartensaumen für einige Freigelassene in Georgia, wo sie sich gegenwärtig aufhält." Child an (Lucy Osgood), 1. April 1866, LMCP 64/1715.

4. Am 23. Oktober 1866 wurde „verfügt, daß die Freigelassenen der Stadt Edenton die Erlaubnis erhalten, auf dem Städtischen Gemeindeland östlich der Oakum Street ein Schulhaus zu errichten". 1868 erhielt „The Sewing Society of colored persons" die Genehmigung, das Rathaus für eine Messe zu benutzen, um Geld für das Schulgrundstück zu beschaffen. Edenton, N.C., Town Minutes, 1865–1887, 13. Oktober 1866, S. 19; 2. Juli 1868, S. 32, NCSA.

5. Cheneys Tochter Margaret Swan Cheney (geb. 1855).

Anmerkungen

Ein Vorwort von Jean Fagan Yellin

1. Jacobs an Post, 21. Juni [1857], IAPFP # 90, BAP 16/0676, 0677 (vgl. Korrespondenz, Brief 10; von hier an beziehen sich Briefnummern in Klammern auf den Korrespondenzabschnitt dieses Bandes). Dies ist einer der dreißig Briefe von Jacobs an Post in den Isaac and Amy Post Family Papers (IAPFP) im Department of Rare Books and Special Collections, Rush Rhees Library, University of Rochester. Alle angeführten Briefe von Jacobs an Post, von Lydia Maria Child an Jacobs und von William C. Nell an Post befinden sich in dieser Sammlung und wurde mit Genehmigung nachgedruckt.

2. Vgl. Illustration, Seite 2. Eine englische Ausgabe erschien im Jahr darauf: *The Deeper Wrong; Or Incidents in the Life of a Slave Girl, Written by Herself*, Hg. L. Maria Child (London: W. Tweedie, 1862). Exzerpte waren enthalten in Harriet Jacobs, „The Good Grandmother," *The Freedmen's Book*, Hg. L. Maria Child (Boston: Ticknor and Fields, 1867), 206–218.

3. Vgl. Stephen T. Butterfield, „The Use of Language in the Slave Narratives," *Black American Literature Forum* (Fall 1972): 72–78; Lee R. Edwards, *Psyche as Hero: Female Heroism and Fictional Form* (Middletown, Conn.: Wesleyan University Press, 1984).

4. Jacobs an Post, 9. Okt. [1853], IAPFP # 35, BAP 16/0713–14 (Brief 7).

5. Zur Entdeckung der Briefe von Jacobs vgl. Jean Fagan Yellin, „*Written by Herself*: Harriet Jacobs's Slave Narrative", *American Literature* 53 (Nov. 1981): 479–486. Biographische Informationen und Identifizierung von Personen, Orten und Ereignisse, die in Jacobs' Text erwähnt werden, erscheinen in den Anmerkungen zu diesem Text. In Zusammenhang mit Jacobs' Erfahrungen vgl. z. B. John Hope Franklin, *From Slavery to Freedom: A History of American Negroes* (New York: Knopf, 1967), und *The Free Negro in North Carolina, 1790–1860*) Chapel Hill: University of North Carolina Press, 1943); und Herbert G. Gutman, *The Black Family in Slavery and Freedom, 1750–1925* (New York: Random House, 1976).

6. Die Berichte von Willis bekräftigen Jacobs' Darstellung. Direkt auf Jacobs – wenngleich nicht namentlich – bezieht er sich in einer Spalte von *House and Home*, abgedruckt in *Outdoors at Idlewild* (New York, 1855), 275–276. Jacobs wird erwähnt in Henry C. Beers, *Nathaniel Parker Willis*, American Man of Letters Series (Boston and New York: Houghton Mifflin, 1885), 284–286.

7. Literatur, die im Antislavery Reading Room zur Verfügung stand,

wurde über den Namen John S. Jacobs im *North Star* angezeigt (Rochester, 1847–1863) vom 23. März bis 27. Juli 1849; vgl. BAP 05/1067. „The Bazaar," *North Star*, 1. Sept. 1848.

8. Jacobs an Post, (1852?), IAPFP # 84, BAP 16/0700–02 (Letter 4).

9. Jacobs an Post, 21. Juni (1857), IAPFP # 90, BAP # 676–78 (Brief 10).

10. Jacobs an Post, 14. Febr. (1853), IAPFP # 785, BAP 16/0710–11 (Brief 5).

11. Jacobs an Post, 11. Jan. (1854?), IAPFP # 786, BAP 16/0674–675.

12. Ein Fortsetzungsabdruck von Harriet Beecher Stowe (1811–1896) *Uncle Tom's Cabin* erschien in the *National Era* (Washington, D. C.), 3. Juni 1851–2. April 1852; in Buchform erschien es 1852 in Boston. Vgl. Forrest Wilson, *Crusader in Crinoline: The Life of Harriet Beecher Stowe* (1941; rpt. Westport, Conn.: Greenwood, 1972). For William C. Nell (1816–1874), Mitarbeiter von Douglass im *North Star* und Autor von *Colored Patriots of the American Revolution* (1855), vgl. Robert W. Smith, „William C. Nell: Crusading Black Abolitionist", *Journal of Negro History* 55 (1970): 182–197.

13. Jacobs an Post [1852?], IAPFP # 84, BAP 16/0700–02 (Brief 4); und März [1854], IAPFP # 783, BAP 16/0679–80 (Brief 8); W. C. Nell an Post, 13. Juni–21. Juli, 1854, IAPFP # 1028, BAP 08/0870.

14. [Olive Gilbert], *Narrative of Sojourner Truth, a Northern Slave...* (Boston, 1850). Diese Diskussion von Jacobs und Stowe stützt sich auf fünf Briefe von Jacobs an Post: [1852?], IAPFP # 84, BAP 16/0700–02 (Brief 4); 14. Febr. [1853], IAPFP # 785, BAP 16/0710–11 (Brief 5); 4. April [1853], IAPFP #788, BAP 16/0681–83 (Brief 6); [Frühjahr 1853?], IAPFP # 80, BAP 16/0707–08; 31. Juli (1854?), IAPFP # 88, BAP 16/0667. Das Zitat stammt aus einem Brief vom 14. Februar 1853 (Brief 5). Es ist mir nicht gelungen, irgendwelche Briefe an Stowe von Post, Cornelia Willis oder Jacobs zu finden, ebensowenig Briefe von Stowe an Cornelia Willis. Vgl. aber W. C. Nell an Post, 13. Juni–21. Juli, 1854, IAPFP # 1028, BAP 08/0870. Stowe schrieb später Vorworte zu verschiedenen Büchern von Afroamerikanern, einschließlich Nells Geschichte *Colored Patriots* (1855); Frank J. Webbs Roman *The Garies and Their Friends* (1857); und Josiah Hensons Prosawerk *Truth Stranger than Fiction* (Boston: John P. Jewett and Co., 1858).

15. Jacobs an Post [Frühjahr 1853?], IAPFP # 80, BAP 16/0707.

16. Jacobs' Entschluß gleicht dem von Willis' Schwester Sara Payson Willis Parton (1811–1872), die trotz der entmutigenden Worte ihres Bruders als „Fanny Fern" eine literarische Laufbahn begann und deren Schlüsselroman *Ruth Hall* (1855), der ihre Bemühungen schildert, ihren Kindern durch Schreiben ein Heim zu verschaffen, in mancher Hinsicht Parallelen zu *Incidents* aufweist.

17. New York *Tribune*, 21. Juni 1853.

18. Jacobs an Post, 25. Juni [1853?], IAPFP # 1257, BAP 16/0696–97.

19. Ein weiterer Brief Jacobs' erschien in der *Tribune* vom 25. Juli 1853. Den dritten habe ich nicht ausfindig gemacht. Jacobs an Post, 9. Okt.

[1853], IAPFP # 85, BAP 16/0713–14 (Brief 7). Vgl. auch Jacobs an Post, 25. Juni [1853?], IAPFP # 1257, BAP 16/0696–97.

20. Jacobs an Post, 21. Dez., IAPFP # 82, BAP 16/0703–04.

21. Jacobs an Post, 11. Jan. [1854?], IAPFP # 786, BAP 16/0674–75.

22. Vgl. H. Bruce Franklin, *The Victim as Criminal and Artist* (New York: Oxford University Press, 1978), S. 27. Jacobs an Post, 7. Aug., IAPFP # 81, BAP 16/0708–09; George Willets an Isaac und Amy Post, 18. Aug. [185?], IAPFP # 816.

23. Jacobs an Post, 21. Juni [1857], IAPFP # 90, BAP 16/0676–78 (Brief 10). Valerie Smith behandelt die Bedeutung erzählerischen Schweigens bei Jacobs' Darstellung ihrer sexuellen Geschichte in *Narrative Authority in Modern Afro-American Fiction* (Cambridge, Mass.: Harvard University Press, 1987). Nichts in Jacobs' Buch ist so stilisiert wie der Kommentar für Post: „zur Zeit durchläuft das schwache Buch sein puppenstadium und da ich es nie zu einem schmetterling entwickeln kann will ich zufrieden sein wenn es einmal zwischen einigen der bescheideneren raupen einherkriecht." Jacobs an Post, März [1854], IAPFP # 783, BAP 16/0679–80 (Brief 8).

24. Jacobs an Post, 8. Okt. [1860], IAPFP # 1259, BAP 16/086–88 (Brief 13).

25. Jacobs an Ann Warren Weston, 18. Juni [1858 oder 1859?], Boston Public Library MS. A9.2.614; BAP 16/0717; 13/0605–06.

26. Jacobs an Post, 8. Okt. [1860], IAPFP # 1259, BAP 16/086–88 (Brief 13).

27. Jacobs an Post [Sept. oder Okt.? 1860], IAPFP # 1307, BAP 12/0339; Child an Jacobs, 13. Aug. 1860, IAPFP # 1330, LMCP 46/1243 (Brief 11); Child an Jacobs, 27. Sept. 1860, IAPFP # 1338, LMCP 46/1255 (eine detaillierte Erläuterung des Verlagsvertrages; Brief 12).

28. Child an Lucy [Searle], 4. Febr. 1861, Cornell University Libraries, Anti-Slavery Collection, LMCP 47/1282. Anonyme Besprechung von *Incidents* im *Anti-Slavery Advocate* (London) 2, Nr. 53 (1. Mai 1861). Ich danke Henry Louis Gates jr. dafür, mich auf die Rezension hingewiesen zu haben; es erscheint in Charles T. Davis und Henry Louis Gates jr., Hg., *The Slave's Narrative* (New York: Oxford University Press, 1985). Die Herausgabe der Erzählungen wird behandelt in John W. Blassingame, „Using the Testimony of Ex-Slaves: Approaches and Problems", *Journal of Southern History* 60 (Nov. 1975): 473–493; vgl. auch William L. Andrews, „The First Fifty Years of the Slave Narrative, 1760 – 1810", in *The Art of Slave Narrative*, Hg. John Sekora und Darwin T. Turner (Macomb: Western Illinois University, 1982), S. 6–24.

29. Jacobs an Post, 8. Okt. [1860], IAPFP # 1259, BAP 16/086–88 (Brief 13). Zur Bedeutung authentizierender Dokumente vgl. Robert B. Stepto, „Narration, Authentication, and Authorial Control in Frederick Douglass's *Narrative* of 1845", in Dexter Fisher und Robert B. Stepto, Hg., *Afro-American Literature: The Reconstruction of Instruction* (New York: Modern Language Association of America 1979), S. 178–191.

30. Jacobs an Post, 8. Nov. 1860, IAPFP # 1354, BAP 13/0879–80. Diese Erörterung der Publikation von *Incidents* stützt sich auf einen Brief von Child an Jacobs, 27. Sept. 1860, IAPFP # 1338, LMCP 46/1255 (Korrespondenz, Brief 12); und auf die folgenden Punkte in der Wendell Phillips Collection, Houghton Library, Harvard University: Child an Wendell Phillips, 2. und 6. Dez. 1860, LMCP 96/2549, 96/2550; und eine Quittung vom Hovey Fund, unterschrieben von Harriet Jacobs, 1. Febr. 1861. Über das Hovey Committee, vgl. *Annual Report of the American Anti-Slavery Society for the Year Ending May 1, 1859* (New York, 1860), S. 141.

31. Child an John Greenleaf Whittier, 4. April 1861, Child Papers, Manuscript Division, Library of Congress, LMCP 48/1300. Wendell Phillips (1811–1884), Referent und Reformer, war ein Verfechter des Abolitionismus Garrisons.

32. Diese Angaben zur Propagierung von *Incidents* stützen sich auf die folgenden Quellen: Jacobs an Rebecca Darby Smith, 14. Jan. [1861], Library Company of Philadelphia; Jacobs' Widmung in einem Exemplar von *Incidents* für Smith, Library Company of Philadelphia; William C. Nell, „Linda" (Anzeige), *The Liberator*, 8. Febr. 1861, ff.; *Anti-Slavery Bugle*, 9. Febr. 1861; *National Anti-Slavery Standard*, 23. Febr. 1861; *Weekly Anglo-African*, 13. April 1861; Child an Henrietta Sargent, 9. Febr. 1861, Child Papers, Anti-Slavery Collection, Cornell University, LMCP 47/1285; Child an Daniel Ricketson, 14. März 1862, aus *Daniel Ricketson: Autobiographic and Miscellaneous*, Hg. Anna Richetson (New Bedford: E. Anthony and Sons, 1910), S. 137–139, LMCP 47/1295; und Child an John Greenleaf Whittier, 14. März 1861, LMCP 47/1296. Die zitierte Passage stammt von W. C. Nell, „Linda, the Slave Girl", *The Liberator*, 25. Jan. 1861.

33. Die Quittung für den Kauf von *Incidents* durch den Hovey Fund befindet sich in der Wendell Phillips Collection, Houghton Library, Harvard University (vgl. Illustrationen). „Confessions from Boston by an Ordinary Man", *National Anti-Slavery Standard*, 16. Febr. 1861.

34. Jacobs und ihre Tochter kehrten 1868 einige Zeit nach ihrer Geldbeschaffungsreise nach England in den Norden zurück. Sie lebten in Cambridge, Mass., und in Washington, D. C., wo Jacobs am 7. März 1897 starb. *The Liberator*, 5. Sept. 1862 und 10. April 1863; *National Anti-Slavery Standard*, 18. April 1863, BAP 15/0310, und 16. April 1864, BAP 15/0309; Jacobs an Rev. Sella Martin, 13. April (1863), in *Freedman's Aid Society* (London), press copy, Rhodes House, MSS British Empire G88, BAP 14/0799; *Freedman's Record* (Boston) Febr. 1865, März 1865, Sept. 1865, Dez. 1865 und Jan. 1866. *The Freedman* (New York, April 1865; *The Independent* (New York), 5. April 1866, LMCP 64/1716; *Anti-Slavery Reporter* (London), 2. März 1868; „Mrs. Jacobs", Francis J. Grimké Papers, Moorland-Spingarn Research Center, Howard University; Totenschein, District of Columbia.

35. John Blassingame untersucht in *The Slave Community* (New York: Oxford University Press, 1972), S. 233–234 in einer Besprechung „fiktiver

Berichte ... [in denen] die Hauptgestalt ein wirklicher Flüchtling gewesen sein mag, aber die Darstellung seines Lebens wahrscheinlich falsch ist", auch *Incidents*, und gelangt zu dem Schluß, daß „das Werk nicht glaubwürdig ist". Andere verwechselten *Incidents* mit *The Autobiography of a Female Sklave* (1857), eines Antisklavereiromans einer weißen Südstaatlerin, Mattie Griffiths. Jacobs' Urheberschaft wurde authentisiert in Yellin, „*Written by Herself*: Harriet Jacobs's Slave Narrative." Zur Geschichte der Diskussion über die Authentizität des Werks von Jacobs vgl. Jean Fagan Yellin, „Text and Contexts of Harriet Jacobs's *Incidents in the Life of a Slave Girl: Written by Herself*", in Davis und Gates, *The Slave's Narrative*, S. 278, n. 2.

36. *Weekly Anglo-African* (New York), 13. April 1861; diese Rezension mag von George W. Lowther geschrieben worden sein. Vgl. Jacobs an Post, 8. Okt. [1860], IAPFP # 1259, BAP 16/086–88 (Brief 13).

37. Die klassische Gefangenschaftserzählung ist *A True History of the Captivity and Restoration of Mrs. Mary Rowlandson* (1682); vgl. Annette Kolodny, *The Land Before Her: Fantasy and Experience of the American Frontiers*, 1630–1860 (Chapel Hill: University of North Carolina Press, 1984), S. 20.

38. Zu Autorenkontrolle der Prosawerke vgl. Robert Stepto, *From Behind the Veil: A Study of Afro-American Narrative* (Urbana: University of Illinois Press, 1979).

39. Eine kritische Standardmeinung ist, daß die Transformation des Sklavenerzählers vom Objekt zum Subjekt und die daraus folgende Umkehr des Gesichtswinkels bei der Betrachtung der vorherrschenden Kultur die revolutionäre Perspektive der Erzählungen unvermeidlich machen; vgl. Jean Fagan Yellin, *Intricate Knot* (New York: New York University Press, 1972). Die Behandlung der Darstellungen verwendet hier Informationen der umfangreichsten jüngsten Studie, Frances Smith Foster, *Witnessing Slavery: The Development of Ante-bellum Slave Narratives* (Westport, Conn.: Greenwood Press, 1979); und zwei jüngerer Sammlungen: Sekora und Turner, *The Art of Slave Narrative*, und Davis und Gates, *The Slave's Narrative*; sie alle enthalten zweckdienliche Bibliographien.

40. Stepto, *From Behind the Veil*, S. [ix]; vgl. auch Henry Louis Gates jr., „Preface to Blackness: Text and Pretext", in Fisher und Stepto, *Afro-American Literature*, S. 44–70.

41. Zu einer Erörterung der geschlechtsabhängigen Unterschiede zwischen den Erzählweisen vgl. Frances Foster, „‚In Respect to Females': Differences in the Portrayals of Women by Male and Female Narrators", *Black American Literature Forum* 15 (Sommer 1981): 66–70.

42. Charles Nichols, „The Slave Narrators and the Picaresque Mode: Archetypes for Modern Black Personae", in Davis und Gates *The Slave's Narrative*, S. 283. Vgl. auch Raymond Hedin, „The American Slave Narrative: The Justification of the Picaro", *American Literature* 53 (Jan. 1982): 630–645. In diesem belletristischen Werk schuf und bevölkerte Faulkner den Bezirk Yoknapatawpha; Theodore Rosengarten ver-

öffentlichte Nate Shaws mündliche Geschichte als *All God's Dangers* (New York: Knopf, 1974).

43. Zur Bestätigung der Genauigkeit von Jacobs' Darstellung vgl. meine Anmerkungen zu ihrem Text. Zu den bei einer Analyse der Glaubwürdigkeit von Sklavenerzählungen auftretenden Problemen vgl. John Blassingames „Introduction", in Blassingame, Hg., *Slave Testimony: Two Centuries of Letters, Speeches, Interviews and Autobiographies* (Baton Rouge: Louisiana State University Press, 1977), S. xvii-lxv.

44. Harriet E. Wilson, *Our Nig: or, Sketches from the Life of a Free Black*, Hg. Henry Louis Gates jr. (New York: Random House, 1983). Die literarische Tradition Afroamerikanerinnen produziert laufend eine aufregende Flut von Kritiken. Vgl. zum Beispiel Mary Helen Washington, „These Self-Invented Women: A Theoretical Framework for a Literary History of Black Women", *Radical Teacher* 17 (1980): 3–7; Deborah E. McDowell, „New Directions for Black Feminist Criticism", *Black American Literature Forum* 14 (Winter 1980) 153–159; Calvin Hernton, „The Sexual Mountain and Black Women Writers", *Black American Literature Forum* 18 (1984) 139–145; Barbara Christian, *Black Women Novelists* (Westport, Conn.: Greenwood Press, 1980), und *Black Feminist Criticism* (New York: Pergamon Press, 1985).

45. Frances Ellen Watkins Harper, „Note", *Jola Leroy; Or, Shadows Uplifted* (1892; New York: AMS Press, 1971), S. 282.

46. Jacobs an Post, zitiert von Post im Anhang. Die Bedeutung von Jacobs' Reaktion auf den Verkauf wird überzeugend behandelt von Mary Helen Washington in „Meditations on History: The Slave Narrative of Linda Brent", in Washington, *Invented Lives: Narratives of Black Women, 1860–1960* (New York: Doubleday, 1987).

47. Jacobs an Post (1852?), IAPFP # 84, BAP 16/0700-02 (Brief 4).

48. Der Verführungsroman wird kurz behandelt in Nina Baym, *Woman's Fiction: A Guide to Novels by and about Women in America, 1820 – 1870* (Ithaca: Cornell University Press, 1978), S. 51. Zur klassischen Analyse der „tragischen Mulattin" vgl. zwei Artikel von Sterling Brown, „Negro Character as Seen by White Authors", *Journal of Negro Education* 2 (April 1933): 179–203; und „A Century of Negro Portraiture in American Literature", *Massachusetts Review* 7 (1966): 73–96.

49. Durch die Wahl des Tempus macht die Erzählerin deutlich, daß sie sogar in jungen Jahren schon zwischen Virginität und Integrität unterschieden hat: „Ich wollte sauber bleiben, war unter widrigsten Umständen bemüht, mir meine Selbstachtung zu bewahren." Später schreibt sie jedoch, daß sie außerstande war, sie sich ständig zu erhalten: „Doch jetzt, da die Wahrheit ausgesprochen war und meine Verwandten davon erfahren würden, fühlte ich mich erbärmlich... Meine Selbstachtung war dahin. Ich hatte mir vorgenommen, anständig zu bleiben, obwohl ich eine Sklavin war... Und nun... Wie verworfen fühlte ich mich!"

50. Sojourner Truth, „Ain't I a Woman?" so berichtet in Erinnerungen von Frances D. Gage an den Frauenrechtskonvent in Akron, Ohio, Mai 1851, in *History of Woman Suffrage*, Hg. Elizabeth C. Stanton, et al., 6

Bd. (New York, 1881–1922), I, 115–117. Zur historischen Frauenrechtsbewegung Afroamerikanerinnen vgl. zum Beispiel Angela Davis, „Reflections on the Black Woman's Role in the Community of Slaves", *The Black Scholar* 3 (Dez. 1971): 3–15; Paula Giddings, *When and Where I Enter* (New York: Morrow, 1984); Jacqueline Jones, *Labor of Love, Labor of Sorrow* (New York: Basic Books, 1985); und zwei Bücher von Bell Hooks: *Ain't I a Woman* (Boston: South End Press, 1982), und *Feminist Theory: From Margin to Center* (Boston: South End Press, 1984).

51. Sandra M. Gilbert und Susan Gubar, *The Madwoman in the Attic: The Woman Writer and the Nineteenth-Century Literary Imagination* (New Haven/Yale University Press, 1979).

52. Baym, *Woman's Fiction*, S. 22. Zu „domestic feminism" vgl. Katherine Kish Sklar, *Catharine Beecher* (New Haven: Yale University Press, 1973). Hazel Carby bespricht Jacobs' Buch als Kritik der Wahren Fraulichkeit, durch Hausfrauentum hervorgebracht in *Reconstructing Womanhood: The Emergence of the Afro-American Woman Novelist* (New York: Oxford University Press, 1987).

53. Vgl. die Darstellung der Frauen in Sklavenhaltergesellschaften in L. Maria Child, *History of the Condition of Women* (Boston: J. Allen and Co., 1835); den Schriften der Frauenrechtlerinnen, Abolitionistinnen, Dozentinnen und Polemikerinnen Angelika und Sarah Grimké; den öffentlichen Erklärungen, die von den drei Conventions of American Women Against Slavery herausgegeben wurden; und den Berichten verschiedener Antisklavereigesellschaften für Frauen. Diese Identifikation war Standard geworden, als Elizabeth Cady Stanton in ihre *History of Woman Suffrage* den Eröffnungssatz schrieb: „The prolonged slavery of woman is the darkest page in human history."

54. *Appeal in Favor of that Class of Americans Called Africans* (Boston: Allen und Ticknor, 1833) hatte dazu geführt, daß sich Child von gemäßigten literarischen Kreisen löste. Danach stand ein großer Teil ihres literarischen Schaffens im Dienst der Antisklavereisache; bis 1861 hatte sie verschiedene Aspekte von Jacobs' Gegenstand berührt.

55. Thomas Wentworth Higginson, „The Romance of History in 1850", Friends of Freedom, *The Liberty Bell* (Boston, 1858), S. 47. Nathaniel Hawthorne, *The Scarlet Letter* (1850). Zur Authentizität der Darstellungen – „der Stimme des ungeschriebenen Selbst, wenn es sich einmal den linguistischen Gesetzen, literarischen Konventionen und Publikumserwartungen der literaturkonsumierenden Bevölkerung unterwirft" vgl. Houston Baker jr., „Autobiographical Acts and the Voice of the Southern Slave", *The Journey Back* (Chicago: University of Chicago Press, 1980), S. 27–52. Geschlechtsspezifische Konventionen, die den Diskurs von Frauen in der amerikanischen Literatur des neunzehnten Jahrhunderts beschränken, komplizieren und intensivieren dieses Problem.

Vorwort der Autorin

1. Harriet Jacobs an Amy Post, März [1854], IAPFP # 783, BAP 16/0679–80 (Brief 8).

2. Bischof Daniel A. Payne (1811–1893) wurde 1842 als Prediger von der Konferenz der Afrikanischen Methodistischen Episkopalkirche in Philadelphia empfangen. Im selben Jahr traf er Jacobs. Er war der Sohn freier Eltern, gründete in seiner Geburtsstadt Charleston eine Schule, ging aber nach Norden, als South Carolina die Unterrichtung von Sklaven für ungesetzlich erklärte. Payne lehrte und predigte später im ganzen Land, den sklavenhalterischen Süden eingeschlossen. 1852 wurde er zum Bischof gewählt und wurde später Präsident der Wilberforce University. *Dictionary of American Negro Biography*, Hg. Rayford W. Logan und Michael R. Winston (New York: Norton, 1982), S. 484–485.

3. Jacobs an Post [1852?], IAPFP # 84, BAP 16/0700–02 (Brief 4).

4. „Ich harrte des Herrn, und er neigte sich zu mir und hörte mein Schreien und zog mich aus der grausamen Grube und aus dem Schlamm und stellte meine Füße auf einen Fels, daß ich gewiß treten kann; und hat mir ein neues Lied in den Mund gegeben, zu loben unsern Gott. Das werden viele sehen und den Herrn fürchten und auf ihn hoffen." Psalm 40/2–4.

Einführung der Herausgeberin

1. Lydia Maria Child (1802–1880), Autorin, Herausgeberin, Abolitionistin und Reformerin, lernte Harriet Jacobs 1860 kennen. Child wurde aus gehobenen literarischen Kreisen ausgestoßen, nachdem sie in ihrem *Appeal in Favor of that Class of Americans Called Africans* (1833) zur sofortigen Abschaffung der Sklaverei aufgerufen hatte. In den darauffolgenden Jahren gab sie zahlreiche gegen die Sklaverei gerichtete Pamphlete und Bücher heraus. Obgleich sie weiterhin Romane, Erzählungen und Gedichte schrieb, ebenso Geschichten und Biographien, bildeten Polemiken und Zeitungsartikel, die sie für die abolitionistische Bewegung verfaßte, die stärkste Seite ihres schriftstellerischen Schaffens. Jacobs an Post, 8. Okt. [1860], IAPFP # 1259, BAP 16/686–688 (Brief 13); *Lydia Maria Child: Selected Letters*, 1817–1880, Hg. Milton Meltzer und Patricia G. Holland (Amherst: University of Massachusetts Press, 1982).

2. Child an Jacobs, 13. Aug. 1860, IAPFP # 1330, LMCP 46/1243 (Brief 11); und 27. Sept. 1860, IAPFP # 1338, LMCP 46/1255 (Brief 12).

I. Kindheit

1. Jacobs' Vater, Daniel Jacobs (?–ca. 1826), gelernter Zimmermann, war Sklave von Dr. Andrew Knox. Als Knox von Edenton, North Carolina, nach Nixonton im Bezirk Pasquotank verzog, um 1808, erlaubte er Da-

niel, in Edenton zu bleiben, und in seinem Testament räumte er ihm ein, auf seine Freilassung hinzuarbeiten. 1824, acht Jahre nach dem Tode von Knox, heiratete dessen Tochter Louisa Matilda, und Daniel wurde ihrem Gatten zugesprochen, James Coffield, der sich über die Festlegungen des Testaments hinwegsetzte und Daniel auf seine Plantage Green Hall befahl. Wie Jacobs' Bruder verlauten ließ, wurde es Daniel nicht mehr gestattet, über seine Zeit zu verfügen. Ein Mann mit „einem scharf ausgeprägten Gefühl für das Unrecht der Sklaverei, versank [er] in einen Zustand geistiger Verwirrung, die in Verbindung mit körperlicher Krankheit zu seinem Tod führte". Testament von Dr. Andrew Knox, 20. Mai 1816, Pasquotank County Original Wills, 1709–1917, NCSA (nachstehend zitiert als Pasquotank Wills); Inventar des persönlichen Grundstücks von Dr. Andrew Knox, 1816, Pasquotank County Estates Records, 1712–1931, NCSA (nachstehend Pasquotank Estates); *Raleigh Register and North Carolina Gazette*, 9. Juli 1824 (nachstehend *Raleigh Register*); Grundstück von Sarah P. Knox, 1833, Chowan County Estates Records 1728–1951, NCSA (nachstehend Chowan Estates); John S. Jacobs, „A True Tale of Slavery", Leisure Hour (London) 10 (1861): 85–86.

2. Jacobs' Bruder, John S. Jacobs (1815?–1875). Louisa Matilda Jacobs an William Lloyd Garrison, 20. Dez. [Nov.] 1875, Anti-Slavery Collection, BPL; Plan of Jacobs plot, Mt. Auburn Cemetery, Cambridge, Mass.

3. Jacobs' Großmutter Molly Horniblow (ca. 1771–1853). Standesamtliche Eintragung für den 4. Sept. 1853 in Teil V, Bestattungen, 1851–1897, Register of St. Paul's Parish, Edenton, N. C., Episcopal Diocese of East Carolina (nachfolgend St. Paul's Parish Register).

4. Die emanzipierte Familie segelte wahrscheinlich unter britischer Flagge zum britischen Hafen St. Augustine. Wahrscheinlich verließen sie Charleston zwischen Mai 1780 und Dezember 1782, während die Stadt von den Engländern besetzt war.

5. John Horniblow (1745? 1750?–1799) besaß das Wirtshaus King's Arms in Edenton, N. C.; nach 1776 wurde die Gaststätte in Horniblow's umbenannt (vgl. Karte 2). Horniblows Steuerlisten melden das Hinzufügen nur eines Sklaven unter den „Negern unter 7 und über 50" zwischen 1779 und 1782; dies war wahrscheinlich das Kind Molly. Chowan County Deed Book 0–1, S. 132, 145, 294, Office of the Register of Deeds, Chowan County Courthouse, Edenton, N. C. (nachfolgend Chowan Deeds); Tax Lists, 1779–1782, in Chowan County Tax Lists, 1717–1909, NCSA (nachfolgend Chowan Tax Lists).

6. „Vellow" Molly Horniblow arbeitete den Rest ihres Lebens als Bäkkerin. Dr. James Norcom an Elizabeth [Norcom], 26. Juni 1846, NFP.

7. John Horniblows Witwe war seine dritte Frau, Elizabeth Pritchard Horniblow (?–1827). 1810, bei der ersten Vermögensteilung, schätzte der Taxator den Wert von „Yellow" Molly auf £ 125, ihres Sohnes Mark [Ramsey] (ca. 1800–1858) auf £ 100 und ihres Sohnes Joe (1808–?) auf £ 60. Ihre Töchter, (Becky?), Delilah (1797?– ca. 1819) und Betty (1794?–1841), wurden nicht erwähnt. 1813, bei der zweiten Aufteilung des Vermögens von John Horniblow, wurden die Sklaven in vier Anteilgruppen gleichen

Werts gegliedert – außer Joe, der später Horniblows Töchtern Peggy und Eliza zugewiesen werden sollte. 1817 suchte Dr. James Norcom zugunsten seiner Frau, Mary Horniblow Norcom, und ihrer jüngeren Schwestern darum nach, daß Joe verkauft werde, und am 1. Jan. 1818 wurde Joe „im Alter von zwölf Jahren oder ähnlich" an Josiah Collins den Jüngeren für 675 Dollar verkauft. Die Quittung für John Metcalfs Rechnung mit Mrs. Elizabeth Horniblow vom 26. Dez. 1799 bis 12. Mai 1800 in Cupola House Papers, Edenton Historical Commission, Edenton, N. C. (nachfolgend Cupola House Papers); Estate of John Horniblow, 1799, Chowan Estates; Verkaufsbrief Nr. 463, Chowan Deeds, Book G–2, S. 375.

8. Jacobs' Mutter war Molly Horniblows Tochter Delilah. Elizabeth Horniblow hatte sie ihrer Tochter Margaret gegeben. Estate of Elizabeth Horniblow, 1827, Chowan Estates; Antwort von James Norcom auf die Klageschriften von Frederick Hoskins und Ehefrau Eliza, 1834, in Estate of Elizabeth Horniblow, 1827, Chowan Original Wills, 1694–1910, NCSA (nachfolgend Chowan Wills).

9. Margaret Horniblow (geb. 1797) starb am 3. Juli 1825. Elizabeth V. Moore, persönliche Mitteilung an Jean Fagan Yellin, 5. Sept. 1980; Testament von Margaret Horniblow, 1825, Chowan County Original Wills, 1694–1910, NCSA (nachstehend Chowan Wills).

10. Molly Horniblow war von März 1824 bis November 1825 an Myles Elliot vermietet worden, die Horniblows Schenke für die Summe von 20 Dollar pachtete. Estate of Elizabeth Horniblow, 1827, Chowan Estates.

11. Mary Matilda Norcom (1822–?), Tochter von Margaret Horniblows Schwester Mary, war nicht fünf, sondern drei Jahre alt, als ihre Tante starb. Testament von Margaret Horniblow, 1825, Chowan Wills.

12. Markus 12/31.

13. Matthäus 7/12.

14. Margaret Horniblow hatte fünf von Mollys Kindern und Enkeln besessen: Delilah (bereits verstorben), Mark, Betty, Harriet und John. Drei Monate vor ihrem Tode vermachte sie alle vier überlebenden Sklaven ihrer Mutter, Elizabeth Horniblow, dann, am 3. Juli 1825, verfaßte sie ein Sterbebett-Kodizill und hinterließ Harriet statt dessen ihrer Nichte Mary Matilda Norcom (vgl. Illustrationen). Will of Margaret Horniblow, 1825, Chowan Wills.

II. Die neue Herrschaft

1. Dr. James Norcom (1778–1850) beendete 1797 die Medical School of the University of Pennsylvania. Nach einer sensationellen Scheidungsklage gegen seine erste Frau, Mary Custis, 1810, heiratete er Mary (Maria) Horniblow (1794–1868), die Schwester von Jacobs' erster Herrin. NFP.

2. John S. Jacobs schreibt, daß er zuerst Eigentum von Penelope Horniblow war, aber Margaret Horniblow vermachte ihn ihrer Mutter, Elizabeth Horniblow, die Dr. Norcom anscheinend erlaubte, ihn aus der Obhut

seines Vaters zu nehmen, in das Haus Norcom zu bringen und als Gehilfen zu verwenden. Nach dem Tode Elizabeth Horniblows, als ihr Eigentum am 1. Jan. 1828 verkauft wurde, kaufte Dr. Norcom John für $ 298, 50. John S. Jacobs, „A True Tale of Slavery“, S. 85, 86; Will of Elizabeth Horniblow, 1827, Chowan Wills; Estate of Elizabeth Horniblow, 1827, Chowan Estates.

3. John S. Jacobs Bemerkungen unterstreichen dieses Ereignis: „Mein Vater vermittelte mir in der Kindheit Eindrücke, die ich nie aus dem Gedächtnis streichen kann... Die Sklaverei war die Ursache [seines Jähzorns]. Ein Mann zu sein und keiner zu sein – ein Vater ohne Autorität – ein Ehemann und kein Beschützer – das ist das finsterste der Schicksale... Mein Vater lehrte mich, die Sklaverei zu hassen, aber er vergaß mir beizubringen, meinen Haß zu verbergen. Ich konnte häufig seine unterdrückten Seelenqualen beobachten, obwohl er sich große Mühe gab, den Zorn in der Brust zu verbergen. Das Wissen, selbst Sklave zu sein und daß auch seine Kinder Sklaven waren, verbitterte sein Leben, aber ließ ihn uns mehr lieben.“ „A Trule Tale of Slavery“, S. 85–86.

4. Es gibt Anzeichen dafür, daß Daniel im Frühjahr 1826 starb. Sein Name befand sich nicht auf der Liste der Sklaven, die Sarah Knox – sie überlebte ihn – geerbt hatte. Gesuch von Andrew Knox und Louisa Matilda Knox, Estate of Sarah P. Knox, 1833, Chowan Estates.

5. Molly Horniblow wurde zusammen mit dem übrigen Vermögen von Elizabeth Horniblow am 1. Januar 1828 in Edenton verkauft. Will of Elizabeth Horniblow, 1827, Chowan Wills; Estate of Elizabeth Horniblow, 1827, Chowan Estates; Chowan Deeds, Book G–2, S. 501.

6. Hannah Pritchard (?–1838), eine Schwester der verstorbenen Elizabeth Horniblow, die kein eigenes Vermögen besaß, kaufte Molly für $ 52,25 und Mollys Sohn Mark für $ 400,00. Am 10. April 1828 ersuchte Pritchard den Richter des Obergerichts mit Erfolg um die Erlaubnis, Molly zu emanzipieren. Sie unterzeichnete Mollys Emanzipationsurkunde mit einem Kreuz (vgl. Illustrationen).

John S. Jacobs liefert eine andere Version. Aus seiner Darstellung geht hervor, daß der Kongreßabgeordnete Alfred Moore Gatlin (1790–?) eine entscheidende Rolle dabei spielte, Molly in die Lage zu versetzen, frei zu werden, ein Haus zu erwerben und Mark zu kaufen. Er kommentiert: „Es mag ziemlich seltsam erscheinen, daß meine Großmutter ihren Sohn als Sklaven hielt, aber das Gesetz erforderte es. Sie war verpflichtet Sicherheit zu geben, daß sie nie der Stadt oder dem Staat Unkosten bereiten würde, ehe sie in den Besitz ihrer Freiheit kam. Ihre Besitzrechte an ihm genügten, um das Gesetz zufriedenzustellen; er konnte zu jeder Minute verkauft werden, um ihre Schulden zu bezahlen, obwohl es unwahrscheinlich war, daß dies je der Fall sein würde.“ St. Paul's Parish Register; Petition for Emancipation, 1828, Chowan County Miscellaneous Slave Records, 1730–1836, NCSA (nachfolgend Chowan Misc. Slave Records); „Alfred Moore Gatlin“, *Biographical Direktory of the American Congress, 1774–1961* (Washington D. C.: U. S. Government Printing Office, 1961), S. 990–991; John S. Jacobs, „A True Tale of Slavery“, S. 86.

7. Molly Horniblows Tochter Betty. Antwort von James Norcom.

8. Mary Horniblow Norcoms Haushaltsführung war der flagranten Mißwirtschaft Norcoms erster Frau anscheinend genau entgegengesetzt. In seiner bitteren Scheidungsklage warf er ihr vor, zu trinken, opiumabhängig zu sein, bezichtigte sie der Promiskuität und „den Negern zu gestatten, die Jahreszuwendung an Lebensmitteln bis Mitte Juli vergeudet zu haben". Zeugenaussage von Stephen R. Hooker in „Bill to Divorce James Norcom of Edenton from his Wife Mary", General Assembly Session Records, Nov.-Dez. 1808, NCSA.

III. Der Sklaven Neujahrstag

1. Dr. James Norcoms Steuererklärung für 1828 beziffert sein Vermögen auf 1770 Acre in Chowan County, 7 Parzellen in der Stadt (4 genutzt, 3 ungenutzt), und 19 Schwarze. Chowan Tax Lists.

2. In Edenton fand die jährliche Vermietung anscheinend im Market House statt (vgl. Karte 2). Vgl. auch Skizze vom Vermietungstag in Wilmington, N. C., 1. Januar 1840, in James Sprunt, *Chronicles of The Cape Fear River* (Raleigh: Edwards and Broughton, 1914), S. 179–180.

IV. Der Sklave, der sich als Mensch zu fühlen wagte

1. Am 21. Juni 1830 verkaufte der Kongreßabgeordnete Gatlin an Molly Horniblow ein Haus und eine Parzelle in der King Street „aus vielen guten Gründen und Ursachen und auch gegen die Summe von einem Dollar" (vgl. Karte 2). Die Volkszählung von 1830 für den Bezirk Chowan erfaßt sechs Personen, die das Haus von „Marey Horniblow" bewohnen. Chowan Deeds, Book I–1, S. 307; Fifth Census of the United States, 1830-North Carolina, Chowan County, S. 335 (nachfolgend 1830 Census, Chowan County).

2. Der zwölfjährige John S. Jacobs wird hier beschrieben, wie er gegen James Norcom jr. kämpft (1811–?), der etwa siebzehn Jahre alt ist. Family Bible records, NFP.

3. „Du Heuchler, zieh zuvor den Balken aus deinem Auge und siehe dann zu, daß du den Splitter aus deines Bruders Auge ziehest."

4. Jacobs' Onkel Joseph, ein Teenager, hatte wahrscheinlich gegen seinen jungen Herrn gekämpft, Josiah Collins III (1808–1863). Wegen des Hauses der Collins in Edenton vgl. Karte 2. Collins wurde schließlich einer der drei größten Sklavenhalter von North Carolina, besaß 1860 4000 Acre Land, auf dem 328 Sklaven arbeiteten. *Dictionary of North Carolina Biography*, Hg. William S. Powell (Chapel Hill: University of North Carolina Press, 1979).

5. Das Strafgesetzbuch von North Carolina vor dem Bürgerkrieg betrachtete Überfall und Schlägerei nicht als allgemeines gesetzliches Ver-

brechen. Josephs öffentliche Auspeitschung war wahrscheinlich eine private Bestrafung, die von Collins befohlen wurde.

6. Die Volkszählung im Bezirk Chowan von 1830 (S. 335) nennt unter den Bewohnern von Molly Horniblows Haus eine Sklavin im Alter zwischen zehn und vierundzwanzig und eine freie Schwarze im Alter zwischen vierundzwanzig und sechsunddreißig.

7. John S. Jacobs identifiziert Collins' Anwalt Joseph B. Skinner (? bis ca. 1850) als den Mann, der Joseph in New York gefangennahm. „A True Tale of Slavery", S. 86; vgl. auch „Joseph B. Skinner" in Richard Benbury Creecy, Grandfather's Tales of North Carolina History (Raleigh: Edwards and Broughton, 1901), S. 132–135.

8. „Mr. [William] Grimes hatte lange Zeit das Amt eines Bezirksgefängniswärters und Stadtkonstablers inne, und obwohl in diesen Stellungen, die natürlich dazu neigen, Feindseligkeit und Groll hervorzurufen und von allen untergeordnet betrachtet werden, war seine Lebensführung und war sein promptes Handeln dergestalt, daß sie den Beifall jedes guten Bürgers herausforderten..." Nachruf, *Edenton Gazette and Farmer's Palladium*, 3. März 1831. Zur Lokalisierung des Bezirksgefängnisses vgl. Karte 2.

9. Der Sklavenhändler war wahrscheinlich Joseph Granier aus Norfolk, der im Dezember 1828 anzuzeigen begann, daß er ein Vertreter des Sklavenhandelshauses von Leon Chambert in New Orleans geworden war. *American Beacon and Virginia and North Carolina Gazette* (Norfolk, Va.), 20. Dez. 1828 ff. (nachfolgend *American Beacon*).

10. Der in Pennsilvania geborene Daniel W. McDowell (ca. 1793–1885) zog 1825 anscheinend nach Edenton und heiratete gegen Jahresende Mary Cox Norfleet, die einen Teil eines großen Gutes geerbt hatte. Collins, Josephs Herr, lebte in „The Home Place" nahe am Wasser; es ist unklar, wo die McDowells in Edenton wohnten, als Joseph floh. Später, 1838, erwarb McDowell eine Parzelle neben dem Grundstück Molly Horniblows; als sie 1840 ihr Testament aufsetzte, fungierte er als einer der Zeugen. *Biblical Recorder* (Raleigh, N. C.), 11. Nov. 1885; Seventh Census of the United States, 1850-North Carolina, Chowan County, S. 249 (state copy), NCSA (nachfolgend 1850 Census, Chowan County); Bond of Daniel McDowell, 19. Dez. 1825, in Chowan County Marriage Bonds, 1741–1868, NCSA (nachfolgend Chowan Marriage Bonds); Testament von Molly Horniblow, 1840 (beglaubigt 1850) Chowan Wills.

11. Marks Herrin war seine Mutter, Molly Horniblow (vgl. Kapitel II, Anmerkung 6), die ihn anscheinend zur Arbeit auf ein Postboot der Linie Edenton – New York vermietet hatte. John S. Jacobs erinnert sich der Begegnung zwischen Joseph und Mark in „A True Tale of Slavery", S. 86.

12. Am 9. Februar 1832 borgte Molly Horniblow von John M. Roberts $ 100 und unterzeichnete eine Übertragungsurkunde für ihr Haus nebst Parzelle an John Cox; sie mag diese Schulden in einem Versuch gemacht haben Joseph zu kaufen. Chowan Deeds, K–2, S. 83.

13. Das Geld, das 1827 von Alfred Moore Gatlin aufgebracht wurde, um Molly Horniblows Haus zu kaufen ($ 364,50) plus Urkundengebühr,

aufgeführt 1830 ($1,--) plus Mollys Kaufpreis ($ 52,25) plus Marks Kaufpreis ($ 406,00) ergibt eine Gesamtsumme von $ 823,75. Es ist wahrscheinlich, daß das Geld, das Molly Horniblow über die Jahre hinweg gespart hatte, nicht ausreichte, um sich selbst, ihren Sohn Mark Ramsey und ihr Haus zu kaufen, und daß sie die fehlende erforderliche Summe von Gatlin borgte, dem sie sie am 21. Juni 1830 zurückzahlte. Es ist möglich, daß die $ 100,00, die sie von Roberts borgte, nicht dazu dienen sollten, ihren jüngeren Sohn Joseph zu kaufen, sondern als Restzahlung für Mark gedacht waren. Das „kostbare Dokument“ mag ihr Besitzrecht an Mark bezeugt haben. Er kam wahrscheinlich Ende 1843 frei. John S. Jacobs „A True Tale of Slavery“, S. 86; Josiah Collins an Harriet Jacobs, 23. Juli 1859, in Josiah Collins Papers, 1861–1892, NCSA; Emanzipationsgesuch, 1828, Chowan Misc. Slave Papers; Testament von Molly Horniblow, 1840 (beglaubigt 1858), Chowan Wills; Bond of Marcus Ramsey, 11. Nov. 1843, Chowan Marriage Bonds; Estate of Elizabeth Horniblow, 1827, Chowan Estates; Chowan Deeds, Book K–2, S. 83, and Book H–2, S. 548.

14. „Arme Hascherl, sie können nicht für sich selber sorgen“, lautete die satirische Formulierung einer weitverbreiteten abolitionistischen Karikatur, die faulenzende Weiße beim Beobachten produktiv arbeitender Schwarzer zeigte. *American Anti-Slavery Almanac for 1840* (New York: S. W. Benedict; Boston: Isaac Knapp, 1840), S. 29.

V. Die Nöte der Jungmädchenzeit

1. Norcom war tatsächlich rund 35 Jahre älter als Jacobs.

2. Komplexe Gesetze regelten den legalen Status der Sklaven von North Carolina. Sie mußten bekleidet und ernährt werden, durften jedoch nicht vor Gericht gehen, um diese Forderungen zu erheben. Der Mörder eines Sklaven konnte unter den üblichen gesetzlichen Bestimmungen wegen Totschlags angeklagt und verfolgt werden. Sklaven hatten das Recht, von einem Geschworenengericht abgeurteilt zu werden und Berufung einzulegen. Da sie jedoch nicht gegen Weiße aussagen durften und keine Möglichkeit hatten, einen Prozeß anzustrengen, blieben ihnen die Gerichtshöfe verschlossen. Das ganze System richtete sich gegen den Schutz einer Sklavin vor sexueller Belästigung und Gewalt, wie Jacobs behauptet. Die Vergewaltigung einer Sklavin war kein Verbrechen, sondern eine Verletzung des Eigentums ihres Herrn. Vgl. Acts of the General Assembly of North Carolina, 1753, ch. 6, sec. 10, and Acts of 1774, ch. 31, sec. 2, in James Iredell, *Laws of the State of North Carolina* (Edenton: Hodge and Wills, 1791), S. 153–154, 274; Frederick Nash et al., Hg., *Revised Statutes of the State of North Carolina*, 2 Bd. (Raleigh, 1837; nachfolgend *Revised Statutes*), ch. 111, sec. 50, Bd. 1, S. 583; Ulrich B. Phillips, *Life and Labor in the Old South* (Boston: Little, Brown, 1930), S. 162.

3. Jacobs bezieht sich hier auf das Sklavenfluchtgesetz von 1850, das ein Bestandteil des Kompromisses von 1850 darstellte und die umfassendste

Verlautbarung über das Recht der Sklavenhalter, Flüchtlinge zurückzufordern, seit 1793 bildete. Statt Gerichtsbeamten vorgeführt zu werden, wurden der Flucht verdächtige Personen zu Bevollmächtigten gebracht, und diesen wurden höhere Sätze gezahlt, wenn sie feststellten, daß es sich bei den Angeklagten um Sklaven handelte. Das Gesetz ermächtigte ebenfalls Bundesbeamten zu fordern, daß alle Bürger bei seiner Durchsetzung behilflich waren; die Strafen für jene, die versuchten, einen Flüchtling zu retten oder zu verbergen, erstreckten sich von Geldstrafen bis zu Gefängnishaft und zivilrechtlichem Schadenersatz. Lydia Maria Child polemisierte gegen dieses Gesetz in *The Duty of Disobedience to the Fugitive Sklave Act: An Appeal to the Legislators of Massachussetts* (Boston, 1860).

4. Es mag sein, daß Molly Horniblow am 10. Dez. 1816 bei einem Tumult, der in Elizabeth Horniblows Schenke ausbrach und in den Charles H. Leary verwickelt war, eine Pistole zog, um ihre Tochter zu beschützen; Becky (vermutlich ihre dritte Tochter) lebte anscheinend in dem Wirtshaus, bis sie als Hochzeitsgeschenk an Elizabeth Horniblow Hoskins gegeben wurde (1820). Grand Jury Presentments, 1816, Chowan County Miscellaneous Records, 1731–1935, NCSA (nachfolgend Chowan Misc. Records).

VI. Die eifersüchtige Herrin

1. Abolitionisten verglichen routinemäßig das Elend der notleidenden Iren während der Hungerperiode, in der es an Kartoffeln fehlte, mit der Not der Afroamerikaner in der Sklaverei. 1847 hatte sich John S. Jacobs öffentlich anderen Männern und Frauen der Antisklavereibewegung angeschlossen, um bei der Hilfe für Irland tätig zu werden. Dieser Abschnitt findet einen Niederschlag in einem Brief, den Jacobs geschrieben hatte, als die Debatte, ob sie die Geschichte schreiben solle, noch andauerte. *The Liberator*, 27. Febr. 1847; Jacobs an Amy Post, [1852?], IAPFP # 84, BAP 16/0700–02 (Brief 4).

2. Obgleich man Jacobs in jungen Jahren zu lesen und zu buchstabieren beigebracht hatte, war sie im Schreiben nicht unterrichtet worden. Jacobs an Post, 25. Juni [1853], IAPFP # 1257, BAP 16/0696–97.

3. Elizabeth Hannah Norcom (1826–1849). NFP.

4. Elizabeth Horniblow hatte Jacobs' Tante Betty vor Marys Verheiratung mit Norcom ihrer Tochter Mary gegeben. Antwort von James Norcom.

5. Zu dieser Zeit ca. 1828/29 hatte Norcom offenbar acht oder neun lebende Kinder: John, James jr., Benjamin Rush, Caspar Wistar, Margaret, Mary Matilda, Elizabeth Hannah, Abner und Standin. Der erste Abner (geb. 1815) war gestorben; William Augustus wurde nicht vor 1836 geboren. John heiratete Ann Eunice Walker im Jahre 1828. Möglicherweise überlebte ihr Erstgeborenes nicht; ihre bekannten Kinder wurden später geboren. NFP; 1850 Census, Chowan County, S. 261, und Beaufort

County, S. 194–195; *Washington* [N. C.] *Whig*, 23. Nov. 1842; Register entry for 24. Nov. 1842, in Burials, Register of St. Peter's Parish, Washington N. C., Episcopal Diocese of East Carolina.

6. „Weh euch, Schriftgelehrte und Pharisäer, ihr Heuchler, die ihr gleich seid wie die übertünchten Gräber, welche auswendig hübsch scheinen, aber inwendig sind sie voller Totengebeine und alles Unflats!" Matthäus 23/27.

VII. Der Geliebte

1. „Mein Vater, ist's möglich, so gehe dieser Kelch von mir; doch nicht wie ich will, sondern wie du willst." Matthäus 26/39.

2. Lord Byron, „Tassos Klage", IV. 7–10.

3. Während Sklavenehe nicht verboten war, wurde sie durch das Zivilrecht nicht sanktioniert. Geschlechtsverkehr zwischen Sklaven war bloßes Zusammensein oder Konkubinat. Vor 1831 war eine Heirat zwischen einem freien Schwarzen und einer Sklavin, die der Zustimmung des Sklavenbesitzers bedurfte, eine formlose Vereinigung; nach 1831 waren solche Ehen verboten. *Revised Statutes*, Kap. III, Sekt. 77, Band 1, S. 590.

4. „Geschält und gepökelt" zu werden, bedeutete ausgepeitscht und mit Lake abgewaschen; vgl. Kap. 12.

VIII. Was man die Sklaven lehrte, vom Norden zu denken

1. Jacobs gibt die Meinung anderer Abolitionisten wieder, schwarzer und weißer, die argumentierten, die Minderwertigkeit der Schwarzen sei keine Folge der Rasse, sondern der Sklaverei.

2. Die Mason-Dixon Line, die Pennsylvania von Delaware und Maryland trennte, markierte von der Zeit des Kompromisses von Missouri im Jahre 1820 bis 1865 die Grenze zwischen Sklavenhalter- und freien Staaten. Die „peculiar institution" war Sklaverei.

3. „Und er hat gemacht, daß von einem Blut aller Menschen Geschlechter auf dem ganzen Erdboden wohnen..." Apostelgeschichte 17/26.

4. Während diese Passage den Glauben der Frau vorgeblich lächerlich macht, bestätigt sie ihn in Wirklichkeit, indem sie die Königin in eine neoklassische Figur verwandelt. Es ist nicht nur ein Bezug auf Königin Victoria, sondern auch auf afrikanische Traditionen. „Wenn in alten Zeiten ein Häuptling [der Ashanti] gewählt werden mußte, war es die Königinmutter, die bei der Wahl am meisten zu sagen hatte... Sie allein hatte das Recht, ihn zu tadeln, ebenso seinen Wortführer... oder seine Ratgeber, was öffentlich geschah, und das Gericht anzusprechen und die Prozessierenden zu befragen. An sie wurden auch Petitionen gerichtet, die um eine Begnadigung oder Urteilsminderung nachsuchten..." Captain R. S. Ra-

tray, *Ashanti* (Oxford: Clarendon Press, 1923, 1969), S. 81–84. Die bewaffneten „Amazonen“ der Dahomey werden erwähnt in Frederick E. Forbes, *Dahomey and the Dahomans*, 2 Bände, (London, 1851), I, 218.

IX. Skizzen von benachbarten Sklavenhaltern

1. Dieses Kapitel ist das Ergebnis der Redaktion von Lydia Maria Child. Die hier dargestellten Szenen sind von anderen Stellen des Buches in Jacobs' ursprünglichem Text zusammengefaßt worden. Vielleicht infolge dieser redaktionellen Tätigkeit, vielleicht, weil Jacobs eine Frau aus der Stadt und mit dem Landleben kaum vertraut war, vielleicht, weil es naturgemäß schwierig ist, Greueltaten, die an Sklaven verübt wurden, dokumentarisch zu beschreiben, scheint dieses Kapitel – im Gegensatz zu den übrigen Teilen des Buches – in den Details nicht korrekt zu sein. Die Beschreibung der Greueltaten, die die Gebrüder Litch begingen, lassen jedoch vermuten, daß Jacobs' Bericht im wesentlichen akkurat ist.

Mr. Litch war anscheinend Josiah Coffield (?–1837), Besitzer ausgedehnter Ländereien und vieler Sklaven. Als junger Mann war er wegen seiner Gewalttätigkeiten bekannt. 1816 beschloß das Chowan County Grand Jury ein „Signalbeispiel“ zu statuieren, nachdem er beschuldigt worden war, den Sklaven Mark gefährlich geschlagen zu haben und in zwei getrennten Fällen gewalttätig gegen Weiße vorgegangen zu sein. Er wurde schwerer tätlicher Beleidigung in Tateinheit mit versuchtem Mord für schuldig befunden und zu 60 Tagen Haft sowie einer Geldstrafe von $ 400 verurteilt. Vgl. Childs Einführung; Child an Lucy [Searle], 4. Febr. 1861, Cornell University Libraries Anti-Slavery Collection, LMCP 47/1282; Chowan County Criminal Action Records, 1820 (State vs. Josiah Coffield); Chowan County Criminal Actions Concerning Slaves, 1820 (State vs. Josiah Coffield); Chowan County Superior Court Minutes, 1809–1828, S. 176–179, 182; Chowan County Misc. Records (Inquests); Estate of Josiah Coffield, 1837, Chowan Estates.

2. „Du sollst nicht stehlen“. 2. Buch Mose 20/15.

3. Dies bezieht sich wahrscheinlich auf einen Vorfall, in den Josiah Coffields älterer Bruder James (?–1843) verwickelt war. 1823, in dem Jahr, ehe ihn seine Heirat zum Herrn über Jacobs' Vater machte, erhob James Coffield Anklage gegen zwei Sklaven, die seinen Nachbarn gehörten. Er beschuldigte sie, 20 Pfund Speck, 10 Pfund Schmalz und 20 Pfund Schweinefleisch aus seiner Räucherkammer gestohlen zu haben, was offenbar bei der Mühle und dem Fischgrund auf dem Besitz von Coffield an der Mündung des Rockahock Creek (vgl. Karte 1) war. Unvollständige Gerichtsakten machen die Ergebnisse des Falls undurchsichtig. Chowan County Criminal Actions Concerning Slaves 1820, 1823 (State vs. James Coffield); Chowan County Superior Court Minute Docket 1809–1828 (unvollständig), S. 162–163; Grundstücke von Lavinia Cof-

field, 1829, Sarah P. Knox, 1833, und James Coffield, 1843, Chowan Estates.

4. Auch William Coffield (1800–1829), der jüngste der drei Brüder, war gewalttätig. 1819 wurde er beschuldigt, eine Sklavin mit der Peitsche angefallen und sie mit einem Messer verletzt zu haben. Mit der Behauptung, im Bezirk Chowan keinen gerechten Prozeß bekommen zu können, suchte er erfolgreich um einen anderen Gerichtsort nach und wurde freigesprochen. Im Jahr darauf fand man in seinem Haus eine erschlagene Sklavin, aber ein Geschworenengericht wies die Anklage zurück. Er starb mit 29 Jahren, ein Opfer der Cholera. Die Gewohnheit, die Augen eines Toten mit Münzen geschlossen zu halten, war auf den britischen Inseln verbreitet und hielt sich in North Carolina bis in das gegenwärtige Jahrhundert hinein. Chowan County Criminal Actions Concerning Slaves, 1819 und 1820 (State v. William Coffield); Perquimons County Superior Court Minute Docket, 1807–1847, April-Sitzungsperiode 1820 (State vs. William Coffield); Grand Jury Reports, 1825 und 1827, in Chowan County Misc. Records; Estate of William Coffield, 1829, Chowan Estates; *Edenton North-Carolina Gazette*, 27. Jan. 1829.

5. „Die Besuche von Engeln – knapp und äußerst rar." Thomas Campbell, „Pleasures of Hope" (1799), II. 378.

6. Es ist mir nicht gelungen, dieses Zitat zu finden.

7. „Und er schrie aus Macht mit großer Stimme und sprach: Sie ist gefallen, sie ist gefallen, Babylon, die große, und eine Behausung der Teufel geworden und ein Behältnis aller unreinen Geister und ein Behältnis aller unreinen und verhaßten Vögel." Offenbarung 18/2.

X. Ein heikler Abschnitt im Leben des Sklavenmädchens

1. Samuel Tredwell Sawyer (ca. 1800–1865) wohnte in der King Street, im selben Häuserblock wie Molly Horniblow (vgl. Karte 2). Sawyer wurde in der Edentoner Akademie und an der Universität von North Carolina in Chapel Hill ausgebildet, studierte Rechtswissenschaft, wurde als Advokat zugelassen und praktizierte in Edenton. *Biographical Directory of the American Congress, 1774–1961*, S. 1565; Executrix vs. Samuel T. Sawyer, 6. Jan. 1844, registriert im Estate of James Coffield, 1843, Chowan Estates.

XI. Die neue Bindung ans Leben

1. „Gedenke an deinen Schöpfer in deiner Jugend, ehe denn die bösen Tage kommen und die Jahre herzutreten, da du wirst sagen: Sie gefallen mir nicht." Prediger Salomo 12/1.

2. Joseph Jacobs, geb. in Edenton (ca. 1829–1863?), writ of venditione exponas gegen Dr. James Norcom, 5. Okt. 1830, Chowan County Civil

Actions Concerning Slaves, 1830, NCSA; Lydia Maria Child an John Fraser, 20. Nov. 1866, LMCP 66/1746.

3. Abolitionisten, die Sklaverei als „die Nationalsünde" bezeichneten, symbolisierten die Institution gewöhnlich durch eine Schlange. Vgl. zum Beispiel die Illustrationen „Declaration of the Anti-Slavery Convention" und „Printer's Picture Gallery", New York [1838?], Division of Popular Prints, Library of Congress.

XII. Furcht vor einem Aufstand

1. Am 21. und 22. August 1831 massakrierten Nat Turner und seine Anhänger im Bezirk Southampton, Virginia – etwa 40 Meilen von Edenton entfernt –, fünfundfünfzig Weiße. Es war der blutigste Sklavenaufstand in der amerikanischen Geschichte. Turner konnte sich über neun Wochen halten. Dann wurde er gefangen, gefoltert, eingekerkert, verhört, verurteilt und am 11. November hingerichtet. In der Folgezeit wurde der gesamte Süden von einer Woge weißen Terrors erfaßt. Niemand weiß, wie viele Schwarze ermordet wurden; die Schätzungen der Historiker reichen in die Hunderte. In Southampton wurden zwanzig weitere Schwarze gehängt und zehn deportiert, und andernorts in Virginia und North Carolina wurden zwanzig bis dreißig exekutiert. Thomas Wentworth Higginson, „Nat Turner's Insurrection", *Atlantic Monthly 8* (Aug. 1861) 173–186; Herbert Aptheker, *Nat Turner's Slave Rebellion* (New York: Humanities Press, 1966).

2. Jacobs schrieb diesen Abschnitt wahrscheinlich aufgrund einer Anregung, die sie in einem Brief ihrer Redakteurin erhalten hatte. Child erkundigte sich darin: „Was waren das für Ausschreitungen? Wurde jemand gefoltert, um ein Geständnis zu erpressen? Und wie? Wurde jemand umgebracht? Bitte notieren Sie einige der aussagekräftigsten Einzelheiten und schicken Sie mir das Material zu, damit ich es einfügen kann." Child an Jacobs, 13. August 1860, IAPFP # 1330, LMCP 46/1243 (Brief 11).

3. Josiah Coffield; vgl. Kapitel IX. Aufstellung von Patrouillen, Dezember 1830 und September 1831, Choran County Court Minutes, S. 102, 123, NCSA.

4. Ein Sklave mit Namen Small's Jim wurde über die Rebellion unter Eid verhört. Dies geschah am 1. Sept. 1831 in Edenton. Er sprach von einer Konspiration, um „die Weißen zu töten", und nannte über ein Dutzend weitere Namen. Sieben Haftbefehle wurden ausgestellt. Innerhalb einer Woche gab es fünf weitere, und bis zum Monatsende wurden neunzehn Leute, die im Edentoner Gebiet zehn Sklavenhaltern gehörten, eingekerkert. In der Herbstperiode des Gerichts wurden acht der Verschwörung angeklagt, „zu rebellieren und einen Aufstand" vorzubereiten. Am 12. Okt. wurde der „Neger Godfrey", Sklave von Charles Johnson, für unschuldig befunden. Alle anderen Anklagen wurden fallengelassen. Am 10. Nov. meldete der Edentoner *Register*, „nicht der geringste Beweis"

sei erbracht, „den Glauben zu stützen, daß sie an einer Verschwörung beteiligt“ seien. Später wurde während der Herbstperiode Brownrigg's Sandy, einer der Informanten, des Meineids angeklagt. Ihm wurde zur Last gelegt, über Godfrey gelogen zu haben. Akte „Nat Turner's Insurrection“ in Chowan County Criminal Actions Concerning Slaves, 1831, NCSA; protokollarische Eintragung vom 12. Oktober 1831, Chowan County Superior Court Minutes, Fall Term 1831, NCSA; Robert N. Elliott, „The Nat Turner Insurrection as Reported in the North Carolina Press“, *North Carolina Historical Review* 38 (Jan. 1961) 17.

5. 1830 entzog man den Sklaven die Möglichkeit, die Bibel zu lesen, indem man es zu einem Verbrechen erklärte, das mit 39 Peitschenhieben bestraft wurde, „Sklaven lesen und schreiben, den Gebrauch der Zahlen ausgeschlossen“, zu lehren. Im Jahr darauf wurde es ein Verbrechen für „jeden Sklaven oder Freien von Farbe zu predigen, zu lehren oder dazu zu ermuntern in irgendeiner Betzusammenkunft oder anderer gottesdienstlicher Vereinigung, wo Sklaven verschiedener Familien zusammengefaßt werden“. *Acts Passed by the General Assembly of the State of North Carolina... 1830–31* (Raleigh: Laurence and Lemay, 1831), Kap. 6, S. 11; *Revised Statutes*, Kap. III, Sekt. 27, Bd. 1, S. 578; John S. Bassett, *Slavery in the State of North Carolina*, Serie 17, Nr. 7–8 (Baltimore: Johns Hopkins University Press, 1899), S. 48–49.

6. „Denn einer ist euer Meister, Christus; ihr aber seid alle Brüder.“ Matthäus 23/8.

XIII. Die Kirche und Sklaverei

1. John Avery, D. D. (?–1837), geb. in Massachusetts, ausgebildet am Williams College und Yale, ging nach Edenton, um an der dortigen Akademie zu lehren, wurde Kandidat des geistlichen Standes und Rektor der St. Paul's Episcopal Church. Berichte des Vorstands der St. Paul's Church, Edenton, N. C., 1701–1841, Vestry Book, Bd. II, NCSA; Joseph B. Cheshire, Hg., *Sketches of Church History in North Carolina* (Wilmington, N. C., 1892), S. 256–258; *Raleigh Register* (Wochenblatt) 14. Febr. 1837.

2. Brief an die Epheser 6/5.

3. „Mr. Pike“ predigt gegen althergebrachte afroamerikanische Kultpraktiken. Die Verwendung von Kaffee und Karten zum Wahrsagen war üblich, ebenso die Anfertigung von mit Wurzeln gefüllten Kugeln. Der afrikanische Ursprung des zum Schluß genannten Brauchs wird von Robert F. Thompson betont: „Die Zivilisation und Kunst des Kongo wurden in der Neuen Welt nicht aufgegeben. Bei Zusammenkünften von zahlreichen Sklaven aus Kongo und Angola brachen sie hier und da wieder durch.“ – „Nach der Mythologie des Kongo war Funza, der erste *nkisi*, den Gott den Menschen gab..., selbst in ungewöhnlich verschlungenen Wurzelformationen verkörpert.“ *Flash of the Spirit: African and Afro-American Art and Philosophy* (New York: Random House, 1983),

S. 104–105, 130–131; vgl. auch Newbell Puckett, *Folk Beliefs of the Southern Negro* (Chapel Hill: University of North Carolina Press, 1966), S. 296, 355.

4. Eine Anspielung auf den guten Samariter; Lukas 10/33.

5. Sterling Stuckey befaßt sich mit der Bedeutsamkeit afroamerikanischer Folklore in „Through the Prism of Folklore: The Black Ethos in Slavery", *Massachusetts Review* 9, Nr. 3 (Sommer 1968). Das Beispiel, das Jacobs liefert, ähnelt der ersten Aufzeichnung von Sklavenliedern in einem amerikanischen Musikjournal, wo es heißt:

Oh, Satan kam und machte Dreck,
Warf Ziegel vor die Tür.
Herr Jesus aber fegt sie weg,
Macht's saubrer als zuvor.

Eine weitere Variante taucht in einem Roman von James S. Peacocke aus dem neunzehnten Jahrhundert auf:

Alt Satan ist ein heulend Hund,
Legt Steine in den Weg.
Doch Jesus war mein Busenfreund.
Er warf sie alle weg.

Wahrscheinlich eine Bezugnahme auf Jesaja 47/14 und die Römer 14/13. „Stotterzung'" weist auf eine Zeile von William Cowper hin:

Wenn diese lispelnd Stotterzung'
Stumm in der Erde schmacht',
Sing ich mit reinen Herzens Schwung
Ein Lied auf deine Macht.

Dena Epstein verweist hierauf in einer persönlichen Mitteilung an Jean Fagan Yellin, am 9. Okt. 1985; *Musical Gazette of Boston,* I (6. Juli 1846) 91; James S. Peacocke, *The Creole Orphans; or Lights and Shadows of Southern Life* (New York, 1856), S. 74. Diese Erörterung der Herkunft stützt sich auf persönliche Mitteilungen von Wayne D. Shirley, 16. Okt. 1985, und von George Stevenson, 31. Jan. 1986, an Jean Fagan Yellin; Cowper, „There is a fountain filled with blood."

6. Wayne D. Shirley kommentiert, daß, obwohl die „ungereimte Verszeile dieses Beispiels ungewöhnlich ist... der Wechsel zwischen Rhythmus (und poetischer Diktion) von Vers und Refrain eine durchaus übliche Erscheinung in der geistlichen Vokalmusik des Südens" bildet. Lawrence W. Levine führt Jacobs' Vers an, um die Behauptung zu stützen, daß, obgleich der Gauner in den religiösen Gesängen der Sklaven kaum auftritt, diese Figur „manchmal in den zahlreichen Anspielungen der Sklaven auf ein knappes Entkommen vor dem Teufel" gemeint ist. Persönliche Mitteilung von Wayne D. Shirley an Jean Fagan Yellin, 16. Okt. 1985; Levine, „Slave Songs and Slave Consciousness", in Alan Weinstein und Frank Gatell, Hg., *American Negro Slavery*, 2. Aufl. (New York: Oxford University Press, 1973), S. 153.

7. Dr. Avery trat am 5. Okt. 1835 zurück, um Rektor der St. John's in the Prairies, Greensboro, Alabama, zu werden. Sitzungsberichte der Kirchenleitung, 1701–1841, Bd. 2, S. 33–34, St. Paul's Church, Edenton, N. C. (nachfolgend St. Paul's Vestry Minutes).

8. Rev. William D. Cairnes (ca. 1803–1850) von der Missionary Society trat sein Amt im März 1836 an. St. Paul's Vestry Minutes, Bd. 2, S. 40.

9. Jacobs verwechselt offenbar zwei getrennte, wenngleich miteinander in Beziehung stehende Ereignisse: den Tod von Cairnes' Frau am 11. Sept. 1836 und das zwei Monate später erfolgte Ableben eines wohlhabenden Gemeindemitglieds, der Witwe Mary Bissell. Cairnes schrieb und unterzeichnete das Testament, in dem Mrs. Bissell ihre Sklaven der American Colonization Society vermachte und die Geldmittel zur Verfügung stellte, die erforderlich waren, sie nach Afrika zu schicken. Dieses Testament wurde heftig angegriffen. Obwohl der Oberste Gerichtshof von North Carolina neun Jahre nach ihrem Tod endlich festlegte, daß Mrs. Bissells Erbe legal war, gibt es keinen Anhaltspunkt dafür, daß ihre Sklaven je den Staat verlassen haben.

Cairnes' Streit mit den Mitgliedern der Kirchenleitung, unter denen sich Dr. Norcom befand, erreichte fast augenblicklich seinen Höhepunkt. Es scheint klar zu sein, daß sie sich bewußt waren, welche ernsten Zweifel der Geistliche an der Vereinbarkeit der Sklaverei mit der Religion hegte, und daß sie ihn beschuldigten, Mrs. Bissell ungebührlich beeinflußt zu haben. Am 14. März 1837 bot Cairnes seinen Rücktritt an und erklärte sich nur bereit, in St. Paul's zu bleiben, wenn die Kirchenleitung ihn einstimmig darum ersuchte. Am 24. März stimmten die Mitglieder jedoch einmütig dafür, das Rücktrittsgesuch anzunehmen.

Drei Tage später wurde Dr. Norcom zum Vorsitzenden des Gemeinderats für das nächste Jahr ernannt, und es wurde „angeordnet, daß die Nordseite der Empore der Kirche den Farbigen zur Benutzung zur Verfügung gestellt“ wurde. Dies löste jedoch nicht das Problem, die schwarzen Gemeindemitglieder am Gottesdienst teilnehmen zu lassen, ohne ihre weißen Glaubensgenossen zu verletzen. Am 22. Juli 1841 stimmte die Kirchenleitung dafür, die Kirchenstühle jener Kommunikanten, die „dagegen waren, daß sie von Negern benutzt wurden“, den Schwarzen vorzuenthalten. Um „der farbigen Bevölkerung Mittel und Gelegenheit zu verschaffen, sich religiös zu betätigen“, wurde beschlossen, einen Versuch zu unternehmen, das Geld „zur Errichtung eines Gebäudes, in dem die schwarze Bevölkerung Gottesdienst durchführen konnte“, zu beschaffen. Testament der Mary Bissell, 1836, Chowan Wills; Memory F. Mitchell, „Off to Africa – With Judicial Blessing“, *North Carolina Historical Review* 53 (Juli 1976), 269–271; St. Paul's Vestry Minutes, Bd. 2, S. 40–41, 44, 46–49, 50, 52, 72.

10. „Und wen dürstet, der komme; und wer da will, der nehme das Wasser des Lebens umsonst.“ Offenbarung 22/17.

11. „Denn bei dir ist die Quelle des Lebens, und in deinem Licht sehen wir das Licht.“ Psalm 36/10.

12. „Und ein anderer Engel ging aus dem Tempel und schrie mit großer

Stimme zu dem, der auf der Wolke saß: Schlag an mit deiner Sichel und ernte; denn die Zeit zu ernten ist gekommen, denn die Ernte der Erde ist dürr geworden." Offenbarung 14/15. „Saget ihr nicht: Es sind noch vier Monate, so kommt die Ernte? Siehe, ich sage euch: Hebet eure Augen auf und sehet in das Feld; denn es ist schon weiß zur Ernte." Johannes 4/35.

13. Reverend Nehemiah Adams (1806–1878), Pastor der Essex Street Church, Boston, kehrte als Apologet der Sklaverei von einer Reise in den Süden zurück und schrieb *A South-Side View of Slavery; or, Three Months in the South in 1854* (Boston: Ticknor and Fields, 1854).

14. Zur gegenwärtigen Diskussion um die Sklavereidebatte, die die amerikanischen Kirchen spaltete, vgl. zum Beispiel Harriet Beecher Stowe, *A Key to Uncle Tom's Cabin...* (Boston, 1853). Stowe schlug vor, Jacobs' Geschichte in diesen Band aufzunehmen. Jacobs an Amy Post, 4. April [1853], IAPFP # 788, BAP 16/0681-82 (Brief 6); Jacobs an Post, 9. Okt. [1853], IAPFP # 85, BAP 16/0713-14 (Brief 7).

15. Wann Norcom Kommunikant der St. Paul's wurde, ist nicht belegt. Aus fragmentarischen Berichten geht hervor, daß er sich verpflichtete, die Kirche 1805 neu zu malen und auszustatten, und er wird am 14. Februar 1828 als Mitglied der Kirchenleitung genannt. Die Resolution, die Kirche zu restaurieren, sowie die Spendenliste (ohne Datum, aber vor dem 13. Juni 1805) befinden sich in der Mappe „Restoration of 1806–1809", records of St. Paul's Church Edenton, in Verwahrung des Rektors; St. Paul's Vestry Minutes, Bd. 2, S. 15.

XIV. Eine zweite Bindung ans Leben

1. „Darum spreche ich mich schuldig und tue Buße in Staub und Asche." Hiob 42/6.

2. Die verbreitete Praktik, eine Dirne kahl zu scheren, ist in der Heiligen Schrift verankert; vgl. Jesaja 4/24.

3. Nach der Inschrift ihres Grabsteins im Friedhof Mt. Auburn, Cambridge, Mass. (der von Edith Willis Grinnell aufgestellt wurde), wurde Louisa Matilda am 11. Okt. 1836 geboren und starb am 5. April 1917. Nach Kapitel 7 von *Incidents* jedoch war Jacobs' Tochter zwei Jahre alt, als ihre Mutter 1835 untertauchte; das Geburtsjahr von Louisa Matilda muß 1833 gewesen sein. Bestattungsregister, Mt. Auburn Cemetery.

4. Margaret Blair Hosmer Sawyer, die Mutter Samuel Tredwell Sawyers, starb am 16. November 1826. *Raleigh Register* (Halbwochenblatt), 15. Dez. 1826.

5. Harriet Jacobs nannte ihren Sohn nach ihrem Onkel Joseph.

6. Molly Horniblow besuchte zweifellos den Gottesdienst der St. Paul's Episcopal Church in Edenton (vgl. Karte 2) zwei Jahre lang, ehe sie 1842 als Kommunikantin offiziell listenmäßig erfaßt wurde. Persönliche Mitteilung an Jean Fagan Yellin von Reverend R. W. Storie, Rektor, St. Paul's Church, Edenton, N. C., 24. Aug. 1981.

7. Das Baby wurde Louisa Matilda genannt, nach der jüngeren Tochter von Dr. Knox.

8. Es ist wahrscheinlich, daß Jacobs' Großvater väterlicherseits Henry Jacobs war, ein weißer Kleinfarmer, Analphabet, der keine Sklaven besaß und von 1781 bis 1789 mit Frau und Kindern eine Meile von der Knox-Plantage entfernt am Yeopim River lebte, entlang der Bezirkslinie in Perquimans (vgl. Karte 1). Die Yeopimbrücke verschaffte leichten Zugang zwischen der Farm von Jacobs und der Plantage von Knox. Dieser Mann bekannte sich als Daniels Vater irgendwann während der 80er Jahre des 18. Jahrhunderts, während die Witwe von Christian Knox Herrin der Plantage war und der junge Andrew Knox seine Ausbildung beendete; er ist der einzige Jacobs, der zwischen 1776 und 1792 in den Chowan County records genannt wird. Daniels Mutter war offenbar Thena, eine Sklavin, die Knox gehörte. (Chowan Deeds S-I, S. 139–140; Tax List for 1781, Chowan Tax Lists; State Census of North Carolina, 1786–1787, Chowan County, NCSA; Will of Andrew Knox, 1775, Perquimans County Original Wills, 1711–1909, NCSA; Estate of Andrew Knox, 1775, Perquimans County Estate Records, 1740–1930, NCSA; Sales from the Estate of Andrew Knox, 1787, Secretary of State Records-Inventories and Sales of Estates, 1712–1798, NCSA.

9. „Sein Leid mußte in Eisen liegen." Psalm 105/18.

XV. Fortgesetzte Verfolgungen

1. „Waschet, reiniget euch, tut euer böses Wesen von meinen Augen, laßt ab vom Bösen." Jesaja 1/16.

2. Norcom war ein liebevoller und autoritärer Gatte und Vater. In seinen ernsthaften und umfangreichen Interessen an Medizin, seinem Engagement als Arzt und seinen wissenschaftlichen Diskursen erscheint er anders als der Schurke, den Jacobs zeichnet. Doch seine Humorlosigkeit, sein Egoismus, seine auf ständige Kontrolle ausgerichteten Beziehungen zur Frau und zu den Kindern, besonders zu den Töchtern – zum Beispiel seine hartherzige Reaktion auf den Ungehorsam seiner geliebten Tochter Mary Matilda, erwähnt in Kapitel XLI –, passen zu dem Bild, das Jacobs zeichnet. Diesen Eindruck unterstützen der streitsüchtige Umgang mit den Nachbarn und sein unversöhnlicher Zorn gegen alle, die er als Feinde betrachtete. Unterstrichen wird dies auch durch seine leidenschaftliche Schwäche für Frauen. Norcom an Mary Horniblow, ca. 1809 und 6. Sept. 1846; an Mary Matilda Norcom, 2. Aug. 1836, 26. Aug. 1836 und 18. Febr. 1837 ff.; an Elizabeth Norcom, 15. Aug. 1844, 30. Sept. 1844 ff.; an die Enkelin Emily, 29. März 1848; an [Mr. Skinner], 14. März 1848; an Miss Haworth, 22. Mai 184?; an „Dear Sir", 27. April 1850; an [Mr. Cox], ohne Datum; Mary Matilda Norcom Messmore an Mary Horniblow Norcom, 4. Juli 1848; Norcoms Fragment ohne Unterschrift und Datum „The Character of my fortunes", NFP.

3. James Norcom jr. erhielt Auburn, eine 435 Acre große Plantage nahe

Albemarle Sound, die Baumwolle und Mais produzierte (vgl. Karte 1), am 25. September 1834 von seinem Vater als Erbteil vor seiner bevorstehenden Verheiratung mit Penelope Hoskins (1812–1843). Chowan Deeds, Book K-2, S. 497–498; James Norcom an [Dr. John Norcom], 26. Dez. 1849, NFP.

XVI. Szenen auf der Plantage

1. Ein System von Patrouillen – oft im Verein mit der Miliz und gewöhnlich aus einem Führer und drei Leuten bestehend, und nur für wenige Monate ernannt – kontrollierte die Straßen und überprüfte von Zeit zu Zeit die Unterkünfte der Sklaven. Sklaven, die die Plantage verließen, mußten eine von einem Herrn oder Aufseher unterschriebene Bescheinigung bei sich führen; wurden sie ohne Paß angetroffen, bestrafte sie die Patrouille unverzüglich. Franklin, *From Slavery to Freedom*, S. 188–189; „An Act Concerning Servants and Slaves", 1741, Sekt. 38, reported in Henry Potter *Laws of the State of North-Carolina...* (Raleigh, 1821), 2 Bde., I, 165; *Revised Statutes*, Kap. 3, Sekt. 24, S. 578; Kap. 86, Sekt. 3, S. 458.

2. Hannah Pritchard.

3. „Daselbst müssen doch aufhören die Gottlosen mit Toben; daselbst ruhen doch, die viel Mühe gehabt haben. Da haben doch miteinander Frieden die Gefangenen und hören nicht die Stimme des Drängers. Da sind beide, klein und groß, und der Knecht ist frei von seinem Herrn." Hiob 3/17–19.

4. James Norcom jr. heiratete am 27. Mai 1835, einem Mittwoch. NFP.

XVII. Die Flucht

1. Zusätzlich zu Anschlägen inserierte Norcom in acht Ausgaben (30. Juni bis 13. Juli 1835) der Tageszeitung *American Beacon* (Norfolk, Va.). Er bot $ 100 für Jacobs und behauptete, daß sie ihn „ohne jede bekannte Ursache" verlassen hatte. Er beschrieb ihre Person, ihre Manieren und Garderobe (vgl. Illustrationen). Derartige Zeitungsannoncen führten gewöhnlich zu einer Verringerung der Belohnung, nachdem die schnell gedruckten, örtlich angebrachten Plakate wirkungslos geblieben waren.

XVIII. Monate voller Gefahren

1. In seiner Darstellung afroamerikanischer Volksheilkunde führt Newbell Puckett ein afrikanisches Mittel gegen Schwellungen an, wobei rostige Nägel in gereinigten Weinstein und Essig getaucht werden. Bereits in ihrem *American Frugal Housewife* (1829) hatte Child den Gebrauch

von Salz gegen Schlangenbiß erwähnt. Puckett, *Folk Beliefs of the Southern Negro*, S. 388; *American Frugal Housewife*, 20. Aufl. (Boston, 1836), S. 30. Zur Bedeutung schwarzer Volksheilkunde vgl. Eugene Genovese, *Roll Jordan, Roll: The World the Slaves Made* (New York: Random House, 1972), S. 228.

2. Patrick Henry, Rede an den Virginia Convention, März 1775.

3. Jacobs' Beschützerin war wahrscheinlich Martha Hoskins Rombough Blount (1777–1858). Sie wurde als Frau gelobt, der das Wohlbefinden des gesamten Haushalts, sowohl des schwarzen als auch des weißen Personals, am Herzen lag. Als Kind des Waliser Emigranten Richard Hoskins und dessen Frau Winifred hatte diese liebenswürdige und menschenfreundliche Person Horniblows Sklavin Molly das ganze Leben lang gekannt; ihr erster Mann war William Rombough, dessen Schwester John Horniblows Frau war. Verwitwet, heiratete sie William Blount, der 1819 starb. Blount hinterließ ihr in seinem Testament fünf Sklaven; drei weitere wurden ihr geliehen, bis Blounts Sohn mündig war.

1835 lebte Martha Hoskins Rombough Blount mit drei Sklaven in steuerpflichtigem Alter in ihrem Haus in Queen Street (vgl. Karte 2). Wenn sie Jacobs beschützte, widerspiegeln das feierliche Versprechen, das sie sich geben ließ, sie nie mit Jacobs' Versteck in Verbindung zu bringen, und ihre Erklärung, daß dies ihrer und ihrer Familie Ruin wäre, realistische Befürchtungen. In North Carolina wurde die Unterbringung eines flüchtigen Sklaven mit Geld- oder Gefängnisstrafen geahndet, und es muß sie beunruhigt haben, die Leute gegen ihren Bruder Edmund Hoskins aufzubringen, einen führenden Kaufmann und Baptistendiakonus, der dem Bezirksgericht vorstand. J. R. B. Hathaway, Hg. *North Carolina Historical and Genealogical Register* (Edenton: 1900–1903), 3 Bde., I, 460–461; obituary of Martha Blount, *Biblical Recorder*, 23. Dez. 1858; Tax Lists, 1819–1837, Chowan County Tax Lists, NCSA; Bassett, *Slavery in North Carolina*, S. 15.

4. John S. Jacobs behandelt diese Einkerkerung in „A True Tale of Slavery", S. 86–87.

XIX. Die Kinder verkauft

1. Aus der Korrespondenz Dr. Norcoms geht hervor, daß er im Juli 1835 nicht in Edenton war. Nach John S. Jacobs hatte „T" (James Iredell Tredwell), ein ehemaliger Bürger von North Carolina, der in New York lebte, Norcom berichtet, daß sich Jacobs im Gefängnis befand. „Dies lockte den alten Mann von zu Hause fort. Er mußte Besitz nachweisen und Kosten begleichen." James Norcom an „My dear Son", 9. Juli 1835, NFP; John S. Jacobs, „A True Tale of Slavery", S. 87.

2. Zwei Jahre darauf entschädigte Norcom seine Tochter, indem er Joseph und Louisa durch zwei andere Sklaven ersetzte (vgl. Illustrationen). Chowan Deeds, Book L-2, S. 256.

3. John S. Jacobs schreibt, daß ihm die Ketten vor J. B. S(kinner)s Haus abgenommen wurden; „A True Tale of Slavery", S. 108–109.

4. „Home, Sweet Home", ein Lied aus *Clari, the Maid of Milan*, by J. Howard Payne (1792–1852).

5. John S. Jacobs schreibt, obwohl er gekauft worden war, um Leibdiener zu sein, habe Sawyer ihn für drei Monate auf die Plantage geschickt, um ihn von Norcom fernzuhalten. „Während dieser Zeit war ich so manchen Abend in der Stadt, um meine Großmutter zu besuchen; und zweimal versuchte er mich in eine Falle zu locken. Was er mir angetan hätte, weiß ich nicht; aber bis zu dem Tag, an dem ich North Carolina verließ, wagte ich mich nie in seine Gewalt zu begeben." – „A True Tale of Slavery", S. 109.

XX. Neue Gefahren

1. Die verräterische Jenny ist die einzige Edentoner Person, die Jacobs im Buch bei ihrem richtigen Namen nennt – falls Mrs. Blount tatsächlich Jacobs' Beschützerin war und die Frau Jenny, die sie 1819 geerbt hatte, im Sommer 1835 noch lebte. Testament des William Blount, 1819, Chowan Wills.

2. Mrs. Blounts Bruder Baker Hoskins starb am 19. Mai 1835, während sich Jacobs auf Norcoms Plantage befand. Falls Mrs. Blount Jacobs' Beschützerin war, besuchte sie die Familie ihres verstorbenen Bruders in Clement Hall, dem Haus, das, etwa eine Meile nördlich von Edenton, erhalten geblieben ist. Obituary of Baker Hoskins, *Biblical Recorder* (Raleigh), 17. Juni 1835.

3. Nach John S. Jacobs hatte Stephen, Seemann und Gatte von Jacobs Tante Betty, „beabsichtigt, [Jacobs] nach New York zu bringen, aber die Drohungen des Arztes verängstigten ihn so, daß er den Versuch nicht zu unternehmen wagte". Norcom verbot Stephen sogar, Betty zu sehen, mit der er seit zwanzig Jahren verheiratet war. „Das einzige Band, das meinen Onkel mit der Sklaverei verknüpfte, war seine Frau, der er treu ergeben war. Als ihr heiliger Bund – heilig vor Gott, so entweiht er auch von bösen Menschen sein mochte – gebrochen wurde, wollte er sich dem Joch nicht länger unterwerfen. Er benutzte seine nächste Seereise, um sich davon zu befreien, und kehrte nicht mehr zurück." – „A True Tale of Slavery", S. 87, 108.

4. Cabarrus Pocosin, der Schlangensumpf, liegt südwestlich von Edenton (vgl. Karte I); von dem Schiffskanal im Albemarle Sound aus, der gewöhnlich für den Ost-Nordost-Verkehr zur See hin genutzt wird, ist er zu sehen. Das wilde Bambus- und Dornengestrüpp war von flüchtigen Sklaven und legendären Geächteten, die in der Nähe gelegene Plantagen und sogar Edenton überfallen hatten, als Schlupfwinkel benutzt worden, und bewaffnete Patrouillen hatten es auf der Suche nach entkommenen Sklaven wiederholt durchkämmt. *Edenton Gazette*, 22. März 1811; 2. März 1819; 11. Mai 1819.

XXI. Das Guckloch des Zufluchtsorts

1. Ein Bezug auf William Cowpers „The Task", IV. 88–90:

> Schön ist's, durch das Guckloch des Zufluchtsorts
> Die Welt zu schauen – das Getümmel
> Des großen Babel zu sehen und die Menge nicht zu spüren.

Jacobs war nicht die erste Afroamerikanerin, die Cowpers Wendung benutzte. 1838 diente die Formulierung „From the loop-holes of Retreat" als Motto für „The Curtain", eine Artikelserie in *Freedom's Journal* (New York).

2. John S. Jacobs beschreibt den Schlupfwinkel folgendermaßen: „Das Haus meiner Großmutter hatte sieben Räume – zwei obere und fünf in der unteren Etage. Auf der Westseite war ein Hof. Auf der Ostseite lagen zwei Zimmer mit einem Korridor, der in die Mitte des Hauses führte. Wenn man den Korridor betrat, gelangte man links in den Raum, der als Vorratskammer diente; die Decke dieses Raums bestand aus Brettern, das Dach war mit Schindeln gedeckt; der Raum zwischen dem Dach und der Decke war dreieinhalb bis vier Fuß hoch und fiel nach einer Seite hin ab. Mein Onkel brachte in einer Ecke des Raumes einen Schrank an, der oben an die Decke reichte. Der Teil des Brettes, der die Spitze des Schranks bedeckte, war eingeschnitten und zu einer Klappe verarbeitet; das Ganze war so klein und sauber ausgeführt, daß es niemand für das gehalten hätte, was es war – der Eingang zu ihrem Versteck." – „A True Tale of Slavery", S. 110. Zur Veränderung des Grundrisses von Molly Horniblows Haus vgl. Illustrationen.

3. Jacobs hatte das „Guckloch" auf der Südseite des Hauses, zur West King Street hin, gebohrt. Norcoms Praxis befand sich jenseits der Broad Street in der East King Street, weniger als einen Häuserblock entfernt; sein Haus in der Eden Alley lag einen Block nördlich von Molly Horniblows Haus entfernt (vgl. Karte 2).

4. Die Korrespondenz enthält Hinweise darauf, daß Norcom im August 1835 auf Reisen war. John Norcom an B. R. Norcom, M. D., NFP.

5. Meteorologische Angaben sind für die Jahre 1835–1842 nicht verfügbar. Von 1896–1913 betrug die mittlere Temperatur in Edenton 60,65°F. Der Winter begann gewöhnlich nach Weihnachten und war bis 20. März beendet. Während des Winters 1896/97 betrug die Durchschnittstemperatur im Januar, dem kältesten Monat des Jahres 39,9°F. W. Scott Boyce, *Economic and Social History of Chowan County, North Carolina, 1880–1915*, Studies in History, Economics an Public Law, 76, Nr. 1 (New York: Columbia University Press, 1917), S. 19–21; Monatsberichte der Edentoner Wetterwarte 1896–1897, NCSA.

XXII. Weihnachtliche Festlichkeiten

1. 1838 schrieb Norcom an seine Tochter: „Wären die John Koonahs nicht gewesen, die in mehreren aufeinanderfolgenden Gruppen durch die Stadt zogen, hätte es am Weihnachtsfeiertag nicht die geringste Äußerung von Frohsinn, Freude oder Heiterkeit gegeben." James Norcom an Mary Matilda Norcom, 13. Jan. 1838, NFP.

Das Festival ist in aller Breite untersucht worden. Nach den Worten John W. Nunleys stellt es sich so dar: „Jonkonnu (John Conner etc.) ist eine kreolisierte Maskerade, die afrikanische und englische Traditionen der Maskierung in sich aufgenommen hat. Entlang der westafrikanischen Küste und besonders in Freetown bestimmen zwei entgegengesetzte Kleidungsarten die afrikanische Verkleidungsweise. Eine besteht aus Papier-, Stoffstreifen und schönem Kopfputz; bei der anderen bedient man sich Tierteile, einfachem dunklen Sacktuch und Hörner. Die nämlichen stilistischen und ästhetischen Besonderheiten finden sich in Jonkonnu der Westindischen Inseln, New Orleans und der Carolinas wieder. Auf beiden Seiten dieser atlantischen Tradition umfaßt das musikalische Ensemble einen Metallgong (Triangel), eine hautbespannte Trommel und Blasinstrumente. Die Vorliebe für Rum und das Einsammeln von Geld durch die Veranstalter bildet ebenfalls eine transatlantische Tradition." Persönliche Mitteilung an Jean Fagan Yellin, 4. Nov. 1985. Hinsichtlich afrikanischer Feststellungen vgl. zwei Artikel von Nunley: „The Fancy and the Fierce: Yoruba Masking Traditions of Sierra Leone", *African Arts* 14 (Febr. 1981): 52–58; und „Images and Printed Words in Freetown Masquerades", *African Arts* 15 (Aug. 1982): 42–46.

Frederick G. Cassidy, der darauf verweist, daß sowohl das *Dictionary of American English* als auch das *Dictionary of Americanisms* ausschließlich die Beschreibung von Jacobs anführen, hebt hervor, daß die Feierlichkeiten an der Goldküste ihren Ursprung haben und in der Neuen Welt weit verbreitet sind. „‚Hipsaw' und ‚John Canoe'", *American Speech* 41 (1966): 45–51. Hinsichtlich Beobachtungen in North Carolina vgl. Richard Walser, „His Worship the John Kuner", *North Carolina Folklore* 19 (1971): 160–172; und Nancy Ping, „Black Musical Activities in Antebellum Wilmington, North Carolina", *The Black Perspective in Music* 8 (1980): 139–160.

2. Dena Epstein führt diesen Vers bei der Erörterung des John-Canoe-Festivals an und kommentiert, daß „die Parallele zu afrikanischen Spottliedern augenfällig ist". *Sinful Tunes and Spirituals* (Urbana: University of Illinois Press, 1977), S. 131. Lawrence Levine zitiert einen Engländer, der im 18. Jahrhundert die Vereinigten Staaten besuchte und feststellte, daß die Sklaven über ihre Behandlung durch die weißen Herren sangen, und er führt ebenfalls diesen Vers an, wobei er kommentiert: „Harriet Brent Jacobs berichtete, daß die Sklaven während der Weihnachtszeit geizige Weiße lächerlich machten, indem sie (ihn) sangen." *Black Culture and Black Consciousness: Afro-American Folk Thought from Slavery to Freedom* (New York: Oxford University Press, 1977), S. 12.

XXIII. Immer noch im Kerker

1. Albert Gallatin Brown (1813–1880) aus Mississippi sagte am 24. Februar 1854 während einer Kongreßdebatte über die Kansas-Nebraska-Bill: „Ich glaube, daß die Sklaverei göttlichen Ursprungs ist und daß sie ein großer moralischer, sozialer und politischer Segen ist – ein Segen für den Sklaven und ein Segen für den Herrn." *Speeches, Messages and Other Writings of the Hon. Albert G. Brown*, Hg. M. W. McLuskey (Philadelphia, 1859), S. 335.

2. Die Thomsonsche Medizin, die von Samuel Thomson (1763–1843) begründet wurde, behandelte Krankheiten durch Erhöhung der inneren Körpertemperatur.

3. Die biblische Sprache und der geistliche Gehalt dieser Passage bestätigen, daß Jacobs die Bibel las, während sie sich versteckt hielt. Vgl. zum Beispiel Hiob 8/3, I. Brief des Paulus an die Korinther 2/7, 13/12.

XXIV. Kandidat des Kongresses

1. Am 10. August 1837 wurde Samuel Tredwell Sawyer mit 317 zu 172 Stimmen im Kreis und mit 191 zu 15 in Edenton in den Fünfundzwanzigsten Kongreß gewählt, wodurch er Dr. G. C. Moore besiegte. Hinter Sawyer stand eine Anti-Van-Buren-Koalition, der auch die Whigs angehörten. Obwohl Norcom vierzehn Jahre zuvor ein hartgesottener Whig gewesen war, hatte er die Fronten gewechselt, um den erfolgreichen demokratischen Kongreßkandidaten Alfred M. Gatlin gegen Sawyers Onkel, den Pfründenbesitzer, zu unterstützen. Jacobs' Beschreibung von Norcoms Wahltaktik im Jahre 1837 erinnert an seine Darstellung dieser triumphalen früheren Anstrengung: „Ich erreichte es, daß Chowan (Gatlin) 400 von 480 Stimmen gab... Am Tag der Wahl beköstigte und erfrischte ich 290 Personen in meinem eigenen Haus und sicherte unserem Freund dadurch die entscheidende... Abstimmung..." Election Returns für Dr. James Norcom an John Norcom, 9. Aug. 1823; zu Norcoms Politik vgl. auch seine Briefe vom 9. Juli 1827, 14. Juni 1841, 7. Aug. 1847, 25. Nov. 1847, 12. Dez. 1847, 15. Nov. 1848 und 3. Aug. 1850, NFP.

2. Die erste Sitzung des Kongresses begann am 4. September 1837.

XXV. Wetteifer in Listigkeit

1. Zu dieser Zeit – wahrscheinlich Ende 1839 – war Stephen, der Mann von Jacobs' Tante Betty, entkommen. John. S. Jacobs, „A True Tale of Slavery", S. 108.

2. Indem der reißerische New-Yorker *Herald*, gegründet 1835 von James Gordon Bennett (1795–1872), Horace Greeley der *Tribune* und seine „Niggerverehrer" schmähte, bezog er offen antischwarze, antiabolitionistische Positionen. Der *Herald* wandte sich entschieden gegen die Eman-

zipation. Frank L. Mott, *American Journalism*, 3. Aufl. (New York: Macmillan, 1962), S. 350; Don C. Seitz, *The James Gordon Bennetts, Father and Son* (Indianapolis: Bobbs-Merrill, 1928), S. 134.

3. Nachdem in Boston 1829 das aufwieglerische Pamphlet *An Appeal... to the Colored Citizens of the World* des in North Carolina geborenen David Walker erschienen war und William Lloyd Garrison 1831 die Wochenschrift *The Liberator* gegründet hatte, galt Boston als Zentrum der Antisklavereiaktivitäten. Als Schwarze und Weiße 1832 die New England Anti-Slavery Society organisierten, bildeten sie ein Komitee zur Verteidigung entführter Schwarzer, und Samuel Sewell, Anwalt der Gesellschaft, prozessierte für die Freiheit eines Mannes mit Namen Francisco; 1836 wurde mit der Gerichtsentscheidung im Falle des Sklavenkindes Med (Commonwealth gegen Aves) festgelegt, daß Sklaven, die von ihren Herren nach Massachusetts gebracht wurden, frei waren; 1838 stimmte die Legislative von Massachusetts dafür, daß flüchtige Sklaven in Massachusetts Anspruch auf Gerichtsverhandlung hatten. Der Staat war gegen die Sklaverei eingestellt, und die Abolitionisten, obwohl in der Minderheit, waren 1839/40 tatsächlich in der Lage, in Boston Krach zu schlagen. *William Lloyd Garrison, The Story of his Life Told by his Children*, Hg. Wendell Phillips Garrison and Francis Jackson Garrison, 4 Bde. (1885–1889, New York: Negro Universities Press, 1969; hiernach Garrison, *Life*), I, 159–161, 281–282; II, 79, 127–128; *The Letters of William Lloyd Garrison*, Hg. Walter M. Merrill und Louis Ruchames, 6 Bde. (Cambridge, Mass.: Harvard University Press, 1971–1981; nachfolgend Garrison, *Letters*), II, 195; 35 Mass. 193. (1836).

4. „Daselbst müssen doch aufhören die Gottlosen mit Toben; daselbst ruhen doch die viel Mühe gehabt haben." Hiob 3/17.

5. John S. Jacobs beschreibt die Zelle folgendermaßen: „Einer der oberen Räume war verschalt und verputzt; in die Wand war ein Loch gebrochen, durch welches sie mit meinem Onkel oder meiner Großmutter sprechen konnte; und um zu verhindern, daß sie den Gebrauch ihrer Gliedmaßen verlor, waren die Fenster manchmal geschlossen, damit sie herabkommen und in dem Raum umherlaufen konnte." – „A True Tale of Slavery", S. 110.

XXVI. Ein bedeutsamer Abschnitt im Leben meines Bruders

1. Samuel Tredwell Sawyer wurde im Spätherbst 1838 in Edenton zurückerwartet, nachdem er im Kongreß gedient und geheiratet hatte. John S. Jacobs begleitete Sawyer und seine zukünftige Braut, Lavinia Peyton (ca. 1818–?) auf ihrer Hochzeitsreise nach Chicago, wo am 11. Aug. 1838 die Ehe geschlossen wurde. Sawyer und seine Gesellschaft fuhren dann nach Kanada, bevor sie auf der Rückreise nach Edenton einige Tage in New York verbrachten. John L. Cheney jr., *North Carolina Government, 1585–1974* (Raleigh: North Carolina Department of the Secretary

of State, 1974), S. 680; Rev. Horace Edwin Hayden, *Virginia Genealogies* (Washington, D. C.: The Rare Book Shop, 1931), S. 500; Eheschließungen und Todesfälle, veröffentlicht in *National Intelligencer, 1800–1850*; 1850 Census, Norfolk. Va., S. 103; John S. Jacobs, „A True Tale of Slavery", S. 126.

2. John S. Jacobs identifiziert diese Nachbarin als Aunt Sue Bent. Sie ist vielleicht die Sklavin Sue, die zusammen mit zwei ihrer Kinder in dem sonstigen Besitz des verstorbenen James R. Bent am 2. Jan. 1826 verkauft worden war. Sie und ihr Sohn David wurden für $ 275,00 von Thomas M. Blount gekauft; ein Junge namens Joseph Bent wurde für $ 175,50 von A. W. Mabine gekauft. „A True Tale of Slavery", S. 127; Estate of James R. Bent, 1825, Chowan Estates.

3. John S. Jacobs schreibt: „Nach unserer Rückkehr [von Chicago] fuhren wir nach Kanada. Hier wollte ich [Sawyer] verlassen, aber da waren meine Schwester und ein Freund von mir zu Hause in Sklaverei; es war mir gelungen, Papiere zu besorgen, die für meinen Freund hätten von großem Wert sein können. Vergeblich hatte ich versucht, mehr zu erreichen. Ich bemühte mich, vom englischen Zollamt Seemannsschutz zu erlangen, konnte dies aber nicht, ohne eine Lüge zu beeiden, wozu ich nicht bereit war.

Wir brachen nach New York auf, wo wir uns drei oder vier Tage aufhalten wollten. Ich besuchte einige alte Freunde von zu Hause, die, wie ich wußte, dort wohnten. Ich sagte ihnen, daß ich ihren Rat brauchte. Sie kannten mich, sie kannten meinen Herrn, und sie kannten auch meine Freunde... Wenn ich mit meinem Herrn zurückkehrte, konnte ich meiner Schwester keinen Dienst erweisen und könnte auch keine weitere Gelegenheit für mein eigenes Entkommen erwarten... Sie speisten um drei Uhr im Astor; halb fünf sollte ich an Bord des Schiffes nach Providence sein. Da ich damals nicht schreiben konnte und ihn nicht im Ungewissen lassen wollte, veranlaßte ich einen Freund, wie folgt zu schreiben: ‚Sir, ich habe Sie verlassen, um nicht zurückzukehren; wenn ich meine Dinge in Ordnung gebracht habe, werde ich Ihnen weitere Genugtuung erweisen. Nicht mehr der Ihre, John S. Jacobs.'

Diese Notiz sollte rechtzeitig zur Post gebracht werden, so daß er sie am nächsten Morgen erhielt. Ich bediente ihn und seine Frau bei Tisch. Als die Stadtuhr vier schlug, verließ ich das Zimmer." – „A True Tale of Slavery", S. 126.

XXVII. Neue Bestimmung für die Kinder

1. Mrs. Sawyers Schwester Cornelia (ca. 1810–?) und ihr Gatte B. F. Russell (ca. 1800–1861) lebten in Chicago; sie hatten später ein Kind, Peyton (geb. ca. 1849). Hayden, *Virginia Genealogies*, S. 500; Chicago City Directory, 1839; 1850 Census, Chicago, Cook County, Illinois, S. 839.

2. Louisa Matilda sollte zu James Iredell Tredwell (1799–1846) geschickt werden, einem Brooklyner Kaufmann. Tredwell und Sawyer wa-

ren Geschwisterkinder, die Söhne von Helen Blair und Margaret Blair. Hathaway, *Register*, II, 458–463; Brooklyn City Direktory, 1839; 1840 Census, Kings County, S. 680; New-Yorker *Evening Post*, 25. Juli, 1846.

3. Laura, die älteste Tochter der Sawyers, wurde in Washington, D. C., geboren und im Januar 1840 in St. Paul's, Edenton, getauft. Eintragung für Jan. 1840, Taufen, St. Paul's Parish Register; 1850 Census, Norfolk, Va., S. 103.

4. Beide Schwestern Lavinia Peyton Sawyers besuchten Edenton; dies könnte sich entweder auf Cornelia Peyton Russell beziehen oder auf Laura Peyton, später Laura Peyton Richards (ca. 1813–?), die zusammen mit Lavinia und dem Baby Laura in St. Paul's getauft wurde. 1850 Census, Alexandria, Va., S. 394; Eintragung für Jan. 1840, Taufen, St. Paul's Parish Register.

5. Mary Matilda Norcom wurde tatsächlich am 9. April 1840 18 Jahre alt. NFP.

6. Die Brooklyner Tredwells hatten vier Töchter, Margaret, die älteste, wurde 1828 geboren. Hathaway, *Register*, II. 459–461.

XXVIII. Tante Nancy

1. Dieses Kind wurde wahrscheinlich zur selben Zeit wie Jacobs' Sohn Joseph geboren. Writ of venditione exponas against Dr. James Norcom, 5. Okt. 1830, Chowan County Civil Actions Concerning Slaves, 1830, NCSA.

2. Die Behauptung, daß Linda Brents Mutter und Tante Zwillinge waren, bildet eine Ausnahme in der sonst überraschend genauen Darstellung der Familie Jacobs in *Incidents*. Es ist unvereinbar mit den Erklärungen in Kapitel I, daß ihre Mutter drei Monate vor Margaret Horniblow geboren wurde, und in Kapitel XXVIII, daß ihre Tante die Pflegeschwester von Mary Matilda Horniblow Norcom war oder ca. 1790 bis 1791 geboren wurde. Ansonsten bezeichnet Jacobs Betty (Tante Nancy) routinemäßig als Schwester ihrer Mutter (obwohl sie sie im I. Kapitel als „meine Großtante" bezeichnet). Zwillinge werden in den Unterlagen, die sich auf Molly Horniblow und ihre Kinder beziehen, an keiner Stelle erwähnt.

3. Norcoms jüngster Sohn war 1842 William Augustus (geb. 1836). NFP.

4. Molly Horniblows gesamte Nachkommenschaft von neun Kindern schließt zweifellos Fehlgeburten und in der Kindheit verstorbene ein; Mark Ramsey war jetzt ihr einziges lebendes Kind. Administrator's account, 1808, Estate of John Horniblow, 1799, Chowan Estates; Estate of Elizabeth Horniblow, 1827, Chowan Estates; Chowan County Record of Hiring of Slaves Belonging to Estates, 1808–1817, NCSA.

XXIX. Vorbereitungen zur Flucht

1. Jacobs verließ die „Höhle" anscheinend Mitte Juni 1842; im August 1835 war sie eingezogen. John S. Jacobs zählte sechs Jahre und elf Monate. „A True Tale of Slavery", S. 110.

2. Der Nordstern, der den Flüchtlingen den Weg in die Freiheit zeigte, bildete einen Gegenstand der afroamerikanischen Kultur. Sklaven zeichneten die Gestalt des Little Dipper und sangen: „Folgt dem trinkenden Kürbis." 1847 wählte Frederick Douglass (ca. 1817–1895), der berühmteste amerikanische Sklavenflüchtling, *The North Star* als Namen für seine Zeitung.

3. „Da ging hin der Zwölf einer, mit Namen Judas Ischarioth, zu den Hohenpriestern und sprach: Was wollt ihr mir geben? Ich will ihn euch verraten. Und sie boten ihm dreißig Silberlinge." Matthäus 26/14–15.

4. Jacobs besuchte nach dem Bürgerkrieg Edenton und schrieb einen Brief, „ich sitze unter dem alten dach". Vgl. Brief 15 in diesem Band, Jacobs an Ednah D. Cheney, 25. April (1867).

XXX. Die Reise in den Norden

1. Dismal Swamp, ein zehn mal dreißig Meilen umfassender Sumpf, beginnt in Virginia und erstreckt sich nach North Carolina bis zu einem Punkt dreißig Meilen nördlich des Schlangensumpfes Cabarrus Pocosin.

XXXI. Erlebnisse in Philadelphia

1. Jacobs traf anscheinend während der dritten Juniwoche 1842 in Philadelphia ein. Joshua Coffin an Lydia Maria Child, 25. Juni 1842, Anti-Slavery Collection, BPL, LMCP 14:389 (Brief 1).

2. Ein Levy, Geld, das in Alexandria wie auch in Philadelphia benutzt wurde, war elf Cent wert. Mary G. Powell, *The History of Old Alexandria, Virginia*... (Richmond: William Byrd Press, 1928), S. 345.

3. Reverend Jeremiah Durham von der African Methodist Episcopal church wurde als Delegierter zu den General Conferences von 1836 und 1840 gewählt, aber die Angaben über seine Beziehungen zur Bethel Church sind nicht klar. Jeremiah Durham erscheint im Philadelphia Directory (Einwohneradressbuch) als Fuhrmann, der 1842 in der Barley Street 6 wohnte; 1846 wird Rev. J. Durham als Pastor der Shiloh Church genannt. Die Unterstützung des Philadelphia Vigilant Committee durch die Bethel Church wird durch einen Bericht des Komitees vom 2. Sept. 1842 belegt, wo eine Spende von $ 13,–, in Bethel gesammelt, bestätigt wird. Daniel A. Payne, *History of the African Methodist Episcopal Church*, Hg. Rev. C. S. Smith (Nashville, 1891), S. 106, 111, 124; *McElroy's Philadelphia Directory for 1842*, S. 73; *Philadelphia Directory for 1846*, S. 97, 453; Joseph A. Borome, „The Vigilant Committee of Phil-

adelphia", *Pennsylvanie Magazine of History and Biography* 92 (Juli 1968): 320–351.

4. Das Philadelphia Vigilant Committee, eine unabhängige Gruppe mit Verbindungen zur Anti-Slavery Society, half nach eigenen Angaben zwischen dem 9. Juni und dem 8. Sept. 1842 117 Personen. Das Komitee war 1837 unter der Führung des schwarzen Abolitionisten Robert Purvis (1810–1898) gegründet worden und bildete nach 1839 funktionell eine schwarze Organisation. Unter den Mitgliedern befand sich Daniel Payne (vgl. Vorwort der Autorin, Anmerkung 2). Die Gruppe wurde 1852 reorganisiert und stand unter der Führung des schwarzen Abolitionisten William Still (1821–1902). Borome, „Vigilant Committee of Philadelphia"; Benjamin Quarles, *Black Abolitionists* (New York: Oxford University Press, 1969), S. 154–155; William Still, *Still's Underground Rail Road Records*, 3. Aufl. (Philadelphia, 1883), S. 611–612.

5. „Feuer. Ein Feueralarm, der gestern morgen gegen 2 Uhr ausgelöst wurde, erwies sich als unbegründet." *Public Ledger*, Philadelphia, 22. Juni 1842, S. 2.

6. Dies mag das Atelier von Robert M. J. Douglass jr. (1809–1887) gewesen sein, eines schwarzen philadelphischen Portraitmalers und Lithographen, der in England bei dem amerikanischen Künstler Thomas Sulley studiert hatte. 1842 wurde Douglass als Schildermaler in Mulberry 54 aufgeführt; im Juli desselben Jahres zeigte er jedoch seine Gemäldegalerie in der William Street 202 an, wo er sich erbot, Unterweisungen erteilen zu wollen. *McElroy's Philadelphia Directory for 1842*, S. 70; *The Liberator*, 8. Juli 1842, S. 107.

7. Lymis Johnson, ein Mitglied des Philadelphia Vigilant Committee, eskortierte Jacobs wahrscheinlich. Die Gruppe in Philadelphia arbeitete im Einvernehmen mit dem New York Committee of Vigilance. Der Abolitionist Joshua Coffin betonte die Wichtigkeit, etwas über den Widerstand flüchtiger Sklaven zu veröffentlichen, und beschrieb Jacobs' Flucht, obwohl er sie nicht namentlich erwähnte, in seinem Schreiben an Child, damals Herausgeberin des *National Anti-Slavery Standard*. Coffin an Child, 25. Juni 1842, BPL Anti-Slavery Collection, LMCP 14:389 (Brief 1); Borome, „Vigilant Committee of Philadelphia".

8. Die Verbesserung war das Ergebnis von Kämpfen. Jahrelang hatten schwarze und weiße Abolitionisten gegen den – nach Stephen S. Foster – „Negerkirchenstuhl" protestiert... „wo immer er anzutreffen sein mag, ob in einer heidnischen Synagoge, einem Eisenbahnwagen, einem Dampfer oder einer Postkutsche". Zitiert in Garrison, *Life*, III, 28. Nichtsdestoweniger wurden schwarze Passagiere auch während der Erweiterung des Eisenbahnnetzes nur für einen gesonderten Wagen zugelassen, selbst wenn sie Fahrkarten für die 1. Klasse gelöst hatten; schwarze Diener durften mit ihren Arbeitgebern reisen. Nachdem in Massachusetts Gegner der Sklaverei Petitionen für gleiche Unterbringung in öffentlichen Verkehrsmitteln verteilt hatten, schafften die Eisenbahnen von Massachusetts 1843 die Rassentrennung ab.

Während Jacobs an *Incidents* arbeitete, schrieb sie an Amy Post über ihre eigenen Erfahrungen mit dem getrennten Transport: „Ich war in New York... hielt mich zehn Tage auf um für Mrs Willis Wintereinkäufe zu besorgen da sie ein kleines baby hatte konnte sie es nicht selbst tun und ich ließ das kleine Mädchen porträtieren während ich dort war und mußte eine große strecke zu dem Künstler zurücklegen und sie weigerten sich eines tages mich in den Wagen fahren zu lassen." Schwarze New-Yorker, die sich in der Legal Rights Association organisiert hatten, protestierten wiederholt gegen getrennte Straßenbahnen. Nach einer Serie von legalen Aktionen endete die Diskriminierung 1861, obwohl eine Linie darauf bestand, Schilder anzubringen, die Schwarze darauf hinwiesen, daß die Fahrt kein Recht, sondern ein Privileg sei. Jacobs an Post, 11. Jan. [1854?] IAPFP # 786, BAP 16:0674–75; *The Liberator*, 11:132, 11:139, 11:175, 180, 182; Louis Ruchames, „Jim Crow Railroads in Massachusetts", *American Quarterly* 8 (1956): 61–75; Leon F. Litwack, *North of Slavery* (Chicago: University of Chicago Press, 1961), S. 111–112; *Anglo-African* (New York), 19. Okt. 1861 und 16. Juli 1864.

XXXII. Begegnung zwischen Mutter und Tochter

1. 1842 wurde James Iredell Tredwell, bei dessen Familie Louisa Matilda lebte, im Brooklyner Adreßbuch zweimal aufgeführt: auf Lafayette bei Jackson und als Optiker auf Schermerhorn bei Hoyt. *Brooklyn Alphabetical and Street Directory and Yearly Advertiser for 1842 and 1843.*

2. Damals führte die Myrtle Avenue von der Fulton Street zum Washington Park.

3. Mary Bonner Blount (1808–1869) hatte 1827 in Edenton Tredwell geheiratet; 1842 hatten sie fünf Kinder. Hathaway, *Register*, II, 459–461.

4. Louisa Matilda hatte zwei Jahre von ihrer Mutter getrennt, jedoch nur einen Teil dieser Zeit bei Tredwells gelebt; fünf Monate war sie bei ihrem Vater in Washington gewesen.

Die Brooklyner Jahre Louisa Matildas waren für die schwarze Bildung in der Stadt ein bedeutsamer Zeitabschnitt. Die schwarzen Brooklyner, die 1827 wegen Rassentrennung aus der Distriktschule, die sie seit 1816 besucht hatten, verwiesen worden waren, hatten in der Nassau Street eine African Free School gebaut. 1841, als Louisa Matilda die Schule besucht haben könnte, war ihr Direktor William J. Wilson, „einer der geachtetsten schwarzen intellektuellen Führer des frühen Brooklyn". Eine zweite African Free School war 1839 in Carrville (Brooklyns neuntem Stadtbezirk) eröffnet worden. Im folgenden Jahr trat ein Komitee zusammen, dem auch der Bürgermeister von Brooklyn angehörte, um über Verbesserungen im schwarzen Bildungswesen zu diskutieren; danach wurden drei Schwarze zu Distriktbeauftragten der African Free Schools ernannt. Diese Schulen wurden später von dem Board of Education übernommen und in Colored Schools umbenannt. Robert J. Swan, „Synoptic History of Black Public Schools in Brooklyn", in Charlene Claye Van Derzee, curator, *The Black Contribution to the Development of Brooklyn* (New York: New Muse Community, 1977), S. 63–71.

5. Das Brooklyner Adreßbuch für 1844 nennt James I. Tredwell unter „Custom House. Lafayette n. Carll". Die Angaben für 1846 lauten: „James Tredwell. Clerk U. S. N. Willoughby near Gold." *Brooklyn Alphabetical and Street Directory... for 1844 and 1845; Brooklyn Directory... for 1846 and 1847.*

6. John S. Jacobs war nach seiner Flucht aus der Sklaverei zu dem Schluß gelangt, daß er der Bildung bedurfte. Da er es schwierig fand, tagsüber zu arbeiten und abends in New Bedford die Schule zu besuchen, hielt er es für „den besseren Plan, sich solche Bücher zu beschaffen, die ich brauchen würde, und in See zu gehen". Er heuerte auf dem Walfängerschiff *Frances Henrietta* am 4. Aug. 1839 an. „A True Tale of Slavery", S. 86, 109, 126; Alexander Starbuck, *History of the American Whal Fishery from its Earliest Inception to the Year 1876* (1878; New York: Argosy-Antiquarian, 1964). 2 Bde., I, 354–355.

XXXIII. Ein Heim gefunden

1. Mary Stace Willis (ca. 1816–1845), Tochter des Generals William Stace aus Woolwich, England, und Frau des amerikanischen Literaten Nathaniel Parker Willis (1806–1867), hatte im Frühjahr 1842 eine Tochter geboren: Imogen. Die Familie Willis zog wenige Monate später nach New York City und wohnte im Hotel Astor. Beers, *Willis*, S. 170, 177, 264.

2. Samuel M. Elliott, M. D., erscheint als Augenarzt und Professor für Erkrankungen des menschlichen Auges, Broadway 261, Ecke Warren, oben, *in Longworth's American Almanac, New York Register, and City Directory* (New York, 1842), S. 25.

3. Nach dreieinhalbjähriger Seefahrt kehrte das Schiff, auf dem John S. Jacobs arbeitete, am 16. Febr. 1843 in den Hafen zurück. Er schreibt: „Ich eilte an Land, holte etwas Geld von den Eigentümern und machte mich auf den Weg nach New York. Meine Schwester traf ich bei einer Familie im Astor House an, wo sie als Kindermädchen arbeitete. Anfangs erschien sie mir unnatürlich; aber wie sollte sie natürlich aussehen, nachdem sie 6 Jahre und 11 Monate lang kein Tageslicht genossen hatte!" Starbuck, *American Whale Fishery*, I, 354–355; „A True Tale of Slavery", S. 127.

XXXIV. Wieder der alte Feind

1. „Es lehrte mich die Art zu leben/Es lehrte mich zu sterben." George Pope Morris (1802–1864), „My Mother's Bible".

2. Mary Matilda Norcom hatte mehrere jüngere Brüder: Abner (geb. ca. 1828), Standin (geb. 1829) und William Augustus (geb. 1836). John S. Jacobs liefert einen etwas anderen Bericht von diesem Brief. Er nennt

Caspar Wistar (geb. 1818), einen älteren Bruder, als Unterzeichner und datiert ihn früher als Teil des Briefwechsels zwischen Jacobs und den Norcoms vor ihrer Flucht aus dem Süden, NFP; „A True Tale of Slavery", S. 127.

XXXV. Vorurteile gegen Hautfarbe

1. Die *Knickerbocker* der Troy-Linie wurde 1843 gebaut. Persönliche Mitteilung an Jean Fagan Yellin von Mrs. Michael Sweeney, City Historian, Saratoga Springs, N. Y., 23. Oktober 1985.

2. Das United States Hotel in Saratoga Springs war eins der populärsten Luxushotels Amerikas, sehr beliebt bei Südstaatlern. Hierher kamen „die reichen Kaufleute aus New Orleans, die wohlhabenden Plantagenbesitzer aus Arkansas, Alabama und Tennessee, aber auch die hochmütigeren und eleganteren Landbesitzer aus Georgia, den Carolinas und Virginia". James Silk Buckingham, *America, Historical, Statistic, and Descriptive* (London 1841), 3 Bde., II, 435, zitiert in John Hope Franklin, *A Southern Odyssey: Travelers in the Antebellum North* (Baton Rouge: Louisiana State University Press, 1976), S. 26.

3. 1838 nannte man den Wagen, auf den die Schwarzen beschränkt waren, „den Schmutzwagen". 1841 war der Ausdruck „Jim Crow car" verbreitet. Er ging zurück auf eine Gestalt des weißen Künstlers Thomas D. Rice, der in seiner Gesangs- und Tanzroutine mit schwarzem Gesicht auftrat und einen Schwarzen mit Namen „Jim Crow" darstellte. Ruchames, „Jim Crow Railroads in Massachusetts", S. 62; Robert C. Toll, *Blacking Up: The Minstrel Show in Nineteenth-Century America* (New York: Oxford University Press, 1974), S. 28.

4. Der große und prächtige Marine Pavilion in Rockaway, Queens, wurde 1833 gebaut; ehe er drei Jahrzehnte später abbrannte, beherbergte er amerikanische Schriftsteller, wie zum Beispiel Henry Wadsworth Longfellow und Washington Irving. „Resort Spot of the East", *South Shore Record* (Long Island), 16. Sept. 1971.

XXXVI. Ein Entrinnen mit knapper Not

1. Dies war zweifellos Joseph Blount, Mary Bonner Blount Tredwells nächstälterer Bruder, ein Junggeselle. Hathaway, *Register* I, 34–35, 522–523.

2. Jacobs offenbarte Mary Stace Willis wohl, daß sie eine flüchtige Sklavin war; anscheinend enthüllte sie ihr jedoch nicht ihre Sexualgeschichte. Jacobs an Post [1852?], IAPFP # 84, BAP 16:0700-02 (Brief 4).

3. Arent Van der Poel (1799–1870), zweimal in die gesetzgebende Körperschaft des Staates New York und zweimal in den Kongreß gewählt, war von 1843–1850 Richter beim Obergericht. John Hopper (1815–1864), Anwalt und Agent der Versicherungsgesellschaft New England

Life Insurance Company, war der Sohn des Quäkers, Abolitionisten und Reformers Isaac T. Hopper, der 1847 das New York State Vigilance Committee gründete. *National Cyclopedia of American Biography* XI: 396; Child, *Letters*, S. 140; Quarles, *Black Abolitionists*, S. 154.

4. Ende der dreißiger Jahre wurde eine Eisenbahnstrecke von Providence, R. I. (bereits mit Boston verbunden), nach Stonington, Conn., gebaut, wo sie zu den Sound-Dampfern von New York Verbindung hatte. Robert G. Albion, *The Rise of New York Port, 1815–1860* (New York: Scribner's, 1939, 1970), S. 155.

5. Die *Rhode Island*, fertiggestellt 1836, gehörte zur Flotte der Rhode Island Steamboat Company, die nach einem festen Fahrplan zwischen New York und Providence verkehrte. Henry Whittemore, *Fulfillment of Three Remarkable Prophecies in the History of the Great Empire State, Relating to the Development of Steamboat Navigation and Railroad Transportation, 1808–1908* (1909), S. 91.

6. Die schwarze Gemeinde organisierte 1844 in Boston – während Jacobs und ihre Kinder dort waren – mit Nachdruck eine Kampagne für gemeinsame öffentliche Schulen, die andernorts im Staat eingerichtet worden waren. Besonderen Widerspruch erregte Bostons unzulängliche Smith School. Der Kampf, der von Jacobs' Freund, dem schwarzen Abolitionisten William C. Nell (1816–1874), geführt und von weißen Abolitionisten unterstützt wurde, fand in verschiedenen Formen statt und schloß die Schaffung der interrassischen Negro School Abolition Society ein, ebenso eine Petitionskampagne, die Organisierung einer Alternativschule und einen Boykott. Louis Ruchames, „Race and Education in Massachusetts", *Negro History Bulletin* 13 (Dez. 1949): 53–58, 71; Litwack, *North of Slavery*, S. 143–150; James Oliver Horton und Lois E. Horton, *Black Bostonians: Family Life and Community Struggle in the Antebellum North* (New York: Holmes and Meier, 1979) S. 70–76.

XXXVII. Ein Besuch Englands

1. Mary Stace Willis hatte am 25. März 1845 eine Totgeburt und starb. Beers, *Willis*, S. 276.

2. Jacobs schickte ihren Sohn Joseph anscheinend zu einem Drucker in die Lehre, denn in einem Brief vom 7. September 1845 erwähnt ihr Bruder, daß Joseph Jacobs im Büro des Rambler sei. Die Besitzer wurden im Bostoner Adreßbuch von 1846 als Drucker genannt, und die erste Nummer des Wochenblatts *The Saturday Rambler* (Boston) erschien am 2. Mai 1846. John S. Jacobs an Sydney Howard Gay, 7. September 1845, Gay Collection, Manuscript Division, Columbia University Libraries; Winifred Gregory, *American Newspapers, 1821–1936: A Union List* (1937; New York: Kraus, 1967) S. 280; *Stimpson's Boston Directory 1846*, S. 489; *Adams's New Directory of the City of Boston, 1846–47*, S. 31.

3. Jacobs segelte mit Nathaniel Parker Willis und seiner Tochter Imogen an Bord der *Britannic.* Beers, *Willis*, S. 276.

4. Jacobs und Imogen Willis blieben im Pfarrhaus von Steventon bei Anne Stace Vincent und Rev. William Vincent, Schwester und Schwager der verstorbenen Mary Stace Willis. Ebenda S. 283.

5. In *Letters from the United States, Cuba and Canada* (1856), zeichnete die englische Besucherin Hon. Amelia Matilda Murray (1795–1884) ein höchst günstiges Bild von der Sklaverei in Amerika.

6. Ursprünglich plante Willis, Imogen für ein Jahr zur Ausbildung in England zu lassen. Seine Äußerung in einem Brief scheint anzudeuten, daß Jacobs erwogen haben mag, dort zu bleiben: „Harriett... [Imogens] Kindermädchen, ist noch hier & wird wahrscheinlich mit mir zurückkehren." Willis an Mrs. Stetson, 25. Nov. (1845), N. P. Willis Collection, University of Iowa Libraries.

XXXVIII. Erneute Einladung in den Süden

1. Der Druckerberuf war in Boston für Schwarze gewöhnlich nicht zugänglich, obwohl Garrisons *Liberator* und einige andere abolitionistische Presseorgane Schwarze beschäftigten und 1838 ein schwarzer Drucker eine kleine Werkstatt eröffnete, um sie auszubilden und zu beschäftigen. Martin R. Delany, *The Condition, Elevation, and Destiny of the Colored People of the United States* (1852; New York: Arno and The New York Times, 1968) S. 27–28; Horton and Horton, *Black Bostonians*, S. 76.

2. Joseph Jacobs kehrte offenbar erst Anfang Mai 1849 zurück. Isaac Post an Amy Post 7. Mai 1849, IAPFP # 729.

3. Mary Matilda Norcom heiratete Daniel Messmore 1846. NFP.

4. John S. Jacobs schrieb von Chelsea, Mass., an den Abolitionisten Sydney Howard Gay und teilte ihm mit, daß Jacobs „vergangene Woche von ihrer jungen Herrin Mrs Mesmore einen sehr liebenswürdigen Brief erhalten" habe. Außerdem erwähnte er Briefe von anderen Mitgliedern der Familie Norcom an Jacobs sowie einen Brief von Norcom an die Polizei von New York City, in dem er für Jacobs eine Belohnung in Höhe von $ 100,00 anbot. Vgl. Brief 2 in diesem Band, John S. Jacobs an Sydney Howard Gay, 4. Juni 1846, Sydney Howard Gay Collection, Columbia University (Brief 2).

5. „‚Komm in meine Wohnung', sprach die Spinne zu der Fliege; ‚Gemütlich ist es hier wie in der schönsten Wiege.'" Mary Howitt, „The Spider and the Fly".

6. Viele Menschen glaubten, daß die Gesetze der persönlichen Freiheit von Massachusetts – und ähnliche Gesetze, die von anderen Nordstaaten verabschiedet worden waren – das Sklavenfluchtgesetz aus dem Jahre 1850 faktisch außer Kraft setzten. Außerdem retteten 1851 schwarze Bürger von Boston den entflohenen Sklaven Shadrach aus dem Gericht. Dieser Akt zeigte, daß die öffentliche Meinung gegen das neue Gesetz gerichtet war. Kurze Zeit danach aber, als Thomas Sims gefangen und im Gerichtsgebäude eingekerkert wurde – innerhalb des Geschworenenraums, der für Bundesfälle reserviert war, folglich in einer Bundes-

zelle –, legten die Behörden Ketten um das Gebäude, womit sie einen Rettungsversuch verhinderten und Sims erfolgreich in die Sklaverei zurückführten. Abolitionisten zogen weidlich über das Symbol von Richtern her, die von der Last der Kette gebeugt wurden. Drei Jahre danach wurde das Gerichtsgebäude abermals mit Ketten gesperrt, und vor den Gewehren der Stadtpolizei, der Miliz, der Marine und regulärer Truppen wurde Anthony Burns von Boston nach Virginia in die Untersuchungshaft zurückgeführt. Garrison, *Life*, III, 59, 92, 409–411, 416–417; Leonard W. Levy, „Sims' Case: The Fugitive Slave Law in Boston in 1851", *Journal of Negro History* 35 (1950): 39–74; Samuel Shapiro, „The Rendition of Anthony Burns", *Journal of Negro History* 44 (1954): 34–51.

XXXIX. Das Geständnis

1. Das Bostoner Einwohneradreßbuch für 1849/50 nennt „Jacobs, Harriet N., Schneiderin, house 87 Charter."

2. Louisa Matilda Jacobs war offenbar im Young Ladies Domestic Seminary von Clinton, N. Y., eingeschrieben. Diese Neuerereinrichtung war von dem Abolitionisten Hiram H. Kellogg (1803–1881) gegründet worden, wurde von ihm geleitet und verband die Theorie mit der Praxis; von 1848 bis 1850 bestand dort Koedukation. Louisa Matilda Jacobs an [John S. Jacobs], 5. Nov. 1849, IAPFP # 765; „Class of 1822", *Hamilton Literary Monthly*, Jan. 1881, S. 204; Helen R. Rudd, *A Century of Schools in Clinton* (Clinton: Clinton Historical Society, 1964) S. 18–20; A. D. Gridley, *History of the Town of Kirkland, New York* (New York, 1874), S. 141–143.

3. Jacobs gesellte sich im März 1849 zu ihrem Bruder und blieb bis Sept. 1850 in Rochester. Er hielt Vorträge und half mit, die Massachusetts Anti-Slavery Society und die New England Anti-Slavery Society zu organisieren, und von März bis Juli 1849 leitete er die Bildungsstätte Anti-Slavery Office and Reading Room. Das Stadtadreßbuch von Rochester für 1849/50 bezeichnet sie als „Jacobs, Harriet A., Mrs., Agent Anti-Slavery Reading Rooms, over 25 Buffalo." John S. Jacobs to Sydney Howard Gay, 7. Sept. 1845, Gay Papers, Columbia University Libraries; *The Liberator*, 5. Juni 1846, 1. Juni 1849 und 8. Febr. 1850; *North Star*, 29. Dez. 1848 und 23. März bis 29. Juli 1849, BAP 05:1067; *Daily American Directory of the City of Rochester for 1849–1850*, S. 155.

4. Etwa für die Hälfte ihres Aufenthaltes in Rochester lebte Jacobs bei den abolitionistischen Quäkern Isaac (1798–1872) und Amy Post (1802 bis 1889), einem lokalen Zentrum radikaler Reform. Jacobs' Briefwechsel mit Amy Post beginnt während dieser Periode. In dem ersten Brief, der geschrieben wurde, als Post außerhalb auf Urlaub war, unterrichtet sie Jacobs über städtische Angelegenheiten. Jacobs an Post, 9. Aug. [1857? 1858?], IAPFP # 1258, BAP 16:089; Nancy A. Hewitt, „Amy Kirby Post", *University of Rochester Library Bulletin* 37 (1984): 5–22; Nancy

A. Hewitt, *Women's Activism and Social Change, Rochester, New York, 1822–1871* (Ithaca: Cornell University Press, 1984); Jacobs an Post (Mai 1849), IAPFP # 787, BAP 16:0678–79 (Brief 3).

XL. Das Sklavenflüchtlingsgesetz

1. Die Herabsetzung der Gebühren für Louisa Matilda geschah in Übereinstimmung mit einer Praxis, durch die Hiram H. Kellogg, der Gründer der Schule, die sie besuchte, schwarzen Schülern half. Er bot ihnen die Senkung an, womit er die Hälfte der Kosten selbst übernahm und die andere Hälfte von dem abolitionistischen Philanthropen Gerrit Smith (1797 bis 1874) erhielt; bereits 1839 half diese Regelung, mindestens vier schwarzen Frauen die Ausbildung zu sichern. Kellogg an Smith, 30. April 1839, Gerrit Smith Papers, Syracuse University.

2. Im Oktober 1846 heiratete Nathaniel P. Willis Cornelia Grinnell (1825–1904), Tochter von Cornelius Grinnell jr. und Mary Russell Grinnell, und adoptierte die Tochter ihres Onkels Joseph Grinnell (1788–1885) und Sarah Russell Grinnell aus New Bedford, Mass. Cornelia Willis' erstes Kind, Grinnell, wurde am 28. April 1848 geboren. Im folgenden Herbst hatte die Familie Willis in der Fourth Street 198 ein Haus gekauft. E. W. Grinnell, *Charts and Chronicles of Matthew Grenelle's Descendants, Sponsored by the Grinnell Family Association* (New Bedford Free Public Library, n. d.); Beers, *Willis*, S. 287, 294.

3. „Noch denk der Größe mit verachtungsvollem Lächeln/ Die kurzen und einfachen Annalen der Armen." Thomas Gray, „Elegy in a Country Churchyard".

4. Metropolitan Hall, der populäre Name für Tripler Hall, wurde 1850 auf der Westseite des Broadway errichtet, gegenüber der Bond Street, eigens für das amerikanische Debüt der schwedischen Sängerin Jenny Lind (1820–1887). Obgleich der Saal für ihre ersten Veranstaltungen im September noch nicht fertig war, bildete er doch die Stätte ihres siebenten New-Yorker Auftretens und vieler späterer Konzerte. New York *Daily Tribune*, 22. Sept. und 24. Okt. 1850; Mary Henderson, *The City and the Theatre* (Clifton, N. J.: James T. White, 1973) S. 107, 109.

5. Am 1. Oktober 1850 versammelten sich über 1500 Menschen – die meisten von ihnen waren schwarz – vor der Zion Chapel Street Church, um gegen die Verhaftung von James Hamlet, des ersten New-Yorker Opfers des neuen Sklavenfluchtgesetzes, zu protestieren. Unter den Rednern war auch John S. Jacobs. Er machte den Vorschlag, eine Registratur zu schaffen, um in der Lage zu sein, Informationen über Sklavenfänger rasch zu sammeln und zu nutzen. Danach rief er dazu auf, dem Gesetz mit Waffengewalt zu trotzen: „Meine farbigen Brüder, wenn ihr keine Schwerter habt, so sage ich euch, verkauft eure Kleidung und kauft euch eins... Sie [frühere Redner] sagten, daß sie [die Sklavenfänger] uns nicht nach Süden zurückbringen können, aber ich sage euch, unter dem gegenwärtigen Gesetz können sie es; und jetzt sage ich euch, laßt sie nur eure Leichen neh-

men... Ich und meine Freunde raten euch, gegen unsere Tyrannen Front zu machen und euch zu bewaffnen; ja, und den Frauen würde ich raten, auch ein Messer zu tragen." Diese Versammlung brachte $ 800.-- auf, um Hamlets Freiheit zu erkaufen, und am 5. Oktober nahmen „mehrere Tausend" an einer Siegesfeier teil, auf der er, in der Stadt zurück, willkommen geheißen wurde. Marion Gleason McDougall, *Fugitive Slaves, 1619–1865* (1891; New York: Bergman, 1969), S. 43–44; Leo Hirsch jr., „The Negro and New York, 1783 bis 1865", *Journal of Negro History* 16 (1931): 408; *National Anti-Slavery Standard*, 10. Okt. 1850.

6. Die schwarze Bevölkerung von Manhattan wuchs von 10886 im Jahre 1820 auf 16358 (5,5%) im Jahre 1840 an. Dann sank die Zahl auf 13815 (2,7%) im Jahre 1850 und auf 12574 (1,6%) im Jahre 1860. Mary White Ovington, *Half a Man: The Status of the Negro in New York* (1911; New York: Hill and Wang, 1969), S. 6; vgl. auch Hirsch, „The Negro and New York".

7. Jacobs schrieb, sie habe vom Süden lange nichts gehört, wage sich im Hellen nicht hinaus, es sei denn, sie fahre. Jacobs an Post [Winter 1850/51?], IAPFP # 788 A, BAP 16:0683 R.

8. „So werden viele darüber kommen und großen Verstand finden." Daniel 12/7.

Jacobs nahm offenbar an einer organisierten Aktion teil, die der Sammlung und Speicherung von Informationen diente, wie es ihr Bruder vorgeschlagen hatte. Sicherheitsausschüsse hatten in Manhattan operiert, seit das schwarze New York Committee of Vigilance 1835 unter der Führung des Abolitionisten David Ruggle (ca. 1811–1849) gegründet worden war. Quarles, *Black Abolitionists*, S. 150–154.

9. Lilian, das zweite Kind von Cornelia Grinnell Willis, war am 27. April 1850 geboren worden. Beers, *Willis*, S. 294.

10. Jacobs brachte die kleine Lilian offenbar zu den Großeltern des Babys in New Bedford, Mass. Joseph Grinnell war kein Senator; er gehörte dem Repräsentantenhaus an (1843–1851, als Whig). An der Abstimmung über das Sklavengesetz beteiligte sich Grinnell nicht. Zahlreiche Nordstaatler blieben ihr fern, um sicherzugehen, daß der Kompromiß rechtskräftig war. *Biographical Directory of the American Congress, 1774–1961*, S. 977; *Congressional Globe* (Washington, D. C.), 12. Sept. 1850, S. 1806–1807; Harriet Beecher Stowe, *Uncle Tom's Cabin*, Kap. IX.

XLI. Endlich frei

1. „Oh, endlich frei, endlich frei. / Ich dank Gott, bin endlich frei." Anonymer Spiritual. John W. Work, *Folk Song of the American Negro* (Nashville: Fisk University Press, 1915). S. 45–46.

2. „Und Gott wird abwischen alle Tränen von ihren Augen; und der Tod wird nicht mehr sein, noch Leid noch Geschrei noch Schmerz wird mehr sein; denn das Erste ist vergangen." Offenbarung 21/4.

3. „Gedenke an deinen Schöpfer in deiner Jugend, ehe denn die bösen

Tage kommen und die Jahre herzutreten, da du wirst sagen: Sie gefallen mir nicht." Prediger 12/1.

4. Dr. James Norcom starb am 9. Nov. 1850 in Edenton. NFP.

5. Die Zeitungsnotiz „D. Missmore & I. Edenton" erschien unter „Taylor's Hotel" (Courtland 28) in der Rubrik „Arrivals at City Hotels", New-Yorker *Evening Express*, Saturday, 28. Febr. 1852. *New York Business Directory, 1851–1852.*

6. Norcom geißelte Daniel Messmore als einen „Mann, dessen Herkunft und Geschichte niemand kennt, der bei uns keinen Ruf genießt; der gleichermaßen bar aller Manieren, Moral & Bildung ist, der in der Tat nichts weniger darstellt als eine Verkörperung der Unverschämtheit, Unzucht und Obszönität! ein rücksichtsloser Desperado, einer aus einer Schar wilder & prinzipienloser Abenteurer, die nun seit über einem Jahr versuchen, hier ein Handelshaus zu gründen, ohne Kapital, Kredit oder den geringsten Charakter; und ohne jede Referenz." Messmore heiratete Norcoms geliebte Tochter Mary Matilda 1846, ohne Norcoms Einwilligung erhalten zu haben. Vorausgegangen war eine Serie gewalttätiger Episoden, die die Familie Norcom und die Gemeinde Edenton gespalten hatten: Am 7. Januar 1845 überfiel Messmore Norcoms Sohn Caspar Wistar mit einem Stock und Ochsenziemer. Zwei Tage später, als Messmore aus dem Gefängnis entlassen war, schoß der junge Norcom auf ihn und verletzte ihn, und Messmore schoß zurück. Am 1. März überfiel eine Gruppe von dreizehn jungen Männern, der auch Dr. Norcoms Sohn James angehörte, Messmore. Danach wurde Messmore des Meineids beschuldigt, und Caspar Norcom wurde eingekerkert. Daniel und Mary Matilda Norcom Messmore verließen Edenton, und 1848 zogen sie von Cincinnati anscheinend nach Norfolk; sie ließen sich schließlich in New York nieder. Norcom hat seiner ungehorsamen Tochter nie verziehen. Dr. James Norcom an [John Norcom], 28. April 1845, NFP; State vs. Daniel Messmore, 1845, und State vs. John Cox & Others, 1845, Chowan County Criminal Action Papers, 1844–1845, NCSA; Mary Matilda Norcom Messmore an Maria Norcom, 4. Juli 1848, NFP.

7. „Der Geist des Herrn ist über mir, darum daß mich der Herr gesalbt hat. Er hat mich gesandt, den Elenden zu predigen, die zerbrochenen Herzen zu verbinden; zu verkündigen den Gefangenen die Freiheit, den Gebundenen, daß ihnen geöffnet werde." Jesaja 61/1. „Alles nun, was ihr wollt, daß euch die Leute tun sollen, das tut ihr ihnen auch; das ist das Gesetz und die Propheten." Matthäus 7/12.

8. 1854 schrieb John Mitchel (1815–1875), der irische nationalistische Gründer der prosklavenhalterischen Zeitung *The Citizen* (New York): „Wir unsererseits wünschen, wir hätten eine gute Plantage in Alabama, wohlversehen mit gesunden Negern." Dies lieferte Zündstoff für eine beachtliche Diskussion im *Liberator*, 27. Jan. und 10. Febr. 1854; William Dillon, *Life of John Mitchel* (London, 1888), 2 Bde., II, 44.

9. „Ein Widerspenstiger macht einen Weisen unwillig und verderbt ein mildtätiges Herz." Prediger 7/7.

10. Messmore nahm wahrscheinlich – mit Recht – an, daß Jacobs nicht

wußte, daß Norcom als der natürliche Vormund seiner Tochter 1837 seinen Verkauf der Kinder legalisiert hatte, indem er ihr mit einem Ersatzdokument zwei andere Sklavenkinder gleichen Wertes zuwies (vgl. Illustrationen). Chowan Deeds, Book L-2, S. 256.

11. „Er hat meine Ehre mir ausgezogen und die Krone von meinem Haupt genommen." Hiob 19/9.

12. Diese Transaktion, die mit Hilfe des Rev. John B. Pinney von der New York Colonization Society zustande kam, wird in einem Brief von Cornelia Grinnell Willis an Elizabeth Davis Bliss Bancroft (3. Mai 1852) erklärt, Bancroft-Bliss Family Papers, Library of Congress.

13. „Daselbst müssen doch aufhören die Gottlosen mit Toben; daselbst ruhen doch die viel Mühe gehabt haben." Hiob 3/17. Molly Horniblow wurde am 4. Sept. 1853 in Edenton bestattet. Persönliche Mitteilung an Jean Fagan Yellin von Rev. R. W. Storie, Rector, St. Paul's Parish, Edenton, 24. Aug. 1981.

14. Mark Ramsey (auch als Mark Horniblow bekannt?) starb im Herbst 1858. Josiah Collins an Jacobs, 23. Juli 1859, Josiah Collins Papers, 1761–1892, NCSA.

15. Diese Laudatio ist nicht gefunden worden. Für andere Lobreden über Farbige, die in dieser Zeit die Presse von North Carolina veröffentlichte, vgl. *Abstracts of Vital Records from Raleigh, North Carolina Newspaper, 1799–1819*, comp. Lois Smathers Neal (Spartanburg, S. C.: The Reprint Company, 1979), I, 259, 270.

16. 1844 erklärte der Oberste Gerichtshof von North Carolina, daß freie farbige Personen „in diesem Staat nicht als Bürger anzusehen sind". State vs. Elijah Newsome, Dec. Term 1844, *27 N. C. Reports* 250, zitiert in Bassett, *Slavery in North Carolina*, S. 37.

Anhang

1. Posts Empfehlung wurde auf Jacob's Ersuchen hin geschrieben und folgt den Wünschen, die Jacobs äußerte. Jacobs an Post, 21. Juni (1857), IAPFP # 90, BAP 16:0676–678 (Brief 10).

2. Die Geschichte, wie Jakob Rachel diente, befindet sich im ersten Buch Mose 29/20–28. „Er hat meine Ehre mir ausgezogen und die Krone von meinem Haupt genommen." Hiob 19/9.

3. George W. Lowther (1822–1898), Sohn von Polly Lowther (?–1864), ein freier schwarzer Nachbar und Zeitgenosse von Jacobs' Großmutter, der wie sie Bäcker war. Lowther genoß in Edenton Privatunterricht. 1838 siedelte er nach Boston über, und in den fünfziger Jahren erneuerte er seine Freundschaft mit Jacobs. Er war ein Mitglied des Zirkels von W. C. Nell und verdiente seinen Lebensunterhalt als Frisör. Nach dem Bürgerkrieg war er aktiv in der Republikanischen Partei, und 1878 und 1879 wurde er in das Repräsentantenhaus von Massachusetts gewählt. 1840 Census – North Carolina, Chowan County, S. 208; 1850 Census – North Carolina, Chowan County, S. 251; Eighth Census of the

United States – North Carolina, Chowan County, S. 276; Estate of Polly Lowther, 1864, Chowan Estates; W. C. Nell an Amy Post, 11. bis 13. Sept., IAPFP # 112, und 31. Juli 1854, IAPFP # 1031; Massachusetts State Library Legislative Biographical File; Boston *Journal*, 7. Okt. 1898, S. 5.

Dank

Diese Ausgabe von *Incidents* verdankt ihr Entstehen dem kollektiven Bemühen einer differenzierten Gruppe von Zuarbeitern. Ich bin ihnen allen dankbar, ganz besonders aber meinen schwarzen Kolleginnen von der Frauenrechtsbewegung, die dieses Vorhaben begrüßten. Vor Jahren ermunterte mich Sherman Paul, jenseits des traditionellen literarischen Fundus zu forschen, und Jean B. Hutson und Dorothy B. Porter führten mich in das Studium afro-amerikanischer Literatur und Kultur ein. Der verstorbene Charles T. Davis förderte meine frühe Arbeit über Harriet Jacobs. Dorothy Sterling, die ursprünglich plante, meine Koeditorin zu sein, ermutigte mich ständig und beschaffte zahllose Angaben. Elizabeth Vann Moore unternahm es, die ersten schwarzen und weißen Horniblows zu identifizieren – trotz ernsthafter Vorbehalte, die sich aus ihrem lebenslangen Engagement für die Wissenschaft ergaben. Es wäre unmöglich gewesen, das Leben Harriet Jacobs' in North Carolina ohne die eindrucksvolle Forschungsarbeit von George Stevenson zu dokumentieren. Die meisten historischen Anmerkungen zu den ersten neunundzwanzig Kapiteln stützen sich auf seine Arbeit wie auch auf die von Bruce S. Cheesman, Jesse R. Lankford, Keith Strawn und weiterer Mitarbeiter der Staatsarchive von North Carolina. Die Dokumentation von Jacobs' Verbindungen in Rochester ist weitgehend das Ergebnis der Bemühungen von Karl Kabelac, Mary Hooth und ihrer Kollegen von der Bibliothek der Universität Rochester sowie Nancy Hewitts, die dankenswerterweise unveröffentlichtes Untersuchungsmaterial über die Rochester Frauen zur Verfügung stellte. Hazel Carby, Valerie Smith und Mary Helen Washington gestatteten mir großzügig, in ihre gehaltvollen Manuskripte über Jacobs Einblick zu nehmen. Die Besitzer von Jacobs' Porträt stellten begeistert Erinnerungen und Denkwürdigkeiten zur Verfügung. Carl R. Lounsbury von der Colonial Williamsburg schuf die maßstabgerechte Skizze zu Jacobs' Versteck im Haus Molly Horniblows. Kathleen B. Wyche von den Staatsarchiven North Carolinas zeichnete die Karten von Jacobs' Edenton und seiner Umgebung. Frances Smith Foster, Nellie McKay und Frederick C. Stern besorgten dringend erforderliche Durchsichten des ersten Einführungsentwurfs. In der Harvard University Press glättete Aida Donald Unebenheiten der Einführung sowie der Anmerkungen, und Camille Smith bewahrte die Korrespondenz vor Verwirrung und redigierte verständnisvoll und meisterhaft das gesamte Manuskript.

Eine nicht minder große und heterogene Gruppe reagierte auf besondere Bitte um Hilfe: Louise Bindman, John W. Blassingame, Carolyn Davis, Lois R. Densky, Ralph W. Donnelly, Dena J. Epstein, Sue Gillies, Catherine M. Hanchett, Kenneth Hawkins, Leo Hershkovitz, Carolyn Karsher, Frank K. Lorenz, Carleton Mabee, Jay Meisner, Elizabeth H. Moger, Philip Munson, Daniel McFarland, William S. McFeeley, John W. Nunley, Thomas C. Parramore, Gerald E. Parsons, Daniel W. Patterson, Carlin P. Peyton, Labelle Prussin, Bernice Reagon, Wayne D. Shirley, Joel Silby, Rev. R. W. Storie, Robert J. Swan, Beatrice Sweeney, Howard Temperley, Joan M. Warren und Anita Wright.

Das Zitieren von Briefpassagen und die Aufnahme von Briefen in den Korrespondenzteil geschah mit freundlicher Genehmigung der Trustees of the Boston Public Library; der Sydney Howard Gay Papers, Rare Book and Manuscript Library, Columbia University; Cornell University Library; Isaac and Amy Post Family Papers, Department of Rare Books and Special Collections, Rush Rhees Library, University of Rochester und der Sophia Smith Collection (Women's History Archive), Smith College, Northampton, Massachusetts (New England Hospital Papers).

Dankbar bin ich ebenfalls den Mitarbeitern des Berkshire Record Office of the Royal County of Berkshire, der Brooklyn Historical Society sowie der Brooklyn Public Library; Laura V. Monti und ihren Kollegen in der Division of Rare Books and Manuscripts at the Boston Public Library; Kenneth A. Lohf, Rudolph Ellenbogen und den Mitarbeitern der Butler Library of Columbia University; Anne-Marie T. Schaaf, Glenys Waldman sowie ihren Kollegen der Historical Society of Pennsylvania; Phil Lapsansky und seinen Kollegen der Library Company of Philadelphia; James H. Hutson sowie den Mitarbeitern der Manuscript Division of the Library of Congress; Allan W. Robbins sowie seinen Kollegen von Lloyd House; Bibliothekaren der Massachusetts Historical Society und des Moorland-Spingarn Research Center at Howard University; Byron Rushing und den Mitarbeitern des Museum of Afro-American History/African Meeting House in Boston; Mrs. William S. Portlock und den Mitarbeitern des Norfolk Public Library System; den Mitarbeitern der New Bedford Free Public Library; Jean Ashton und ihren Kollegen der New-York Historical Society; den Mitarbeitern der Queensborough Public Library und der Alexander Library at Rutgers University; den Bibliothekaren des Sarah Lawrence College; Robert C. Morris, Ernest Kaiser, Betty Gubert und deren Kollegen vom Schomburg Center for Research in Black Culture of the New York Public Library; Mary-Elizabeth Murdock und den Mitarbeitern der Sophia Smith Collection at Smith College sowie den Mitarbeitern der North Carolina Collection at the University of North Carolina in Chapel Hill.

An der Pace University bin ich zu Dank verpflichtet Chancellor Edward J. Mortola; Executive Vice President Joseph M. Pastore; Joseph E. Houle, Dean of Dyson College und Sherman Raskin, Chair, Department of English, dafür, daß sie mir die Zeit zur Verfügung stellten, die ich brauchte, um dieses Projekt abzuschließen; weiterhin Bruce Bergman und den Mitarbeitern der Universitätsbibliothek dafür, daß sie meinen dringlichen Fragen verständnisvoll begegneten; desgleichen Marilyn T. Williams dafür, diese Edition als so wichtig eingeschätzt zu haben, daß sie meine administrativen Aufgaben übernahm, wodurch sie mich in die Lage versetzte, die Ausgabe vorzubereiten.

Zu Hause haderte Ed mit dem Textverarbeitungssystem, hörte noch einmal zu, glaubte und tat, was nötig war.